Thomas Frei:

GEDIENT

Ein NVA-Soldat erzählt

Roman

Romowe. Der Verlag

Alle Rechte bei Romowe. Der Verlag
www.romowe.de
ISBN: 978-3-946557-06-7
Autor, Umschlaggestaltung, Illustration: Thomas Frei

Das Werk, einschließlich seiner Teile, ist urheberrechtlich geschützt. Jede Verwertung ist ohne Zustimmung des Verlages und des Autors unzulässig. Dies gilt insbesondere für die elektronische oder sonstige Vervielfältigung, Übersetzung, Verbreitung und öffentliche Zugänglichmachung.

Bibliografische Information der Deutschen Nationalbibliothek:
Die Deutsche Nationalbibliothek verzeichnet diese Publikation in der Deutschen Nationalbibliografie; detaillierte bibliografische Daten sind im Internet über http://dnb.d-nb.de abrufbar.

Thomas Frei: **GEDIENT**: Ein NVA-Soldat erzählt

Vorwort

Lieber Leser,

sämtliche in diesem Buch erzählten Ereignisse sind tatsächlich passiert, und zwar mir persönlich. Es handelt sich also im Grunde um einen Tatsachenroman. Trotzdem, oder besser, genau deswegen, muss ich auf einiges hinweisen.

Alle erwähnten Personen und Charaktere sind real. Natürlich wurden die Namen der betroffenen Personen geändert und manchmal habe ich mehrere Personen zu einer zusammengefasst, denn sonst hätte die bloße Anzahl der selbigen den Rahmen gesprengt und Verwirrung gestiftet.

So, wie es in meiner Einheit zugegangen ist, muss es nicht in jeder Truppe zugegangen sein. Bei uns war es so, wie geschildert, woanders war es eben anders. Die beliebte Krümelkackerei, die für gewöhnlich einsetzt, wenn jemand andere Erfahrungen gemacht hat, ist demzufolge fehl am Platze.

Auch wenn ich hier autobiographisch erzähle, soll der geneigte Leser immer im Hinterkopf behalten dass dies keine Autobiographie oder ein Sachbuch ist. Das ist ein Roman, bei dem Ausschmückungen und ein wenig Phantasie eben dazugehören.

Jetzt kommt der Punkt, einigen Menschen DANKE zu sagen!

Also, DANKE liebe Manu für die Geduld, die Du aufbringen musstest, als ich dieses Buch schrieb! DANKE auch dafür, dass Du als „Erstleser" an diesem Buch mitgearbeitet hast!

Ein großes DANKE an meine beiden Testleserinnen Sonja und Bärbel. Sonja ist Wessi und hat weder von DDR noch von NVA auch nur annähernd eine Ahnung, was sie als Testleserin und Kritikerin sehr wertvoll machte! Bärbel ist Ossi. Ihr leider viel zu früh verstorbener Mann hat auch bei der NVA gedient, so dass sie zumindest Ansatzweise das Thema kannte, sich aber durch die Lektüre durchaus in bessere Zeiten zurückversetzt sah! Euer beider Kritiken waren mir eine große Hilfe!

Ein weiterer Dank gilt meinem Kumpel Willi. Mit dem hab ich schon die Schulbank gedrückt. Uns hat viel miteinander verbunden (und tut es noch), doch eines habe ich bis heute nicht wirklich verstanden: Willi hat sich einst während des Grundwehrdienstes als Fähnrich verpflichtet. Nun ja, jeder wie er es mag.
Auf alle Fälle hat er mir in so mancher Detailfrage weitergeholfen, selbst dann, wenn er aus der Erinnerung heraus völlig daneben lag!

So. Genug der Worte, lasst uns Taten folgen.

Viel Spass beim Lesen wünscht Ihnen

Thomas Frei

Thomas Frei: **GEDIENT**: Ein NVA-Soldat erzählt

Prolog

Es war dunkel und kalt, nasskalt an diesem 1.November.

Die Uhr zeigte 03.27 Uhr, als ich mit mürrischem Gesicht die Bahnhofstrasse hinaufging. Es war eher ein Hinaufschleppen. Die Tasche in meiner Hand schien mich zu Boden reißen zu wollen.

Abgesehen von der Müdigkeit zu so früher Morgenstunde befand ich mich auch noch in einem verkaterten Zustand, der von der Abschiedsparty am Vorabend herrührte. Ich fühlte mich scheiße, was aber nicht nur am Alkohol und dem fehlenden Schlaf lag.

Die Straße zog sich in die Länge wie die Autobahn nach Rostock, jedenfalls kam es mir so vor.

So unrecht war mir das gar nicht, denn das Ziel dieses morgendlichen Ganges war nicht gerade das, was ein junger Mensch mit 18 Jahren herbeisehnt. Als ich den Bahnhofsvorplatz erreichte, sah ich schon jede Menge junge Männer in kleineren Gruppen herumstehen. In der Mitte des Platzes standen ein paar Herren in Uniform, denen sich andere Neuankömmling näherten.

Auch ich ging zu ihnen. Zwei dieser Herren hatten Listen in der Hand. Als ich einem weiteren meine „Einladung" in die Hand drückte, verlas er meinen Namen, den ein anderer auf seinen Listen heraussuchte. Er machte ein Häkchen hinter meinem Namen und sagte, ich solle auf weitere Anweisungen warten.
Jetzt hatte sie mich, für die nächsten 18 Monate gehörte ich ihr: **der NVA**

Kapitel 1

November

I

Die Fahrt im überfüllten Zug, vollgestopft mit Schicksalsgenossen, war lang. Obwohl es zum Dienstort gerade mal 100 km waren, kamen wir erst am späten Nachmittag an. Der Zug hielt in einem kleinen thüringischen Dorf. Mehrere Unteroffiziere auf dem Bahnsteig versuchten unter Aufsicht eines Offiziers Ordnung in den wilden Haufen zu bringen, den der Sonderzug ausspie. Mit lauten Befehlsrufen dirigierten sie uns durch die kleine Bahnhofshalle auf den Vorplatz.

Dort standen jede Menge LKW's bereit, auf deren Ladeflächen wir in die Kaserne gebracht wurden.Kein Wort fiel während der halbstündigen Fahrt. Einige blickten schweigend zu Boden, andere schauten auf das graue Straßenband, das wir gerade hinter uns gelassen hatten, gerade so, als wollten sie die letzten Bilder der „Freiheit" aufsaugen und in ihrem Gedächtnis verewigen. Ohne anzuhalten fuhren wir durchs Kasernentor, an den beiden grauen Metallflügeln des Tores stand jeweils, grinsend, ein Soldat. Links glitt ein Gebäude an uns vorbei, auf dem Gehweg liefen andere Soldaten. Die in unsere Richtung liefen, grinsten ebenfalls, einer zeigte uns den Stinkefinger.
Die LKW's, russische Fabrikate des Typs URAL, hielten auf einem großen Platz direkt neben einem etwas flacheren Gebäude. Zum Umschauen blieb keine Zeit. Die Uffze, wie die Unteroffiziere genannt wurden, dirigierten uns in das Gebäude, welches sich als Kino-Saal entpupp-

Thomas Frei: **GEDIENT**: Ein NVA-Soldat erzählt

te. Ich suchte mir einen Platz, ziemlich weit hinten. Dann passierte erst einmal für eine Weile nichts. Als alle neuen Rekruten im Saal waren und sich hingesetzt hatten, erschien ein Major. Mit lauter Stimme erklärte er, das jeder Einzelne namentlich aufgerufen werden würde. Derjenige hätte aufzustehen und laut „Hier" zu rufen.
Das Procedere begann, die Namen erschallten laut im Raum, der Aufgerufene schnellte vom Sitz und brüllte „Hier!!" Er bekam seine zukünftige Einheit genannt und durfte sich wieder setzen. Es schien kein System dabei zu geben, eine alphabetische Reihenfolge war nicht auszumachen.Wie aus dem Nichts, ich war zwischenzeitlich in Gedanken versunken, ertönte mein Name: „Thomas Frei!" - Ich sprang auf und brüllte ebenfalls „Hier!"
Ein weiteres „Hier!" kam etwas zeitverzögert von links hinten. Schweigen. Der Major nahm dem Unteroffizier, der die Namen verlas, die Listen aus der Hand und schaute selbst nach. Dann zeigte er auf meinen Namensvetter: „Sie 1. Batterie!"
Sein ausgestreckter Finger schwenkte in meine Richtung. „Sie 6. Batterie!"

Ich war bei der Artillerie gelandet, wo die Kompanie Batterie und ein Bataillon Abteilung hieß. Als die Zuteilung beendet war, tauchten 9 weitere Uffze auf. Der erste rief laut: „1. Batterie aufstehen!" Nach einer ganz kurzen Pause folgte „Raustreten!"
Die Zugeteilten quetschten sich hektisch aus den Sitzreihen und verließen den Saal. Da sich die Sitzreihen von Aufruf zu Aufruf sichtbar leerten und deswegen das aus der Reihe quetschen besser funktionierte, ging es immer schneller. Die 6. Batterie war dran, ich verließ den Saal.

Draußen erwartete uns der der Uffz. Lautstark wurden wir aufgefordert, in zwei Linien hintereinander Aufstellung zu nehmen. Man kannte das ja vom Schulsport und der „vormilitärischen Ausbildung", die jeder Schüler der Abiturstufe zu durchlaufen hatte. Dennoch dauerte es vergleichsweise lange, bis sich der noch bunt ausschauende Haufen zurecht sortiert hatte.

„Taschen und Koffer in die linke Hand" forderte er uns in schroffem Ton auf. Das folgende „Stillgestanden!!" ließ uns kurzzeitig zu Salzsäulen erstarren. Das anschließende „rechts um" brachte wieder Bewegung in die Truppe. „Im Gleichschritt - MARSCH" - schnarrte der Uffz. „Links, links, links zwo drei vier" gab er den Takt an, in dem wir zu gehen hatten.

Wir marschierten quer über den Platz, der rechts von uns durch mehrere Gebäude eingegrenzt wurde. Links von uns war ein Maschendrahtzaun, auf dem oben Stacheldraht angebracht war. Dahinter befanden sich große Hallen und ein paar überdachte Freiflächen. Unter diesen offenen „Schleppdächern", wie diese genannt wurden, parkten die verschiedensten Fahrzeuge. Einige waren mit Planen abgedeckt.

Wir erreichten unser Ziel, das mittlere von drei Gebäuden welche hintereinander rechts neben Einfahrtsstraße der Kaserne standen. Direkt hinter der einen Schmalseite des Hauses war ein schmaler Rasenstreifen, der in einen Trampelpfad überging und schließlich der Zaun, der uns von der „Freiheit" trennte. Im Abstand von ca. 10 Metern standen Büsche, die allerdings um diese Jahreszeit kahl waren. Das ganze wirkte recht trostlos, Ein ehemals beiges Gebäude, welches sich im Laufe der Jahre ins typische DDR-Grau verfärbt hatte, ein bräunlicher Rasenstreifen, ein grauer Zaun. Der graue Himmel fügte sich perfekt in diese triste Farbpalette ein.

Und grau ging es weiter. Der Uffz ließ uns im Kommandoton anhalten. Wir betraten das Haus über den ersten der beiden Eingänge, welcher näher zu der Straße lag, die

Thomas Frei: **GEDIENT**: Ein NVA-Soldat erzählt

an der anderen Schmalseite vorbeiführte. Das oberste Stockwerk war unser Ziel. Wir hasteten die Steintreppen hinauf, angetrieben von den „schneller, schneller"-Rufen des Uffz. Eine große graue Doppeltür, welche auf der oberen Hälfte mit Glassegmenten versehen war, führe auf einen langen Flur. Graue geriffelte Fliesen bedeckten den langen Gang, der 69,90 Meter maß, wie ich später erfuhr. Ein grauer Ölsockel zierte die Wände, an den Stirnseiten gab es Fenster und Heizkörper unterhalb der Simse. Die Wände wurden von einer Menge Türen unterbrochen. Der Uffz ließ uns auf dem Flur antreten, ziemlich in der Mitte. Dort befand sich eine Nische, in der ein Tisch und ein Stuhl stand. Auf dem Tisch lag ein aufgeschlagenes Buch, in welches seitengroße Tabellen eingezeichnet waren, die offensichtlich mit Notizen ausgefüllt wurden. Ein Soldat saß rücklings auf dem Stuhl und hatte offenbar seine helle Freude an unserem Erscheinen. Sein Gesicht erstrahlte in unübersehbarer Schadenfreude. An seinem rechten Arm trug er eine rote Armbinde auf der in weißen Buchstaben „GUvD" stand. Der Uffz griff sich eine Liste, die neben dem Buch gelegen hatte. Nach einem kurzen Blick darauf schaute er auf und sagte laut: „Ich lese jetzt Namen vor. Der Aufgerufene tritt aus dem Glied vor." Er begann:
„Schröder, Scharschmidt, Wächtler, Funke, Leistner, Franke, Müller, Frei, Meinhold, Jäger."
Ich trat mit den anderen aus dem Glied nach vorn.
„Ihr seid Gruppe Eins - wegtreten in Stube 3, das ist die Tür gleich hinter euch. Dort Bett aussuchen und dann warten! Rauchen verboten!" Wir taten, wie befohlen. Wir drängelten uns in den Raum. Gegenüber der Tür gab es zwei Fenster. Links an der Wand standen fünf Doppelstockbetten, zwischen den Betten jeweils ein Schrank, der fortan Spind genannt wurde, also vier Stück an der Zahl. Das letzte Doppelstockbett stand direkt vorm linken

Fenster. Auf der rechten Seite standen weiter vier Spinde, direkt neben der Tür ein weiterer, etwas kleinerer. Vor den Betten, etwas rechts von der Raummitte platziert, befand sich ein großer Tisch. An den Fußenden der Betten waren jeweils zwei Hocker abgestellt. Das war es nun, das neue „Heim".
„Ich schlaf' am Fenster, ich furze nachts gewaltig" - rief der, den ich als „Schröder" vom Aufrufen her in Erinnerung hatte. Schröder war einen Kopf kleiner als ich, wirkte etwas dicker als ich selber. Er war unrasiert, auf dem Nasenrücken saß eine Brille mit dunklem Gestell, das dünne Haar wurde bereits von kleinen kahlen Stellen unterbrochen. Das Alter war schwer zu schätzen, aber älter als 26 konnte er ja auf Grund der festgelegten Altersgrenze für den Grundwehrdienst nicht sein.
„Dann musste oben schlafen, Warmluft steigt auf! Sonst verreckt der über dir noch, wenn du unten schläfst." - warf ein anderer ein. Das war Franke, wie ich später lernen sollte. Ich übernahm die Initiative, warf meine Tasche auf das untere Bett am Fenster und sagte „Meins!" Alle anderen taten es mir nach. Etwas ratlos standen wir anschließend rum, einer öffnete die beiden Türen eines Spindes an der Wand und begutachtete das leere Möbelstück von innen.
„Ich bin Frei", sagte ich in die Runde, „Thomas Frei" „Ich dachte schon, Du willst mich verarschen mit ‚Ich bin Frei'", erwiderte jemand. „Ich bin Uwe Wächtler" ergänzte er in breitem erzgebirgischen Dialekt. Die Vorstellungsrunde nahm ihren Lauf.
Gerade war diese beendet, als der Uffz auch schon die Tür aufriss und eintrat. „Meine Herren", begann er seine Ansprache, „Ab sofort gelten hier militärische Regeln und Umgangsformen. In Zukunft wird derjenige das Eintreten eines Vorgesetzten mit einem lauten ‚Achtung' zur Kenntnis geben, der den Vorgesetzten als erster wahr-

nimmt. Alle anderen springen dann auf, wenden sich dem Vorgesetzten zu und nehmen Haltung an! Verstanden?"„Ja", brüllten wir im Chor. „Jawohl, Genosse Unteroffizier heißt das! Verstanden?" brüllte er zurück. „Jawohl, Genosse Unteroffizier" erschallte der Chor. „Raustreten zur Einkleidung in 10 Minuten. Geraucht werden kann am Ende des Flures, wo der Aschenbecher steht. Verstanden?" „Jawohl, Genosse Unteroffizier" kam es aus den zehn Kehlen. Er machte kehrt, riss die Tür auf und entschwand.

Sieben von uns folgten ihm, es wurde wahrlich Zeit, mal eine zu qualmen. Eine riesige Traube junger Männer scharte sich bereits um den Aschenbecher am Ende des Flures. Es handelte sich dabei um eine riesige Metallkugel, die sich fast zur Hälfte aufschieben ließ, auf einem Metallständer angebracht, der schon ein wenig schief aus dem Metallfuß ragte. Das gleiche Modell fand man seinerzeit in vielen öffentlichen Gebäuden vor. Kaum hatte sich die Karo, meine Lieblingsmarke damals, in Rauch aufgelöst und wurde der Stummel in der Metallkugel entsorgt, zerriss ein schriller Pfiff die eher getuschelten Unterhaltungen, die um den Aschenbecher herum stattfanden. „6. Batterie raustreten" brüllte der GUvD, der „Gehilfe des Unteroffiziers von Dienst".Türen sprangen auf, die Stuben leerten sich, auf dem Flur entstand ein Gewusel. „6. Batterie in zwei Linien antreten", ertönte ein weiterer Befehl. Das Gewusel sortierte sich in zwei Linien.

Jetzt übernahm der Uffz das Kommando. „Stillgestanden!", befahl er. „Links um! Runter rücken und vor dem Objekt in der gleichen Formation antreten! Erstes Glied Marsch! 2. Glied folgt!"

Wir hasteten die Treppen runter, formierten uns auf dem Fußweg vorm Gebäude in gleicher Formation. Der Uffz ließ sich Zeit, wir standen bereits gefühlte fünf Minuten, als er mit lässigem Gang angeschlendert kam. „Im Gleichschritt Marsch", das Kommando setzte uns in Bewegung. Es ging ein paar Meter in Richtung Straße, dann links bis zur Einfahrstraße dann wieder links am ersten Gebäude der Dreierformation entlang fast bis zum Kasernentor. Am hinteren der zweit Eingänge stoppte der Uffz den Marsch und befahl uns, die Treppe bis ganz nach oben zu gehen. Dort, an der Tür zum Dachgewölbe wurden wir bereits erwartet. Ein weiterer Unteroffizier, den Schulterstücken nach ein Feldwebel, wie ich später lernen sollte, empfing und dort mit den Worten: „So, jetzt wollen wir aus Euch Zivilisten mal Soldaten machen!"
Die ersten fünf wurden abgezählt und zum Eintreten aufgefordert, keine drei Minuten später kamen die nächsten fünf an die Reihe. Ich war im vierten Durchgang dabei. Nach dem Eintreten übergab uns ein Soldat oder Gefreiter einen „Postmietbehälter", einen besonders stabilen Karton, den man damals bei der Post für den Versand leihen konnte. Dazu gab noch einen Paketschein und einen Stift. „Da rein, Paketschein ausfüllen, alle Klamotten ausziehen und in den Karton packen. **ALLE** Klamotten!" lautete seine Anweisung, welche er mit einer auf eine offene Tür zeigenden Geste verband. „Wenn Ihr fertig seid mit dem Paket ab in den nächsten Raum durch die Verbindungstür!" Sein hämisches Grinsen konnte er sich nicht verkneifen, während er die Ansage machte.

Wir betraten in der Fünfergruppe den Raum. Die vor uns aufgerufenen Jungs waren noch nicht alle fertig. Schulbänke standen entlang der gesamtem Wände, auf denen man den Karton abstellen konnte. Ich machte mich zuerst ans Ausfüllen des Paketscheins. In sauberen Druckbuch-

staben trug ich zunächst die Adresse meiner Eltern ein. Dann den Absender. An den Wänden über den Tischen hingen Muster für die Absenderadresse. Ich hatte zu schreiben „Soldat Thomas Frei…..". Ich begann mich auszuziehen. Meine geliebten Levi's faltete ich besonders akribisch, bevor ich sie im Karton versenkte. Mit jedem Kleidungsstück, welches in den Behälter wanderte, verschwand ein Stück Zivilleben und Freiheit. 541 Tage in Uniform lagen vor mir.
Doch im Moment war ich nackt, splitternackt. Den gepackten Karton vor mir her tragend ging ich auf blanken Füßen in den Nachbarraum. Ich wurde angewiesen, den Karton an einer Wand auf den dortigen Stapel zu stellen. Ein Soldat rief: „Größe?" „50!" rief ich zurück. Er drückte mir eine rote Sporthose und ein knallgelbes Sporthemd aus Feinripp-Stoff in die Hand. „Anziehen" befahl er. „Schuhgröße?" „43!" antwortete ich mit soldatischem Schneid in der Stimme. 5 Paar graue Kniestrümpfe, die ein anderer Soldat aus einer Kiste kramte und rüber warf, landeten auf dem Tisch. Der Erste Soldat knallte ein paar schwarze Turnschuhe hart auf die Tischplatte. Eine brauner Trainingsanzug folgte. Das Oberteil hatte rot-gelbe Streifen an den Ärmeln, auf der rechten Brustseite prangte ein Aufnäher: „ASV", was für Armeesportverein stand. „Anziehen!" wiederholte er. Zum Abschluss wurde mir eine Zeltplane in die Hand gedrückt, mit der man mich in den nächsten Raum schickte. Fließbandartig folgten Raum für Raum weitere Bekleidungs- und Ausrüstungsstücke, welche man auf die aufgeschlagene Zeltplane, auch Zeltbahn genannt, packen musste. Nach etwa 3 Stunden war ich durch. Ich schlug die vier Ecken der Zeltbahn zusammen, hob dieses schwere Knäuel über meine linke Schulter und trat den Weg auf meine Stube an. Es war inzwischen eine Stunde nach Mitternacht.

Müde und auch hungrig erreichte ich meine „Bude". Drei andere waren schon da, der Rest war noch beim „Klamotten fassen". Auf dem Flur war ein Musterspind aufgestellt. Dort wurde gezeigt, wie der Schrank einzuräumen war. Der Uffz, auch er war noch auf den Beinen, zeigte uns, wie man welches Kleidungsstück zu falten hatte, damit es vorschriftsmäßig im Spind Platz nehmen konnte. Gegen 4 Uhr hatte ich's endlich geschafft. Während der Einräumerei hatten wir untereinander spekuliert, ob man uns am nächsten Morgen ausschlafen lassen würde. Immerhin waren wir seit mehr als 24 Stunden auf den Beinen. Eine Antwort hatten wir freilich nicht. Den Uffz zu fragen hat sich keiner getraut. So fielen wir schnell in den Schlaf, hungrig und völlig ausgepumpt. Sowas kannte man bisher nur von wilden Partys, die man zu dieser Zeit noch Feten nannte.

„Nur" noch 540 Tage….

II

Gern hätte ich an dieser Stelle den grellen Pfiff intoniert wiedergegeben, mit dem wir nach nur zwei Stunden aus dem Schlaf gerissen wurden. Es war höllisch. Nach dem schon fast schmerzenden grellen Ton der Trillerpfeife folgte die fast genauso laute Ansage des UvD: „6. Batterie! Nachtruhe beenden! Fertigmachen zum Frühsport! Raustreten in fünf Minuten! Anzugsordnung: Sportkleidung mit Trainingsanzug." Wir schälten uns aus den Betten, immer noch todmüde. Etwas unkoordiniert zog ich die Sportsachen an und schlüpfte in die Turnschuhe. Dann verließ ich die Stube. Vor der anstehenden

Tortur, als solches empfand ich den Frühsport, wollte ich wenigstens noch pinkeln gehen. Der Toilettenraum war schon angefüllt mit anderen Schicksalsgenossen, die den gleichen Drang verspürten wie ich. Ich war noch nicht fertig, als schon wieder die Stimme des UvD ertönte.
„6. Batterie raustreten zum Frühsport!"
Unfähig, das Pinkeln schlagartig zu beenden, dauerte es noch ein wenig, bis ich der Aufforderung nachkommen konnte. Ich war der Letzte, der die angetretene Truppe erreichte, so reihte ich mich hinten ein. Der Uffz hatte Gott sei Dank nix bemerkt, möglicherweise wollte er auch nichts bemerken. Wir rückten im Laufschritt die Treppen runter und nahmen vor dem Gebäude wieder Aufstellung. Ein anderer Uffz, wie wir in Sportsachen gekleidet, übernahm das Kommando. „Stillgestanden! Heute zur Ertüchtigung: 3000 Meter-Lauf! Im Laufschritt, Marsch!!"
Wir liefen los. Oh Mann, was soll das werden. Schon unter normalen Bedingungen fiel mir so ein Lauf schwer, ich war nicht sonderlich sportlich, jedenfalls nicht, was Ausdauerlauf anging. Aber hier und jetzt, nach nur 2 Stunden Schlaf, nach über 24 Stunden auf den Beinen.... Ich hatte das Gefühl, jeden Moment tot umfallen zu müssen. Diese morgendliche Folter war nach etwa 25 Minuten vorbei. Total durchgeschwitzt und völlig am Ende schleppten wir uns die Treppen hoch. Jetzt blieben uns weitere 25 Minuten, um uns zu waschen und die Dienstuniform anzuziehen, bevor es im Gleichschritt zum Frühstück ging.
Der Speisesaal wirkte in etwa so einladend wie all die anderen grauen Räumlichkeiten, die wir bisher zu sehen bekamen. Die für Betriebskantinen typischen Tische waren von langen, einfachen Sitzbänken flankiert. Einziger Wandschmuck waren zwei Bilder. Das eine, obligatorische zeigte unseren unfehlbaren Staatsratsvorsitzenden, Erich Honecker, dass andere unseren obersten Chef, Ar-

meegeneral Heinz Hoffmann. Die Bilder wirkten verloren über den grauen Ölsockeln, viel zu klein für die großen Wände. Größer hätte aber keiner die Bilder dort haben wollen. Wir warteten diszipliniert in der Reihe vor der Essensausgabe, das kleine Etui mit dem Besteck, welches wir von zu Hause hatten mitbringen müssen, in der einen Hand, die braune Plastiktasse, die zur Ausrüstung eines jeden Soldaten gehörte, in der anderen. Die „Küchenbullen", wie die Soldaten genannt wurden, die ebenda ihren Dienst taten, reichten lustlos die mit einem Klecks Butter und ein paar Scheiben Wurst bestückten Plastikteller über den Tresen. Marmelade konnte man sich zusätzlich aus einem Plastikeimer auf den Teller schaufeln. Die Brötchen entnahm man einer Plastikkiste, welche auf einem Tisch neben dem Ausgabefenster stand. Dort schenkte man sich auch den Tee aus einer der Blechkannen in die braune Plastiktasse. Jeder suchte sich einen Platz an einem der Tische, die der kommandierende Uffz uns zugewiesen hatte. Wir hatten zu warten, bis alle ihr Essen „gefasst" hatten, dann verkündete der Uffz, dass wir anfangen konnten zu essen. Es verblieben gerade noch 15 Minuten, um das harten Brötchen und die minderwertige, blasse Wurst in sich reinzuschlingen. Begeistert war keiner bei dem Gedanken, auf diesem Niveau für die nächsten 540 Tage abgefüttert zu werden. Es sollte besser werden, viel besser, aber das wussten wir zu diesem Zeitpunkt noch nicht.

Thomas Frei: **GEDIENT**: Ein NVA-Soldat erzählt

III

In den nächsten 16 Tagen wurde uns der Rhythmus eines sozialistischen Soldaten im Befehlston nahegebracht.

06.00 Uhr wecken mit Trillerpfeife und Gebrüll
06.05 bis 06.30 Frühsport
06.30 - 07.00 Morgentoilette, Bettenbau, Reinigung der Stube
07.00 Morgenappell, anschliessend Frühstück
08.00 bis 12.00 Ausbildung
12.00 Mittagessen
12.30 bis 13.30 Mittagspause
13.30 bis 17.00 Ausbildung
17.00 Dienstausgabe (kleiner Appell) mit Ausgabe der Post
danach Freizeit bis 19.00
19.00 Abendessen
21.30 Stuben - und Revierreinigung, Abendtoilette
21.50 Stubendurchgang
22.00 Nachtruhe

Nach erschreckend kurzer Zeit hatte ich mich an diesen Gleichlauf gewöhnt, was ich heute als sehr seltsam empfinde, da es mir vor dieser Zeit zunehmend schwerer gefallen war, die Normen und Rhythmen, welche mir die Gesellschaft vorgab, zu akzeptieren und einzuhalten. In der Ausbildung lernten wir, wie man im Gleichschritt marschiert, wie man als Formation schneidig die Laufrichtung ändert und wie man beim Marschieren singt. Wir lernten, wie man alte Stiefel auf Hochglanz bringt, wie man Unterwäsche auf dem Hocker nach Dienstvorschrift ablegt und wie man den Spind so hinbekommt, dass der Uffz beim Stubendurchgang den Inhalt der Fächer nicht mit einem Wisch auf dem Boden verteilt. Wir lernten, wie man eine Gasmaske innerhalb von Sekunden über das Gesicht zieht, wir lernten, wie man über eine Sturmbahn rennt, mit voller Ausrüstung versteht sich, und wir lernten, wie man eine Kalaschnikow zerlegt, reinigt und wieder zusammenbaut. Geschossen mit der berühmtesten Waffe der Welt haben wir nur einmal während dieser Zeit, die Grundausbildung hieß. Wir übten, wie man auf dem Bauch durch den Schlamm unter Stacheldraht durchkroch, ohne sich den Arsch aufzureißen, wir lernten, wie man anschließend den Schlamm wieder von den Klamotten bekam, ohne Mutti's Waschmaschine zur Verfügung zu haben und wir lernten, wie man sich schnellstens in den selben Dreck schmeißt und mit einer Plastikplane bedeckt für den Fall, dass der Amerikaner mit Atombomben nach uns wirft. Man brachte uns zahlreiche Dienstvorschriften bei, wir übten, wie man Vorgesetzte richtig grüßte und wir hörten vom wichtigsten aller Befehle, den der Armeegeneral jemals herausgegeben hatte, vom Befehl 30/74. Dieser Befehl besagte, dass das Trinken und der Besitz von Alkohol für Soldaten und „Unteroffiziere auf Zeit" innerhalb von militärischen Objekten verboten war. Offiziere und Berufsunteroffiziere durften Alkohol in den dafür genehmigten Räumen konsumieren, also im Offiziersspeisesaal und im Regimentsrestaurant.

Ein Höhepunkt der Ausbildung, der uns gleichzeitig ein wenig von den ungewohnten körperlichen Anstrengungen erholen ließ, war der Politunterricht. Zwei Tage lang bekamen wir in einem Schulungsraum die „Rotlicht-Bestrahlung", wie solche Veranstaltungen gemeinhin in der DDR genannt wurden. Wir saßen an Schulbänken vor einem Lehrerpult, dass gleiche Modell einer Schultafel hing an der Wand, wie auf der Penne auch. Unser Erich beobachtete uns aus seinem billigen Bilderrahmen heraus. Jeder hatte ein Heft vor sich liegen, welches an jeden ausgegeben worden war und das, dem Thema entsprechend, einen roten Umschlag hatte. Es wurde erwartet, dass wir in dieser und den weiteren 17 Politschulungen, die noch folgen würden, fleißig in dieses Heft eintrugen, was uns an Erkenntnissen aus den Vorträgen des Genossen Politoffiziers ereilte. Um unser Denken sogleich in die richtige Richtung zu lenken bekamen wir ein Buch geschenkt, welches uns dabei unterstützen sollte, den Sinn und Zweck unseres Dienstes auf Friedenswacht in seiner Gänze zu erfassen. Zunächst ging es jedoch um etwas ganz besonderes, etwas, was unsere nahe persönliche Zukunft betraf: Es ging um den Fahneneid. Diesen Eid sollten wir am 18. November im feierlichen Rahmen unter Anwesenheit von Familie und Verwandten ablegen.

Dieser Eid lautete:

Ich schwöre
Der Deutschen Demokratischen Republik,
meinem Vaterland, allzeit treu zu dienen
und sie auf Befehl der Arbeiter-und-Bauern-Regierung
gegen jeden Feind zu schützen.

Ich schwöre
An der Seite der Sowjetarmee und der Armeen
der mit uns verbündeten sozialistischen Länder
als Soldat der Nationalen Volksarmee
jederzeit bereit zu sein,
den Sozialismus gegen alle Feinde zu verteidigen
und mein Leben zur Erringung des Sieges einzusetzen.

Ich schwöre
Ein ehrlicher, tapferer, disziplinierter
und wachsamer Soldat zu sein,
den militärischen Vorgesetzten
unbedingten Gehorsam zu leisten,
die Befehle mit aller Entschlossenheit zu erfüllen
und die militärischen und staatlichen Geheimnisse
immer streng zu wahren.

Ich schwöre
Die militärischen Kenntnisse gewissenhaft zu erwerben,
die militärischen Vorschriften zu erfüllen
und immer und überall die Ehre unserer Republik
und ihrer Nationalen Volksarmee zu wahren.
Sollte ich jemals diesen meinen feierlichen Fahneneid verletzen,
so möge mich die harte Strafe des Gesetzes unserer Republik
und die Verachtung des werktätigen Volkes treffen.

Satz für Satz nahm der Polit-Offizier den Text des Eides auseinander und erklärte ihn detailliert, gerade so, als ob wir alle miteinander unsere Hirne am Kasernentor abgegeben hätten. Ganz nach dem Motto: „Was wollte der Dichter uns damit sagen?" Er schien uns für bescheuert zu halten, was aber angesichts der Tatsache, dass er schon fast fünfzehn Dienstjahre auf dem Buckel hatte, nicht wirklich verwunderlich schien. Fünfzehn Jahre lang hat man ihm das Selber-Denken abgewöhnt, fünfzehn Jahre lang war sein Alltag von der Ausführung von Befehlen geprägt. Was uns wirklich überraschte war die Tatsache, dass er uns nach der Eides-Aufdröselei noch mitteilte, dass wir den Fahneneid auch ablehnen könnten, wenn er

mit unserem Gewissen nicht vereinbar wäre. Nach länger anhaltender Grabesstille im Raum meldete sich Schröder: „Genosse Major, ich hab da mal 'ne Frage!", sagte er, nachdem der Major ihn zum Sprechen aufgefordert hatte. „Ja, bitte, Genosse Soldat." „Was passiert mit mir, wenn ich den Eid nicht ablegen wollen würde?" „Hm, da gibt es verschiedene Möglichkeiten. Kommt ganz drauf an, was Sie als Gründe für die Verweigerung vorbringen." Wir waren so schlau wie vorher. Aber Schröder bohrte weiter. „Genosse Major, was sind denn das für Möglichkeiten?" „Sind Sie religiös, Genosse Soldat?" „Nein, Genosse Major!" „Sehen Sie, da fällt schon mal eine Möglichkeit weg." „Was gäbe es noch für Gründe, Genosse Major?", fragte Schröder weiter. „Wollen Sie verweigern, Genosse Soldat?" „Nein Genosse Major." „Wieso fragen Sie dann, Genosse Soldat?" „Ich wollte das nur mal wissen, Genosse Major." „Wenn Sie nicht verweigern wollen, brauchen Sie das auch nicht zu wissen!"
Bestechende Logik...
„Aber um das mal klarzustellen: Wenn Sie so ein Kirchgänger wären, könnten Sie den Eid verweigern und zu der Hungertruppe gehen, die 'nen Spaten auf den Schulterstücken tragen. Da garantiere ich Ihnen aber, dass Ihnen das ganz sicher von unserem sozialistischen Vaterland ein Leben lang gedankt werden wird!" Der drohende Tonfall ließ keine Zweifel offen, wie das gemeint war. „Wer keinen Jesus hat, den er für die Verweigerung vorschieben kann, bekommt Gelegenheit, sein Verhältnis zu unserer DDR in einem Knast zu überdenken!" Auch das war deutlich. Damit war das Thema durch.

IV

Die Freizeit begann mit der „Dienstausgabe", die so gegen 17.00 Uhr auf dem Flur stattfand. Höhepunkt dieses „kleinen Appells" war die Ausgabe der Post. Dieser Vorgang verursachte in jedem von uns allerhöchste Anspannung. Ein paar Zeilen von daheim, den Eltern, der Ehefrau, der Freundin, von Freunden waren der einzige Kontakt in die „Freiheit". Wir gierten alle danach und jeder, dessen Name aufgerufen wurde, um einen Brief entgegenzunehmen, konnte es kaum erwarten, bis die Prozedur vorüber war. Das Öffnen der Post während des Appells war untersagt, wer dennoch dabei erwischt wurde, durfte mit der Zuteilung zusätzlicher Aufgaben beim „Stuben- und Revier-Reinigen" rechnen. Nach dem lauten „Wegtreten" aus dem Munde des Uffz stürmten alle auf die Stuben. Die Freizeit begann. Diejenigen, die Post bekommen hatten, rissen die Briefumschläge auf und lasen hastig die Neuigkeiten von daheim. Der Rest, welcher leer ausgegangen war, riss sich die schweren Stiefel von den Füßen und die Dienstuniform vom Leib, um anschließend in den Trainingsanzug zu schlüpfen, welcher neben der Sport- auch die Freizeitbekleidung war.
Man sortierte sich zurecht in dem kleinen Raum. Drei Leute fanden sich am Tisch zum Skat zusammen, man schrieb Briefe, las ein Buch oder ging in den „Clubraum". Dort war der Andrang groß, denn dort stand ein Billardtisch. Eine willkommene Abwechslung für viele. Die Chance spielen zu können hatten derweil nur wenige.
So verbrachte man seine Zeit, bis einen der Uffz gegen 18.30 Uhr mit lautem Gebrüll befahl, sich für das Abrücken zum Abendessen fertig zu machen. Nach dem Abendbrot, bestehend aus mehreren Scheiben

harten Brotes, verschiedener Wurst, wenn es gut kam auch Käse und dem üblichen Tee, welcher auch zum Frühstück ausgeschenkt wurde, verbrachte man die restliche Zeit bis zum Stubendurchgang und zur Nachtruhe mit Stuben-und Revier reinigen, Stiefelputz, Abendtoilette und Einräumen des Spindes. Wenn man sich beeilte, konnte man noch Zeit schinden für weitere Freizeitaktivitäten. Der Stubendurchgang verlief an keinem Tag ohne Beanstandungen. Das war die logische Folge unserer Unbedarftheit und dem Umstand, dass zu Hause das gründliche Putzen der Wohnung nicht unbedingt zu den Aufgaben eines Jungen gehört hatte. So lernten wir unsere Lektionen jeden Abend aufs Neue. Der Uffz betrat den Raum, ein lautes Achtung von einem Stubenkameraden erschallte, alle standen stramm, dort, wo sie sich gerade befanden. Der Uffz hielt die Tür für einen Moment offen, seine Linke Hand umfasste dabei die obere Türkante. Wächtler, der die Position des Stubenältesten einnahm, machte Meldung. „Genosse Unteroffizier", röhrte er, „Stube 3" zum Stubendurchgang vollzählig angetreten." Der Uffz nahm unter Missachtung der Dienstvorschrift keine Haltung an. Stattdessen fuhr er mit der linken Hand, die auf der oberen Türkante verweilt hatte, selbige entlang, blickte daraufhin kurz auf die Handfläche, blies den Staub, welcher sich nunmehr darauf befand, in Richtung Wächtler und brüllte: „Das nennt ihr sauber, ihr Drecksäue!!? Seht ihr mich noch?" „Nein, Genosse Unteroffizier, aber wir erkennen Sie an der Stimme", krächzte in gleicher Lautstärke Schröder zurück. Der Uffz schnappte nach Luft, sammelte sich kurz und brüllte wiederum, diesmal in Richtung Schröder: „Vortreten, Genosse Soldat!" Schröder tat wie ihm geheißen. Das Grinsen auf seinem Gesicht konnte er dabei kaum unterdrücken, was auch dem Uffz nicht verborgen blieb. „Nach dem Stubendurchgang melden Sie sich in Dienst-

uniform und voller Ausrüstung am UvD-Tisch!"
„Jawohl, Genosse Unteroffizier" Das Grinsen war von
Schröders Gesicht verschwunden. Dann folgte das Übliche. Bei so ziemlich jedem Spind gab es etwas
auszusetzen. Der Inhalt des beanstandeten Faches flog
mit einem Wisch auf den Boden, um anschließend nicht
unbedingt besser wieder eingeräumt zu werden. Man gewöhnte sich daran im Laufe der Tage. Es war erstaunlich,
wie schnell, diese Gewöhnung von statten ging. Schröder
trat die Nachtruhe an diesem Tag eine Stunde später an.
Während wir schon schliefen, rannte er mit voller Ausrüstung auf den Schultern die Treppen auf und ab,
während der Uffz die Zeit mit der Stoppuhr nahm.
Neben der allgemeinen Ausbildung wurde bereits mit der
Spezialausbildung begonnen. Je nachdem, als was man
später nach der Grundausbildung eingesetzt werden sollte, wurden spezifische Ausbildungsstunden dafür
festgelegt. Zunächst wurde ich den Kraftfahrern zugeteilt,
theoretische Schulung stand auf dem Plan. Hauptmann
Soltau, der verantwortliche Offizier, verschaffte sich erstmal einen Überblick. Wer denn welche praktischen
Erfahrungen auf welchen Fahrzeugen habe, fragte er
gleich zu Beginn. Er war erstaunt, als ich ihm antwortete,
dass ich keinerlei Erfahrung hätte, da ich noch nicht einmal einen Führerschein besaß, jedenfalls keinen für einen
PKW, geschweige denn LKW. Mein Motorradführerschein nützte da gar nichts. Er würde das klären,
versprach er mir. An der Schulung musste ich fürs Erste
dennoch teilnehmen. Bereits am nächsten Tag teilte mir
der Uffz mit, dass ich von jetzt an zum „Rechner" ausgebildet werden würde. Er erklärte mir, dass der Rechner
derjenige ist, der aus diversen Winkel- und Entfernungsangaben die Koordinaten des zu beschießenden Zieles zu
errechnen habe. Hm, dachte ich mir, auch gut. Also ging
ich am nächsten Tag zur Rechnerausbildung, welche für

Thomas Frei: **GEDIENT**: Ein NVA-Soldat erzählt

alle Rechner des Regimentes zentral in einem anderen Gebäude stattfand. Das Abi war noch nicht so lange her, die Fähigkeit, mathematische Formeln und Rechenmethoden schnell aufzunehmen noch nicht verblasst. Insofern begriff ich schnell und hatte das Handwerk des Rechners schon am zweiten Tag einigermaßen im Griff. Genützt hat es allerdings nichts, denn bereits am nächsten Morgen eröffnete mir der Uffz, dass ich den Posten als Rechner vergessen solle, denn ich sei ab sofort als Aufklärer vorgesehen. Es geht doch nichts über eine gute Organisation und Planung, oder? Nun gut, Diskussionen und Widerstand waren ohnehin zum Scheitern verurteilt, also begab ich mich zur Ausbildung als solcher. Die Aufgabe eines Artillerieaufklärers war es, mit Hilfe eines optischen Gerätes die Entfernung und zwei Winkel, nämlich den sogenannten Teilring und den Richtungswinkel, zu einem potentiellen Ziel zu ermitteln. Das dazu verwendete optische Gerät hieß OEM2, OEM bedeutete „Optisches Entfernungsmessgerät", wurde von uns kurz „E-Mess-Schere" genannt, wog fast 30kg, war aber selbst aus heutiger Sicht ein Wunderwerk der Technik aus dem Hause Carl Zeiss in Jena. Es war überwältigend, durch die Okulare zu schauen und die Umgebung in einer 14 fachen Vergrößerung wahrzunehmen. Mit einem Knopfdruck konnte man 5 Messmarken einblenden. Vier quadratische Marken waren an den vier Ecken eines imaginären Quadrates angeordnet, in dessen Mitte man eine weitere, dreieckige Messmarke sehen konnte. Mit einem Stellrad an der rechten Seite konnte man die Messmarken geh nach Drehrichtung vor und zurückbewegen. Dies tat man solange, bis man den Eindruck hatte, dass sich die mittlere Messmarke auf gleicher Höhe mit dem Objekt befand, dessen Entfernung vom eigenen Standort man ermitteln wollte. Bei Betätigung eines weiteren Schalters konnte man ein Skala einblenden, an der man schlussendlich die Entfernung ablas. Die Entfernung konnte auf Distanzen zwischen 400 Metern und 14 Kilometern gemessen werden. Dazu gab es noch die Möglichkeit, an zwei Ringskalen den Richtungswinkel und den Teilring zum Ziel abzulesen. Dazu musste das gerät auf dem Stativ in die Waage gebracht und eingenordet werden. Natürlich bedurfte es regelmäßigen Trainings von exakt vermessenen Standorten, von denen aus man die Entfernung zu Kirchtürmen, Schornsteinen und sogenannten trigonometrischen Punkten maß, deren Entfernung zum Standort genau bekannt war. Überall rund um das Kasernengelände gab es jede Menge solcher markierten Standorte, wie ich im Laufe der Zeit feststellen konnte. Ich muss zugeben, dass mich dieses Gerät und die damit verbundene Aufgabe durchaus faszinierte.

V

So vergingen die Tage und die Vereidigung rückte näher. Das magische Datum war der 18.November, ein Sonntag. Die Zeremonie sollte auf einem Dorfsportplatz in der Nähe unseres Standortes stattfinden. Die Dorfkneipe mit Tanzsaal war für die anschließende Vereidigungsfeier, zu der auch Familienangehörige kommen durften, angemietet. Am Tag vor der Vereidigung wurde nochmals ein großes Training durchgeführt, mit allem Piepapo. Wir mussten die Ausgangsuniformen tragen, allerdings mit Stahlhelm und Stiefeln, anstatt mit Schuhen und Wintermütze. Die Wintermütze war ein nach russischem Vorbild gefertigtes Modell, bei dem man die Seiten wahlweise nach oben geklappt und oben verschnürt, oder aber nach unten geklappt frei hängend oder unter dem Kinn

verschnürt tragen konnte, je nach Temperatur. Diese Mütze wurde sowohl zur Ausgangsuniform als auch zur Winterdienstuniform getragen. Im halboffiziellen Sprachgebrauch hieß die mit Kunstpelz besetzte Kopfbedeckung „Tschapka", was schlicht das russische Wort für die Mütze war. Im inoffiziellen Sprachgebrauch nannten wir das Ding „liebevoll" „Bärenfotze".
Der große Tag war da.
Die Aufregung war deutlich zu spüren. Beim Frühstück bekam ich kaum einen Bissen runter. Wir waren schon in Ausgangsuniform zum Speisesaal marschiert. Zurück auf den Stuben saßen wir herum und versuchten uns die Zeit mit belanglosen Gesprochen zu vertreiben. Die Abfahrt ins Dorf war für 10.00 Uhr angesetzt. Der Uffz schaute gelegentlich rein und machte blöde Bemerkungen. „Jungs, der Samenstau wird auch heute nicht abgebaut, zum Bumsen wird es keine Gelegenheit geben" lautete einer der Sprüche. Ein anderer war: „Heute gibt's das erste Bier seitdem ihr hier seid. Passt also auf, dass ihr euch nicht im Suff in die Uniform pisst!"
Während der Fahrt fiel kaum ein Wort. Man saß auf den Holzpritschen hinten auf dem LKW, rauchte und sinnierte vor sich hin. Ab und zu ein Blick nach draußen, auf die Straße, die Bäume und Gebäude, die sich von einem rasant entfernten. Es war nicht wirklich kalt. Über der Ausgangsuniform trugen wir den Wintermantel, der aufgrund der Qualität des Stoffes von uns die Bezeichnung „Pferdedecke" erhalten hatte. Der Stahlhelm baumelte an den Lederriemen, die ich zwischen meinen Fingern hielt. Die Lkws, vornehmlich vom Typ W50 und Ural, fuhren direkt auf den Sportplatz und hielten auf der Aschenbahn. Das Kommando „Absitzen" erschallte gleich mehrfach, wir sprangen der Reihe nach von den Lkws. Wie zuvor tagelang geübt, nahmen wir Aufstellung auf dem Rasen. Am Geländer der Platzabsperrung hatten sich

schon zahlreiche Zivilisten versammelt. Ich versuchte, meine Eltern und meine Freundin Britta zu entdecken, hatte bei dem Gewühle aber nicht wirklich eine Chance.
Wir nahmen Aufstellung, der Uffz baute sich vor uns auf und befahl: „ 6. Batterie, Stillgestanden!" Dann kam der nächste Befehl: „Wegtreten zur Rauchpause und Begrüßung der Angehörigen! Zeit: 10 Minuten!"
Alles rannte los Richtung Seitenabsperrung. Meine Blicke irrten durch die Masse der Zivilisten. Dann, endlich, entdeckte ich meinen Vater. Ich drängelte mich durch die Ansammlung, es schien ewig zu dauern, bis ich meine Familie endlich erreicht hatte. Ohne meine Eltern zunächst zu beachten, nahm ich meine Freundin Britta in die Arme. Die Knutscherei dauerte eine Weile. Nachdem ich von ihr abgelassen hatte, drückte ich meine Mutter und meinen Vater, so als hätte ich sie seit einem Jahr nicht gesehen. Es folgte das Übliche, endlose Fragen ballerten mir die Drei entgegen, was im Grunde unnötig war, da ich mindestens jeden zweiten Tag einen Brief geschrieben hatte, sowohl an Britta als auch an meine Eltern. Das unvermeidliche „Gut siehst du aus in deiner Uniform, mein Kind" meiner Mutter folgte auf dem Fuße, ergänzt von dem Spruch meines Vaters, den ich am meisten hasste: „Ein schönes militärisches Haarschnittl haste jetzt." Es war ihm eine besondere Freude, mir diesen Satz zu präsentieren, waren doch meine langen Haare in den letzten Jahren ein beständiger Streitpunkt in unserer Vater-Sohn-Beziehung gewesen. Heute nahm ich das Alles nicht übel. Ich war froh, die Drei endlich wieder zu sehen. Vor allem meine Freundin. Ich hatte Britta erst im Frühsommer kennengelernt. Die kurze Zeit unseres Zusammenseins warf natürlich die Frage auf, ob sie die achtzehn Monate Zwangstrennung durchhalten würde, ohne mich zu verlassen. Aber das war heute ganz gewiss kein Thema. Die zehn Minuten, die uns gewährt worden waren, verrann-

ten schneller als uns lieb war. Über Lautsprecher erfolgte der Befehl zum Antreten. Es dauerte eine Weile, bis sich die ca. 200 Soldaten und Unteroffiziere in die Formation sortiert hatten. Der Regimentskommandeur, Oberst Ludwig, trat an das aufgestellte Mikrofon und hielt eine Rede, in der er vom Sinn des Soldatenseins, vom Stolz auf das sozialistische Vaterland und der Notwendigkeit der Verteidigung des Vaterlandes gegen den faulenden absterbenden Imperialismus der Westmächte erzählte. Anschließend spielte eine Militärkapelle einen flotten Marsch. Oberst Ludwig trat erneut ans Mikrofon und befehligte die Abordnung von zwei Offizieren und vier Unteroffizieren mit der DDR Fahne vor die Mitte der angetretenen Soldaten. Die vier Unteroffiziere hielten die Fahne jeweils an der Fahnenstange und an den zwei frei hängenden Ecken, so dass die Fahne gleich gewölbt parallel zum Boden zwischen ihnen entfaltet war. Die zwei Offiziere zückten ihre Paradedegen und hielten sie mit angewinkeltem Arm zuerst senkrecht vor ihren Gesichtern, um die Spitzen der Klingen dann mit leicht gebeugtem Arm gegen den Boden auszurichten. Es war soweit. Die DDR bekam in diesem Moment auch den letzten von uns unter ihre totalitären Fittiche. Wir sprachen dem Kommandeur die Eidesformel Satz für Satz nach. Mit jedem Wort, jedem Absatz lieferten wir uns, ich mich, dem Staat, in dem ich lebte, unweigerlich mehr aus. Es war nicht nur eine Floskel, ein formeller Akt. Nein, dieser Eid wurde absolut ernst genommen, zumindest vom Staat und seiner Parteiführung. Viele waren sich dessen in diesem Moment nicht bewusst. Ich schon. Die Zeremonie war vorüber, wir waren vereidigt auf die Fahne der DDR und standen im Dienst des Volkes und des Vaterlandes. Unwiderruflich. Relativ geordnet kletterten wir wieder auf die Lkws, die inzwischen wieder vorgefahren waren. Die kurze Strecke zur Dorfkneipe hätten wir durchaus auch laufen können, aber Befehl ist Befehl.

Wir betraten den riesigen Tanzsaal, suchten mit Blicken unsere Angehörigen. Ich fand meine Eltern und Britta recht schnell, endlich saßen wir beisammen. Mein Vater hatte schon Bier bestellt, der erste Schluck, oder besser, der erste heftige Zug schmeckte fabelhaft! Die Tanzkapelle begann zu spielen und einige Paare tummelten sich auf der Tanzfläche. Ich hatte keinerlei Lust darauf, viel lieber saß ich da, trank mein Bier und hielt ständig Brittas Hand. Wir bestellten etwas zu Essen. Ich schlang hastig den Sauerbraten und die Klöße runter. Ich schlang aus Angst, zu viel Zeit mit dem in diesem Moment unwichtigen Essen zu verschwenden, obgleich es um ein vielfaches köstlicher war, als der Fraß, den ich in den vergangenen achtzehn Tagen in mich reinschaufeln musste.

Dennoch verflog die Zeit mit gefühlter Lichtgeschwindigkeit. Die genehmigten zwei Stunden waren um, bevor man sich an die Nähe seiner Lieben hatte gewöhnen können. Der Abschied fiel schwer. Viel schwerer als am Tag der Einberufung, denn diesmal wusste man nicht, wie lang es bis zum Wiedersehen dauern würde. Dass es in meinem Falle erst im März sein würde, ahnte ich in diesem Moment noch nicht. Reichlich deprimiert erreichten wir die Kaserne. So schön das Zusammentreffen mit Familie und Freundin auch war, es war viel zu kurz. Die meisten waren in sich versunken, kaum einer sprach ein Wort. Jeder war mit seinen Gedanken daheim, so nahm ich es jedenfalls an, denn mir ging es so. Die Vorstellung, diese Trennung noch mehr als siebzehn Monate aushalten zu müssen, war fast unerträglich. Es war das erste Mal, das ich die Dimension der uns auferlegten Last wirklich begriff. Für diesen Gemütszustand gab es auch eine spezielle Bezeichnung im Kasernen-Deutsch: Tagedruck!

VI

Der nächste Tag begann wie üblich. Bis zum Morgenappell lief alles in gewohnter Art und Weise ab. Beim Appell selbst wurde uns dann verkündet, dass unsere Grundausbildung vorüber sei und wir nun in unsere regulären Einheiten verlegt werden würden. Der Uffz verlas die Namen und die dazugehörige Einheit. Ich wurde als Aufklärer in den 2. Stabsführungszug versetzt, was nichts anderes hieß, als dass ich im selben Gebäude, ja sogar auf dem selben Flur blieb. Der 2. Stab, wie der Zug kurz genannt wurde, hatte sein Quartier auf der selben Etage. Ihm gehörte der ganze Bereich links neben der großen Flurtür, also ca. 25 der gesamten 70 Flurmeter. Aus meiner Stube wurden noch Schröder und Franke in den 2. Stab versetzt, Schröder als Kraftfahrer, Franke als Funker.

Bevor wir hinübergingen, um dem Uffz des Stabes unsere Ankunft zu vermelden, beschlossen wir, noch in aller Ruhe eine Zigarette zu rauchen. Dann schlenderten wir den Flur entlang. Am UvD-Tisch unserer neuen Truppe angekommen, nahmen wir Haltung an. Franke, der schon während der Grundausbildung durch besondere Dienstbeflissenheit auffiel, machte Meldung: „Genosse Unteroffizier, gestatten Sie, dass ich Sie spreche?", kam es überkorrekt aus seinem Munde. Der Uffz machte keine Anstalten aufzustehen, geschweige denn, gemäß der Dienstvorschrift zu antworten. Weiter auf seinem Drehstuhl lümmelnd antwortete er: „Die Grundausbildung ist rum, jetzt könnt Ihr diesen Scheiß lassen!" Ein wenig verwirrt ergriff ich das Wort: „Soldaten Frei, Schröder und Franke melden sich zum Dienst im 2.Stabsführungszug." meldete ich in militärischem Tonfall. „Oh Mann, ist gut Jungs, ist gut. Ihr seid

die Neuen, ich habe kapiert. Jetzt hört mal auf mit dem militärischen Schnickschnack. Hier gehts etwas weniger förmlich zu, aber das werdet ihr noch lernen." Wie das einzuordnen war, wussten wir in diesem Moment noch nicht so richtig, aber ein Stein fiel uns schon vom Herzen. Die Strenge, die während der Grundausbildung geherrscht hatte, schien nicht zum Alltag unserer restlichen Dienstzeit zu gehören. Die andere „Strenge", welche uns in den nächsten fünf Monaten begleiten würde, kannten wir noch nicht. Aber wir würden sie kennenlernen, in den nächsten 60 Minuten schon. Und wir würden sie nicht lieben, wir würden sie hassen, wenigstens für die nächsten fünf Monate und elf Tage.
„Ich bin Unteroffizier Haubold, bin im 4.Diensthalbjahr und gehe mit Euch nach Hause. Also lassen wir die Förmlichkeiten." „Alles klar", antwortete ich, einfach, um irgendwas zu sagen. Haubold sah auf einer Liste nach, die vor ihm auf dem Tisch lag. „Frei und Franke Stube 1, Schröder Stube 2!", lautete seine Ansage. Die Stuben lagen direkt nebeneinander auf der gleichen Seite, wie die Toilette und der Waschraum, gegenüber der großen Flurtür. Franke und ich gingen zur Tür, öffneten sie und traten ein. „Könnt Ihr nicht anklopfen? Elendes Hüpfergesindel!!" brüllte es von einem Bett. Erschrocken wie wir waren, entdeckten wir den Rufer erst nach einem Moment. Im unteren Bett direkt am Fenster lümmelte ein Soldat auf der Matratze. Er hatte ein Buch vor sich. „Ihr seid die neuen Springer?" fragte er in barschem Ton. Wir wussten weder, was „Hüpfergesindel" noch „Springer" zu bedeuten hatte, aber Franke, eifrig wie er nun mal war antwortete in schüchternem Ton: „Ja". „Na dann Willkommen! Auf euch hab ich schon seit einem Jahr gewartet!", sagte der Kerl auf dem Bett. „Die unbezogenen Betten sind frei, sucht euch jeder eins aus", wies er uns an. Mein Blick schweifte die Reihe Betten entlang.

Thomas Frei: GEDIENT: Ein NVA-Soldat erzählt

Nur obere Betten waren unbezogen. „Ich bin Frei", sagte ich in Richtung des Kerls. Der guckte mich erst ein wenig fragend an, dann lachte er. „Du bist frei? Junge, ehe Du frei bist, bin ich schon lange zu Hause!" „Nee, ich bin Soldat Frei, und das ist Soldat Franke", entgegnete ich. Sein Gelächter wurde noch lauter. „Frank und Frei, das gibt's ja nicht!", grölte er. Er beruhigte sich schnell und ging zu einer kurzen Ansprache über. „Also, Jungs, ich bin Rupert, EK Rupert. EK heisst ‚Entlassungskandidat', falls ihr das noch nicht wissen solltet. Kurz ‚DER E'. Der E hat das Sagen auf der Bude, die Zwischensau kümmert sich darum, dass ihr, die Springer, alles zur Zufriedenheit ausführt! Alles klar?" „Ja", antwortete ich etwas kleinlaut, denn mir schwante, dass ab jetzt jeden Tag eine Menge Arbeit und noch weniger Freizeit angesagt war. „Gut", sagte Rupert, „Dann mal los. Betten aussuchen, Spind einräumen, Betten beziehen, dann sehen wir weiter! Und alles möglichst geräuschlos, sonst brennt die Luft und ich mach euch Dampf ans Rad!" Das war deutlich. Im Gegensatz zu den Anderen, die nicht innerhalb des Flurs umziehen konnten, mussten wir nicht unsere gesamte Ausrüstung in der Zeltbahn verpacken. Stapel für Stapel, Fach für Fach trugen wir alles in unsere neue Stube, permanent darauf achtend, unnötige Lärmbelästigung zu vermeiden. Schließlich wollten wir den „E" nicht dazu verleiten, bereits am ersten Tage Strafmaßnahmen gegen uns zu verhängen. Nach einer Stunde war der Umzug samt Einräumen des neuen Spindes erledigt. Franke und Schröder trotteten zur „Bekleidungs- und Ausrüstungskammer, kurz „BA-Kammer", um uns Bettwäsche zu holen. Die BA-Kammer befand sich im Gebäude gegenüber, dort, wo wir am ersten Tag unsere Sachen bekommen hatten. Alles war fertig, keiner kümmerte sich zunächst um uns. Der „E" Rupert hatte auch kein Interesse, uns mit weite-

ren Erläuterungen zum „Springer-Dasein" zu beglücken. Er genoss ganz offensichtlich seine neue Rolle als Entlassungskandidat, die im wesentlichen beinhaltete, in Ruhe gelassen zu werden, soweit es möglich war. Kurz vor dem Mittagessen kehrten die restlichen Rekruten des 2. Stabes von ihren Ausbildungsmaßnahmen zurück. Die Stube füllte sich, man machte sich miteinander bekannt. Ein weiterer „Springer" zog ein, Hartung mit Namen, vorgesehen als Kraftfahrer. Unsere neue Gemeinschaft teilte sich nun wie folgt auf: Drei „E's": Rupert, Reinecke und Lohmann. Sie alle hatten den Dienstgrad Gefreiter. Rupert war Kraftfahrer, Reinecke Aufklärer, wie ich, Lohmann war Funker. Vier „Zwischenschweine": Meier, Fischer, Koslowski, Lindner. Drei „Springer": Franke, Hartung und ich.
Meier war Koch und fuhr gleichzeitig den Küchen-LO, einen kleineren LKW, an dem die Feldküche, auch als Gulaschkanone bekannt, angehängt wurde, wenn es in Feld ging. Die Köche hatten andere Dienstzeiten, so dass wir Meier eigentlich nur abends zu Gesicht bekamen. Koslowski war der „Ladewart", er fuhr einen Geländewagen der Marke P3, auf dessen Ladefläche Ladestationen für Batterien montiert waren. Aus unerfindlichen Gründen hatte er eine Stiefelbefreiung beim Regimentsarzt erwirkt, weshalb er stets in Turnschuhen rumlief, was in Verbindung mit der Dienstuniform irgendwie lächerlich wirkte. Fischer fuhr ebenfalls einen Geländewagen, vom Typ UAS. Er war der persönliche Fahrer des Abteilungskommandeurs, Major Ganter, genannt „die Gans". Lindner war Funker auf der „Hauptbeobachtungsstelle". Was das war, erfuhr ich erst später. Wir Springer warteten auf den Befehl, zum Mittagessen anzutreten. Ich blickte jede zweite Minute auf meine Armbanduhr. Fischer bemerkte das und fragte: „Was glotzt Du denn ständig auf Deine Uhr? Haste 'ne

Thomas Frei: **GEDIENT**: Ein NVA-Soldat erzählt

Verabredung?". „Nee", antwortete ich. Er schien zu ahnen, was in mir vorging. „Wenn Du auf den Abmarsch zum Fressen wartest, wirst Du verhungern! Gibt es hier nicht!" „Hä?" „Wir gehen in den Fress-Saal, wann wir wollen. Und schon gar nicht im Gleichschritt!" sagte er mit ein wenig Stolz in der Stimme. „Wir sind der Stab und nicht dämliche Holmies!", ergänzte er. Mit „Holmies" waren die Kanoniere der Batterien gemeint. Man war im Stab, man war was Besseres! Auch ich sollte mir diese Sichtweise und die damit verbundene Arroganz gegenüber den „Holmies" im Laufe der Zeit angewöhnen.

Für den Nachmittag dieses Tages war nur Innendienst angesagt. Das bedeutete, irgendwelchen Scheintätigkeiten nachzugehen, um Aktivität vorzutäuschen, für den Fall, das unverhofft ein Offizier auftauchen sollte, den die Langeweile zu schikanösen Kontrollmaßnahmen trieb. Zur Dienstausgabe trafen wir erstmals auf unseren Zugführer. Fähnrich war sein Dienstgrad, Dreispitz sein Name. Er war 26 Jahre alt, ein sportlicher, eigentlich sympathischer Typ. Er wirkte immer ein wenig hektisch und betriebsam, womit er aber seine Unsicherheit, Entscheidungen zu treffen zu verbergen suchte, wie ich im Laufe der nächsten 17 Monate noch feststellen würde. Im Grunde war er das, was wir heutzutage ein Weichei nennen, welches sich gerne als harter Kerl präsentiert. Wichtigster Punkt dieses kleinen Appells war die Zuteilung der Springer zu den Gruppen des Stabsführungszuges. Ich landete als Aufklärer in der Gruppe der „Nebenbeobachtungsstelle". Die Gruppe bestand nur aus drei Leuten: Uffz Haubold als Gruppenführer, meiner Wenigkeit als Aufklärer und einem „Zwischenschwein" aus der Nachbarstube, Soldat Reinhold. Haubold hatte neben seiner Aufgabe als Gruppenführer auch noch als Funker zu fungieren. Der Fähnrich ließ uns wegtreten. Ein wenig Freizeit war

angesagt. Wie fast an jedem Tag zuvor setzte ich mich an den großen Tisch und schrieb einen Brief an Britta. Die meisten lagen auf den Betten rum und lasen die Post, die sie heute erhalten hatten. Meier, Koslowski und Lohmann spielten Skat. Es war keine halbe Stunde vergangen, als Rupert Fischer ansprach. „He, Zwischensau, willste nicht mal die Springer einweisen, wie man Brot holt? Oder willste das selber machen?" „Nee, geht gleich los!", antwortete Fischer. „Alle Springer mitkommen", wandte er sich im Befehlston an uns. Wir folgten ihm auf den Flur. Er ging zielstrebig auf das Fenster an der Stirnseite zu, guckte kurz hinunter auf die Straße und winkte uns heran. „Seht Ihr den LKW da unten am Seiteneingang von der Küche? Der bringt frisches Brot aus der Bäckerei, jeden Tag um diese Zeit. Sobald der LKW weg ist, gehen zwei von Euch rüber und holen zwei Brote aus den Paletten. Aber lasst Euch nicht erwischen! Klar?". „Klar," antwortete Franke in unser aller Namen.
Wir zogen los, Franke und ich. Bevor wir unser Ziel erreicht hatten, war der LKW schon weg. Die Paletten reihten sich an der Mauer neben der Tür auf. Ich griff nach einem Brot, welches noch warm war und schob es unter die Uniformjacke. Wir machten kehrt und hasteten zu unserer Abteilung zurück. In der Stube angekommen, legten wir die Brote auf den Tisch. „Gut!", sagte Rupert, "Nun ab in die Küche, den Brotbelag abgreifen!" Er muss an unserem fragenden Blick gesehen haben, dass uns nicht klar war, worum es ging. Eine andere Zwischensau übernahm die Erklärung: „Ihr geht jetzt in den Speisesaal und holt das Abendbrot für Alle! Seht zu, das es ausreichend ist!", wies uns Lindner ein. „Und lasst euch reichlich Butter geben!", kam es von Koslowski, „Brot könnt ihr natürlich weglassen." Zur Tarnung mit den Bestecktaschen ausgestattet, gingen wir in den Speisesaal. Wir hatten Glück. Am Ausgabefenster war unter

anderem der Koch aus unserer Stube, Meier, mit dem Befüllen der Plastikteller beschäftigt. Als wir dran waren, sagte ich nur kurz: „Wir brauchen Alles für alle auf der Bude." „Kein Problem", sagte Meier grinsend, „Ich mach was fertig." Er verzog sich in den hinteren Teil der Küche und tauchte kurze Zeit später mit einem großen Teller wieder auf, der von einem weiteren Teller abgedeckt war. „Schieb' das unter die Jacke, aber pass auf, das nichts rausfällt." Ich presste die beiden Teller zusammen und tat, wie Meier mir empfohlen hatte. Von nun an wurden Frühstück und Abendessen auf der Stube eingenommen. Da niemand den ekligen Tee zum Frühstück trinken mochte, war es üblich, sich seinen Kaffee auf der Stube selbst zu brühen. Dafür gab es mehrere Methoden. In Ermangelung eines Kaffeefilters wurde das Kaffeepulver der Marke „Mokka Fix" in der Regel einfach mit heißem Wasser in der braunen Plastiktasse aufgegossen. Edler ging es bei Koslowski zu. Der besaß einen Perlonfilter. Er zelebrierte den Brühvorgang regelrecht, fühlte er sich doch dabei als was Besonderes. Auch für das Erhitzen das Wassers wurden verschiedene Methoden angewendet. Manche benutzten einen Reisetauchsieder. Diese Dinger waren zwar verboten, aber das interessierte niemanden wirklich. Das Problem bestand allerdings darin, einen neuen zu besorgen, wenn der alte bei einer Kontrolle gefunden und eingezogen worden war. Die üblichen Versorgungslücken im Lande betrafen eben auch solche simplen Geräte. Das Erhitzen des Wassers dauerte mit dem Tauchsieder recht lang. Effektiver war der „Atomino", ein selbstgebasteltes Gerät, welches auch brandgefährlich war. Das Ding bestand aus einem einfachen Elektrokabel mit einem Stecker an dem einen Ende. Am anderen Ende wurden zwei Metallscheiben, die im Original Deckel und Boden des Behälters der Ersatzgläser für die Gasmaske waren, an die Kabelenden gelötet. Hängte man die Enden

ins Wasser und steckte den Stecker in die Steckdose wurde das Wasser zum elektrischen Widerstand, heizte sich dadurch ruckzuck auf und fing in weniger als 30 Sekunden an zu kochen. Besonders gefährlich wurde diese Variante, wenn man das Wasser in einer der üblichen Teekannen erhitzte, denn diese waren aus Metall uns standen folglich bei der Prozedur unter Strom. Nach dem Abendessen, welches mehr oder weniger gemeinsam am Tisch auf der Bude eingenommen wurde, mussten wir Springer natürlich den Tisch säubern, die erste Aktion des abendlichen Stuben- und Revierreinigens. Eine Zwischensau übernahm die Einteilung der zu erledigenden Aufgaben. Gönnerhaft wurde dabei darauf hingewiesen, dass wir uns die Zeit dafür selbst einteilen könnten. Wichtig war lediglich, bis 22.00 Uhr fertig zu sein.
In den folgenden Tagen gab es noch einige Überraschungen für uns. Der Frühsport wurde nur sporadisch durchgeführt, meist dann, wenn eine Kontrolle durch Offiziere stattfand oder zu befürchten war. Aber selbst dann wurde meist nur ausgerückt, um sich dann im Heizungskeller des Med.-Punktes, der Krankenstation des Regimentes, zu verstecken, um dort eine Zigarette zu rauchen. Nach dem Morgenappell, so er denn stattfand, orientierte man sich auf dem Dienstplan, was man über den Tag zu tun hatte. Hinter meinem Namen stand zumeist E-Mess-Training, welches ich gemeinsam mit dem anderen Aufklärer des Zuges, dem Gefreiten Reinecke, und seinem Gruppenführer Uffz Starke zu absolvieren hatte. Wir hatten nur eine E-Mess-Schere zur Verfügung, die selbstverständlich von mir zu einem der markierten Messpunkte geschleppt werden musste. Natürlich musste ich auch dieses schwere Ding aufbauen und einnorden. Sobald das erledigt war, verabschiedete sich Starke mit der Bemerkung, das er in zwei Stunden zurück sei. Was

er in der Zeit trieb, blieb sein Geheimnis. Ich begann mit meinen Trainingsmessungen. Jeweils zehn Messungen der Entfernung zu einem markanten Objekt, wie zum Beispiel zum Kirchturm des in Sichtweite liegenden Dorfes, waren für eine Meßreihe zu tätigen. Da die tatsächliche Entfernung zu solchen Punkten bekannt war, konnte man so seinen persönlichen Meßfehler in den verschiedensten Entfernungsbereichen ermitteln und bei der Messung von Artilleriezielen einarbeiten.

Reinecke hatte sich ein Buch mitgebracht, lümmelte auf dem Segeltuchsack, in dem das Stativ verpackt war, rauchte und las. Ich absolvierte brav meine Messreihen, gönnte mir zwischendurch auch eine Zigarette. Als ich die vorgegebene Anzahl an Messungen gemacht hatte, betrachtete ich mir die Umgebung in der Vergrößerung von 1:14, gierig auf alles, was nach Zivilleben und „Freiheit" aussah. Viel gab es da nicht zu sehen. Selbst das Neubaugebiet, welches etwas links von uns lag und in der Mehrzahl von Offizieren unseres Regimentes und deren Familien bewohnt wurde, schien wie ausgestorben. Naja, es war ein Wochentag, vormittags, November. Was sollte es da auch schon zu sehen geben. Als die zwei angesetzten Stunden vorüber waren, machten wir uns auf den Rückweg, der in ungefähr fünfzehn Minuten bewältigt war; wir trotteten eher gemächlich, als das wir gingen. Bis zum Mittag war es noch eine gute Stunde. Starke ordnete an, dass wir die E-Mess-Schere zu säubern hätten, das Ganze in der „Optikkammer", wo das Teil neben anderen Ausrüstungsgegenständen gelagert war. Wir taten, wie befohlen. Nachdem wir die Kammer betreten hatten, hockte sich Reinecke sofort auf das an der Wand liegende zusammengerollte Tarnnetz, welches zum SPW (Schützenpanzerwagen) gehörte, auf dem die Besatzung der Haupt-B-Stelle in den Krieg ziehen sollte. Er packte sein Buch aus und las weiter. An Unterhaltung schien er

nicht sonderlich interessiert. Ich wischte mit einem Lappen die E-Mess-Schere ab. Damit war innerhalb von zwei Minuten der Befehl von Uffz Starke ausgeführt. Die restliche Zeit bis zum Mittagessen verbrachte ich wartend, ohne irgendwas zu tun. Das so oder so ähnlich viele Tage aussehen würden, wusste ich zu diesem Zeitpunkt noch nicht. Nach dem Mittagessen und der Mittagsruhe waren zumeist Maßnahmen wie Waffenreinigung oder die „Reinigung und Instandsetzung der Bekleidung und Ausrüstung", kurz Putz- und Flickstunde, auf dem Plan. Dazu wurde von jedem der Hocker auf dem Flur platziert, einige Gegenstände oder Teile der zerlegten Kalaschnikow darauf gelegt. Anschließend ging jeder irgendeiner anderen Beschäftigung nach. Tauchte unerwartet ein Offizier auf, meldete der UvD diesem, das die Truppe gerade zu einer Pause weggetreten sei. Blieb der Offizier über Gebühr da, gab der UvD einen Pfiff mit der Trillerpfeife ab und befahl laut: „Zweiter Stabsführungszug, Pause beenden! Raustreten zum Weitermachen!"
So gingen die Tage dahin. Der erste Monat von Achtzehn war vorüber.

Kapitel 2

Dezember

I

Der neue Monat ging mit einer neuen Sache los: Wache stehen, zum ersten Male. Da unser Zug zu klein war für einen Wachaufzug im Regiment, waren wir stattdessen auserkoren, im Divisionslager Wache zu schieben. Der Wachdienst begann 18.00 Uhr und dauerte 24 Stunden. Am Vormittag hatten wir lediglich „reduzierte Ausbildung", welche so aussah, daß wir in einem Schulungsraum saßen und der Fähnrich uns zahlreiche Dienstvorschriften vorlas und erläuterte. Das Ganze wurde von reichlich Rauchpausen unterbrochen. Ab Mittag hatten wir frei, bis 16.00 Uhr. „Wachvorbereitung" hieß das und bestand im Wesentlichen aus Rumliegen, Lesen oder Karten spielen. Es folgte die Wachbelehrung.Kurz vor fünf mussten wir raus treten, die MPi und 60 Schuss Munition in Empfang nehmen und die zwei Magazine mit jeweils 30 Patronen befüllen.
17.15 war Abfahrt nach Rombach, wo sich das Divisionslager befand. Die Fahrt dauerte ungefähr 25 Minuten. Da es bereits dunkel war, wurden unsere Bestrebungen, soviel wie möglich vom „Leben da draußen" etwas mitzubekommen, nur selten belohnt. Es war Samstag, die meisten Leute waren zu Hause und für diejenigen, die heute Abend irgendwo zum Tanz gingen, war es noch zu früh, um sich auf der Straße zu zeigen. Das Divisionslager bestand nur aus wenigen Gebäuden. Direkt am Tor befand sich die Wachstube mit einem Dienstraum, einem Schlafraum und einem kleinen Waschraum. Auf der

Rückseite befand sich noch die Stube der Feuerwache, welche aus 3 Soldaten und einem Uffz bestand und auch von unserem Regiment gestellt wurde. Ein kleiner Lagerraum für diese kleine Truppe war direkt neben deren Stube. Dann gab es da noch eine etwas größere Baracke, ziemlich genau in der Mitte des Lagers. Dort hatte der OvD dieses Objektes seinen Dienstraum. Außerdem befanden sich da auch ein paar Soldatenstuben, die die zehnköpfige Besatzung beherbergten. Das größte Gebäude war eine Lagerhalle, an deren rechtem hinteren Ende sich ein mehrgeschossiger Bürobau befand. Dort verwalteten Berufsunteroffiziere und Offiziere den Lagerbestand. Ein Speiseraum im ersten Stock komplettierte das Ganze. Die Halle hatte links eine Laderampe, die sich über die gesamte Länge erstreckte. Ein Eisenbahngleis direkt vor der Rampe schloss den Komplex an das Eisenbahnnetz an. Wir hielten vor der Baracke, sprangen vom LKW und formierten uns in Zweierreihe. Die Kalaschnikow wurde rechts geschultert, der Stahlhelm hing vorn am Gürtel. Links hing die Tasche mit der Gasmaske, rechts am Koppel die Magazintasche. Wir trugen die sogenannte „Wattekombi", eine robuste Uniform im üblichen Grau, welche ein sehr dickes Futter hatte, um auch vor extremer Kälte zu schützen. Die normale Winterdienstuniform wurde darunter getragen.
Der OvD trat aus der Tür, stieg die 3 Stufen herab und nahm vor uns Aufstellung. Der Wachhabende, Uffz Haubold brüllte zackig: „Wacheinheit stillgestanden!" Dann drehte er sich zum OvD und machte Meldung: „Genosse Hauptmann, Wacheinheit des 2. Stabsführungszuges mit 9 Soldaten und einem Unteroffizier zur Wachübernahme angetreten! Es meldet Unteroffizier Haubold, Wachhabender!" „Danke, Genosse Unteroffizier!" antwortete er, „Lassen sie die Wache zur Kontrolle vortreten!" Uffz Haubold drehte sich wieder zu uns und

befahl: „Erstes Glied zwei Schritt vortreten!" Das erste Glied tat wie befohlen. Der Hauptmann schritt die zwei Reihen ab und musterte jeden Einzelnen von Kopf bis Fuss. Zu beanstanden hatte er nichts. „Genosse Unteroffizier, lassen Sie das erste Glied zurücktreten!" Der Befehl dazu kam wie aus der Pistole geschossen. Nachdem wir den Befehl ausgeführt hatten, übernahm der OvD das Kommando: „Fühlt sich jemand nicht in der Lage, seinen Dienst durchzuführen?!" Als keine Antwort kam, ließ er uns wieder stillstehen. „Vergatterung!", sagte er im Befehlston. Mit dem Ausspruch dieses Wortes waren wir für die nächsten 24 Stunden ausschließlich ihm unterstellt. Im Gleichschritt ging es zum Wachlokal. Dort angekommen, wurde vom OvD die Ablösung der vorangegangenen Truppe vorgenommen. Uffz Haubold betrat mit dem alten Wachhabenden die Räume, um sie in ordentlichem Zustand zu übernehmen. Seine Unterschrift im Wachbuch vervollständigte die Übernahme. Nun konnten wir das Wachlokal ebenfalls betreten. Drei von uns mussten jedoch sofort zur Postenablösung wieder hinaus treten. Es gab drei Postenbereiche. Der erste Bereich führte um eine eingezäunte rechteckige Fläche herum. Innerhalb des Zaunes standen Trinkwasserwagen, ein paar Feldküchen und Boote herum. Der Abschnitt an der hinteren Schmalseite dieses Rechteckes war von der Objektstraße aus nicht einsehbar. Der zweite Bereich erstreckte sich entlang des Zaunes an der Süd- und Ostseite des Lagers. Bereich Nummer Drei war ein sogenannter Nachtposten, bei dem man die östliche Front der Lagerhalle bis zum Bürotrakt entlang patrouillierte. Posten Eins und Zwei wurde in Drei Wachaufzügen gesichert. Das hieß: Zwei Stunden Posten stehen, oder besser laufen), zwei Stunden schlafen und schließlich zwei Stunden Bereitschaft, bei der man sich im Wachdienstraum aufhielt und bei Bedarf das Tor zu öffnen und zu schließen hatte.

Einen extra Torposten gab es nicht. Beim Nachtposten entfielen die zwei Stunden Bereitschaft. Dafür wurde die Bewachung dieses Bereiches ab 06.00 Uhr morgens eingestellt. Die Zeit bis zur Wachablösung gammelte man dann im Wachlokal herum.
Der Nachtposten wurde in der Regel mit einem Springer und einem E besetzt. Der E übernahm dabei den ersten Aufzug, was zur Folge hatte, dass sein Postenrhythmus um 04.00 Uhr beendet war und er ab dann schlafen konnte. Da es nur vier Betten gab, eines für jeden Posten und eines für den Wachhabenden bzw. seinen Gehilfen, hatte der Springer das Nachsehen. Er konnte sich erst dann zur Ruhe begeben, wenn der E ausgeschlafen hatte.
Der Speiseraum im Divisionslager war etwas Besonderes. Nicht nur das entgegen der sonstigen Gepflogenheiten Offiziere und Mannschaft gemeinsam speisten, wurden dort auch belegte Brötchen und Bockwurst für das zweite Frühstück verkauft. Der Renner waren frische Hackepeter-Brötchen, derart gut gewürzt, dass mir heute noch das Wasser im Munde zusammenläuft, wenn ich daran denke. Diese Brötchen waren so begehrt, dass man sie morgens bei der Abholung des normalen Frühstücks vorbestellen musste! Mein erster Wachdienst verlief ohne Zwischenfälle. Ich hatte auf Posten Eins zu patrouillieren. Das war nicht schlecht. In der hintersten, nicht einsehbaren Ecke des Terrains befand sich ein Postentelefon, von dem aus man das Wachlokal anklingeln konnte, indem man heftig an einer kleinen Kurbel drehte. Direkt neben dem Mast, an dem das Feldtelefon angeschraubt war, stand hochkant ein Bierkasten, auf dem man sitzend und rauchend eine nicht geringe Zeit verbrachte, zumindest nachts. Zurück in der Kaserne zog der normale Ablauf recht schnell wieder ein. Zur nächsten Wache würde ich mir ein Buch mitnehmen.

Thomas Frei: **GEDIENT**: Ein NVA-Soldat erzählt

Der Dienstplan hing über dem UvD-Tisch. Erstellt wurde er von Dreispitz, unserem Zugführer. Der Fähnrich bewies nicht wirklich viel Phantasie bei der Gestaltung des Planes. Nur zwei bis drei Mal fand man da allgemeine Ausbildungsmaßnahmen wie Sturmbahn, Dienstsport, Exerziertraining oder Ähnliches. Bei mir und Reinecke stand an drei von fünf Tage das E-Mess-Training an. Zwischendurch gab es auch mal „Optikkammer".

II

Ein Thema, was alle bewegte, hieß „Urlaub". Davon gab es zwei Arten, die jedem Soldaten jeweils einmal pro Halbjahr zustanden. Da war der VKU, der verlängerte Kurzurlaub. Der ging von Freitag nach Dienstende bis zum Dienstag morgen zum Dienstbeginn. Die andere Variante war der EU, der Erholungsurlaub. Den trat man an einem Wochentag zum Dienstende an und erschien zum Dienstbeginn des gleichen Tages in der nächsten Woche wieder in der Kaserne.
Weihnachten stand vor der Tür.
Das gab Raum für zahlreiche Spekulationen, Gerüchte machten die Runde. „Weihnachten fahren alle nach Hause, die Frau und Kinder haben. Silvester die anderen", hieß es. Allerdings vornehmlich unter uns Springern. Rupert lachte nur lauthals, als er eine solche Diskussion mitbekam. „Was wollt Ihr Springschweine denn schon zu Hause, ihr seid doch gerade erst angekommen!" höhnte er. Koslowski ergänzte in seiner arroganten Art: „Hüpper an Weihnachten zu Hause - das könnt ihr unter ‚Weihnachtsmärchen' abhaken!" Die Hoffnung keimte weiter in uns. Einen Urlaubsantrag zu schreiben traute sich indes keiner. Doch bevor es soweit war, gab es am nächsten Wochenende noch einen Höhepunkt:

Der Bandmaßanschnitt unserer E's stand an, ergänzt vom „Dachsschlag", den die Zwischenschweine erhalten sollten. Bei diesem Ritual wurde in einer recht feierlichen Zeremonie der erste Abschnitt des Bandmaßes abgeschnitten, welches ein jeder E bei sich trug. Jeder Zentimeter symbolisierte einen noch zu dienenden Tag. Pünktlich um 17.00 Uhr wurde es täglich um einen weiteren Zentimeter gekürzt. Der Anschnitt hätte für unsere E's schon am vergangenen Wochenende stattfinden sollen, aber da knapp die Hälfte der Truppe auf Wache war, wurde die „offizielle" Zeremonie einfach verschoben. Natürlich schnitten die E's schon täglich ihren Zentimeter ab, schließlich musste das Maßband ja tagesaktuell mit sich geführt werden. Nun ging es zuerst darum, genügend Alkohol herbeizuschaffen. Das eine oder andere 07er Glasmantelgeschoss, wie wir Schnapsflaschen im Armeejargon nannten, war schon in diversen Verstecken gebunkert. Aber das reichte nicht. Man wollte doch den Schnaps mit Bier hinunterspülen. Um Bier zu besorgen musste jemand am Samstag Abend „in die Spur" gehen. Das hieß nichts anderes, als über den Zaun zu klettern, um im nächstgelegenen Dorfgasthof Bier zu holen.
Ich weiß nicht mehr so genau, welcher Teufel mich da geritten hatte, aber ich bot mich für diese Aufgabe an. Zwischensau Linder sollte mich einweisen. Er galt als besonders eifriger und erfahrener Spurgänger. Es war soweit. Bekleidet mit dem Trainingsanzug musste ich meine Koppel umschnallen und das „Tragegestell" anlegen, an dem mittels Karabinerhaken eine Tasche des Sturmgepäcks eingehangen wurde. In die Tasche wurde ein 10 Liter Plastikkanister gesteckt. Zwei 5 Liter Kanister, ebenfalls aus Plastik, welche in der Hand getragen wurden, komplettierten die Ausrüstung. Schon gings ab.

Thomas Frei: **GEDIENT**: Ein NVA-Soldat erzählt

Wir verließen das Gebäude am hinteren der beiden Ausgänge, huschten in Richtung Zaun und blickten nach links und rechts, um zu sehen, ob der Wachposten dort gerade patrouillierte. Keiner war zu sehen, was auch kein Wunder war. Wir hatten den Zeitpunkt günstig gewählt. Es war 18.00 Uhr, Wachablösung. Selbstverständlich hielt sich der Posten viel weiter in Richtung Wachlokal auf, um seine eigene Ablösung nicht unnötig in die Länge zu ziehen. Wir kletterten über den Zaun, was kein Problem war, denn Stacheldraht gab es nicht. Geduckt überquerten wir die Straße, übersprangen den Seitengraben und rannten in gebückter Haltung weiter geradeaus. Im Dauerlauf erreichten wir die Strommasten in der Mitte des Feldes. Dort bogen wir scharf rechts ab und weiter ging es, immer den Leitungen nach. Als wir nach etwa Zehn Minuten an einer Straße ankamen, ging es nochmal nach links. Nach 100 Metern war das Ziel erreicht. Wir gingen durch die Einfahrt und klopften an ein beleuchtetes Fenster.
Wir waren beim „Onkel" in Heinersdorf angekommen. Das Fenster öffnete sich, jemand schaute raus und sagte „Hallo!?" Lindner streckte der Person schon die zwei kleineren Kanister entgegen, zog den Großen aus meinem Rucksack, reichte auch diesen weiter und sagte: „Dreimal voll bitte" „Alles klar", sagte der Kerl am Fenster. „Was zum Vorglühen?", fragte er. „Das Zapfen wird dauern", kam als Ergänzung von ihm. „Logisch", antwortete Lindner, „Zwei Große und zwei Kurze, bitte!" „Kommt gleich", mit diesen Worten schloss der Kerl das Fenster wieder. Keine 5 Minuten später wurde es wieder geöffnet, zwei halbe Liter Bier und zwei doppelte Korn wurden uns runtergereicht. Wir verzogen uns in einen dunkleren Bereich des Hofes, nahmen auf einem Bretterstapel Platz und schütteten den Schnaps hinter. Auch das Bier tranken wir hastig. Der Durst war

nach den 15 Minuten Dauerlauf recht groß. Lindner schickte mich ans Fenster, um den Nachschub zu bestellen. Der Kerl öffnete keine halbe Minute nach meinem Klopfen, nahm wortlos die leeren Gläser entgegen und sagte nur kurz: „Warte!" Er reichte sofort zwei frisch gezapfte Halbe und zwei Kurze runter. Ich war verblüfft, offensichtlich war er mit dem Procedere bereits sehr gut vertraut. Wir tranken etwas langsamer, wenigstens beim Bier ließen wir uns mehr Zeit als beim ersten Glas. Das war auch kein Wunder, denn bei den Temperaturen wäre ein Grog oder ein Glühwein sicherlich die bessere Wahl gewesen. Das Abfüllen der Kanister schien ewig zu dauern, was allerdings kein Wunder war. Einen Kanister füllt man nun mal nicht in Windeseile mit schäumendem Bier! Nach einer Stunde hatten wir vier halbe Liter und vier doppelte Korn intus. Nach den zurückliegenden Wochen der Abstinenz, mal abgesehen von den zwei Bieren bei der Vereidigung, schlug der Alkohol ganz schön zu. Es drehte bereits mächtig im Kopf, als es „Fertig!" aus dem geöffneten Fenster rief. Lindner lief vorneweg, ich wankte hinterher. Er bezahlte die Zeche, nahm den großen Kanister entgegen und verstaute diesen in der Tasche auf meinem Rücken. Das Gewicht zog mich für einen Moment nach hinten, aber noch hatte ich mich einigermaßen im Griff. Die kleineren Kanister folgten. Ich trug in jeder Hand einen. So liefen wir los, wieder entlang der Strommasten. Lindner vorneweg, ich hinterher, mehr taumelnd als rennend. Am Abzweig zur Kaserne hin musste ich um eine kurze Pinkelpause bitten. Linder war stinkig, „Oh Mann, Hüpper mit Konfirmantenblase", blaffte er mich an. Wieder über den Zaun, rein ins Gebäude, drei Treppen hoch, geschafft.

Die anderen warteten schon ungeduldig. Sie saßen schon mit einer „straffen Mischung", Schnaps mit der gerade vorhandenen Limonade gemischt, am Tisch. Die Kanister wurden mir abgenommen, die „Mischungen" ausgetrunken und die Plastiktassen mir Bier gefüllt. Meier reichte mir eine Wodkaflasche: „Hier, mach Dir erst mal was Hartes zurecht!" Ich kippte zur Hälfte Wodka in meine Tasse und füllte mit Vita Cola auf. Die Mixtur schmeckte nicht sonderlich gut, was an der Temperatur lag. Einen Kühlschrank gab es nicht, also musste man das Gesöff so warm hinter kippen, wie es nun mal bei Zimmertemperatur war. Dafür schien die Wirkung schneller einzusetzen. Nach zwei weiteren Bieren war ich hinüber, von der Zeremonie des Bandmaßanschnittes bekam ich nur noch Bruchstücke mit.

III

Am nächsten Morgen, es war Sonntag, wurden wir vom schrillen Pfiff der Trillerpfeife des UvD geweckt. Das war absolut unüblich, denn gerade an den Sonntagen scherte man sich normalerweise nicht unbedingt um die Einhaltung der Dienstvorschriften. Rupert schrie aus seinem Bett heraus in Richtung Tür: „Was soll die Scheisse? Hast Du ne Macke, Haubold?" Statt einer Antwort wurde die Tür aufgerissen. Der OvD trat in die Bude, sah sich kurz um und brüllte: „Was soll das hier, meine Herren? Was glauben Sie denn, wo Sie sind? Auf dem Erholungsdeck der ‚Völkerfreundschaft' etwa?" Die „Völkerfreundschaft" war das einzige Kreuzfahrtschiff der DDR. Er bewegte sich in Richtung Mülleimer, nahm eine leere Wodkaflasche raus und brüllte weiter: „Aha, gestern gesoffen und heute den Arsch nicht von der Matratze kriegen! Das wird Konsequenzen haben, meine Herren!"

Der Tag war gelaufen. Wir hingen alle demotiviert rum, die meisten mit einem Kater. Am Montag Morgen ging es gemäß der DV ab. Keiner wagte es, sich beim Frühsport abzuducken, man ging geschlossen zum Frühstück in den Speisesaal. Beim Morgenappell war es dann soweit. Schon der Gesichtsausdruck des Fähnrichs sprach deutlich zu uns. Eine Moralpredigt in schärfstem Befehlston knallte uns um die Ohren. Anschließend wurde jeder einzeln zum „Verhör" zitiert. Dabei wurde klar, dass der OvD unseren Zug nicht zufällig besuchte. Es war anzunehmen, dass er von der 6. Batterie, welche den gleichen Flur bewohnte wie wir, einen Tipp bekommen hatte. Wir vermuteten, dass dies aus Neid geschah, weil die Jungs der Batterie wahrscheinlich an diesem Samstag Abend auf dem Trockenen saßen. Die Bestrafung ließ nicht lange auf sich warten. Mit der gleichen finsteren Miene wie beim Morgenappell ließ Dreispitz jeden einzelnen vortreten. „Soldat Frei, wegen Verstoßes gegen den Befehl 30/74 des Ministers bestrafe ich Sie mit vier Wochen Ausgangs- und Urlaubssperre!" Kurz und bündig wurde ein jeder des Zuges auf die gleiche Art abgefertigt. Auch Uffz Haubold hatte es erwischt, denn das Gelage konnte an ihm in seiner Funktion als UvD nicht vorübergegangen sein. Das Thema Urlaub zu Weihnachten oder Silvester hatte sich damit von alleine erledigt.
Nun war es an mir, meiner Freundin meine Verfehlung zu beichten. Auch sie hatte die Hoffnung auf ein baldiges Wiedersehen gehabt, egal ob an den anstehenden Feiertagen, Hauptsache bald. Es war auch so schon schwer genug, Briefe an sie zu verfassen, ohne ins Jammern und Klagen zu verfallen. Ihre Zeilen, in denen sie mir mitteilte, auf welchem Tanzsaal sie welche Kumpels von mir getroffen hatte, waren nicht unbedingt dazu angetan, mir das Kasernenleben zu erleichtern. Auch die Angst, dass sie einen Anderen kennenlernen könnte, quälte einen fast

täglich. Dazu die Vorstellung, dass man hier festsaß, trug weiter dazu bei, dass der Tagedruck, also die Last der Tage, die man in diesem Zustand des Eingesperrtseins noch vor sich hatte, unfähig, auch nur das Geringste zu Hause regeln zu können, gewaltig zunahm. Schweren Herzens setzte ich mich also hin und schrieb. Natürlich versuchte ich, meinen persönlichen Anteil an der Situation zu minimieren. Brittas Antwort kam in entsprechendem Ton daher. Sie war sauer, was ich durchaus nachvollziehen konnte. Den Tagedruck steigerte es dennoch, und zwar gewaltig. Weihnachten rückte näher, und es sollte so ganz anders werden als gedacht.

IV

Am Mittwoch vor Weihnachten bei der Dienstausgabe wurde mir und drei weiteren Soldaten von Dreispitz verkündet, dass wir für die nächsten zwei Wochen auf Feuerwache ins Divisionslager abkommandiert wären und zwar vom nächsten Morgen an. Als Uffz war Haubold eingeteilt. Einer der anderen Soldaten war Stumpf von der Nachbarbude. Auch Hartung sollte mit. Abfahrt war am Donnerstag, gleich nach dem Frühstück. Wir nahmen außer Unterwäsche und Briefpapier, Waschzeug und ein paar Büchern nichts weiter mit. Wir verpackten unseren Kram in unseren Reisetaschen und zogen los. Uffz Starke fuhr uns mit einem B 1000 nach Rombach. Die Ablösung der alten Besatzung wurde formlos durchgeführt. Die alte Truppe bestieg den Kleinbus und weg waren sie. Unsere Bude war mit vier Betten, vier Spinden, einem Tisch und vier Hockern ausgestattet. Ein kleiner Schreibtisch mit dem Feuerwachbuch und einem Stuhl stand an

der Wand neben der Eingangstür. An einer Hakenleiste hingen vier dicke Feuerwehrgürtel, welche wir bei den vorgeschriebenen Inspektionsgängen zu tragen hatten. An den Raum war ein kleines Badezimmer mit Toilette, Waschbecken und Dusche angeschlossen. Ein kleiner Lagerraum, in dem wir Ausrüstungsgegenstände wie Äxte, Spaten, Löscheimer und aufgerollte C-Schläuche vorfanden, lag gleich neben dem Bad. Unsere Aufgabe bestand darin, in zweistündigem Rhythmus einen Kontrollgang durchs gesamte Lager zu machen. Dabei mussten wir die Funktionstüchtigkeit der im Gelände verteilten Hydranten prüfen. Zu den Patrouillen musste der breite Feuerwehrgürtel angelegt werden, an dem sich zahlreiche Ösen und ein großer Karabinerhaken befanden. Darüber hinaus sollten wir helfen, eintreffende Eisenbahnwaggons zu entladen und die Waren in den Lagerräumen zu verstauen. Sämtliche Aktivitäten wurden im Feuerwachbuch dokumentiert. Der Höhepunkt des Tages war der Besuch der Kantine, wo wir reichlich frische Hackepeterbrötchen verdrückten.
Zwischen den Kontrollgängen geschah nichts. Wir hingen auf den Betten herum und lasen, unterhielten uns oder spielten Skat. Am ersten Tag traktierte man uns mit einem Feueralarm. Der OvD hatte eine Metallkiste voller Ölpapier anzünden lassen, die wir löschen sollten. Da uns nur Wasser zur Verfügung stand, entpuppte sich die Aktion des OvD als wahrlich hirnrissige Idee, denn das Feuer ließ sich logischerweise nicht so löschen, wie sich das der Herr Hauptmann vorgestellt hatte. Nachdem wir genügend Wasser mit dem C-Schlauch in die Kiste hatten laufen lassen, schwamm das Ölpapier oben und brannte lustig weiter. Löschsand gab es keinen, der war bekanntermaßen schon auf den Baustellen knapp. Wir amüsierten uns köstlich über die Situation, der entblödete

Thomas Frei: **GEDIENT**: Ein NVA-Soldat erzählt

„Buckel", wie wir die Offiziere nannten, hatte sich reichlich blamiert.

Die Tage gingen dahin. Es war ziemlich langweilig, aber immerhin ließ man uns in Ruhe. Das größte Manko war, dass uns keine Post erreichte. Es gab keine Briefe zu beantworten und worüber sollte man schon angesichts des ereignislosen Daseins schreiben?

So rückte der 24. Dezember heran. Unsere Einheit sollte Wache schieben am Heilig Abend. Das war tröstlich, denn unsere Jungs würden uns die lang ersehnten Briefe mitbringen. Der Tag kam, die Wachbesatzung aus unserer Einheit kam und mit ihnen kam die Post. Gierig lasen wir die Zeilen von zu Hause, freudig erregt. Es war Weihnachten und die Briefe waren quasi das Weihnachtsgeschenk. Nachdem jeder mit dem Lesen fertig war, kippte die Stimmung. Es schien, als wäre jedem schlagartig bewusst geworden, in welch trostloser Umgebung und unter welch trostlosen Umständen das Weihnachtsfest für uns stattfand. Wir hockten in einem Raum mit grauen Wänden, grauen Betten und grauer Stimmung. Nichts, nicht die kleinste weihnachtliche Dekoration wies darauf hin, dass gerade das Fest der Familie, das Fest der Liebe überall um uns herum stattfand. Jeder hing seinen trübsinnigen Gedanken nach und es schien, als ob sich Minute für Minute dieses Schweigens die Anzahl der Tage, die wir noch zu dienen hatten, summierte und sich als unbeschreibliche Last auf unsere Schultern legen würde. Stumpf durchbrach die Stille: „Los, wir gehen in die Spur, Bier holen, und dann wird gefeiert!" Die Gelegenheit war im Grunde günstig. Unsere eigenen Leute standen Wache, das Risiko erwischt zu werden war damit schon mal geringer. „Bin dabei'" sagte ich.

Haubold der Uffz verzog das Gesicht. Er ahnte, das er nichts dagegen tun konnte. Um uns zurück zu halten hätte es einer gewissen Autorität bedurft. Die hatte er als Uffz nicht, denn auch wir konnten ihm das Kasernenleben zur Hölle machen. Gelegenheit und Methoden, einen Uffz auflaufen zu lassen und bei den Vorgesetzten in Verruf zu bringen, gab es genug. Und Haubold hatte noch genau so viele Tage vor sich wie wir. Er war „Konter", was bedeutete: „könnte Reservist sein". Ich leerte meine Reisetasche, Stumpf kramte einen Nylonbeutel hervor. „Ich sag der Wache bescheid" sagte ich kurz und verließ den Raum. Ich ging ins Wachlokal. Es war kurz nach halb Acht, der zweite Aufzug würde in einer Viertelstunde losgehen und die Posten übernehmen. Der wachhabende Uffz saß mit einem Gefreiten am Tisch, sie spielten Schach. „Hallo Jungs, wie geht's?" sagte ich und schaute dabei „so nebenbei" ins Wachbuch, um herauszufinden, wer beim zweiten Aufzug auf Posten 1 stehen würde. Es war Kleber, ein „Dachs" aus der anderen Bude. Der schickte sich gerade an, vor die Tür zu gehen, um noch eine Zigarette vor seinem Postengang zu rauchen, was mir sehr entgegen kam. Ich folgte ihm, brannte mir ebenfalls eine an und sagte: „Hör mal, Stumpf und ich gehen in die Spur. Wollte nur Bescheid geben, falls Du was bemerkst. Da ist kein Grund zur Panik. Kriegst auch was ab!" Er grinste und sagte: „Kein Problem, Junge. Geht klar."
Damit schien der einzige heikle Punkt der Aktion ausgeschaltet. Ich ging zurück in die Feuerwache, nahm zwei Feuerwehrgürtel vom Haken und warf sie in meinen Spind, den ich mit meinem Vorhängeschloss verriegelte.
„Eh Haubold, wenn der OvD aufkreuzt, sag einfach wir wären auf Rundgang", erklärte ich dem Uffz. Der nickte kurz, aber das Muffensausen konnte man in seinen Augen dennoch ablesen.

Thomas Frei: **GEDIENT**: Ein NVA-Soldat erzählt

Wir zogen los. Zunächst gingen wir parallel zum Zaun entlang. Wir wollten den Posten nicht in Verlegenheit bringen. Der hielt sich wegen der anstehenden Ablösung schon im letzten Zipfel seines Bereiches in der Nähe des Wachlokals auf. Außer Sichtweite kletterten wir über den Zaun und liefen in Richtung Ort an der Straße entlang. Gleich am Anfang der ersten Häuserzeile befand sich die Dorfkneipe. Wir gingen rein, kämpften uns durch die Rauchschwaden zum Tresen vor. Trotz des besonderen Datums saßen einige Gäste im Lokal. Wir kamen gerade noch rechtzeitig, denn der Wirt wollte um Acht schliessen, wie uns ein handgeschriebenes Schild an der Eingangstür verraten hatte. Stumpf reichte nach einem kurzen Gruß dem Wirt seinen Nylonbeutel über den Schanktisch, ich schob meine Reisetasche hinterher.
„Bitte soviel reinpacken wie's geht", bestellte Stumpf in freundlichem Ton. „Geht klar", grinste der Wirt zurück.
Er bückte sich und stellte zwei 0,33 Flaschen auf den Tresen. „Die gehen auf's Haus! Ist schließlich Weihnachten, da sollt ihr armen Schweine auch was davon haben!" Wir bedankten uns artig und schütteten das Bier in Windeseile in uns rein. Derweil packte der Wirt wunschgemäß unsere Behältnisse. „80 Flaschen hab ich reingekriegt", sagte er. Stumpf schob das Geld über den Tresen. „Frohe Weihnachten" sagten wir zum Abschied in die Runde. Die Antwort bekamen wir kaum noch mit, so schnell waren wir wieder draußen.
In schnellen Schritten liefen wir zurück zum Divisionslager. Ich hatte Kleber gesagt, dass wir nahe des Wachlokal wieder reinkommen würden, demnach war zu erwarten, dass dort niemand war. Als wir am anvisierten Bereich zum Zaun kamen, ging Stumpf mit dem gefüllten Nylonbeutel vorneweg, ich trottete mit der ziemlich schweren Reisetasche hinterher. Stumpf sollte als erster über den Zaun. Ich wollte Beutel und Tasche rüber rei-

chen und anschließend folgen, so der Plan. Stumpf näherte sich dem Zaun. Auf der anderen Seite stand Kleber. „Halt, wer da? Stehenbleiben!", rief der vorschriftsgemäß, als er Stumpf erblickte. „Was machst du hier?", fragte Stumpf zurück. „Bist du noch ganz sauber?" Kleber schien Stumpfs Ärger nicht zu beeindrucken. Brav zitierte er die nächste Zeile aus der Dienstvorschrift für die Wache: „Halt! Stehenbleiben oder ich schieße!" „Bist du bescheuert, Kleber?" Stumpf wurde langsam zornig. Plötzlich sah ich, wie der OvD aus dem Schatten hinter Kleber hervortrat. „Leisten sie den Anweisungen des Postens gefälligst Folge", brüllte er. Stumpf stand wie angenagelt da. Sein Gesicht konnte ich nicht sehen, da ich ca. drei Meter hinter ihm stand. Der OvD schien mich noch nicht entdeckt zu haben, da ich zum Teil von den Ästen eines kahlen Busches verdeckt im Dunkeln stand. Ich stellte langsam die Reisetasche ab und schob sie mit dem Fuß in Richtung Gebüsch. „Wo ist ihr Begleiter?", fragte der Offizier barsch. „Hier!", rief ich und trat aus dem Schatten. „Gehen sie beide jetzt zum Tor", befahl der OvD, "wir werden sie dort in Empfang nehmen!" Wir bewegten uns dahin, Stumpf trug noch immer den Beutel in der Hand. Die 30 Meter bis zum Tor reichten nicht aus, um sich darüber einig zu werden, was mit der Ladung Bier passieren sollte. Der Wachhabende erwartete uns schon. Auf Geheiß des OvD ließ er uns von einem Posten zur Baracke eskortieren, wo sich sein Dienstzimmer befand. Er nahm Stumpf den Beutel ab und ließ uns dann auf dem Flur warten. Die Zeit zog sich, nach gefühlten zwei Stunden, die in Wirklichkeit nur 15 Minuten waren, kam er aus dem Dienstraum und sagte: „Gehen sie in ihre Unterkunft und packen sie ihre Klamotten! Ihre Ablösung ist schon unterwegs! Frohe Weihnachten, meine Herren! Wegtreten!"

Thomas Frei: **GEDIENT**: Ein NVA-Soldat erzählt

Reichlich deprimiert legten wir den Weg zur Feuerwache zurück. Auch wussten wir nicht, was uns nun erwartete. Haubold schien das ganze Drama reichlich gleichgültig zu sein. Er erzählte uns, dass der OvD aufkreuzte und nachfragte, wo wir seien. Er hatte vereinbarungsgemäß geantwortet, dass wir auf Rundgang wären, worauf der OvD ihn wissen ließ, dass er es aber besser wüsste. Sein Dienstvorgänger hatte etwas vergessen und fuhr zurück ins Objekt. Er hatte uns auf der Brücke kurz vorm Dorf gesehen und auf Grund unserer Bekleidung sofort erkannt, das wir uns nicht im Ausgang oder Urlaub befinden konnten. Wir packten und bereits zehn Minuten später riss Uffz Starke die Tür auf. Er grinste hämisch: „Na, Ihr BV-Vögel", lästerte er in unsere Richtung. BV stand für „Besonderes Vorkommnis" und ein BV-Vogel war halt einer, der ständig für ein solches sorgte. „Fertig mit packen?", fragte er. Starke war ein recht lockerer Vorgesetzter, der Vieles ziemlich gelassen sah. Er war kaum aus der Ruhe zu bringen, die er besonders zu schätzen schien. So auch in dieser Situation. „Lasst Euch Zeit", fuhr er fort, „Der Knast kann ruhig noch warten!" Nun wussten wir, wo wir die Nacht verbringen würden. Wir waren fertig, verabschiedeten uns von den anderen und bestiegen den B1000, mit dem Starke gekommen war. „Stop!!", brüllte ich unmittelbar, nachdem wir links auf die Straße abgebogen waren. Starke trat heftig und offensichtlich erschrocken auf die Bremse. Das Auto kam blitzartig zum stehen. „Was ist los?", fragte er. Ich war schon dabei, die Tür zu öffnen, im Aussteigen rief ich ihm ein „Warte!" zu. Ich huschte über die Straße, griff mir die Henkel der Reisetasche, die ich am Busch abgestellt hatte und kletterte in Windeseile zurück auf meinen Sitzplatz. Das ganze hatte keine 20 Sekunden gedauert. „Kann weitergehen", sagte ich zu Starke.

Der drehte sich zu uns um und schaute auf die Tasche. Ich fischte zwei Flaschen Bier raus und öffnete sie mit dem Koppelschloss. Die erste reichte ich Stumpf während ich zu Stake sagte: „Prost und Fröhliche Weihnachten. Du kriegst Deine Ration, wenn wir in der Kaserne sind!" Starke's Grinsen beherrschte sein ganzes Gesicht. „Ihr seid Säcke!", kam es mit einen Hauch von Bewunderung aus seinem Mund. Auf der Fahrt tranken wir jeder vier der insgesamt 51 Flaschen Bier, die uns verblieben waren. 29 hatte uns der OvD „hochgezogen". Der Frust darüber, erwischt worden zu sein, wich dem leichten Rausch, der sich in uns breit machte. Als wir den KDL, wie der Kontrolldurchlass hieß, also das Kasernentor erreichten, verschwand Starke kurz im Wachlokal, um uns als Delinquenten für den Knast zu übergeben. Er kam zurück zum Auto, stieg ein und fuhr weiter. „Was ist los?", fragte Stumpf verwundert. „Der OvD ist gerade im Kinosaal, Film gucken, der kommt erst in zwei Stunden zurück. Ihr habt also noch bissel Zeit." Er hielt vorm Eingang der Abteilung, wir stiegen aus, nahmen unser Hab und Gut einschließlich der 43 Flaschen Bier und eilten die Treppen hoch. Oben wurden wir bereits erwartet. Ein paar leicht angetrunkene Kameraden standen auf dem Flur und begannen eine Verhöhnungsorgie. „Haltet das Maul, Ihr Doofies!", entgegnete Stumpf den Lästerern und deutete grinsend auf meine Reisetasche. Wie ein Schwarm Fliegen verfolgten sie mich auf meine Bude, gierig darauf, zu sehen, was ich mitgebracht hatte. Ich schmiss meinen Bündel Klamotten auf mein Bett. Da mir der Platz in der Tasche gefehlt hatte, hatte ich Alles in die Jacke der Wattekombi gewickelt. Dann entleerte ich die Reisetasche. Zuerst die acht leeren Pullen. Ich öffnete eine weitere Flasche und trank genüsslich, bevor ich mit der Verteilung an die anderen begann. Nachdem jeder Anwesende ein Bier erhalten hatte, sicherte ich mir vier davon. Den Rest

gab ich zur Plünderung frei. Ich verstaute mein Bier in den hintersten Ecken meines Spindes und ging duschen. Dann hockte ich mich hin und trank weiter, auf die Abholung in den Knast wartend. Stumpf saß neben mir. Er hatte es vorgezogen, mit mir gemeinsam zu warten, anstatt auf seiner Bude zu sitzen. Vor jedem Schluck stieß er mit mir an und brüllte, sichtlich betrunken: „Fröhliche Weihnachten, Genosse BV-Vogel!"
Kurz nachdem das letzte Bier getrunken war, erschien der OvD mit zwei Wachsoldaten auf unserem Flur. Der UvD übergab uns beide nun in dessen Obhut. Wir wurden ins Wachlokal abgeführt, wo sich auch die Arrestzellen befanden. Wir mussten unsere unbezogenen Wolldecken mitnehmen, denn Bettwäsche gab es im Arrest nicht. Die Zellentüren war genauso, wie man sich eine solche vorstellt. Schwer, aus grau übergepinseltem Metall, mit einem verschließbaren Guckloch versehen. Die Betten waren zwei in Metall gerahmte Holzbretter, die an der Wand hochgeklappt werden konnten. Ein kleines vergittertes Fenster machte den Raum komplett. Nun denn, „Fröhliche Weihnachten" . Die Deckenfunzel, die die Zelle spärlich beleuchte hatte, wurde von außen ausgeschaltet, unmittelbar, nachdem die Tür ins Schloss gefallen war. Heiligabend war vorüber.

V

Um 05.00 Uhr ertönte eine Trillerpfeife. Dem schrillen Ton folgte ein gebrüllter Befehl: „Nachtruhe beenden, fertigmachen zum Raustreten!" Keine fünf Minuten später wurde der erste Befehl in sarkastischer Manier durch einen weiteren ergänzt: „Raustreten zum Fertigmachen!"

So konnte also ein 1. Weihnachtstag auch beginnen. Die Zellentür wurde entriegelt und wir traten auf den Gang. Morgentoilette war nicht vorgesehen, lediglich Pinkeln gehen wurde uns gestattet. Dann drückte man jedem von uns einen Straßenbesen in die Hand und wies uns an, Straße und Fußweg vorm Gebäude zu fegen. Wir fegten los. Sich zu beeilen war sinnlos. Wir waren schon längst fertig, dennoch ließ uns der Wachhabende weitermachen. Wir schrubbten nun schon seit anderthalb Stunden mit den starren Borsten über den Asphalt. Die Kälte zog unter die Klamotten, müde waren wir ohnehin noch. Gegen halb Sieben trudelten nach und nach ein paar Offiziere ein. Einige schienen Dienst zu haben, andere wollten wohl nur mal nach dem Rechten sehen. Auch unser Abteilungskommandeur, Major Ganter, genannt Gans, war unter den Ankömmlingen. Wir bemerkten, wie er aus den Augenwinkeln heraus zur Kenntnis nahm, dass einige Soldaten seiner Abteilung unter den fegenden „Knasties" waren. Sein Gesichtsausdruck wirkte wenig weihnachtlich. Nach zwei Stunden Kehrsimulation wurde die Maßnahme beendet. Jetzt wurde uns noch auferlegt, die Zelle zu putzen, obwohl es auch da nicht wirklich etwas zu putzen gab. Nach einer weiteren Stunde tauchte der GUvD unseres Zuges auf, um uns wieder in Empfang zu nehmen. Unsere Haftzeit war beendet. Zurück auf der Bude frühstückten Stumpf und ich ausgiebig. Frische Brötchen gab es zwar keine, denn die wurden an Feiertagen nicht angeliefert. Somit konnten sie auch nicht vom GUvD morgens um vier aus den Paletten vor der Küche geklaut werden. Also begnügten wir uns mit den altbackenen Semmeln, die im Grunde die gleiche „Qualität" aufwiesen wie die Konsumsemmeln, die der Werktätige in der Konsum-Kaufhalle oder in der HO in seinem Neubaugebiet für 5 Pfennige erwerben konnte. Es gab durchaus Schlimmeres.

Thomas Frei: **GEDIENT**: Ein NVA-Soldat erzählt

Manche lagen noch auf den Betten und schliefen. Auch auf den Stuben hatte ein Weihnachtsgelage stattgefunden. Mit den üblichen Weihnachtspaketen von zu Hause hatten auch etliche Flaschen Schnaps ihren Weg in die Alkoholverbotszone „Kaserne" gefunden. Mit uns am Tisch saß Koslowski. Seine uns vertraute arrogante Art konnte er selbst beim Frühstück nicht lassen. Auch er hatte ein Päckchen bekommen von seiner Frau. Beständig sprach er von sich selbst in der dritten Person Einzahl. Er kramte im Spind herum und stellte das gefundene Glas Tomatenmark auf den Tisch: „Der Dachs wird es sich schmecken lassen!" konstatierte er in unsere Richtung, "Davon könnt ihr Springer nur träumen!" ‚Arschloch' dachte ich bei mir, sagte aber nichts. Er hatte sich zwei Bockwürste, die er ebenfalls bekommen hatte, auf seinen Teller gepackt. Er biss ein Stück von einer Wurst ab und tunkte das angebissene Ende ins Glas mit dem Tomatenmark. Damit war klar, das keiner mehr um ein wenig von seinem Tomatenmark bitten würde. Schmatzend erzählte er pausenlos, wie lecker dieses exorbitante Mahl „dem Dachs" schmecken würde. Wir ignorierten ihn für den Rest des Frühstücks. Dieses für ihn typische Gepranze ließ uns kalt. Den Rest des Tages war Freizeit angesagt. Wenigstens an solch einem Tag hatten wir Hüpfer mal die Gelegenheit, einen Film zu schauen. Ansonsten hatten wir ja keine Gelegenheit dazu, da wir zu den Zeiten, wo man hätte Fernsehen gucken können, damit beschäftigt waren, der Truppe den Dreck wegzuräumen.

Am nächsten Morgen, dem 2. Weihnachtstag, puhlte Koslowski die restlichen Bockwürste aus dem Glas, welches seine Frau geschickt hatte und platzierte natürlich auch sein Tomatenmark vor seinem Teller. Das Glas wirkte schon ein wenig putzig, der Schraubdeckel wölbte sich nämlich leicht nach oben. Mühevoll öffnete Koslowski

das Glas, der Deckel saß ziemlich fest. Dann zog ein säuerlicher Geruch durch den Raum. Koslowski nahm das Glas in die Hand und führte es zu seiner Nase. Er verzog das Gesicht, als eine wesentlich intensivere Wolke dieses sauren Geruchs ins Riechorgan stieg. „Verdammte Scheisse", rief er, „Das Zeug ist ja total vergammelt!". Tatsächlich, sein geliebtes, nur für ihn bestimmtes Tomatenmark war vergoren. Vermutlich hat der Speichel, welcher am angebissenen Bockwurstende klebte und welches er zum Zeichen seines Alleinanspruchs auf seine Rarität in das Glas steckte, den Gärungsprozess beschleunigt. Die Wärme im Raum und damit in Koslowskis Spind half natürlich bei der magischen Verwandlung.
„Oh", sagte ich, „da ist dem Dachs gar Widerliches widerfahren!" Ich gab mir keine Mühe, den Spott zu verbergen, mit dem ich „den Dachs" bedachte. „Halt's Maul, Hüpfer!", quäkte Koslowski zurück, „Kannst dir gleich die Bohnerkeule schnappen und heut Abend gibt's noch „Flur weiss!" Er lud seinen Frust auf mir ab und suchte offensichtlich den Ausgleich für seinen herben Verlust darin, mich mit Schikanen eindecken zu wollen. „Du dämliche Zwischensau!", fuhr Rupert vom Bett aus dazwischen,"Das ist die gerechte Strafe für deinen Geiz! Wenn der Hüpfer dafür ‚Flur weiss' machen soll, kannste gleich mitmachen!" Ruperts Ansage zeigte Wirkung. Koslowski wurde klar, das er gegen das Prinzip, alles mit den anderen auf der Bude zu teilen, was man an Essereien und Trinkereien von zu Hause bekam, verstoßen hatte und das er als E das nicht dulden würde! Schon gar nicht, wenn „der Dachs" dafür einen „Untergebenen" bestrafen wollte. Rupert's Intervention machte aber auch noch etwas klar: Mit Koslowski würde ich nicht mehr warm werden.
Der 2.Weihnachtstag verlief in gleicher Manier wie der vorangegangene.

Thomas Frei: **GEDIENT**: Ein NVA-Soldat erzählt

Die Dienstwoche war sehr kurz. Die Feiertage waren auf Dienstag und Mittwoch gefallen, insgesamt also eine sehr ruhige, erholsame Phase, sofern es überhaupt etwas gab, von dem man sich erholen musste. Bestenfalls die Anwesenheit der „Buckels" und unseres Fähnrichs fielen in diese Kategorie. Gerechterweise muss man aber erwähnen, das Fähnrich Dreispitz nicht unbedingt zu der Art Vorgesetzten gehörte, die man als „Sacktreter" bezeichnete. Wenn er die Schrauben mal etwas anzog und die Autorität herauskehrte, geschah das zumeist, wenn er selbst Druck von oben verspürte. Am Donnerstag schien das der Fall zu sein. Es gab einen ordentlichen Morgenappell vorm Abteilungsgebäude. Mir war der Anlass durchaus klar. Wie vermutet wurden Stumpf und ich vor die Truppe zitiert. Es folgte der Befehl „Stillgestanden" und dann das, was ich schon kannte, weil ich es schon erlebt hatte: „Soldat Frei! Wegen unerlaubten Entfernens von der Truppe in Verbindung mit Verstoß gegen Befehl 30/74 des Ministers für Nationale Verteidigung bestrafe ich Sie mit vier Wochen Ausgangs- und Urlaubssperre!" Ich war darauf vorbereitet, besser als Dreispitz ahnte. „Zurück ins Glied", befahl er weiter. Stumpf lief die drei Meter mit gesenktem Haupt und nahm seinen Platz wieder ein, während ich mich nicht rührte. „Was ist los, Soldat Frei?", herrschte mich der Fähnrich an. „Genosse Fähnrich, gestatten Sie, das ich spreche?", kam es vorschriftsgemäß von mir, nachdem ich meine rechte Hand zum Gruß hochgerissen und Haltung angenommen hatte. „Was gibt es denn noch?", Dreispitz war ungeduldig.
„Genosse Fähnrich ich protestiere hiermit gegen die Bestrafung für den angeblichen Verstoß gegen den Befehl 30/74 des Ministers für Nationale Verteilung!" Mein Tonfall war militärisch-zackig. Dreispitz schraubte die Augen raus. „Waaas??? Sind Sie von der Kette los, Frei?"

„Es fand kein Verstoß gegen den Befehl 30/74 statt, Genosse Fähnrich. Deswegen kann ich auch nicht dafür bestraft werden!", lautete meine Antwort. „Wollen Sie mich verarschen, oder was?" Sein Gesicht war schon langsam rot angelaufen. Meine Kameraden, welche mir gegenüber standen, bedachen mich samt und sonders mit breitem Grinsen auf den Gesichtern. Sie schienen dieses Schauspiel, welches ich bot, als willkommene und außergewöhnliche Abwechslung zu mögen.m„Nein, Genosse Fähnrich", antwortete ich brav, „Das liegt mir fern, Genosse Fähnrich. Aber…"m„Was ABER, NICHTS ABER!", kam es von ihm. „Doch aber, Genosse Fähnrich!" Er schien kurz davor, zu platzen, so wie er sich bereits aufgepumpt hatte. Deswegen beeilte ich mich mit der Erklärung. „Der Befehl 30/74 besagt, dass für uns der Besitz und der Verzehr von Alkohol in der Kaserne oder einem anderen militärischen Objekt verboten ist. Ich habe weder in der Kaserne noch im Divisionslager Alkohol besessen oder getrunken!", log ich, der offiziellen Version des ganzen Geschehens folgend. „Also kann ich auch nicht dafür bestraft werden, Genosse Fähnrich!" Dreispitz stutzte und überlegte kurz. „Aber ihr seid doch mit 29 Flaschen Bier erwischt worden!", entgegnete er. „Ja", sagte ich, „aber nicht im Objekt, sondern davor!" , kam es aus meinem Mund. „Das Bier haben wir auf Befehl des OvD durchs Tor getragen!" Der Fähnrich grübelte, das war deutlich zu sehen. „Hm, hm,". Er stand da, den Blick auf den Boden gesenkt, die Hände auf dem Rücken, mit der linken Stiefelspitze schob er ein Steinchen auf dem Asphalt hin und her. „Frei und Stumpf in einer halben Stunde bei mir im Dienstzimmer! Ganzer Zug wegtreten!"
Auf die Minute genau klopften wir an Dreispitz' Tür. Wir gingen rein und nahmen vor seinem Schreibtisch Aufstellung. Er fläzte in seinem Stuhl und musterte uns eine

Weile. Schließlich begann er zu sprechen. „Frei, Ihre Spitzfindigkeiten gehen mir auf den Sack. Andererseits ist Ihre Begründung gar nicht so blöd! Ich werde die Bestrafung von vier auf drei Wochen reduzieren und in der BB-Kartei nur das unerlaubte Entfernen notieren." Die BB-Kartei war eine Karteikarte, die für jeden Soldaten und Uffz angelegt war und auf der es zwei Spalten gab: Spalte 1 BELOBIGUNG, Spalte 2 BESTRAFUNG.

„Danke, Fähnrich, danke!"

Ich war ein wenig erleichtert. Wäre es bei vier Wochen geblieben, wäre meine Ausgangs- und Urlaubssperre schon so lang gewesen wie mein bisheriger Wehrdienst. Silvester kam, und natürlich wurde auch da wieder gesoffen, diesmal ohne irgendwelche Konsequenzen. Nach Mitternacht grölten die E's, unsere und die der 6. Batterie, auf dem Flur herum: „Dieses Jahr gehen wir nach Hause!" Die Dachse trauten sich nicht, in die Jubelchöre einzustimmen, auch wenn dieser Umstand doch auch auf sie zutraf. Das Jahr war um, der zweite Monat vorbei.

Noch 480 Tage lagen vor mir, und ein komplettes Jahr, ein Schaltjahr noch dazu. Die Tage drückten gewaltig.

Kapitel 3

Januar

I

Die Feiertage waren vorüber. Der Januar brachte außer dem normalen Dienstablauf auch jede Menge Schnee und über mehrere Wochen Temperaturen unter Null.
Die Ausbildung im Freien wurde reduziert. Auch die Offiziere hatten offensichtlich wenig Lust, sich der Kälte auszusetzen. Es wurde lediglich das getan, was notwendig war, um die Einsatzbereitschaft aufrecht zu erhalten. So mussten wir täglich, mit Schaufeln und Schneeschiebern ausgerüstet, in den Gefechtspark, um Schnee zu schippen. Die Kraftfahrer hatten zu testen, ob die Fahrzeuge ansprangen. Unsere Eisensau, ein uralter Schützenpanzerwagen vom Typ BTR 152, Baujahr 1951, welcher das Gefechtsfahrzeug für die Nebenbeobachtungsstelle war, auf der ich für Frieden und Sozialmus zu kämpfen hatte, versagte regelmäßig den Dienst. Der Schwachpunkt war die Batterie, die ich dann jedes mal zu Koslowski bringen musste, damit er sie auflud. Man konnte den Motor unserer Eisensau aber auch ankurbeln. Es war ein richtiger Kraftakt, die Maschine mit der Kurbel in Bewegung zu setzen. Die 6 Zylinder ließen sich nur sehr schwer per Hand durchdrehen. Aber es funktionierte. Die robuste Russentechnik war eben auf's einfachste ausgelegt.
E-Mess-Training wurde auch nur selten angeordnet. Stattdessen gab es verstärkt theoretischen Unterricht zu den Dienstvorschriften und Gefechtstaktik.
Brittas Briefe waren nicht geeignet meine Stimmung aufzuhellen. Mal beklagte sie sich, das ich immer noch nicht

Thomas Frei: **GEDIENT**: Ein NVA-Soldat erzählt

auf Urlaub durfte, mal schwärmte sie mir vom letzten Discobesuch vor, bei dem sie natürlich auch eine Reihe meiner Kumpels getroffen hatte. Natürlich schwirrten auch Gedanken der Eifersucht in meiner Phantasie herum, aber ich wagte es nicht, diese zu äußern. Statt dessen füllte ich meine Briefe mit Gejammere an, um ihr den Tagedruck, den ich permanent verspürte, nahezubringen. Die Angabe der verbleibenden Tage am Ende eines jeden Briefes verbesserte auch nichts. Auch gab es zahlreiche blöde Durchhalteparolen, mit denen man sich untereinander „Mut" machen wollte. Ein beliebter Spruch war: „Es klingt wie ein Hit, noch soundsoviel Male Polit!", was im Grunde ja eine Nennung der restlichen Monate war, da der Politunterricht ja einmal pro Monat stattfand. Besser klang da schon: „Es klingt wie eine Sage, noch soundsoviel Tage!"
Aber auch das war eigentlich voll daneben, zumindest für uns Springer. Einzig einen Uffz, der noch länger zu bleiben hatte, konnte man mit so etwas ärgern. Aber dafür gab es Besseres: „Was schaut da aus dem Schützenloch? Tausend Tage hat es noch! Es ist kein Mensch, es ist kein Tier, es ist ein Unteroffizier!" Zahlreiche Gerüchte kursierten. Unsere E's waren im vorangegangenen Winter, welcher besonders hart war, in „die Braunkohle" abkommandiert gewesen, um die Arbeiter dort beim „Kampf um die Versorgung mit Energie und Wärme" zu unterstützen. Damals stand die Republik kurz vor einer Katastrophe. Die Braunkohlebagger konnten wegen dem Frost kaum noch den Einzigen verbliebenen heimischen Energieträger aus der Erde kratzen, weil diese seit Wochen gefroren war. Aus allen Regimentern wurden Soldaten in die Tagebaue geschickt, um mit Schaufel und Spitzhacke zu helfen, den Zusammenbruch des Landes zu verhindern. Diese Abkommandierung ging mit zahlreichen Privilegien einher, wie uns unsere E's berichtet

hatten. Es gab weder eine Dienstvorschrift noch Alkoholverbot. Man konnte nach getaner Arbeit in die Kneipe oder zur Disco gehen und nach Hause fuhr man an jedem zweiten Wochenende. So sahen wir uns täglich den Wetterbericht der "Aktuellen Kamera" an und hofften insgeheim auf eine neue Katastrophe. Die blieb jedoch aus und somit auch die erhoffte Abwesenheit aus der Kaserne. An den Wochenenden wurde reichlich gesoffen. So musste es nach unseren Vorstellungen, die wir aus Filmen wie „Manche mögen's heiss" ableiteten, währen der Prohibition in Amerika auch zugegangen sein: Alkohol war verboten, floss aber dennoch in Strömen. Je betrunkener wir waren, um so schlimmer der Gesang. Auch politisch brisante Texte wurden gegrölt. Ein Lieblingslied war:
„Wenn bei Danzig die Rote Flotte im Meer versinkt,
und auf dem Roten Platz das Deutschlandlied erklingt
Dann ziehn wir Deutschen mit unsern Panzern in Moskau ein
Und dann kehrt Deutschlands Osten endlich wieder heim!"
Der Text wurde nach der Melodie der Capri-Fischer gesungen.
Nein, in der Truppe schwebte nicht der Geist des Dritten Reiches, nur waren unsere „Brüder von Staates wegen", die Russen, eben nicht sonderlich beliebt. Das Wissen um die vergleichsweise primitive „Russentechnik", die verordnete „Waffenbrüderschaft", der bei vielen vorhandene Widerwille, auch noch deren Sprache gelernt haben zu müssen, verschaffte uns beim Singen dieser Zeilen ein etwas besseres Selbstwertgefühl, waren wir doch ansonsten fast der Bodensatz der Gesellschaft, in der wir uns im Moment gerade zwangsweise befanden. Abwechselnd traten so ziemlich alle meiner Kameraden eine Heimfahrt an, zumeist als verlängerten Kurzurlaub. Für mich war das

besonders schmerzlich. Jedes mal, wenn am Freitag Nachmittag einer von meiner Bude die Ausgangsuniform anzog, die Tasche packte, sich den Urlaubsschein vom Fähnrich holte, war der Tagedruck besonders groß. Meine Sperre war erst Anfang Februar vorbei. Ich verkrümelte mich dann immer. Zumeist ging ich in den Waschraum, um dort meine Kragenbinden, ein weißer Stoffstreifen, welcher auf der Innenseite in den Uniformkragen eingeknöpft wurde und beliebtes Kontroll-Objekt beim Bekleidungsappell war, mit Bürste und Kernseife zu schrubben.

II

Der Fähnrich hatte angeordnet, dass wir alle den Friseur aufzusuchen hatten. In den zweieinhalb Monaten, die inzwischen vergangen waren, seitdem eine Schere unser Kopfhaar auf militärische Länge gestutzt hatte, waren diese schon reichlich nachgewachsen und entsprachen nicht mehr der Dienstvorschrift. Zum Regiments-Friseur gehen wollten wir freilich nicht. Erstens waren die handwerklichen Fähigkeiten der dort arbeitenden Friseure teilweise unterirdisch. Die beherrschten im Grunde nur den Haarschnitt vom Typ „Fasson", den ich schon als Kind gehasst hatte. Zweitens kostete diese Dienstleistung auch Geld. Selbst die 1,50 Mark, die zu entrichten war, wollten wir sparen. Bei 120,00 Mark Wehrsold pro Monat zählte jeder Pfennig. Es gab wahrlich Besseres, wofür man das Geld ausgeben konnte. So legten wir selbst Hand an. Dabei musste man aufpassen. Man konnte eine verschnittene Frisur nicht ewig kürzer schneiden. Waren die Haare zu kurz, so dass man einen „Russenschnitt" trug, gab es Ärger und man hatte in der Kaserne zu verbleiben, bis die Haare auf ein „anständiges Maß" nachgewachsen waren. Haare schneiden war nicht nur eine Notwendigkeit, sondern entpuppte sich auch als lustiger Zeitvertreib, bei dem gewitzelt und gelästert wurde, was das Zeug hielt. Einzig Hartung, Springer wie ich, ging zum Friseur. Er war 1,85 groß, blond und blauäugig. Er trug eine Frisur, welche an die der Hitlerjungen, wie wir sie aus Filmen kannten, ähnelte: an den Seiten und hinten ganz kurz, oben etwas länger. Er ging regelmäßig, besonders um die Seiten kürzen zu lassen. Immer, wenn er vom Friseur kam, kämmte er sich die längeren Haare vorn schräg über die Stirn, trat vor den Spiegel, legte Zeige- und Mittelfinger, ein Adolf-Bärtchen imitierend zwischen Oberlippe und Nase. Er nahm Haltung an und hub an zu sprechen, die Stimme Hitlers nachahmend: „Ich werrrrde Flugzeuge bauen lassen, dass sich der Himmel verdunkle und die Spatzen zu Fuß gehen müssen!" Das Gelächter war jedes mal riesig bei diesem Schauspiel.

III

Hartung und Franke kamen aus dem Ausgang. Für „Manschaftsdienstgrade" ging dieser nur bis 22.00 Uhr, also bis zur Nachtruhe. Beide erschienen volltrunken. Hartung schwenkte eine Flasche Wodka in seiner rechten Hand, die er unter dem Mantel hervorgezogen hatte, als er das Zimmer betrat. „Eh Leute, der Tag fängt an!", lallte er. „Schnauze, Du dumme Hüppersau, sonst mach ich Dir Luft ans Rad" blärrte Koslowski von seinem Bett. „Der Dachs will schlafen, der Dachs braucht Ruhe", setzte er in der gewohnten Art fort.

Thomas Frei: **GEDIENT**: Ein NVA-Soldat erzählt

Ich sprang vom Bett, packte Hartung unterm Arm und zerrte ihn schnell aus dem Zimmer. Auf dem Flur war nur der GUvD, der „Läufer", wie wir diesen Diensthabenden nannten. Der war Springer wie wir, also war nichts zu befürchten. Hartung hatte die Wodkaflasche immer noch in der Hand. Sein Mantel war offen, vom Koppel keine Spur zu sehen, die Bärenfotze saß schief auf seinem Kopf. Ich schob ihn in den Clubraum, nahm die Flasche und stellte sie auf einen Tisch. Dann half ich ihm aus dem Mantel und aus der Uniformjacke, wobei ich feststellte, das er das Koppel lose über dem Hosenbund trug. Ich verfrachtete ihn in einen Sessel, bedeutete ihm, dass er still sein sollte und huschte zurück auf die Bude. Dort holte ich meine Plastiktasse aus dem Spind, griff mir eine Flasche Vita Cola und ging zurück in den Clubraum. Franke war schon in sein Bett gekrochen und schnarchte hörbar den Alkohol aus seinem Körper. So saßen Hartung und ich da. Ich mixte die erste Mischung, 50% Wodka, 50% Cola. Wir tranken jeweils einen vollen Becher. Hartung schien nüchterner zu werden, obwohl er weiter soff. Seine Aussprache wurde klarer. „Mensch, Frei, der Koslowski geht mir auf den Sack, der Arsch!" „Ich kann den Vogel auch nicht leiden, die geizige arrogante Drecksau!", pflichtete ich ihm bei. Wir leerten abwechselnd den nächsten Becher. Mit jedem Schluck wurden unsere Ideen, wie wir es Koslowski heimzahlen könnten verwegener. Unser Mut stieg mit dem Alkoholpegel in die Höhe. Die Flasche war leer und ich griff, mittlerweile volltrunken, Hartungs letzten Vorschlag auf. Er meinte: "Ich geh jetzt rein und pisse dem Sack in die Stiefel!" „Ja, sagte ich, das ist gut!", und setzte sogleich noch einen drauf. „Du pinkelst in die Stiefel und ich pinkel dem ins Bett!" Hartung war begeistert! „Ja, so machen wir das!" Wir taumelten in die Stube. Hartung warf Mantel, Jacke und Mütze auf sein Bett, knöpfte sich die Hose auf und wankte zu Koslowski. Er zog dessen Stiefel unterm Hocker vor, brachte sich in Position und holte sein bestes Stück raus. Anfangs ging der Strahl daneben, aber Hartung bekam das schnell in Griff. Er schwang seinen Lümmel leicht hin und her, so dass sich der Urin abwechselnd in beide Stiefel ergoss. Als Hartung fertig sein Werk beendet hatte, schoss mir blitzartig die Erkenntnis durchs Hirn, dass diese Aktion völlig sinnlos war. Koslowski hatte ja eine Stiefelbefreiung, so dass er nicht in den Genuss kommen würde, seine Füße in die urinfeuchten Stiefel zu stecken. „Jetzt Du", flüsterte Hartung, wobei er bereits die Bettdecke an Koslowskis Füssen zurück schlug. Nichts regte sich, der Dachs schlief tief und fest. Ich begann mein Werk und nässte das Laken ein, soviel meine Blase hergab. Nun gingen wir zu Bett, keine Gedanken daran verschwendend, was uns wohl morgen erwarten würde. Es kam, wie es kommen musste. Koslowski hatte beim Aufstehen schnell bemerkt, dass sein Bett am unteren Ende nass war. Seine, Socken, die vorschriftsmäßig über den Stiefelrändern gehangen hatten, hatten natürlich auch was abbekommen. Dann festzustellen, dass seine Stiefel auch feucht waren, war natürlich nur ein kurzer Schritt. Er ahnte auch sofort, was vorgefallen war. Der Verdacht fiel zunächst nur auf Hartung, aber die Erinnerung an die Szene, als ich Hartung nebst Wodkaflasche aus der Stube zog, schien ihn ebenfalls in Lichtgeschwindigkeit einzuholen. Er sagte nichts, er wartete nicht auf ein Geständnis, er brüllte los! Die Kanonade an Schimpfworten, die auf uns niederprasselte, war gigantisch. Irgendwann hatte Rupert genug und herrschte ihn an: „Ist mal gut jetzt!" Koslowski verstummte und sagte dann nur vier Worte in unsere Richtung: „Heute Abend Flur weiss!"

IV

Der Abend kam und mit ihm eine neue Erfahrung: Flur weiss, auch zynisch Kanadischer Winter genannt. „Der Dachs wird Euch jetzt eine Freude bereiten", kündigte Koslowski in fast feierlichem Ton an, nachdem der Abendbrottisch abgeräumt war. Die Uhr zeigte kurz vor Acht an. „Mitkommen!" befahl er uns. Wir folgten ihm auf die Toilette, wo er aus dem Schrank im Vorraum einen Papiersack mit einem weissen Reinigungspulver, welches den Namen P3 trug, zog. „Aufnehmen und mitkommen", lautete die nächste Anweisung. Ich hob den Sack an, der gute 20 kg wog und schleppte ihn auf den Flur. Koslowski fischte ein Taschenmesser aus der Trainingshose, klappte die Klinge heraus und schlitzte das Papier quer über die ganze Breite auf.„Schön gleichmäßig von Wand zu Wand über den ganzen Flur verteilen! Den GANZEN Sack!"
Ich streute das sehr beissend riechende Pulver über den Flur wie Koslowski es verlangte. Der Flur war knapp 70 Meter lang, sah aber nach Vollendung des ersten Schrittes schon ziemlich weiss aus. Nun kam das Wasser. „Pro laufendem Meter einen Eimer!", erklärte „der Dachs" weiter. Oh Mann, 70 Eimer Wasser, das dauerte seine Zeit und war nicht so einfach, wie man denken mag. Die Eimer mussten vorsichtig ausgeschüttet werden, damit nicht zu viel davon unter den Türen durch in die Räume floss. Ganz vermeiden ließ sich das allerdings nicht. Ich schüttete die Eimer aus, während Hartung versuchte, mit einer Schwarzdecke die Türen abzudichten. Die Schütterei zog

sich eine ganze Weile hin, es war schon halb Zehn. Jetzt ging die eigentliche Arbeit los. Mit Schrubbern wurde das gewässerte Pulver so gebürstet, bis der Schaum knöchelhoch stand. Es war ausgesprochen mühsam, diesen Zustand zu erreichen. Nach einer Stunde hatten wir gerade mal ein Drittel geschafft. Koslowski hielt sich die meiste Zeit auf der Bude auf und sah nur ab und an nach dem rechten, was jedes mal mit höhnischen Bemerkungen einherging. Gegen ein Uhr hatte er genug und ging schlafen, nicht ohne dem Läufer mitzuteilen, dass der ein Auge auf uns haben sollte. Beim letzten Stück schrubbten wir nicht mehr.
Jetzt ging des darum, den Schaum wegzubekommen. Mit Schrubber und Scheuerlappen ging das nur äußerst schlecht. Es war besser und einfacher, den Schaum mit einem Gummischrubber in Richtung Toiletten und Waschräume zu schieben um ihn dann dort mit viel Wasser in den Abfluss, der in jedem Waschraum und in jeder Toilette vorhanden war, zu spülen. Das war der wohl kürzeste Teil der Arbeit. Es folge die Beseitigung der weissen Streifen, die sich in zahlreichen Riffeln der Flurfliesen gebildet hatten. Das funktionierte nur mit reichlich Wasser, Schrubber und Scheuerlappen. Gegen Drei Uhr war auch das erledigt. Zum Schluss trockneten wir die Fliessen, indem wir eine Schwarzdecke in ihrer ganzen Breite darüber zogen. Um Vier lagen wir endlich im Bett. Die Bestrafung hatte es in sich gehabt. Am nächsten Morgen, hm, eigentlich nur zwei Stunden später, wurde das Aufstehen zur Qual. Müde und kaputt begannen wir den Tag. Beim Frühstück lästerte Koslowski weiter und hielt uns Vorträge, was uns noch Alles blühen würde, wenn wir weiterhin auf aufsässigen Hüpfer machen wollten.

Rupert grinste die ganze Zeit, aber irgendwann war es ihm zu viel. „Der E" fühlte sich in seiner beschaulichen Ruhe doch etwas gestört.
„Hast wohl vergessen, wie oft Du Flur weiss hattest, Koslowski?" Uns angrinsend meinte er: „Hehe, die Abreibung hat die Zwischensau verdient, aber Strafe muss trotzdem sein!" Damit war das Thema beendet. Koslowski traute sich nicht mehr, uns weiter madig zu machen. Er schien Rupert's Reaktion zu fürchten, sollte er es mit uns übertreiben.

Der Januar war gelaufen.Noch 449 Tage.

Kapitel 4

Februar

I

Der Monatsanfang brachte noch einmal richtig Schnee. Meine Ausgangs- und Urlaubssperren waren vorüber, meine Hoffnung, in diesem Monat endlich nach Hause zu können war natürlich groß. Doch zunächst stand wieder einmal Wache im Divisionslager an.
Der OvD, der uns vergatterte war derjenige, der uns an Heiligabend in den Knast verfrachtet hatte. Mir war unwohl bei dem Gedanken, mit dem Kerl 24 Stunden Dienst tun zu müssen. Um so freudiger nahm ich seinen Hinweis auf, dass er in einer Stunde abgelöst werde. Der eigentliche Diensthabende käme heute später. Diesmal war ich

für den Posten 3 eingeteilt und erwischte auch gleich den ersten Aufzug. Der Schnee fiel fröhlich vom Himmel, was mich veranlasste, mich unter eine überdachte Freifläche zu stellen, unter der eine Menge Metallkisten standen. Aber nicht nur die Kisten standen da. In der Mitte der Fläche parkte ein Trabant, der so vom Schneefall verschont blieb. ‚Oha', schoss es mir durch den Kopf, ‚Das kann nur die Karre vom OvD sein'. Zunächst dachte ich mir nichts dabei. Ich brannte mir eine Zigarette an und schaute dann auf meine Uhr: 18.15 Uhr. In diesem Moment ging mir ein Licht auf!! Der OvD würde sein Auto hier abholen müssen, wenn er nach Hause wollte. „Hier" hieß: Er musste es aus meinem Postenbereich holen. Ich grinste vor mich hin. Wenn er seinen Trabbi holt, ist er kein OvD mehr, darf also den Postenbereich nicht mehr betreten. Aber selbst wenn er noch OvD wäre, dürfte er das auch nicht, denn das Betreten war nur mit dem Wachhabenden oder seinem Gehilfen gestattet. So stand das in der Dienstvorschrift. Freudige Erregung machte sich in mir breit! Ich stellte mir vor, wie ich diesen Kerl festnehmen würde. Ich schaute laufend auf die Uhr, aber die Zeit schlich dahin wie eine Schnecke. Ich konnte es kaum erwarten!
19.04 Uhr. Es war soweit. Ich sah eine Gestalt auf mich zukommen, im Dunkeln und bei dem Schneetreiben eher als ein wandelnder Schatten wahrzunehmen. Aber da kam eindeutig jemand auf meinen Postenbereich zu. Noch musste ich warten, noch befand sich die Person ausserhalb der verbotenen Zone. Erst wenn er den Bordstein der Straße überschritten hätte, konnte ich aktiv werden. Dann, jetzt aber! Er überschritt die magische Grenze. Mein Herz schlug spürbar schneller, ich gewährte ihm aber noch zwei Schritte, nur um ganz sicher zu gehen. Dann ging es los: „Halt! Wer Da? Stehenbleiben!", spulte ich den vorgeschriebenen Anruf ab. „Schon gut, Genosse,

Thomas Frei: GEDIENT: Ein NVA-Soldat erzählt

ich bin's, der alte OvD. Will nur mein Auto holen" sagte der Kerl. Der Tonfall verriet, dass er sein Auto öfters dort parkte und nie Probleme bei der Abholung hatte. ‚Nee, nicht mir mir!', ging es mir durch den Kopf. „Halt! Stehenbleiben oder ich schieße!" Der nächste Teil der Dienstvorschrift war mit diesem Ausruf erfüllt. „Soldat, ich bin's nur, der alte OvD! Erkennen Sie mich nicht?" Seine Verärgerung konnte man hören. „Ich will doch nur...." Weiter kam er nicht. Während er sprach, hab ich das Schloss meiner Kalaschnikow hörbar schnappen lassen. Die MPi war nicht mal entsichert. In dem Zustand konnte man das Schloss dennoch anderthalb Zentimeter nach hinten ziehen. Das metallische Geräusch, welches beim Loslassen und Verschnappen des Schlosses entstand, hatte gereicht, um ihn verstummen zu lassen. „Hände über den Kopf" befahl ich. Er tat, wie befohlen. Sein zorniger Gesichtsausdruck störte mich in keinster Weise, die Rache war mein!

Ich dirigierte ihn zu seinem Trabbi und befahl ihm, sich breitbeinig stehend und nach vorn gebeugt an der Dachkante seines Autos abzustützen. So hatte ich ihn unter Kontrolle und musste sein Gesicht auch nicht mehr sehen. Ich musste den Wachhabenden informieren, hatte aber "leider" keine Möglichkeit dazu. Ein Postentelefon gab es nicht und meine augenblickliche Position konnte ich auch nicht verlassen. Ich schaute auf die Uhr. 19.08 Uhr. Ich grinste vor mich hin. Dieses Arschloch würde diese Haltung beibehalten müssen, mindestens für die nächsten 50 Minuten.

Die Postenablösung kam kurz vor Acht, Uffz Starke führte die kleine Gruppe an. Ich erstattete Meldung über das Vorkommnis. Noch immer traute der Kerl nicht, sich zu bewegen. Starke grinste mich an, sagte aber nichts. Auch entließ er meinen Gefangenen nicht sofort aus seiner Lage. Vielmehr tat er genau das, was auch ich getan hatte:

Er befolgte die Wachdienstvorschrift buchstabengetreu. Er nahm den Hauptmann in seine Obhut und ließ ihn von uns mit vorgehaltener Waffe abführen. Da ich der erste Posten war, der abgelöst wurde, musste der Kerl noch die ganze Runde mit uns drehen, bevor er endlich erlöst wurde. Da es im Wachlokal keine Arrestzelle gab, brachten wir ihn zur Baracke, wo sich das Dienstzimmer des OvD befand. Wir ließen den „Gefangenen" mit den Händen über dem Kopf vor uns warten, bis sein Kollege erschien und seinem Albtraum ein Ende machte. Endlich konnte er die Arme runter nehmen. „Genosse Soldat", presste er zwischen seinen Zähnen hervor, „ich werde Sie für eine Belobigung vorschlagen!" „Danke, Genosse Hauptmann!" antwortete ich zackig. Sein Belobigungsvorschlag hat unseren Fähnrich nie erreicht, aber das war mir auch egal. Die Geschichte ging in unserer Abteilung herum wie der neueste Klatsch aus der Glamourwelt und trug mir jede Menge Respekt und Anerkennung von den anderen Soldaten ein. Das war Belobigung genug.

II

Die Tage nach diesem Ereignis waren angefüllt mit der üblichen Routine. E-Mess-Training, Optikkammer, Dienstsport, Schutzausbildung. Letzteres war nervig und idiotisch zugleich. Unsere Schutzausrüstung bestand aus mehreren Ausrüstungsstücken. Da hatten wir zunächst die Gasmaske, die bei uns nur „Schnuppersack" hiess. Die trug man in einer grauen Umhängetasche auf der linken Seite. In dieser Tasche schleppte man auch den ABC-Schutzanzug sowie eine Plastikplane mit sich . Diese Ausrüstung sollte uns sowohl vor Atomwaffen als auch vor biologischen und chemischen Kampfstoffen schützen.

Thomas Frei: **GEDIENT**: Ein NVA-Soldat erzählt

Der Schutzanzug bestand aus drei Teilen: Der Hose, die, wenn man sie anhatte, fast aussah wie eine Wathose für Angler, einer Jacke mit Kapuze, ein Paar Überschuhen und ein paar Handschuhen aus dickem Gummi. Wir hassten es, dieses Zeugs auf Zeit anzuziehen. Man trug den Anzug über der Uniform, was die Bewegungsfreiheit einschränkte und uns auch gewaltig ins Schwitzen brachte. Am lächerlichsten war es, wenn der Warnruf kam: „Atomschlag von links (oder rechts oder woher auch immer)!". Man zerrte mit den dicken Gummihandschuhen, mit denen man ohnehin kaum ein vernünftiges Tastgefühl hatte, die grünliche Plastikplane aus der Umhängetasche. Die Plane war an einer schmalen und an einer langen Seite geschlossen. Die musste man sich überwerfen, die schmale geschlossene Seite wie eine Kapuze über den Kopf, die lange geschlossene Seite nach hinten. Dann warf man sich auf den Boden und versuchte, sich komplett unter der Plane zu verstecken, so das nichts mehr hervorlugte. Zweifel an einem effektiven Schutz vor nuklearen Strahlungen sind mit Sicherheit angebracht.
Aber es ging noch schlimmer! Um die Dichtheit der Gasmasken zu testen, wurden wir in einen Kellerraum gesteckt und mit Gasgranaten, die man reinwarf, traktiert. Selbst wenn die Maske dicht auf der Haut saß, schossen einem später beim Abnehmen der selben die Tränen in die Augen. Es brannte auf der Haut wie verrückt und man hatte das Gefühl, jemand würde einem die Augäpfel mit Fingern nach innen drücken wollen. Da war es schon wesentlich angenehmer, wenn man das „Dekontaminieren" gleich auch noch übte. An einer Dekontaminierungsstation, welche von der ABC-Gruppe des Regiments-Führungszuges eingerichtet wurde, wurden wir mit Wasser und einer Seifenlösung komplett abgeschrubbt, bevor wir die Schutzkleidung ablegen konnten. Dann tränten zwar die Augen nicht mehr, die

Haut bekam auch nichts ab, dafür verbrachte man aber jede Menge Zeit, das ganze Zeugs wieder trocken zu kriegen, was speziell in einem Wintermonat nicht wirklich gut funktionierte.

III

Ich hatte Urlaub eingereicht. Es sollte ein VKU, ein verlängerter Kurzurlaub werden. Den EU, den Erholungsurlaub, wollte ich mir noch aufheben. Meine Urlaubssperre war vorbei, die Hoffnung, dass mein Urlaub genehmigt werden würde, war groß. Schließlich war ich der Einzige aus der Truppe, der in diesem Halbjahr noch nicht nach Hause gefahren war. Ich übergab meinen Antrag an einem Sonntag Abend dem UvD, der ihn am nächsten Morgen an den Fähnrich weiterleitete. Den Montag wartete ich geduldig ab. Ab Dienstag begann ich, Dreispitz auf den Keks zu gehen. Bei jeder Begegnung fragte ich ihn, ob mein Urlaub genehmigt sei. „Wird schon, Frei, keine Sorge, wird schon!" antwortete er bei jeder Frage unbestimmt. Ab Donnerstag wurde ich ungeduldig. „Was ist denn nun mit meinem Urlaub, Fähnrich? Ich will endlich mal wissen, ob ich heimfahren kann!" „Du gehst mir auf den Sack, Frei! Warts ab!" „Reinecke, Meier und Fischer wissen schon bescheid! Nur ich nicht!" Ich wurde ungeduldiger. „Hm… ", begann Dreispitz rumzueiern, verzog den Mund und rieb sich dabei das Kinn. "Hm… wie soll ich's sagen…. Hm…." Er griff meine linke Schulter, drehte mich in Richtung UvD-Tisch und forderte mich auf: „Komm mal mit!" Am Tisch angekommen, meinte er: „Guck mal auf den Dienstplan!" Ich glotzte drauf, zuckte mit den Achseln und sagte: „Ja, und?" „Na guck mal bei Montag!" „Ich will in VKU und nicht bei Montag Dienstplan gucken!" Mittlerweile war ich ob des Rumeierns leicht

gereizt. „Na bei Montag steht hinter Deinem Nahmen bei 10-12 Uhr ‚Feuerleittraining Regiment'. Du bist Aufklärer, da musst Du dabei sein, da kannste nicht nach Hause!" Ich wurde wütend.
„Was soll die Kacke!? Der Reinecke ist auch Aufklärer, darf aber heim! Der ist auch noch Hauptaufklärer!" „Naja", kam es von Dreispitz, „Aber der Reinecke ist E und sowieso bald weg. Da schick ich lieber Dich dahin!" Das war durchaus logisch, angekotzt hat es mich trotzdem, vor allem deshalb, weil der Fähnrich erst die Katze aus dem Sack ließ, nachdem ich ihm tagelang die Ohren vollgelabert hatte. Schöne Scheisse! Natürlich hatte ich Britta angekündigt, dass ich kommen würde. Und nun? Einen Brief konnte ich nicht schreiben, der würde nicht mehr rechtzeitig ankommen. Telegramm? Zu teuer und zu kurz, da hätte ich nichts wirklich erklären können. Also blieb nur der Gang zum Telefon. Britta hatte allerdings Frühschicht diese Woche. Einziger Ausweg war, meine Eltern anzurufen. Die waren auf Grund der Arbeit meiner Mutter ein wenig privilegiert, sie gehörten zu den 5% DDR-Bürger, die ein Telefon zu Hause hatten. Die einzige Telefonzelle stand neben dem KDL. Für ungefähr 1000 Soldaten war das die einzige Möglichkeit, über die Ferne mit Angehörigen zu sprechen. Nun, das relativierte sich ein bisschen, wenn man bedachte, dass nur ganz wenige auch zu Hause einen Telefonanschluss hatten. Trotzdem war die Warteschlange immer reichlich lang und die Wartezeit schien endlos. Nach einer guten Stunde war ich an der Reihe. Es klingelte nur drei Mal, bevor meine Mutter abhob. Die Freude am anderen Ende war wesentlich größer als die Meinige. Ich erzählte was los war. Zwischendurch erklärte sie meinem Vater immer wieder den Sachverhalt. Ich wollte schon zum Ende kommen, der nächste hinter mir hatte schon zwei Mal ungeduldig an die Scheibe der Tür geklopft. Da hörte ich

im Hintergrund meinen Vater sagen: „Macht nischt, da fahrn mor ehm am Sonndaach hin und besuchen den Gung!" Hochdeutsch: Macht nichts, da fahren wir eben am Sonntag hin und besuchen den Junge. An die Variante hatte ich nicht gedacht, aber das schien besser als gar nichts! Meine Mutter versprach mir noch, Britta bescheid zu sagen und sie möglichst mitzubringen.

IV

Der Sonntag kam, ungeduldig hockte ich auf der Bude und wartete. Ich hatte bereits die Ausgangsuniform angezogen. Der Empfang von Besuch war nur in den Räumen der „Regimentsgaststätte" erlaubt, man hatte die Ausgangsuniform zu tragen. Die Bezeichnung „Gaststätte" war eigentlich völlig verfehlt. Das Interieur und die Gestaltung erinnerten eher an eine Betriebskantine.
Kurz nach Zwölf klingelte das Telefon auf dem UvD-Tisch. Das KDL meldete, das Besuch für den Soldaten Frei am Tor wäre. Endlich! Ich hastete die Treppen hinunter und eilte in schnellen Schritten zum Tor. Dort standen sie schon: Mama, Papa, Britta und mein kleiner Bruder. Sven war gerade mal 5 Jahre alt, ein Nachzügler. Er war wohl der Einzige, der sich freute, dass ich bei der Armee war, eine Uniform trug und in einer Kaserne „wohnte". Meine Begrüßungsrunde begann ich natürlich bei Britta. Ich umarmte sie und knutschte sie ab, aber anstatt freudiger Erregung zeigte ihre Mine eher eine Mischung aus Traurigkeit und Zorn. Nachdem ich meine Eltern ebenfalls gebührend begrüßt hat, nahm ich meinen kleinen Bruder auf den Arm. Wir gingen die paar Meter zum Eingang der Gaststätte recht langsam, während ich den Vieren

einen Redeschwall über die letzten Ereignisse servierte. Im Restaurant suchten wir uns einen Tisch. Es waren nur wenig Gäste da, meist Soldaten, die heute keine Lust auf Truppenessen hatten. Nur an einem anderen Tisch saß ein Gefreiter mit seinen Besuchern. Mein Bruder zog mir meine Tschapka vom Kopf und setzte sie auf. Das die sein halbes Gesicht mit bedeckte, störte ihn nicht, er fühlte sich jetzt auch als Soldat und marschierte stolz im Lokal umher. Wir bestellten Schnitzel, das einzige, was man wirklich dort mit Genuss essen konnte. Britta blickte immer noch recht unglücklich drein. „Im nächsten Anlauf klappt es, und ich werde gleich Erholungsurlaub einreichen", versuchte ich sie ein wenig zu trösten und aufzuheitern. Die drei erzählten sämtliche Neuigkeiten von zu Hause. Das Meiste war mir aus Brittas Briefen schon bekannt, aber das war egal. Meine Mutter hatte meinen Bruder auf ihren Schoss gesetzt. Ihm war sichtlich langweilig. Er blickte sich im Raum um und entdeckte an der Wand das obligatorische Honecker-Portrait. Er strahlte übers ganze Gesicht, zeigte auf das Bild und sagte: „Guck mal, Mutti!" „Du weisst wohl, wer das ist?", fragte meine Mutter den Kleinen. „Ja", antwortete er. „Und wer ist das?", fragte meine Mutter. „Das ist Ministerpräsident Jimmy Carter", antwortete mein Bruder. Meiner Mutter stieg die Schamröte ins Gesicht. Von den Nachbartischen war verhaltenes Lachen zu vernehmen. Meine Mutter war als Westfernsehgucker enttarnt. Die Unterhaltung quälte sich dahin, das minutenlange Schweigen zwischen den spärlichen Sätzen wurde immer unangenehmer. Es war alles gesagt, aber offensichtlich traute sich keiner, zur Heimfahrt zu blasen, mir zuliebe. Ich erlöste meine Besucher aus der Situation. „Na dann, wenn ihr noch im Hellen ankommen wollt, solltet ihr langsam aufbrechen." Die Drei schienen dankbar für diesen Satz, einzig mein Bruder war ein wenig traurig, dass er mir meine Mütze zurückgeben musste. „Morgen reiche ich gleich das Urlaubsgesuch ein", versprach ich nochmal. „Bringst Du mir Schulterstücke mit, wenn Du heim kommst?", fragte Sven. „Na klar, Brüderchen, Ehrenwort!", versicherte ich ihm. Ich brachte die Vier noch zum KDL, kurze Umarmungen, kurze Knutscherei mit Britta, weg waren sie. Ich ging zurück zur Unterkunft. Es war eher ein Schleichen als ein Gehen. Ich war deprimierter als vor dem Besuch, die Tage drückten mächtig auf meiner Seele. Je weniger Tage es wurden, desto mehr belasteten sie mich, jedenfalls empfand ich das so. In der Hand trug ich einen Beutel mit den Mitbringseln meiner Lieben. Ein Paar Päckchen F6, eine Standartmarke aus dem Sortiment der DDR-Zigaretten, zwei Tafeln Schokolade, eine Packung Hansa-Kekse, eine Tüte Mokka Fix und eine ungarische Salami befanden sich darin. Wo meine Mutter die Salami aufgetrieben hatte, weiß der Geier. Aus dem Konsum oder der HO war die jedenfalls nicht. Alkoholisches war leider nicht drin. Aber das hätte man bei der Kontrolle am Tor ohnehin herausgenommen. Am nächsten Morgen packte ich die Salami auf den Frühstückstisch. Wie erwartet, löste alleine der Anblick freudige Erregung bei meinen Kameraden aus. „Oh Mann, Klasse", rief Hartung. Ich lächelte. „Nehmt euch", forderte ich meine Tischgenossen auf. Koslowski griff als erster nach der Wurst. „Stop!", rief ich laut. „du nicht!" Koslowski hielt verdutzt inne und sah mich fragend an. „Die ist für Kameraden, die auch teilen, und nicht für Kameradenschweine, die lieber das Tomatenmark vergammeln lassen, als Anderen was abzugeben!" Man konnte an Koslowskis Gesicht ablesen, wie die Wut in ihm hoch kroch. „Obacht Hüpper!" krähte er in seiner aufgeblasenen Art, „Sonst gibt's Reviere!" Die drei E's am Tisch grinsten. Reinecke schnitt sich drei

dünne Scheiben von der Salami ab, hielt eine davon in Koslowskis Richtung und sagte hämisch: „Riech' mal, Zwischensau, was der E jetzt Feines schnappern wird!" Koslowski kochte mittlerweile.
„Hm, lecker, aber das ist wahrlich nichts für blöde Dachse!", setzte Rupert noch einen drauf. „Gib bescheid, wenn der dich rund machen will!", sagte er in meine Richtung. Koslowski wirkte recht hilflos als er mir entgegenzischte: „Bald bin ich E und dann Gnade dir Gott, Hüpfer!"
„Du wirst nie ein richtiger E!", schmiss ihm Rupert an den Kopf. Damit war das Thema beendet. Koslowski verzehrte wütend sein Brötchen mit der blassen Teewurst, während alle anderen die Salami genossen.

V

Das neue Urlaubsgesuch war geschrieben und eingereicht. Vom 27. Februar bis zum 6. März wollte ich abwesend sein und endlich die „Freiheit" genießen. Nur zwei Tage später und ich hätte die vier Monate ohne einen Aufenthalt „da draußen" hinter mir gehabt. Der Fähnrich versicherte mir zwar, dass dieses mal nichts schiefgehen würde, dennoch plagten mich permanent gewisse Zweifel. Am 27. beorderte mich der Fähnrich in sein Dienstzimmer. „Na, Frei, heute endlich heim, den Samenstau wegbumsen?", eröffnete er das Gespräch. Ich antwortete nicht, sondern blickte ihn nur erwartungsvoll an. „Hier ist Dein Urlaubsschein und hier Deine Fahrkarte." Mal duzte er einen, mal war er förmlich und militärisch korrekt. Ich nahm den Urlaubsschein und die Bahnfahrkarte, die für die Hin- und Rückfahrt war.

Ich überflog beide Papiere. Tatsächlich, 27.Februar bis 6.März lauteten die Datumsangaben auf beiden Zetteln. Das auf dem Urlaubsschein bei „Zilvilerlaubnis erteilt" „Nein" angekreuzt war, störte mich nicht. Auf keinen Fall würde ich zu Hause in Uniform rumrennen, das stand fest. Keiner tat das. „Ich muss Dich noch aktenkundig belehren", sagte er. Die Litanei spulte er recht lustlos und schnell runter. Ich erfuhr, das unangemessenes Verhalten, welches dem Ansehen der bewaffneten Organe der Deutschen Demokratischen Republik schaden würde ebenfalls mit Disziplinarmaßnahmen geahndet wird. Dazu zählte unter anderem, wenn man sich im Zug besoffen daneben benehmen würde. In dem Stil ging es weiter, Blablabla. Die wichtigste Restriktion war, das es uns strengstens untersagt wurde, den Internationalen D-Zug Warschau-Paris, kurz Pariser genannt, zu benutzen. So wollte man den Kontakt zu „Personen aus dem nichtsozialistischem Ausland" und Armeeanghörigen verhindern. Aber es ging wohl auch darum, das besoffene Landser diesen bösen „Westlern" keinen falschen Eindruck von der DDR vermittelten. Scheiße war diese Anordnung allemal. Ich hatte mir die Zugverbindungen für die Hin- und Rückfahrt schon im Kursbuch der Reichsbahn herausgesucht. Das Verbot, den Pariser zu benutzen führte zu einem dreistündigen Zwangsaufenthalt auf dem Leipziger Hauptbahnhof, und das mitten in der Nacht. In diesem Moment war mir das aber reichlich egal. Ich verließ das Dienstzimmer, ging auf die Bude und packte. Es waren zwar noch vier Stunden, bis ich endlich abhauen konnte, aber ich hatte es trotzdem eilig. Dann war es endlich soweit. Es war 16.00 Uhr. Beim UvD hatte ich mich schon vor einer Viertelstunde abgemeldet und die Zeit am KDL wartend verbracht, wo sich mehr und mehr „Heimfahrer" sammelten. Dann kam das Signal, das es soweit wäre. Wie beim uner-

Thomas Frei: GEDIENT: Ein NVA-Soldat erzählt

warteten Verkauf von Bananen im Konsum wurde gedrängelt und geschubst. Jeder hatte es eilig, jeder wollte der Erste sein. Wir mussten uns beeilen, der Bus fuhr 16.10 Uhr und bis zur Haltestelle war es ein Stück. Eine Horde Soldaten hetzte die Straße hinunter, laufend auf die Uhr blickend und stetig schneller werdend. Ich schaffte es rechtzeitig. Ob andere zurückgeblieben waren, nahm ich nicht wahr und es interessiert mich auch nicht. Der Zug fuhr 17.04 Uhr, den musste ich erreichen, alles andere war unwichtig. Ich erwischte den Zug, suchte mir einen Sitzplatz und kam langsam ein wenig zur Ruhe. Ich schaute aus dem Fenster. Es war trübe, die vorbeihuschenden Bäume waren kahl und die Fabriken, an denen die Strecke entlangführte wirkten noch trostloser als sonst. All das war mir egal, es ging nach Hause, es ging in die Freiheit, es ging zu Britta.

Einen Wermutstropfen gab es dennoch zu verdauen. Britta hatte Nachtschicht und erst ab übermorgen, Donnerstag, Urlaub bekommen. Es war Monatsende, da hatte sie immer reichlich zu tun. Sie arbeitete in einem Rechenzentrum und die Lohnabrechnungen für zahlreiche Betriebe standen an. Heute würde ich sie nicht mehr sehen. Wenn ich ankam, würde sie schon auf dem Weg zur Arbeit sein.

Der Zug hielt, es war der erste und einzige Halt auf dem Weg nach Leipzig. Diese Station lag auf halbem Wege zwischen der Bezirksstadt des Nachbarbezirkes und meinem Reiseziel. Ich entschloss mich dazu, hier auszusteigen. Der Zug von Leipzig in meine Heimatstadt kam ohnehin hier durch und hielt hier auch. Von daher hielt ich es für besser, hier in der Mitropa zu warten, anstatt die gleiche Strecke zweimal, jeweils in die andere Richtung zu fahren.

Ich betrat die Bahnhofskneipe und schaute mich um. „Bitte warten, Sie werden platziert" - auch hier fehlte das

übliche Schild am Eingang nicht. Die Hälfte der Tische waren mit „Reserviert"-Schildern bestückt. Das hieß nichts, denn mit diesen Schildern wurde der überall vorhandene Personalmangel kompensiert.
Ein mürrischer Kellner brachte mich an einen Tisch, an dem schon zwei andere Soldaten saßen. Ihre Schulterstücken waren rosa umrandet, was sie als Soldaten der Panzertruppen auswies. Rosa als Truppenfarbe war reichlich peinlich, dass empfanden auch die Jungs so, die dort zu dienen hatten. Rosa war weiblich oder schwul, so die allgemeine Lästerei. Ich klopfte mit den den Knöcheln der rechten Hand auf den Tisch, die in Kneipen übliche Begrüßung. Ich bestellte ein großes Helles und brannte mir eine Zigarette an. „Woher, wohin?", fragte einer der Beiden am Tisch. "Von der Truppe nach Hause. EU" „Hüpper?" „Ja, leider" Ich war nicht wirklich in der Stimmung für Konversation. Ich trank das Bier schnell aus und bedeutete dem Kellner mit Handzeichen, das ich noch eins wollte. Die Beiden leerten ihre Gläser und als der Kellner mein Bier brachte, zahlten sie ihre Zeche. „Müssen los, in fünf Minuten geht unser Zug", sagte einer von ihnen erklärend. „Viel Spaß zu Hause", wünschte ich ihnen zum Abschied. „Dir auch!" Sie entschwanden Richtung Ausgang. Ich hatte noch fast 50 Minuten, bevor es für mich weiterging. Das reichte für zwei weitere Biere.
Auf dem Bahnhof meiner Heimatstadt angekommen, eilte ich zum Bus. Der hielt auf dem Bahnhofsvorplatz und fuhr direkt in das Wohngebiet, wo meine Eltern wohnten. Ich setzte mich in die hintere Ecke des Ikarus. Es war schon nach Neun. Die Entfernung zwischen hier und der Kaserne betrug runde 100 km. Da es keine direkte Zugverbindung zwischen beiden Orten gab, hatte ich fünf Stunden gebraucht. Ein Schnitt von 20 km/h, dachte ich bei mir, da wäre ich mit dem Fahrrad schneller gewesen. Ich stieg aus dem Bus und trottete im Dunkeln den Weg

zum Wohnblock meiner Eltern eher gemütlich entlang. Alles ringsum wirkte vertraut und doch irgendwie fremd. Fast vier Monate Abwesenheit, das spürte man, obwohl sich äußerlich nichts verändert hatte. Ich klingelte, obwohl ich einen Schlüssel hatte. Ich wollte meiner Mutter nicht die Freude nehmen, ihrem „Großen" die Tür zu öffnen. Sie strahle, als sie mich sah: „Komm rein, Kind", sagte sie mit freudiger Erregung in der Stimme, „Wir haben schon gewartet." Diesen Zusatz empfand ich als überflüssig, da sie wussten welche Zugverbindung ich nehmen würde und andere Varianten gab es nicht. Ich nahm die Mütze ab und legte sie auf die Hutablage der Garderobe. Meine Mutter stand die ganze Zeit da und lachte mich an. Mühsam zog ich den schweren Mantel aus. „Gib her!", sagte Mama, „ich hänge ihn auf!" „Nee, lass mal, die schwere Pferdedecke reißt noch die Garderobe von der Wand", entgegnete ich, öffnete stattdessen die Tür zu meinem Zimmer und schmiss das Kleidungsstück in galantem Bogen über die Stuhllehne. Für einen kurzen Moment befürchtete ich, der Stuhl würde unter der Last des Mantels und dem Schwung, mit der ich ihn geworfen hatte, umfallen. Mein Vater stand schon hinter der Glastür im Wohnzimmer und strahlte durch die Scheibe. Er wartete dort auf die Begrüßung. Sich auch noch in den kleinen Vorsaal zu drängeln hätte keinen Sinn gemacht, da war kaum Platz zum drehen. „Hast Du Hunger, soll ich Dir was zu Essen machen?" Meine Mutter konnte ihre Fürsorge kaum bremsen. „Nein Danke, hab unterwegs gegessen,", log ich. Die Uhr zeigte bereits 21.35 Uhr. Die Disco im Versorgungszentrum würde in 25 Minuten beendet sein. Ich wollte unbedingt dahin, in der Hoffnung, noch ein paar Kumpels anzutreffen. Ich begrüßte meinen Vater mit einer innigen Umarmung. „Ich zieh mich nur schnell um, ich mach gleich wieder los", eröffnete ich den Beiden.

„Du bist doch gerade erst angekommen!" Die Enttäuschung in der Stimme meiner Mutter war unüberhörbar. „Ja, ich weiß, aber die Disco ist gleich rum. Ich will dort sein, bevor alle weg sind", antwortete ich. „Wie Du meinst." resignierte Mutter. Eilig zog ich die Uniform aus, warf die Einzelstücke aufs Bett. Zum Wegräumen war später Zeit. Ich wechselte die Unterwäsche, tauschte die grauen Socken gegen blaue, streifte mir mein Fleischerhemd über den Kopf und endlich, endlich zog ich mir meine geliebten Levi's über den Hintern. Oh Mann, wie hatte ich meine Jeans vermisst! Ich nahm meine Wrangler-Jacke vom Bügel aus dem Schrank und kramte in der hintersten Ecke nach meinem Shell-Parka. Dann ging ich in den Flur, suchte meine wildledernen Kletterschuhe aus dem Schuhschrank und zog sie an. „Fertig!", sagte ich zu mir selbst. Nun sah ich aus wie der Tramper von vor der Armee. Das einzige, was fehlte, waren meine langen Haare. Die lagen in einer Plastiktüte in einem Fach meines Schreibtisches. Ich hatte mir die Haare kurz vor der Einberufung schneiden lassen und es nicht übers Herz gebracht, den Kopfschmuck, der mein Haupt über einige Jahre geziert hatte und für den ich auf der Penne in zahlreichen Auseinandersetzungen mit meinen Lehrern durch die Hölle gegangen war, einfach in den Müll zu werfen. Ich tastete meine Taschen ab. Geldbörse, Zigaretten, Streichhölzer, Schlüssel, alles war da, wo es hingehörte. Mein Vater hatte einen Zwanziger aus seinem Portemonnaie genommen und hielt ihn mir lächelnd entgegen. „Hier, sollst auch nicht leben wie ein Hund." „Danke Papp, wäre aber nicht nötig gewesen", sagte ich artig. „Schon gut, ich weiß, wie das ist. Ich war auch bei der Fahne", sagte er.

Ich war damals drei Jahre alt, als er zum Wehrdienst musste und konnte mich nur noch schemenhaft an einige Episoden aus dieser Zeit erinnern. Allerdings war mir noch deutlich in Erinnerung, dass ich seinerzeit genauso stolz darauf war, dass mein Papa ein „Schießgewehr" hatte, wie mein Bruder heute auf mich.

Natürlich war ich dankbar über die zwanzig Mark, das war immerhin ein Sechstel dessen, was ich sonst im ganzen Monat zur Verfügung hatte. Ich zog los. Bis zum Versorgungszentrum waren es keine fünf Minuten, wenn man sich beeilte. Als ich ankam, wurde gerade das letzte Lied angesagt. Die Einlasskontrolle war längst weg, also betrat ich den dunklen Mehrzwecksaal. Man konnte kaum was erkennen in der Dunkelheit, die in wirrem Rhythmus der Discolampen in allen möglichen Farben unterbrochen wurde. Lichtorgel hieß das Ding, welches die Lichteffekte in den Raum warf. Ich drehte eine Runde, um einen oder möglichst mehrere meiner Freunde zu entdecken. Ich war enttäuscht, keiner war da. Zwar kannte ich nicht wenige der Anwesenden, aber das waren alles Leute, mit denen ich weniger zu tun gehabt hatte. Ich verließ den Discosaal und ging nach rechts die wenigen Meter durch die Vorhalle zur Tür des Restaurants. Eine Glasfront über die ganze Breite der Vorhalle, in der sich auch eine Garderobe befand, wo man für 20 Pfennig Mantel, Parka oder sonstiges zur Aufbewahrung abgeben konnte, gab es da auch. Ich stand links neben der Tür und versuchte, durch die Glasscheibe jemanden zu entdecken, bei dem es sich lohnte, Hallo zu sagen. Im zweiten Abteil, durch den Raumteiler hindurch, der aus einem verzierten schwarzen Eisengitter bestand und auf einem großen Blumenkasten aufgesetzt war, entdeckte ich Jürgen, einen Kumpel aus dem Nachbarhaus. Wir hatten am gleichen Tag Geburtstag, was uns dazu veranlasste, uns seit frühester Kindheit gegenseitig an diesem Tag zu gratulieren. Außer dass ich mit ihm im Alter von acht Jahren meine erste Zigarette geraucht hatte und wir ab und an unsere Lieblingslieder von Kassettenrekorder zu Kassettenrekorder überspielt hatten verband uns nicht wirklich viel.

„Scheiß drauf", dachte ich, „Besser als nix!" Nach Hause wollte ich auf keinen Fall, und in der Stadt hätte ich auch nicht auf Anhieb gewusst, wohin. Also ging ich zu seinem Tisch. „Na, Alter, wie geht's?", begrüßte ich ihn. Er hatte mich schon reinkommen sehen und schien ebenfalls erfreut, ein wenig Gesellschaft zu haben. „Mensch, ewig nicht gesehen! Urlaub?", antwortete er. „Ja, endlich!" Ich setzte mich. Jürgen wäre normalerweise auch schon eingezogen worden. Er hatte wie ich das Abi im letzten Jahr gemacht. Der Einberufungsbefehl war ebenfalls schon da, als er sich bei einem Motorradunfall den Arm gebrochen hatte, gerade mal eine Woche vorm Abmarsch in die Kaserne. Jetzt wartete er darauf, dass es Mai wurde. Dann würde auch er einrücken müssen. „Was treibst du so?", eröffnete ich das Gespräch. „Mensch, alles Scheiße", sagte er, „Arbeite im Moment als Hiwi in der Seilfabrik bis ich zur Asche muss. Kotzt mich an, die verlorenen Zeit." Es war wirklich richtig fett für ihn gekommen. Er hatte seinen Studienplatz für Zahnmedizin schon sicher gehabt. Da er im Mai erst eingezogen werden würde, endete sein Wehrdienst erst Ende Oktober des Folgejahres. Studienbeginn war der erste September. Die Entlassung kam zu spät für ihn. Er musste noch ein Jahr warten und bis dahin irgendwo als Hilfspampel arbeiten. Das kotzte ihn natürlich maximal an. „Gibt Schlimmeres im Leben", lautete mein schwacher Trost. Ich konnte ihn gut verstehen. Ich hatte die Probleme nicht, so oder so. Mir wurde von meiner Klassenlehrerin zum Abi im Zeugnis das Prädikat „Zum Studium nicht geeignet" bescheinigt, was einer lebenslangen Studiensperre in der DDR entsprach. Meine Karriere war bereits zu diesem Zeitpunkt im Alter von 18 Jahren beendet. Jürgen war natürlich interessiert an meinen Stories, die Welt der Armee war ihm fremd, würde aber bald die seine werden. Ein paar Biere waren bereits geflossen und wir waren eifrig ins Gespräch vertieft, als mich jemand auf die Schulter tippte. „Mensch Tommy, bist du das?".

Ich drehte mich um. Neben mir stand meine Jugendliebe Katrin nebst ihrer Zwillingsschwester Andrea, die in der Parallelklasse mit mir auf der Penne waren. Beide strahlten mich an, sichtlich erfreut über das zufällige Wiedersehen. Ich sprang von Stuhl, umarmte zuerst Andrea, dann Katrin. Ich konnte es mir nicht verkneifen, sie kurz zu knutschen, was sie auch widerstandslos geschehen ließ. Das war auch wahrlich nichts besonderes zwischen uns, hatten wir doch eine sehr innige, aber lockere Beziehung bis zum Abi gepflegt, seit wir nicht mehr „zusammen" waren. Das betraf übrigens auch ihre Zwillingsschwester, mit der ich auch einige angenehme Stunden und Situationen erlebt hatte, seit klar gewesen war, das Katrin und ich kein Paar für immer werden würden. Die Mädels setzten sich, ich winkte den Kellner herbei, orderte Bier für alle und ergänzte die Bestellung um zwei Wodka für Jürgen und mich sowie um zwei „Gewitter", Mokka-Edel mit Kondensmilch für die Zwillinge. Die Mädels studierten gemeinsam Fremdsprachen in Berlin und waren in den Semesterferien nach Hause gekommen, um die Eltern zu besuchen. So saßen wir eine Weile, als Andrea plötzlich rief: „Je später der Abend umso schöner die Gäste!" Ich drehte mich um und sah, das Jens auf uns zusteuerte. Mit ihm war ich auf der Penne in eine Klasse gegangen. Nach der Zehnten hatte er die EOS verlassen um eine Berufsausbildung mit Abitur zu absolvieren, was drei Jahre dauerte. Vor der Penne ging er mit den Zwillingen in eine Klasse. Es wurde Mitternacht, im Lokal wurden schon die Stühle hochgestellt und das Licht auf ein Minimum reduziert. Der Kellner wurde ungeduldig, er wollte endlich Feierabend machen. Wir zahlten und verließen das Lokal. Jürgen hatte den gleichen Heimweg wie ich, aber ich ließ ihn ziehen. „Ich bring die Damen noch nach Hause", erklärte ich ihm. Er trabte ab und zu viert liefen wir los. Jens verabschiedete sich an der nächste Ecke, an der der gemeinsame Teil des Heimweges zu Ende war. Wir gingen zu dritt weiter. Wir gingen eng umschlungen, an jeder Seite hatte ich ein hübsches Mädchen im Arm. So hatten wir es früher auf dem Weg von der Bushaltestelle zur Schule gemacht, zum Frust der Lehrer und einiger Mitschüler. Wir kamen an der Haustür an. Andrea verabschiedete sich, Katrin mochte noch nicht reingehen. Als wir allein waren, begannen wir, wie wild zu knutschen. Sie zog mich in den Hausflur, dann die Treppe zu den Kellern hinunter. Die Knutscherei wurde heftiger und wir ergänzten sie, indem wir mit dem begannen, was man verharmlosend Fummeln nennt. Ich war reichlich in Rage, die sexuelle Abstinenz der letzten vier Monate wollte endlich beendet werden. Nicht ein Kleidungsstück von ihr befand sich in seiner ursprünglichen Position. Als ich ihr die bereits geöffneten Jeans runterziehen wollte, hielt sich mich am Handgelenk fest. „Nee, ich will das nicht, jedenfalls nicht hier und nicht so", flüsterte sie mir ins Ohr, um die Knutscherei sofort fortzusetzen. Ich unterbrach den Kuss; „Wo dann?", fragte ich. Britta hatte ich mittlerweile völlig vergessen. „Keine Ahnung, aber nicht hier." „Dann lass uns reingehen." forderte ich. „Da ist meine Schwester", antwortete Katrin. „Der macht das nix aus." . Mein Argument war so schlecht nicht. „Aber mir", kam von ihr. Ich lenkte ein und stoppte die Attacken meiner Hände auf ihrem Körper. „Sei nicht sauer!", sagte sie im liebenswürdigsten Ton. „Bin ich nicht!", protestierte ich. Dann kam ihr finaler Schlag: „Außerdem hast Du eine Freundin!"

Buuuummmm, das saß! Sie hatte mein schlechtes Gewissen aktiviert und brutal aus der hintersten Ecke meiner Seele gezogen. Schach matt! Tief drinnen war ich wütend, auf sie, auf mich, auf Alles! Dennoch verabschiedete ich mich artig. Meine Klamotten hatte ich einigermaßen auf die Reihe gebracht. Ein Küßchen auf die Wange beendete das Tete á Tete. Ich trabte nach Hause, zornig auf mich selbst, zornig auf Katrin, das schlechte Gewissen nagte an mir. Es war bereits zwei Uhr, als ich mich aus den Klamotten schälte und mich aufs Bett fallen ließ.

VI

„Aufstehen, Thomas, aufstehen!"
Die Kinderstimme vernahm ich aus weiter Ferne. Das Zerren an meiner Bettdecke war da schon wesentlich intensiver wahrnehmbar. Ich öffnete mühsam meine Augen. Mein Bruder hüpfte aufgeregt vor meinem Bett herum und versuchte, mich wach zu bekommen. „Du musst aufstehen!", wiederholte er. „Lass mich in Ruhe!!", schnarrte ich in seine Richtung, „Ich bin müde!" „Die Mutti hat aber gesagt, dass ich Dich wecken soll!", beharrte er. Ich setzte mich auf und schaute ihn aus zugekniffenen Augen an. „Hast Du mir die Schulterstücke mitgebracht?" Aufgeregt, wie er war, musste ihn die Frage die ganze Zeit seit dem Besuch in der Kaserne gequält haben. „Na klar, mein Kleener! Guck mal in meiner Tasche nach." In Windeseile durchwühlte er meine Tasche und fischte die Dinger raus. „Danke, danke, danke!" Er konnte sich kaum beruhigen. Er flitze aus dem Zimmer und kam zwei Minuten später zurück. Er steckte mir seine linke geschlossen Hand entgegen, in der Rechten hielt er die Objekte seiner Begierde. „Kannste mir die dran machen?", fragte er. Dabei öffnete er die linke Hand, vier

Sicherheitsnadeln kamen zum Vorschein. Was blieb mir übrig, ich bastelte die Schulterstücke an seinen Pullover, drehte ihn um, gab ihm einen Klaps auf den Hintern und sagte: „So, jetzt schwirr ab und zeig's der Mutti!" Den Stechschritt imitierend, die rechte Hand zum militärischen Gruß an die Schläfe haltend, marschierte er ab. „Ich bin jetzt auch Soldat!", tönte er dabei stolz.

Ich musste mich beeilen, wenn ich Britta pünktlich abholen wollte. Ihre Nachtschicht endete 6.30 Uhr, eine Stunde blieb mir noch. Ich hetzte ins Bad, machte mich frisch und düste los. Zehn Minuten Busfahrt, 15 Minuten laufen. Ich hatte es gerade so geschafft. Nur drei Minuten später erschien Britta vorm Tor des Gebäudes des Rechenzentrums. Sie wirkte müde und lächelte ein wenig gequält. Ich küsste sie zur Begrüßung und versuchte dabei, das schlechte Gewissen ob der Ereignisse der letzten Nacht zu verdrängen. Wir schlenderten Hand in Hand zur Straßenbahnhaltestelle.Die meiste Zeit schwiegen wir. In meinem Kopf schwirrten immer noch die Bilder von meinen Eskapaden mit Katrin herum, ich fühlte mich reichlich unwohl. Als wir aus der Straßenbahn ausgestiegen waren, ging ich in die Bäckerei. Frische Bäckerbrötchen waren jetzt genau das Richtige. Die in knackigem Zustand geklauten Semmeln in der Kaserne waren zwar auch nicht schlecht, aber kein Vergleich zu einer von einem richtigen Bäcker. Ich ließ auch noch ein paar Stücken Blechkuchen einpacken, Sorten, die ich in den vergangenen Monaten ebenfalls vermisst hatte. Wir kamen bei Britta an. Sie wohnte auch noch bei ihren Eltern. Die waren etwas älter als die Meinen, aber speziell mit ihrem Vater kam ich sehr gut aus. Ihre Mutter war auch in Ordnung, aber aus meiner Sicht etwas hausbacken, oder spießig, wie ich es nannte. Sie war noch da, machte sich aber bereits fertig, um zur Arbeit zu gehen.

Thomas Frei: **GEDIENT**: Ein NVA-Soldat erzählt

Nach der Begrüßung, der auch gleich die Verabschiedung folgte, hatten wir „sturmfrei".
Britta deckte den Frühstückstisch und setzte Kaffee an. Ich kochte Eier und dekorierte den Wurstteller. Die Küche war ein schmaler Schlauch. Es kam mehrfach zum Körperkontakt zwischen uns, was meine Begierde wachsen ließ. Schließlich hielt ich es nicht mehr aus. Ich nahm Britta in die Arme und knutschte sie heftigst ab. Ich ließ ihr keine Chance, zog sie erregt in ihr Zimmer. Dort entledigte ich sie ungeduldig ihrer Kleidung, zog mich selbst noch schneller aus. Die erste Runde war schnell vorüber, aber nach fast vier Monaten war ich so ausgehungert, dass es mir mehr als leicht fiel, nachzulegen. Erst zwei Stunden später saßen wir am Frühstückstisch. Nach dem Frühstück legte sich Britta zum Schlafen. Schließlich hatte sie Nachtschicht gehabt und der intensive Sex hatte die Müdigkeit natürlich nicht verringert. Ich setzte mich ins Wohnzimmer, schaltete die Glotze ein und blätterte in den Exemplaren der örtlichen Tageszeitung, die im Zeitungsständer lagen. Im Fernsehen lief eigentlich nur Müll, aber ich hatte Westfernsehen eingeschaltet, etwas, was ich seit November auch nicht zu sehen bekommen hatte. Gegen drei stand Britta auf, immer noch sichtlich müde. Wir tranken Kaffee und aßen den Kuchen, den ich eingekauft hatte. Wir beschlossen, einen Stadtbummel zu machen, anschließend zu versuchen, zwei Plätze in einem Restaurant zu ergattern, um gemeinsam schön zu Abend zu essen. Danach würde ich sie zur Arbeit begleiten. Im „Gastmahl des Meeres" bekamen wir nach erträglicher Wartezeit zwei Plätze zugewiesen. Das Essen war recht gut. Britta zahlte, was mich zwar ein wenig beschämte, da es in der damaligen Zeit zum guten Ton gehörte, das der Herr die Rechnung übernahm. Andererseits hatte sie das Achtfache von dem in der Tasche, was ich monatlich bekam. Nachdem wir uns verabschie-

det hatten, nahm ich den Bus nach Hause zu meinen Eltern. Die saßen noch vor dem Fernseher und freuten sich, dass ich nun endlich mal für eine Unterhaltung anwesend war. Ich trank noch ein Bier mit meinem Vater, dann zog es mich ins Bett. Ich hatte in der Nacht vorher nur zweieinhalb Stunden geschlafen und mich mehrfach beim Sex mit Britta verausgabt. Das zehrte, selbst im Alter von 18 Jahren. Zumindest tagsüber lief der Donnerstag ähnlich ab, wie der Tag zuvor: Britta abholen, Bäcker, Frühstück vorbereiten, dann Sex, dann Frühstück, dann nochmal Sex. Stadtbummel gab es an diesem Tag keinen. Dafür stand abends die Disco im Versorgungszentrum an. Die Disco ging erst 18.00 Uhr los. Wir erschienen jedoch schon halb Fünf, um zwei der begehrten Eintrittskarten zu erwerben. Anschließend gingen wir noch zu meinen Eltern. Meine Mutter hatte natürlich schon die Kaffeetafel gedeckt. Sie war glücklich, endlich einmal für uns da sein zu können. Von heute an würde ich bei Britta schlafen. Sie hatte für den Rest der Woche frei und ab Montag Frühschicht. Ich packte also mein Tasche und sagte meiner Mutter, das ich nach der Disco nochmal vorbeikommen würde, um sie zu holen. Meine Mutter rang uns noch das Versprechen ab, am Sonntag zum Mittagessen zu erscheinen. Wir hatten kaum den Mehrzweckraum betreten, entdeckte ich auch schon meine Tramperkumpels. Andy, Markus, Igel, Henry und einige mehr standen um einen Tisch rum. Ich ging hin, Britta trottete mir hinterher. Die Begrüßung war gigantisch. Ich umarmte jeden Einzelnen, Schultern wurde geklopft. Es war einfach toll, mit den Jungs, mit denen ich Wochenende für Wochenende verschiedenen Bands hinterher gereist war, mit denen ich in Dorfgasthöfen den „Dorfbums" der spießigen Landjugend aufgemischt hatte, endlich wiederzusehen. Die Tramperszene war damals das Rebellischste, dem ein Jugendlicher in der DDR ange-

Thomas Frei: **GEDIENT**: Ein NVA-Soldat erzählt

hören konnte. Wir waren stolz darauf und genossen natürlich die heimliche Bewunderung, die uns ob unserer auch äußerlichen Aufsässigkeit vor allem von der Damenwelt der „Normalos" entgegengebracht wurde. Andy reichte mir ein Bier. Auf dem Tisch standen schon zwei Tabletts mit jeweils fünfzehn Gläsern, gefüllt mit dem leckeren Gebräu aus Wernesgrün. Es war normal, das Bier gleich tablettweise zu bestellen, denn wenn man einzeln bestellen würde, lief man Gefahr zu verdursten. Jedes Tablett fasste zwölf halbe Liter, die nächste Stunde war für die ganze Clique gesichert. Ich bekam die neuesten Geschichten aus der Szene erzählt, lachte zuweilen herzlichst über so manches Vorkommnis, auch wenn es mich innerlich deprimierte, das ich nicht dabei gewesen war. Weder Musik noch sonstiges Geschehen im Saal interessierte uns sonderlich an diesem Abend. Wir schwätzten was das Zeug hielt. Britta wusste nicht so recht, ob sie dazugehören sollte oder nicht. Sie traf die Jungs manchmal am Wochenende auf irgendeinem Tanzsaal der Gegend, aber der Einzige, mit dem sie intensiver redete, war Andy. Mir war das heute egal. Ich genoss das Beisammensein mit den Jungs, wir tranken, „wie in alten Zeiten", die gerade mal vier Monate her waren. Die Disco war vorüber, Britta drängte mich, darauf zu verzichten, mit den Jungs im Restaurant weiter zu bechern. Als Begründung trug sie vor, dass wir ja noch meine Tasche bei meinen Eltern abholen müssten. Ich lenkte ein, unnötigen Stress für den Rest meines Urlaubs wollte ich nun auch nicht riskieren. Wir brachen auf, holten meine Tasche ab und fuhren mit Bus und Straßenbahn zu ihr. Ich fiel ins Bett und schlief auch fast augenblicklich ein. Der vierte Monat war rum. Morgen würde ich endlich mal ausschlafen.

Noch 451 Tage.

Kapitel 5

März

I

Der neue Monat begann mit Ausschlafen. Gegen 10.00 Uhr wurde ich sanft geweckt, Kaffeeduft zog verführerisch in meine Nase, als ich die Augen aufschlug. Britta hatte den Frühstückstisch liebevoll gedeckt. Die Brötchen waren noch warm. Während wir genüsslich die erste Mahlzeit des Tages einnahmen, offenbarte sie mir, was sie für den Rest meines Urlaubs geplant hatte. Heute Abend würden wir nicht ausgehen. Ein Besuch bei ihrer besten Freundin stand an. Ich hatte eigentlich keine Lust darauf, ließ mir aber nichts anmerken. Sie hatte schon gestern nicht viel von mir gehabt und wollte mich heute nicht schon wieder mit meinen Kumpels teilen. Außerdem war der Mann ihrer Freundin auch gerade bei der Armee und zur Zeit auf Urlaub. Ich kannte ihn nicht, er war E und nicht da, als ich ihr kurz vor meinem Einrücken vorgestellt wurde. Lust hatte ich keine, die Beiden zu besuchen, was aber eher daran lag, dass ich schon vorab ahnte, das mir der „E" jede Menge kluge Ratschläge erteilen würde. Genauso kam es dann auch. Während die Mädels in der Küche ein paar Happen zu Essen vorbereiteten, laberte Michael, so der Name des Kerls, mir die Ohren voll. Ich ließ ihn gewähren. Bei seinem Erguss vergaß er augenscheinlich, das ich nicht mehr so ganz frisch war bei der „Fahne". Aber ich wollte Britta nicht den Abend verderben, also machte ich gute Miene.

Thomas Frei: **GEDIENT**: Ein NVA-Soldat erzählt

Am Samstag standen „Familienbesuche" an. Wir „mussten" zu Brittas älterer Schwester zum Kaffeetrinken. Sie war einige Jahre älter als wir, verheiratet, und hatte eine kleine Tochter. Ihr Mann, Brittas Schwager, war auch da. Er war ein Hüne von Mann und ein netter Typ dazu. Nachdem die Kaffeetafel aufgehoben war, tranken wir ein paar Bier und ergänzten ein jedes um einen Korn. Schon nach kurzer Zeit hatte ich einen sitzen. Das Tempo, welches Gerd vorlegte war selbst für einen trinkfesten Soldaten um einiges zu schnell. Ich musste mich bremsen, denn ich wollte um keinen Preis hier versacken. In einem Dorfsaal in der Nähe spielten heute Abend „Wanderer", eine unserer Lieblingsbands. Todsicher waren dort jede Menge Tramper-Kumpane und meine gesamte Clique anzutreffen. Das konnte ich mir einfach nicht entgehen lassen. Nach dem fünften Bier drängte ich zum Aufbruch. Ich musste Gerd versprechen, das wir beim nächsten Mal zum Abendessen kommen und uns sonst nichts weiter vornehmen würden. Mit Mühe erreichten wir den Bus noch rechtzeitig. Der Ikarus war schon vollgepackt mit Leuten aus der Szene, alle leicht erkennbar an den Klamotten: Jeans, viele davon mit Flicken besetzt, Fleischerhemd, wenn vorhanden Jeansjacke, Parka, Jesuslatschen (ja, auch schon im März!), meist lange Haare. Im Grunde liefen wir recht uniformiert herum und unterschieden uns, was die Kleidung betraf, nur in kleinen Details voneinander.
Die Tramperszene galt in der DDR als aufmüpfig und gegen den Sozialismus eingestellt. Diese Einschätzung traf durchaus zu. Wir sehnten uns viel mehr nach Freiheit (was immer wir auch darunter einst verstanden), Abenteuer und Abkehr vom üblichen Mief, der die „Spießer" umgab, wie wir alle anderen nannten, die uns beargwöhnten. Unsere „Uniformiertheit" machte es der Polizei sehr leicht, uns als Mitglieder dieser aufsässigen Szene zu

identifizieren, was dazu führte, dass wir bei größeren Unternehmungen auch gleich mal rudelweise auf Polizeireviere „zur Personalienüberprüfung" verbracht wurden. Auch kam es vor, dass man dazu verdonnert wurde, sich regelmäßig auf dem Polizeirevier im Wohngebiet zu melden. Damit wurde verhindert, das unsereins z.B. auf dem „Pfingsttreffen der FDJ" und ähnlichen sozialistischen Veranstaltungen auftauchte und diese störte. Das war natürlich Quatsch, an Festivals dieser Art lag uns nun wirklich nichts. Auch waren wir in keinster Weise darauf aus, eine Revolution anzuzetteln. Der Staat hatte uns seinerzeit gründlich überschätzt, was ihn nicht daran hinderte, auch diese Szene mit reichlich Stasi-Spitzeln zu durchsetzen, wie ich viele Jahre später zur Kenntnis nehmen musste. Das mir ausgesprochene Studienverbot rührte am Ende auch daher. Der Bus war brechend voll. Ich entdeckte im Gedränge jede Menge bekannte Gesichter. Die ersten dämlichen Kommentare ließen auch nicht lange auf sich warten: „Hey Tom, bist in 'nen Mähdrescher geraten oder willst du jetzt Russe werden?" So in der Art wurde mein Armee-Haarschnitt von einigen kommentiert. Ich lachte drüber und ließ die Lästermäuler wissen, dass ich mich schon darauf freuen würde, ihnen die Türklinke in die Hand zu geben, wenn ich entlassen und sie eingezogen werden würden. Diese Neckereien waren nicht bös gemeint, das gehörte einfach dazu. Die Fahrt zog sich schier endlos hin. Die Luft im Bus wurde immer stickiger, was kein Wunder war, denn das Gefährt war bis auf den letzten Zentimeter vollgestopft mit Menschen. Nach 30 Minuten war der Albtraum vorüber. Wir drängelten uns durch die schmale Tür und zogen genüsslich die frische Luft in die Lungen. Eine große Horde grüner Kutten zog in kleinen Gruppen Richtung Gasthof „Zum Ochsen", zu dem ein recht großer Tanzsaal gehörte. Dort angekommen reihten wir uns in die immer länger werdende Schlange der Wartenden ein. „He Tom", hörte ich eine bekannte Stimme meinen Namen rufen. Andy war da.

„He Andy, wo sind die anderen?", fragte ich. „Ein paar müssten schon drin sein, Igel und Fisch kommen mit dem nächsten Bus!" Die ganze Clique schien anzureisen, was eigentlich zu erwarten war, angesichts der Band, die heute spielte. Es ging zügig voran am Einlass. Wir bezahlten die 4,10 Mark Eintritt, erhielten unseren Stempel auf den Handrücken, der es uns ermöglichte, rein und rauszugehen, und schon waren wir drin. Wir suchten uns einen Platz gleich neben dem Eingang zur Bar und reservierten gleich noch zehn weitere Stühle für den Rest der Truppe, indem wir die Stühle mit der Lehne an die lange Holztafel kippten. Der Geräuschpegel nahm mit mit jeder hereinkommenden Schar zu, die ersten Schwaden des Qualmes zahlreicher „Karo" zogen in Richtung Saaldecke. Auf der Bühne wurden Boxen aufgetürmt, Kabel zusammengesteckt und an das Schlagzeug geschraubt. Oh Mann, wie sehr hatte ich das Alles vermisst in den letzten Monaten! Ich kam mir vor wie neugeboren in diesem Moment. Andy erschien mit sechs halben Litern am Tisch. Der Alkohol, den ich bereits intus hatte, war auf dem Weg hierher schon einigermaßen verflogen, so dass das Bier jetzt gerade recht kam. Wir stießen an und nahmen einen ordentlichen Zug. Britta saß stumm neben mir. Diese Art von Samstagabend-Unterhaltung war sie nicht wirklich gewohnt. Sie gehörte eher zu den „Spießern", die es vorzogen, in eine der vielen Discos zu gehen, um Spaß zu haben. Zwar hatte ich sie genau hier im Ochsen kennengelernt, aber das war an einem Sonntag, als Musik vom Tonband gespielt wurde und die „Spießer-Jungs" in Nadelcordhosen und spitzen Schuhen nach Klängen von John Travolta tanzten. Wir gingen zu solchen Tanzveranstaltungen in der Regel nur,

wenn in der Nähe keine Bands spielten, die uns interessierten.
Zu Andy hatte sie aber inzwischen einen recht guten Draht, was auch in fernerer Zukunft so bleiben würde. Er blieb ein echter Freund, bis er 1990 nach West Berlin ging. Der nächste Bus schien angekommen zu sein, denn nach einer Unterbrechung des Menschenstromes, der sich in den Saal ergoss, nahm die Anzahl der Neuankömmlinge wieder erheblich zu. Unsere Truppe war nahezu komplett. Einige hatte ich noch nicht am Donnerstag in der Disco getroffen. So gab es natürlich einige intensivere Begrüßungen. Meine alte Freundin Suffi, wie wir Sabine nannten, fiel mir um den Hals und schmatzte mich ab wie einen Säugling, was Britta leichte Zornesfalten auf die Stirn malte. Ich wurde mit Fragen überhäuft, die ich auf Grund des Tempos, in dem sie gestellt wurden, nur kurz und knapp beantworten konnte. Pit begrüßte mich mit Handschlag, einer kurzen Umarmung und einem säuerlichen Lächeln. „Oh Mann Alter, Du hast es gut", sagte er. „Hä?", fragte ich zurück,"Spinnst Du? Ich bin bei der Asche, Mann. Da ist Nix mit ‚guthaben'!" Er lächelte gequält. „Klar hast Du's gut! Hast schon das erste halbe Jahr fast weg! Mich wollen die im Mai holen! Da geht bei mir diese Scheiße los! War letzte Woche zur Einberufungsüberprüfung!" „Scheiße", sagte ich, „Arme Sau!" Ja, früher oder später erwischt es jeden. Man musste schon echte körperliche Probleme haben, um dieser „gesellschaftlichen Pflicht" zu entkommen. Es machte keinen Sinn, Trost spenden zu wollen. Wer wusste das besser als ich? Trotzdem probierte ich es: „Lass mal, Pit, das überstehst Du auch! Lass uns heute einfach trinken und ne gute Zeit haben, das Elend kommt früh genug und vor allem von ganz alleine!" Die Band begann zu spielen, die Songs von Bob Dylan, Eric Clapton, John Mayall und anderen Vertretern des Folkrock und des Blues schallten

den Raum. Bei „San Francisco Nights", einem Song der „Animals" grölten alle, schon reichlich alkoholisiert, mit.

Die Stimmung war, wie jedesmal, wenn wir bei einer solchen Band waren, großartig. Der Saal schien in einem Freiheitstaumel zu sein, wir hatten uns frei gemacht vom sozialistischen Alltag, wir erträumten uns die Freiheit mit der Musik, die die Bilder der unendlichen Weite Amerikas in unsere Hirne und unter unsere Haut projizierte, wie sie uns in Filmen wie „Easy Rider" und „Grenzpunkt Null" auf den Leinwänden der DDR-Kinos und im unerwünschten Westfernsehen gezeigt worden waren. Wenigstens für ein paar Stunden lebten und fühlten wir diese Freiheit, die uns ansonsten versagt blieb, und das ein Leben lang, wie wir damals noch glaubten. Viel zu schnell wurde es Mitternacht, die Freiheit war schon wieder vorüber. Die Busse waren vollgestopft mit Menschen, genau wie auf der Hinfahrt. Zur stickigen Luft gesellten sich die Ausdünstungen biergeschwängerten Atems, aber das störte keinen. Selbst Britta hatte ein paar „Pfeffi" zu viel intus und war lustig drauf. Gegen halb Zwei waren wir bei Ihr zu Hause, ziemlich ermüdet, aber immer noch fit genug, um ausgiebigst miteinander zu schlafen.

Am Sonntag krochen wir erst gegen Mittag aus dem Bett. Der Duft von Rouladen und Rotkohl war aus der elterlichen Küche in Brittas Zimmer gekrochen und hatte meine Nase gekitzelt. Ihr Vater hatte schon seit Stunden am Herd gestanden. Rouladen waren zu dieser Zeit tatsächlich etwas ganz besonderes. Nicht etwa, weil die Zubereitung aufwendig war, nein, vor allem deswegen, weil man nicht einfach Rouladen an der Fleischtheke kaufen konnte. Dazu bedurfte es Glück oder Beziehungen, am besten, man hatte beides. Wir genossen das köstliche Mittagessen, was für uns gleichzeitig Frühstück war. Ich übte mich in ordnungsgemäßer Konversation mit meinen zukünftigen Schwiegereltern, auch wenn ich zum damaligen Zeitpunkt noch nicht wusste, dass sie es im Folgejahr werden würden. Die ganze Situation wirkte ein wenig verkrampft, aber trotzdem nicht wirklich unangenehm. Es war allemal besser, an diesem Tag an diesem Tisch zu sitzen und nicht in der Kaserne zu sein! Nach dem Essen gab es den beim „Schwiegervater" üblichen Verdauungsschnaps, wir lümmelten auf dem Sofa, der Fernseher lief und man unterhielt sich über dies, das und jenes. Wir waren zum obligatorischen Sonntagskaffee eingeplant, zwei Tanten von Britta würden erscheinen. Brittas Mutter hatte selbstverständlich gebacken. Der Kuchen wurde ausgiebigst gelobt und der Kaffeeklatsch nahm seinen Lauf. Ich hockte voll in der Spießerwelt. Das schlimmste daran war, das ich das genoss. Soweit hatten mich die vier Monate bei der Armee schon getrieben. Der Kaffeekranz war vorbei. Um noch irgendwo auf einen Tanzsaal zu gehen, war es bereits zu spät. Sonntags begannen diese Veranstaltungen schon um 16.00 Uhr und endeten spätestens um Neun. Bus und Bahn fuhren nur spärlich, vor Sieben würden wir nirgends ankommen. Also beschlossen wir, wenigstens bei meinen Eltern nochmal vorbeizuschauen. Die hatten mich seit meiner Ankunft kaum gesehen, zum Leidwesen meiner Mutter. Die hätte ihren Erstgeborenen auch gerne bekocht und bemuttert, andererseits kannte sie mich ja nicht erst seit vierzehn Tagen und wusste um meinen rastlosen Geist, der mich schon vor der Armee nur selten zu Hause sein ließ. Meine Eltern wohnten am anderen Ende der Stadt. Die Fahrt mit Straßenbahn und Bus nahm ca. 45 Minuten in Anspruch. Natürlich waren meine Eltern hocherfreut. Mein kleiner Bruder rannte mit meiner Tschapka auf dem Kopf und den Schulterstücken auf dem Pullover, die ich ihm mitgebracht hatte, durchs Wohnzimmer und erteilte mit seiner Kinderstimme militärische Befehle, denen ich zum Schein nachkommen musste. Selbstverständlich mussten wir zum Abendbrot bleiben. Wir waren zwar nicht eingeplant gewesen, aber trotz Mangelwirtschaft war ein jeder in der DDR zu jeder Zeit auf unverhofften Besuch eingestellt. Sich vorab großartig zu verabreden war oft nicht möglich, denn Telefone waren nur dünn gesät und nicht immer konnte man von der Arbeit aus telefonieren. Insofern stellten unangemeldete Gäste niemals ein Problem dar. Auch waren die Ansprüche nicht so hoch wie heutzutage, es wurde serviert, was gerade da war und es wurde gegessen, was auf den Tisch kam. So einfach war das, damals!

„Kommst Du morgen nochmal vorbei, bevor Du fährst, oder nimmst Du Deine Tasche heute schon mit?" Meine Mutter hatte echt Talent, mir mit einem Satz die Stimmung zu verderben. Ich hatte Alles darangesetzt, die Tatsache, dass morgen schon wieder Montag ist und ich um 22.17 Uhr ab Bahnsteig 3 die Fahrt zurück ins militärische Elend anzutreten hatte, zu verdrängen. Die Bitternis in meinem Blick und der Tonfall, in dem ich ihr antwortete, ließen keine Zweifel über meine Stimmung aufkommen. „Nee, ich komm morgen nochmal rum und fahr von hier aus mit dem Bus zum Bahnhof." „Ich habe nämlich noch bissel was eingekauft für Dich!", versuchte meine Mutter, meine Stimmung zu heben. „Und was?" Das Mürrische in meinem Ton war immer noch da. „Das siehst du dann morgen."

Sie schien nun auch ein wenig beleidigt. Britta musste am Montag schon um 05.30 Uhr aufstehen. Ihre Frühschicht begann 06.30 Uhr, kurz nach Sechs ging ihre Straßenbahn. Sie hatte um 15.30 Uhr Feierabend. Ich sollte sie abholen. Bis dahin musste ich mir die Zeit vertreiben. Auch Ihre Eltern mussten zur Arbeit. Als ich aufwachte, war die Bude leer, ich war allein. Es war ein sehr seltsames Gefühl, denn ich befand mich in einer fremden Wohnung, sieht man mal von Brittas Zimmer ab. Das Frühstück verkniff ich mir, eine halbe Stunde nach dem Aufstehen verließ ich die Wohnung und trottete Richtung Innenstadt. Ich nahm bewusst nicht die Bahn. Ich hatte noch 7 Stunden zu vertrödeln, was sich als schwierige Aufgabe darstellte. Alle meine Kumpels waren ebenfalls auf Arbeit. Absolut keiner verfügbar, mit dem man sich hätte verabreden können. Die Stadt war auch nicht so groß, als das man dort hätte auch nur zwei Stunden zubringen können, ohne mehrmals an den selben Stellen vorbeizukommen. In den Geschäften gab es auch nichts zu bestaunen, außer vielleicht die „Beratungsmuster", wie die Ausstellungsstücke diverser Geräte genannt wurden, die man zwar anschauen, aber nur bestellen und nicht kaufen konnte. Einzig die Buchläden waren Stätten längeren Verweilens, dort konnte man mit Glück eine Rarität finden. Auch war mein Geldbeutel alles andere als prall gefüllt, was bei 120,00 Mark Sold im Monat auch nicht verwunderte.

Nach 35 Minuten hatte ich den Marktplatz erreicht. Dort gab es einen Imbiss, den ich fürs späte Frühstück auserkoren hatte. Nun ja, sehr viel mehr Möglichkeiten gab es auch nicht um diese Zeit. Es war kurz nach Neun, der Imbiss hatte erst seit wenigen Minuten geöffnet. Diese wenigen Minuten hatten aber gereicht, um das Schnellrestaurant ordentlich zu füllen. Ich stellte mich in die Schlange, griff, als ich soweit vorgerückt war, einen Teller mit einer „Brühlette" nebst Brötchen aus der Auslage, stellte ein paar Meter weiter noch einen kleinen Teller mit Kartoffelsalat dazu und ergänzte das ganze kurz vor der Kasse mit einer kleinen Flasche „Vita Cola". Ich zahlte die 1,70 Mark, beförderte einen großen Löffel Senf neben die dicke Wurstscheibe und fischte Messer und Gabel aus dem Besteckkasten.

Thomas Frei: **GEDIENT**: Ein NVA-Soldat erzählt

Ich hatte Glück und bekam noch einen der wenigen Sitzplätze ab. So musste ich mein Frühstück nicht an einem der Stehtische einnehmen. Ich setzte mich, nahm die Teller und die Cola vom Tablett und ordnete alles vor mir auf dem Tisch. Ich zog das Exemplar vom „Neues Leben" aus der Tasche meines Parkas. Das war ein Jugendmagazin, welches monatlich erschien. Ich las das eigentlich schon längere Zeit nicht mehr, was meine Mutter jedoch nicht daran hinderte, es jeden Monat aufs neue zu besorgen. Sie arbeitete bei der Post, welche auch den Zeitungsvertrieb zur Aufgabe hatte. Solche Zeitschriften bekam man nur mit Beziehungen oder Glück. Ich hatte halt die Beziehungen und meine Mutter wollte mir diese weiter angedeihen lassen, ob ich nun wollte oder nicht. Allerdings war mir das Heftchen in diesem Moment willkommen, konnte ich doch während des Essens lesen und musste beim Kauen nicht das grau in grau, welches sich nicht nur außerhalb des Restaurants durch die schmutzigen Scheiben präsentierte, sondern auch innen drin wahrnehmbar war, auf mich wirken lassen. Ich nahm mir Zeit beim Essen. Die Brühlette, ein in Schweineschmalz gebackenes dickes Stück „Wiegebraten", welches der Wessi unter dem Namen „Fleischkäse" oder auch „Leberkäse" kennt, war vorzüglich. Der Rest ging grad so, aber das störte nicht. Ich las mich an einer Kurzgeschichte fest, die wirklich spannend war. Dabei kaute ich bedächtig. So vergingen mehr als 45 Minuten, ohne das ich es bemerkt hätte. Kurz vor Zehn verließ ich das Restaurant. Nur noch fünfeinhalb Stunden, dachte ich. Ich ging in eines der beiden Kaufhäuser, die es damals in der Innenstadt gab. Die DDR war wahrlich keine Konsumgesellschaft. Die haben wir heute. Aber heute gibt es keine Kaufhäuser mehr in der Innenstadt.

Ich schlenderte lustlos herum, immer in der Hoffnung, jemanden Bekanntes zu treffen. Mein Wunsch wurde nicht erfüllt. Nachdem ich das zweite Kaufhaus durchwandert hatte, wurde es Zeit für eine kleine Pause. Es war mittlerweile kurz vor Zwölf. Ich hatte zwar keinen Hunger, aber Durst. Ich begab mich in den 4. Stock, wo das „Kaufhausrestaurant" war. Mehr aus Langeweile nahm ich mir eine Bockwurst und ließ mir ein Bier zapfen. Ich blätterte wieder im Magazin, als mir jemand auf die Schulter tippte. Es war Markus, mein Tramperkumpel. „Mensch, was machst Du denn hier um diese Zeit?", fragte ich ihn. Eigentlich hätte ich es sofort sehen müssen. Er war Klempner und in Arbeitsklamotten unterwegs. „Hab drei Straßen weiter was zu tun, mach aber jetzt erstmal Mittag." Ich rollte schnell das Magazin zusammen und schob es in die Tasche meines Parkas. Er hatte nicht bemerkt, was ich da gelesen hatte. Das „Neue Leben" war unter Trampern verpönt, also sollte ich mich besser nicht damit erwischen lassen. Wir plauderten, während er sein Schnitzel in aller Ruhe verzehrte. Er hatte tausend Fragen, was die Armee anging. Meine Vermutung, dass er auch zur Einberufungsüberprüfung geladen war, erwies sich aber als falsch. Er holte sich noch ein zweites Bier und brachte mir auch eins mit. „Hier, Du armes Schwein!". Grinsend stellte er das Glas vor mir ab. Als wir ausgetrunken hatten, nahmen wir die Rolltreppen bis ganz nach unten und gingen auf die Straße. Zum Abschied rauchten wir die obligatorische Karo. Dann musste er weg, leider. Ich schlenderte zum nächstgelegenen Buchladen. Buchläden gab es einige in der Stadt, auch ein Antiquariat. Gute Plätze, um die Zeit bis zu Brittas Feierabend rumzukriegen. Ich wühlte mich durch Unmengen von Büchern, aber finden konnte ich am Ende nichts, was mein Interesse geweckt hätte. Im Antiquariat fiel mir eine Taschenbuchausgabe von Jack Kerouac's „On the Road" in die Hände. Dieses Buch hatte fast den Status der „Bibel für Tramper", gelesen hatte ich es schon, jedoch nicht selbst besessen. Das änderte sich jetzt. 1,50 Mark verlangte die Kassiererin von mir für dieses benutzte Exemplar. Ein wenig Glück und Freude für 1,50 Mark! Ja, damals brauchte es nicht sehr viel. Ich kam 20 Minuten zu früh am Tor der Hochschule an, welches Britta zum Feierabend passieren musste. Jede Menge Studenten gingen ein und aus, manche musterten mich mit seltsamen Blicken, was wahrscheinlich daher rührte, dass meine Klamotten und mein Haarschnitt in einem ungewohnten Gegensatz zueinander standen, jedenfalls bildete ich mir das ein. Kurz nach halb Vier kam sie endlich. Hand in Hand gingen wir die 10 Minuten bis zur Straßenbahn. Ich erzählte ihr, wie ich meinen Tag verbracht hatte. Sie hörte geduldig zu, zu erzählen hatte sie nicht viel. Von EDV verstand damals kaum ein Außenstehender etwas. EDV wurde im Volksmund mit „Ende der Vernunft" übersetzt. In ihrem Elternhaus erwartete uns schon wieder die Kaffeetafel. Mir zu Ehren wurde das Sonntagsritual nun auch am Montag zelebriert, aber auch die Reste vom selbst gebackenen Kuchen mussten weg. Schon war es um Sieben, ich musste los, wollte ich doch auch meiner Mutter noch eine Stunde meiner Anwesenheit schenken.

Meine Klamotten lagen gewaschen und gebügelt bereit zum einpacken. Das war dann auch in fünf Minuten erledigt. Neben dem Stapel Klamotten fand ich noch eine ungarische Salami und ein Stück rohen Schinken. Meine Mutter hatte hier nahezu Unglaubliches geleistet, derartige Leckereien aufzutreiben. Solche Delikatessen gab es nicht einfach so zu kaufen. Auch hier galt die übliche sozialistische Überlebensregel: Du brauchst Glück oder Beziehungen, am besten Beides!

Aus der Küche drang ein herrlicher Geruch herüber. Meine Mutter hatte tatsächlich panierte Schnitzel zum Abendessen gemacht. Ich freute mich sehr darüber. Wir aßen in Ruhe, rauchten anschließend noch eine in der Küche. „Karo" war allerdings tabu. Selbst ich als Karo-Raucher musste eingestehen, das der Gestank dieses rauhen Krautes tatsächlich in geschlossenen bzw. kleineren Räumen kaum auszuhalten war. Dann war es soweit. Ich zog die Jeans aus, anschließend das Fleischerhemd. Widerwillig zog ich die Ausgangsuniform Stück für Stück an. Mit jedem Teil fühlte ich mich elender. Es fühlte sich an, dass mit jedem Stück Stoff auch eine Tonne Ziegel auf meinen Körper geladen wurden. Die Uniform war wie ein eiserner Käfig, der sich um Körper und Seele presste. Es war schlimm....

II

Schweigend liefen wir zur Bushaltestelle. Mit jedem Schritt wurde der Frust ein wenig größer. Der Bus kam pünktlich. Wir stiegen ein und fanden ziemlich in der Mitte einen Sitzplatz. Auch während der 20 minütigen Fahrt bis zum Bahnhof schwiegen wir. Ich hielt Brittas Hand und ab und an küssten wir uns. Am Eingang vom Bahnhof war es dann soweit. Eigentlich wollte Britta mit bis auf den Bahnsteig kommen. Es brauchte aber nicht viel Überredungskunst meinerseits, sie davon abzuhalten. Ich wollte nicht, das mir im Zug die Tränen kamen, wenn ich sie, auf dem Bahnsteig stehend, hinter der Scheibe des Zugfensters entschwinden sehen würde. Es war auch so schon schwer genug. Als wir uns nach einem letzten langen Kuss verabschiedet hatten, drehte ich mich sofort um und ging in die Bahnhofshalle. Schnurstracks steuerte ich den nächsten Kiosk an und verlangte von der Dame hinterm Tresen eine kleine Flasche Wodka. Mit 5,50 Mark den Tagedruck bekämpfen, das Einzige, was jetzt helfen konnte. Ich fühlte mich beschissener als am Tag der Einberufung. Schon seltsam. Es schien, das die Tage umso heftiger drückten, je weniger es wurden.

Der Zug fuhr pünktlich, die Deutsche Reichsbahn war besser als ihr Ruf. Im Wagon fuhren keine fünf Leute mit. Ich stellte die Pulle Wodka auf das kleine Tischchen am Fenster und kramte das „Neue Leben" aus der Manteltasche. Ich brannte mir eine F6 an, ein weiteres Geschenk meiner Mutter. Diese Sorte war beinahe edel im Vergleich zur Karo, allerdings mit 3,20 Mark auch doppelt so teuer. Also nicht wirklich etwas für einen armen Soldaten. Ich versuchte zu lesen. Die Buchstaben schwirrten an meinen Augen vorbei, aber ich erfasste nicht wirklich das, was ich da las. Meine Gedanken kreisten um die letzten sechs Tage, um all die Dinge, die ich erleben durfte. Wehmut erfasste mich und jedesmal, wenn es zu schlimm wurde, nahm ich einen Schluck aus der Wodkaflasche. Die Flasche war schneller leer als der Zug fuhr. Schon lange vor Leipzig entsorgte ich das leere Behältnis im Mülleimer. Besser fühlte ich mich dennoch nicht. Gegen halb Zwölf erreichte der Zug den Leipziger Hauptbahnhof. 00.04 Uhr fuhr ein D-Zug in meine Richtung. Das nützte mir allerdings nichts. Bei diesem Zug handelte es sich um den sogenannten „Pariser", der fuhr von Warschau nach Paris. Aus nicht offiziell genannten, aber durchaus bekannten Gründen war dieser Zug für Militärangehörige verboten. Es machte auch keinen Sinn, diese Regel brechen zu wollen, denn der Zug wurde stets von einer Militärstreife nach Soldaten durchforstet. Selbst das Reisen in Zivilkleidung half da nichts. Hatte die Streife den Verdacht, das es sich um einen Soldaten in Zivil handelte, wurde kurzerhand die ebenfalls mitfahrende Transportpolizei hinzugezogen. Es lohnte also nicht, zumal die zu erwartende Bestrafung recht hoch war. Der nächste Anschlusszug fuhr 01.54 Uhr. Mehr als zweieinhalb Stunden Warterei auf einem Bahnhof. Da blieb nur die Mitropa, das Bahnhofsrestaurant. Mit schweren müden Schritten schleppte ich mich dahin. Es war eher die seelische Verfassung, die mich wie einen alten Mann laufen ließ. Mit meinen knapp 19 Jahren machten einem lange Tage und kurze Nächte ja nicht wirklich etwas aus. Ich betrat die Gaststätte, die in etwa den gleichen Charme versprühte wie die Bahnhofshalle selbst. Ich entdeckte fünf andere Soldaten an einem Tisch, den Farben der Schulterstückumrandung nach von unterschiedlichen Waffengattungen und demzufolge aus unterschiedlichen Kasernen und Standorten. Ich ging rüber zu ihnen, klopfte mit den Fingerknöcheln der geballten Faust zum Gruss auf den Tisch und sagte: „Hallo Jungs, was dagegen, wenn ich mich zu Euch setze?" „Nö!!", kam es aus drei der fünf Münder gleichzeitig.

Ich holte einen Stuhl vom Nachbartisch heran, zog die Pferdedecke aus, nahm die Mütze vom Kopf und setzte mich.
„Woher wohin?" An den in der Mitte quer geknickten Schulterstücken erkannte ich, dass der Frager ein Dachs war. Die rosafarbene Umrandung seiner Schulterstücken verrieten, dass er bei den Panzertruppen diente. Ich mutmaßte, das er mit dem gleichen Zug weiter musste wie ich. Ein großes Panzerregiment gab es in Gotha, also in meiner Richtung. Ich beantwortete seine Frage höflich. Ich hatte keinerlei Erfahrungen, in welcher Weise unterschiedliche Diensthalbjahre außerhalb der Kasernen miteinander umgingen, von daher war ich etwas vorsich-

tig.
Es zeigte sich recht schnell, das meine anfänglichen Bedenken unbegründet waren. Außer den üblichen Neckereien schien die Kameradschaft im zivilen Lebensbereich durchaus besser zu sein als unter dem Druck des Eingesperrtseins. Die Kneipe hatte bis 01.00 Uhr geöffnet, was uns einiges an Zeit gab, den Alkoholpegel etwas zu steigern und den Druck auf Seele und Schultern etwas fallen zu lassen. Um Eins bat uns der Kellner höflich aus dem Lokal. Mit Soldaten hatte man stets ein wenig Mitleid und zeigte deswegen auch etwas mehr Geduld als üblich im Umgang mit ihnen. Es gelang uns, den Aufenthalt noch um eine Viertelstunde hinauszuziehen, aber dann war wirklich Schluss. Die kleine Gruppe löste sich auf. Einer musste in die Gegenrichtung nach Dresden, zwei andere Richtung Berlin. Der Dachs aus Gotha und ein Gefreiter, der nach Eisenach musste, blieben bei mir. Wir mussten den selben Zug nehmen, ich war der Erste dieses Trios, der aussteigen würde. Die verbleibende Wartezeit auf dem Bahnsteig verging schneller, als wir gedacht hatten. Der Zug fuhr ein und wir suchten uns ein leeres Abteil. Die Taschen wurden in die Gepäckablage verfrachtet, die Gardinen vor die Glasscheiben der Abteiltür gezogen und der Gefreite löschte das Licht, so das nur noch die kleine Notbeleuchtung für ein wenig Helligkeit sorgte. Der Dachs rollte seinen Mantel zu einem Kissen zusammen und fläzte sich in die Ecke am Fenster, in Fahrtrichtung sitzend. Der Gefreite nahm gegenüber Platz, so dass mir die Auswahl an der Tür in beide Richtungen blieb. Ich setzte mich in Fahrtrichtung und platzierte meine Füße auf der Sitzbank gegenüber. Einschlafen wollte ich um keinen Preis, zu groß war meine Angst, meinen Zielbahnhof zu verschlafen.

Der Zug ruckte an und nach wenigen Minuten Fahrt waren die beiden anderen schon eingepennt. Auch mir fiel es schwer, die Augen aufzuhalten. Bier und Wodka hatten ihre Wirkung nicht verfehlt. Ich döste eine ganze Weile vor mich hin, darauf vertrauend, dass ich auf einem der Zwischenhalte schon aufwachen würde. So war es am Ende auch. Ich weckte die beiden nicht, als ich das Abteil verließ, man würde sich vermutlich ohnehin nie wiedersehen. Ich verließ den Zug und ging so schnell wie möglich Richtung Bahnhofsvorplatz. Ein Bus fuhr nicht um diese Zeit, soviel wusste ich schon mal. Ich hatte so gar keine Lust, die vier Kilometer bis zur Kaserne zu laufen, deswegen klammerte ich mich an die vage Hoffnung, auf dem Bahnhofsplatz ein Taxi vorzufinden. Ein Taxi zu bekommen war aber in dieser Zeit ein ähnlich großer Glücksfall, wie Rouladen an der Fleischtheke zu erwischen. Insofern war die Erwartungshaltung nicht sonderlich optimistisch. Und genauso war es auch. Am Taxistand standen schon einige Soldaten, aber ein Auto war nicht in Sicht. Ich ging zu ihnen hinüber. Als ich die Gruppe erreicht hatte, war man sich wohl schon einig geworden, das Warten aufzugeben. Ich hatte einen Kameraden aus der 6. Batterie erkannt. Gemeinsam nahmen wir den Weg in unser Elend auf. Es war schon 04.00 Uhr, in zwei Stunden war die Nacht um. Also gingen wir in recht hohem Tempo, um die kurze Nachtruhe, die uns verbleiben würde, um einige Minuten zu verlängern. Nach 50 Minuten hatten wir es geschafft. Der Posten am KDL schien genauso müde zu sein wie wir. Lustlos kontrollierte er unsere Dienstausweise und Urlaubsscheine. Naja, ein Kontrollieren war es eher nicht. Vielmehr streifte sein Blick unsere Dokumente nur kurz, bevor er uns einließ. Ich schlich mich so leise es ging in die Stube, zog mich schnell aus, warf meine Klamotten über meinen Hocker und kletterte in mein Bett, bangend, dass der E, der unter mir schlief, dadurch nicht geweckt wurde. Endlich lag ich und konnte die Augen schließen. Ich schlief sofort ein.

III

Als der Weckpfiff ertönte, hatte ich das Gefühl, ganze zwei Minuten geschlafen zu haben. Obwohl alle anderen einfach liegen blieben, kletterte ich vom Bett. Ich wollte wenigstens meine Klamotten in meinen Spind verfrachten, bevor es deswegen womöglich Ärger gab. Der UvD, Uffz Starke, schaute kurz zur Tür rein, grüßte mir mit der Hand zu und verschwand lautlos wieder. Also schien die Luft rein, kein „Buckel" (so nannten wir die Offiziere) war in Sicht. So kletterte ich wieder auf mein Bett und schlief sofort wieder ein. Eine halbe Stunde später wurde ich erneut geweckt. Diesmal rüttelte Reinecke an mir. „Heb Deinen Arsch aus der Koje, es ist schon kurz vor Sieben! Der E hat Hunger!" Ich sprang runter, schnappte meinen Waschbeutel aus dem Spind und verschwand in Windeseile in den Waschraum. Ich musste die Morgentoilette auf ein Minimum reduzieren, um Sieben hatte das Frühstück auf dem Tisch zu stehen. Oh ja, ich spürte es deutlich: meine kleine Hölle hatte mich wieder!

Der Tag verlief wesentlich freundlicher als ich mich am Morgen gefühlt hatte. Reinecke hatte es beim Fähnrich so hingedreht, das Dreispitz „Reinigen der Optikkammer" für uns beide auf den Dienstplan geschrieben hatte. Reinecke war zwar E, aber ein wirklich guter Kerl. Er übertrieb es niemals mit Bestrafungen und sorgte eher dafür, dass solche Kotzbrocken wie Koslowski nicht die Gelegenheit bekamen, ihre Machtgelüste allzu sehr auszuleben.

„Frei! Putzkram holen und mitkommen!", befahl er mir barsch im Beisein von Dreispitz. Ich tat, wie geheißen und holte einen kleinen Eimer, Besen, Handbesen und Kehrschaufel. Mir war klar, dass wir von diesen Utensilien keinen Gebrauch machen würden. Ich wunderte mich lediglich, das der Fähnrich an seinem Glauben festhielt, das zwei ausgewachsene Leute satte vier Stunden brauchen würden, einen Raum von acht Quadratmetern zu reinigen, der auch noch zur Hälfte mit Regalen vollgestellt war. Am Ende aber war auch das mir egal.

Wir stiegen die Treppen hinab zum Erdgeschoss, Reinecke schloss die Tür zur Optikkammer auf und wir verschwanden da drinnen. Wir verschlossen die Tür von innen, die nächsten Stunden würden wir Ruhe haben. Reinecke grinste, zog ein Buch unter der Jacke hervor und lümmelte sich auf das am Boden liegende Tarnnetz des grossen SPW. Das Ding bot bequem Platz für zwei Leute. Ich grinste Reinecke ebenfalls an und zog auch ein Buch unter der Jacke hervor. Wir begannen zu lesen, aber nach einer Weile fielen mir die Augen zu. Ich musste ziemlich fest geschlafen haben, denn Reinecke brauchte eine Weile, um mich wachzurütteln.
„He Frei, Zeit fürs zweite Frühstück!", hörte ich ihn aus weiter Ferne sagen. Ich quälte mich hoch, immer noch halb vom Schlaf betäubt. Von mir aus hätte diese Zwischenmahlzeit auch ausfallen können, aber hier hatte der E das Sagen. Nach zwei Brötchen, einem Kaffee und einer Zigarette kehrten wir zurück an unsere „Arbeit".
„Gehts voran?", hatte der Fähnrich gefragt, als er uns auf dem Flur begegnete. „Naja, ganz schön verdreckt die Bude!", hatte Reinecke geantwortet, „Bin mir noch nicht sicher, ob wir das heute alles schaffen, Fähnrich! Kann sein, das wir die Tage nochmal ran müssen!" Dreispitz grinste. „Sag bescheid, wenn's nochmal auf den Dienstplan muss!", entgegnete er und war schon wieder in seinem Dienstzimmer verschwunden. Es war offensicht-

lich! Dreispitz wusste ganz genau, was da ablief, aber er war ebenso darauf bedacht, eine ruhige Kugel zu schieben, wie alle anderen auch. Später sagte er mal zu mir: „Weißte, Frei, Stress kommt von ganz alleine, den muss man sich nicht noch künstlich selbst verschaffen!"

Der Stress kam, und er kann von ganz allein. Am nächsten Morgen verkündete uns der Fähnrich, dass wir von Donnerstag bis Samstag ein „Trockenschwimmen" auf einem kleinen Übungsplatz bei Gotha zu absolvieren hätten. Mit „Trockenschwimmen" war ein Artillerietraining gemeint, ohne das die Haubitzen tatsächlich abgefeuert werden würden. Die ganze Aktion würde als Vorbereitung für eine richtige Übung dienen, welche in der letzten Märzwoche auf dem Truppenübungsplatz in Annaburg stattfinden würde. Das ganze Spektakel sollte mit einem Alarm beginnen. Also genossen wir die Ruhe am Mittwoch und „putzten" nochmals eifrig unsere Optikkammer. Am Abend verpackten wir bereits all die Dinge, die normalerweise im Sturmgepäck nichts zu suchen hatten, auf die wir aber auch auf einer Übung ungern verzichten wollten. Dazu gehörte vor allem zusätzliche Verpflegung, welche jeder in Form von Konserven, Komplekte genannt, gebunkert hatte. Aber auch Stücken der ungarischen Salami, Zwiebeln, Salz, Pfeffer und zusätzliche Getränkeflaschen und andere Kleinigkeiten wanderten in die Taschen. Man wusste ja nie! Der Alarm konnte kommen.

IV

Der Alarm kam. Statt „Nachtruhe beenden!" brüllte der UvD eben „Alaaaaarm!" nachdem er länger als sonst gepfiffen hatte. Das veranlasste aber nicht wirklich jemanden, in Hektik zu verfallen. Alles lief geordnet und ruhig ab, mit viel Routine und am Ende im vorgegebenen Zeitrahmen. Das zeigte, dass die Truppe im Zweifelsfalle, oder wie man es bei der NVA nannte: „im Ernstfall", tatsächlich gut funktionierte. Im Gefechtspark fand die Befehlsausgabe statt, ein Appell, bei dem uns der Abteilungskommandeur, Major Ganter mitteilte, was jetzt kommen würde.

Natürlich hatten die Imperialisten des westdeutschen Regimes gemeinsam mit den amerikanischen Aggressoren die sozialistische Welt angegriffen, die es nun bis zum letzten Blutstropfen zu verteidigen galt. Zu diesem Zwecke sollten wir uns per Landmarsch in den „Bereitstellungsraum" begeben.

Wir bestiegen unsere Fahrzeuge und warteten, dass sich der Tross in Bewegung setzen würde. Wir waren zu dritt auf unserer „Eisensau", Uffz Starke, Fischer und ich. Fischer war Kraftfahrer und Funker in einem. Starke saß auf dem Beifahrersitz. Ich musste die rechte hintere Ecke der Plane lösen, die dem alten eisernen Gefährt als Dach diente. Dort hatte ich aufrecht zu stehen und mit einer gelben und einer roten Flagge jeweils die Fahrtrichtung anzuzeigen. Blinker gab es an der Eisensau nämlich keine. Nach endlosem Warten ging es los. Der Zug setzte sich langsam in Bewegung. Wir waren das letzte Fahrzeug vom Führungszug, hinter uns folgten in langer Reihe die Urals mit den angehängten 152 mm - Haubitzen. Es ging zunächst quer durch die Stadt, was insofern schön war, weil ich auf diese Weise ein wenig „Freiheit" zu sehen bekam. Schließlich fuhren wir auf die Autobahn, Richtung Westen. Ich konnte mich endlich setzen, hier wurde nicht abgebogen, also mussten auch keine Flaggen gezeigt werden. Der kalte Fahrtwind hatte mich ganz schön frieren lassen. So war ich froh, endlich in der spärlichen Wärme des SPW zu sitzen. Doch bald schon verließen wir die Autobahn wieder, fuhren durch ein paar Dörfer um schließlich auf einem wüst aussehenden, bergigen Acker anzuhalten, der an drei Seiten von Wald eingesäumt war. Man befahl uns abzusitzen. Erneut gab es einen Befehlsappell. Zunächst sollten die Feldküchen am Waldrand aufgebaut werden und mit ihrer Aufgabe, die Truppe ordentlich zu verpflegen, beginnen. Wir durften wegtreten, die Gruppen- und Zugführer mussten bleiben. Fischer und ich trotteten rauchend zurück zum SPW. Starke kam nach einer Weile hinterher. Er hatte eine Landkarte in A4-Größe dabei. Die Karte zeigte den Ausschnitt der Gegend, wo wir uns gerade befanden, auf der rechten Seite war irgendwo am Waldrand ein rotes Kreuz eingezeichnet.

„Da sollen wir Stellung beziehen.", sagte Starke. Er versuchte dabei sich zu orientieren, um herauszufinden, wo wir gerade waren. So richtig gelang es ihm nicht, wirklich markante Punkte gab es weder in der Landschaft noch auf der Karte. Er ging erneut los, um bei irgendwem Aufklärung zu erhalten. Nach zehn Minuten war er zurück, ein zweites rotes Kreuz markierte unseren Standort. So konnten wir wenigstens in etwa abschätzen, wohin wir sollten. Wir bestiegen die Eisensau und fuhren los. Der Acker war stark zerfurcht und von Bodenwellen durchzogen. Die Eisensau hatte natürlich nicht die Federung einer Luxuslimousine. Trotzdem gab Fischer Gas und ließ den SPW über den Boden hüpfen. Ihm machte das Spaß, ich dagegen hatte reichlich Mühe, einigermaßen Halt zu finden, um nicht permanent quer durch den Innenraum geschleudert zu werden. Einen richtigen Sitz hatte ich nicht. Hinten gab es nur Bänke, die Links und rechts entlang der eisernen Seitenwände angebracht waren. Nach kurzer Fahrt waren wir am Ziel. Fischer suchte sich einen Abschnitt des Waldrandes, wo er zwischen den Bäumen rückwärts in den Wald hineinfahren konnte.

„Aussteigen und Richtkreis aufbauen!"' befahl mir Starke. Wir waren die Nebenbeobachtungsstelle, die E-Messschere gab es bei uns nicht. Das Ding war in 3 Minuten aufgebaut. „So, jetzt machen wir's uns erstmal gemütlich", sagte Starke. Fischer meldete derweil über Funk, dass wir den Standort erreicht hatte. Starke kramte die Karte hervor und nahm sein Klemmbrett mit einer leeren A4-Seite zur Hand. Ich nordete derweil den Richtkreis ein und drehte dann die beiden Messringe in die Nullstellung. Starke kam zu mir und deutete mit der rechten Hand in die Ferne. "Mess mal den Winkel zu dem trigonometrischen Punk da drüben auf der Anhöhe!".
Ich schaute durch das Okular des Richtkreises und brachte das Fadenkreuz exakt auf die mittlere Stange des Holzgebildes, dessen genaue Koordinaten bekannt waren und wegen denen das Ding auch in der Landschaft stand. Starke notierte den Richtungswinkel und den Teilring, die ich ihm nach Ablesen der beiden Skalen nannte. Dann begann er, mit Zeichendreieck und Winkelmesser auf der Karte zu hantieren und notierte sich ab und an etwas auf dem Blatt Papier. Als er fertig war, drückte er Fischer das Klemmbrett in die Hand und sagte: „Koordinaten durchgeben." Fischer betätigte erneut das Funkgerät und übermittelte die Zahlen. Damit war unsere Aufgabe zunächst erst mal erledigt.
„Los Jungs, jetzt richten wir uns häuslich ein!", meinte Starke. Gesagt getan.
Als erstes zogen wir eine große grüne Holzkiste, die mit eisernen Tragegriffen bestückt war, aus der zweiflügeligen hinteren Türe des SPW. Die sollte als Tisch dienen. Was sich in der Kiste befand, weiss ich bis zum heutigen Tage nicht, wir haben sie damals nie geöffnet. Sehr schwer war sie jedenfalls nicht. Wahrscheinlich ist, dass sie von jeher als Tischersatz mitgeführt wurde. Fischer kletterte erneut in den SPW, klappte die Sitzfläche der lin-

ken Bank hoch und holte 3 Klapphocker aus dem darunter befindlichen Stauraum. Die Hocker waren einfache, klappbare Holzgestelle, deren Sitzfläche aus dunkelgrünem Segeltuch bestand. Er warf sie zur Tür raus. Ich sammelte sie auf, brachte sie zum „Tisch" und stellte sie auf. Dann suchten wir uns ein Paar Sträucher aus, von denen wir mit dem Bajonett großzügig Äste Abschnitten, mit denen wir unseren Standort zum Waldrand hin tarnten. Kurze Zeit später fuhr ein LO vor. Die „Küchenbullen" waren da. Kohlmann, Koch und Springer aus der anderen Stube sprangen aus dem Fahrerhaus und riefen: „Kochgeschirre raus! Gibt Erbsensuppe!" „Kochgeschirr! Wer frisst denn aus so was?", lachte Fischer, "Moment!" In Windeseile kletterte er wieder in den SPW und erschien keine halbe Minute später mit einem Stapel Plastik-Schüsseln, die er offensichtlich einst im Speisesaal „weggefunden" hatte. Er reichte die Schüsseln einzeln an Kohlmann weiter, der sie aus einem der üblichen grünen Thermobehälter heraus gut füllte. „Gibt's keene Bockwurst dazu?", fragte Starke „Ist schon in die Suppe reingeschnitten!", sagte Kohlmann. „Brot? Haste Brot dabei?, wollte Fischer wissen. „Ja, wieviel?" „Na ein Ganzes!" Fischer wollte auf Nummer sicher gehen, falls die nächste Mahlzeit nicht pünktlich eintreffen würde. Kohlmann drückte ihm das gewünschte Brot in die Hand, schwang sich wieder hinters Lenkrad und fuhr davon. Wir begannen zu Essen. Nach zwei Löffeln der Erbsensuppe kam endlich meine Chance zu zeigen, dass auch ich vorbereitet war. Ich kroch in den SPW und kramte aus meinem Sturmgebäck zwei ehemalige Marmeladengläser, eines mit Salz, eines mit Pfeffer gefüllt. „Der Hüpfer denkt mit!", lobte Fischer meine Aktion, "So muss das sein!" Das Funkgerät rauschte derweil munter vor sich hin, bislang gab es keine weiteren Befehle. Also packten wir nach dem Essen die

Skatkarten aus und begannen zu spielen. Es war noch früher Nachmittag, es war bereits frühlingshaftes Wetter, die Temperaturen recht angenehm. Zudem waren wir ja warm verpackt in unseren Wattekombies. Die Jacken hatten wir abgelegt, sonst hätten wir tatsächlich unnötig geschwitzt. Nach dem Sonnenuntergang würde es aber sicher wesentlich kälter werden. Wir hatten schon einige Runden gespielt, als das Funkgerät knackte. Fischer sprang auf, rannte in drei großen Sätzen zum SPW, aber da setzte das Rauschen schon wieder ein. Weiter ging es mit Skat. Die Dämmerung setzte langsam ein und es wurde merklich kühler. Passiert war immer noch nichts. Wir verpackten unsere Sachen und verbrachten alles wieder in die Eisensau. Nur den Richtkreis ließen wir noch stehen. Dann tat sich was. „Gegner auf 2.00 Uhr gesichtet", krächzte es aus dem Kopfhörer, der auf dem Fahrersitz lag. „Erfassung aufnehmen! Ende", lautete die nächste Durchsage. „Los, Frei, die Winkel her!", befahl mir Starke. Ich ging zum Richtkreis und lugte durchs Okular. So suchte ich Stück für Stück die Senke ab, die ungefähr zwei Kilometer vor uns lag. Ich erspähte einige BMP-Schützenpanzerwagen, die dort herumstanden. Die sollten vermutlich den Feind darstellen. Ich nahm jeden einzelnen ins Fadenkreuz und gab den Richtungswinkel und den Teilring an Starke weiter. Der griff sich das Mikrofon des Funkgerätes und gab meine Messergebnisse weiter. Das ging nun so für zwei Stunden. Es war inzwischen stockdunkel, ich konnte kaum noch irgendetwas erkennen. Da keine Granaten abgefeuert wurden, bekamen wir von den Aktivitäten der anderen Truppenteile rein gar nichts mit. Fischer hatte inzwischen eine kleine Kuhle in den Waldboden gegraben, die er mit gesammelten Ästen anfüllte. er kippte ordentlich Benzin aus einem der Reservekanister drüber und zündete das Ganze an.

Thomas Frei: GEDIENT: Ein NVA-Soldat erzählt

Das Feuer war beachtlich und verbreitete schon aus der Ferne eine angenehme Wärme. Er hatte die Feuerstelle ein Stück hinter unserem Fahrzeug eingerichtet, so dass es von den Anderen nicht gesehen werden konnte. Wir hockten uns ans Feuer, rauchten und erzählten uns ein paar lustige Geschichten aus der Schulzeit. Das Bild, welches wir boten, trug schon fast eine Bilderbuchromantik in sich, oder erinnerte an die leisen Szenen, die man manchmal in Kriegsfilmen zu sehen bekam. Dann schnarrte das Funkgerät wieder. „Feind auf 11.00 Uhr gesichtet! Erfassung aufnehmen!" „Die spinnen!", sagte ich in Starkes Richtung, "Ich sehe sowieso nichts!" „Warts ab," sagte er. Ich fügte mich und ging zum Richtkreis. Noch bevor ich ankam, vernahm ich ein lautes Zischen, und noch eins, und noch eins. Ich suchte mit den Augen den Himmel vor mir ab und sah die Funken, die eine Spur in Richtung 11.00 Uhr zogen. Es knallte mehrfach leise in der Ferne und plötzlich erschienen mehrere gleisende Lichter am Himmel, die langsam zu Boden schwebten. Die Lichter wurden immer größer und erhellten den Horizont in erstaunlicher Weise. „Was ist das denn!" Mein Erstaunen war unüberhörbar. „Gefechtsfeldbeleuchtung", sagte Starke. „Das sind Dosen mit Magnesium drin, die an kleinen Fallschirmen hängen!", erklärte er weiter. Die Dinger brauchten ewig, bis sie den Boden erreichten und dort zu Ende glühten. Die Helligkeit reichte, um weiter die Ziele zu erfassen und sämtliche Daten per Funk weiterzugeben. Nach zehn Minuten war das Ganze schon wieder vorbei. Wir hockten uns wieder ans Feuer und setzten unsere Unterhaltung fort. Inzwischen war es schon fast Mitternacht geworden. Die Küchenbullen waren nicht wieder aufgetaucht, Fischers Vorratshaltung hatte sich als sehr Weise herausgestellt. Auf dem Kochgestell hatte er eine Metallschüssel gestellt, in der er die mitgebrachten Zwiebeln, die er grob geschnitten hatte, briet. Ich öffnete drei kleine Dosen Jagdwurst, die wir dazu gaben. Etwas Salz, etwas Pfeffer, fertig war das Abendessen. Es war nicht gerade ein Gourmetgericht, aber sicherlich allemal besser als Nichts. Wir ließen das Feuer ausgehen und zogen uns in die Eisensau zurück. Fischer und ich belegten jeweils eine Sitzbank, während es Starke auf dem Tarnnetz, das hinter den Vordersitzen lag, bequem machte. Er hatte zweifellos den angenehmsten Platz, jedenfalls lag er nicht auf einer solch harten Unterlage wie wir. Dafür musste er mehr oder weniger das Funkgerät „im Ohr" behalten. Das Kabel des Kopfhörers reichte gerade soweit, dass er dieses am oberen Querrohr der Sitzlehne einhängen konnte. Kurz nach Fünf weckte er uns. Wir hatten Order bekommen, zum Ausgangspunkt zurückzukehren. Wir verluden die Hocker, machten ein wenig Ordnung und fuhren los. Wir holperten wieder über den Acker, nach fünfzehn Minuten hatten wir den Ausgangspunkt erreicht. Dort schien alles drunter und drüber zu gehen, ein paar Soldaten wuselten durch die Gegend, eine wirkliche Parkordnung der Fahrzeuge gab es augenscheinlich nicht. Wir erspähten die Feldküchen, aus deren kleinen Schornsteinen es verheißungsvoll qualmte. Wir gingen rüber zu unseren Küchenjungs. Kohlmann stand auf dem hinteren Trittbrett und rührte mit einem überdimensionalen hölzernen Kochlöffel im Kessel. „Was wird das, wenn's fertig ist?", fragte Fischer. „Lecker Hühnersuppe!", antwortete Kohlmann. „Bestimmt mit ohne Huhn!" lästerte Fischer. „Nee, mit Suppenhuhn und Nudeln!", kam es von Kohlmann voller stolz. „Oh Gott!", schoss es mir durch den Kopf. Nudeleintopf, eines der wenigen Gerichte die ich hasste bis aufs Blut! Schon als Kind konnte ich diesem Gericht nichts abgewinnen. Meine Mutter, eine wirklich gute Köchin, zwang mich an jedem Heiligabend, einen Teller dieser

„Leckerei" zu Mittag in mich rein zu würgen. Aus Angst, das der Weihnachtsmann seinen Besuch absagen würde, falls ich die Suppe verweigerte, löffelte ich sie immer brav zu Ende. Ich ließ mir ein Paar Scheiben Brot geben, die ich mit Schmalzfleisch aus der Dose bestrich. Es gab wahrlich Schlimmeres im Leben. Dann wurde zum Appell befohlen. Major Ganter teilte uns mit, dass die Übung vorfristig beendet wäre und wir in Kürze den Marschbefehl zurück in die Kaserne erhalten würden. Böse war keiner darüber. Unsere Teilhabe an dieser Übung war mir ohnehin ein wenig schleierhaft. Die Neben-B-Stelle schien nicht wirklich jemand zu brauchen, aber es gab sie nun mal. Ab Mai würde ich ohnehin auf die Haupt-B-Stelle wechseln müssen, denn Reinecke ging im nächsten Monat nach Hause und ich würde seine Dienststellung übernehmen.

V

Zurück in der Kaserne stand in den nächsten Tagen das Reinigen der Fahrzeuge und Ausrüstung an. Dieses Procedere wurde offensichtlich vom Fähnrich per Dienstplanung künstlich in die Länge gezogen. Er schien keine Lust zu haben, zusätzliche Ausbildung anzuordnen und gar selbst durchzuführen. Mitte der Woche erreichte uns die Botschaft, das die richtige Schießübung auf den 1. April verschoben sei. Für mich war das ein willkommener Anlass, den mir für das Halbjahr noch zustehenden verlängerten Kurzurlaub, also von Freitag nach Dienst bis Dienstag zum Dienst, zu beantragen. Auf diese Weise würde ich meinen 19. Geburtstag zu Hause verbringen können. Den VKU musste ich ohnehin bis Ende April genommen haben, da bot sich das gewählte Wochenende

an. Der Urlaub wurde problemlos genehmigt. Bei den unerlaubten Trinkexzessen an den Wochenenden wurden wir nicht erwischt, also stand dem Antrag nichts im Wege.
Der Freitag kam, ich nahm meinen Urlaubsschein in Empfang und verließ pünktlichst um 16.00 Uhr die Kaserne. Ich hatte zwar eine Militärfahrkarte für die Zugfahrt bekommen, aber ich hatte aus den Erfahrungen meines ersten Urlaubs beschlossen, diese verfallen zu lassen, zumindest auf der Hinfahrt. Ich empfand es als unerträglich, dass ich für die Entfernung von 110 Kilometern fünf Stunden benötigte, wenn ich den Zug nahm. Also entschloss ich mich dazu, das zu tun, was ich schon vor der Armee oft und gerne getan hatte: Ich entschloss mich zu trampen. Das sollte nach meiner Vorstellung auch wesentlich besser funktionieren als früher, denn ich sah keineswegs so wild und ‚gefährlich' aus wie seinerzeit. Meine Haare waren kurz statt lang und ich trug Uniform statt Flickenjeans und Parka. Die Kaserne lag am Ortsausgang Richtung Osten, nur ein wenig Abseits der Landstraße nach Weimar. Ich lief also runter auf die Landstraße und ging noch ca. einen Kilometer in die Richtung, in die ich ohnehin musste. Trampen war für Soldaten eigentlich auch verboten, also wollte ich vermeiden, dass man mich von der Kaserne aus entdecken könnte. Als ich außer Sichtweite war, stellte ich meine Tasche an den Straßenrand, dreht mich um und hob den Daumen. Und siehe da, schon das zweite Fahrzeug hielt an. So schnell hatte das früher nie funktioniert! Ich stieg ein und der nette Herr, der bis Weimar zu fahren hatte, brachte mich mit seinem Trabbi bis zur nächsten Autobahnauffahrt. Ich bedankte mich artig und ging ein wenig die Autobahnauffahrt hoch. Auch hier war der Erfolg überwältigend. Ein weiterer Trabbi hielt, und diesmal konnte ich gleich bis Gera mitfahren. An der dortigen

Thomas Frei: GEDIENT: Ein NVA-Soldat erzählt

Ausfahrt dauerte es ein wenig länger, aber bereits nach 15 Minuten konnte ich in einen LKW klettern, der mich bis zu der Abfahrt bringen würde, an der ich die Autobahn verlassen musste. Es war erst halb Sieben, als ich an der Wohnungstür meiner Eltern klingelte. Ich hatte satte drei Stunden gespart. Für mich war damit klar: Nie wieder würde ich mit dem Zug auf Urlaub fahren!

Das Wochenende unterschied sich nicht viel von dem des vorangegangen Urlaubs. Der einzige Unterschied bestand darin, dass ich am Sonntag das ganze Theater um meinen Geburtstag über mich ergehen lassen musste. Mittagessen, Kaffeetrinken, Glückwünsche der (von meiner Mutter) geladenen Verwandtschaft und die dazu gehörigen Geschenke entgegennehmen. Entziehen konnte ich mich dem nicht, aber ich war froh, als es vorüber war.

Die Rückfahrt in der Nacht zum Diensttag verlief fast deckungsgleich zum ersten Mal. Und auch diesmal hatte Reinecke dafür gesorgt, dass wir an meinem Ankunftstag reichlich Erholung hatten. Er war echt ein guter Kamerad, auch wenn er der E war. Ich würde ihn vermissen, er hatte nur noch 29 Tage vor sich.

Ich dagegen noch 392!

Kapitel 6

April

I

Heute ging es los. Wir würden auf unsere erste richtige Übung fahren, zum ersten Mal das Donnern der Haubitzen hören und zum ersten Mal die Einschläge der Granaten sehen können. Der Transport zum Übungsplatz nach Annaburg sollte per Bahnverladung erfolgen. Eine lange Kolonne Militärfahrzeuge setzte sich in Richtung Güterbahnhof in Bewegung. Es dauerte Stunden, bevor sämtliche Fahrzeuge auf die Bahnwagons verladen waren. Wir als zweite Abteilung waren ziemlich in der Mitte dran. Uns wurden Mannschaftswagons zugewiesen, nachdem wir unsere Fahrzeuge verladen hatten. Diese Wagons wurden im Volksmund als Viehwagons bezeichnet, was eigentlich völlig falsch war. Links und rechts der großen Schiebetüren, die in der Mitte der Wagons den Einstieg ermöglichten, waren große Holzpritschen in zwei Etagen montiert, auf denen jeweils so um die fünf Mann platz fanden. In der Mitte stand sogar ein Kanonenofen, ein einfacher stählerner Ofen mit eine langen Abzugsrohr, welches durch die hölzerne Decke des Wagens ragte. Sogar Holz und Kohlen lagen vor dem Ofen zum Heizen bereit. Wir richteten uns so gemütlich ein, wie es gerade ging, schlossen die eine der beiden Schiebetüren, die andere ließen wir offen. Das herein dringende Tageslicht war die einzige verfügbare Lichtquelle. Fenster gab es keine, Lampen schon gar nicht. Die Warterei kürzten wir mit Skatspielen ab. Zwischendurch tauchte

Kohlmann auf und verteilte Großzügig vorbereitete Verpflegungspakete. Hartung hatte sich gleich nach der Verladung der Fahrzeuge weggeschlichen. Jetzt tauchte er wieder auf und zog drei Pullen Lunikoff-Wodka unter der Wattekombi hervor. „Erst zahlen, dann saufen!", verkündete er stolz. Wir entrichteten unseren Obolus und die erste Flasche begann zu kreisen. Am späten Nachmittag setzte sich der Zug endlich in Bewegung. Langsam fuhr er aus dem Bahnhof, bevor er einigermaßen Fahrt aufnahm. Manchmal hielt er auf freier Strecke, was wir nutzten, um pinkeln zu gehen. Toiletten gab es in den Wagons natürlich nicht. Fast ohne Zwischenfall hatte wir den Zielbahnhof gegen 05.00 Uhr morgens erreicht. Hartung hatte zuviel von seinem Wodka getrunken und war beim Pinkeln gehen aus dem Wagon gestürzt. Der Schotter neben den Gleisen hatte ganze Arbeit verrichtet, er sah aus wie nach einer dramatischen Fehlleistung beim Rasieren. Zahlreiche Abschürfungen waren auf dem ganzen Gesicht verteilt, aber er war, Dank seinem Suff, schmerzfrei. Jedenfalls jammerte er nicht. Wieder dauerte es geraume Zeit, bis sich die Kolonne in Bewegung setzte. Nach weiteren 45 Minuten hatten wir unser Ziel erreicht. Vor uns lag eine riesige Wiese, die an drei Seiten von Wald eingesäumt wurde. Unmittelbar hinter den ersten Bäumen des linken Waldrandes verlief ein Waldweg. Dort fuhren wir, die gesamte zweite Abteilung hinein ins Grün. Das Führungsfahrzeug, ein Geländewagen der Marke UAS, stoppte, Major Ganter sprang heraus und befahl die Zug- und Gruppenführer zu sich. Er breitete eine Karte auf dem Waldboden aus und wies jeder Gruppe den Platz zu, an dem die Zelte aufschlagen werden sollten.
Nachdem alles Nötige abgeladen war, fuhren die Fahrzeuge zurück auf die Straße, alle im Rückwärtsgang, wenden war nicht möglich. Von da aus ging es den Wald-

rand entlang auf der Wiese zur Parkposition. Dort wurde ein feldmäßiger Gefechtspark eingerichtet, der mit langen Holzstangen und Tarnnetzen vor den Blicken des Klassenfeindes „unsichtbar" gemacht wurde. Wir begannen, die Zelte aufzubauen, was recht schnell von statten ging. Jedes Zelt fasste zehn bis zwölf Soldaten, so das für unseren Zug zuzüglich der Stabsoffiziere vier Zelte ausreichten. Im Grunde hätten auch drei Zelte gereicht, aber die Herren Buckels wollten natürlich unter sich sein und ihre nächtlichen Fürze nicht mit niederen Dienstgraden teilen. Der Aufbau der Zelte war schnell erledigt, das Einrichten der selben dauerte etwas länger. Sogar Kanonenöfen waren mitgebracht worden
Fischer hatte für unser Zelt gleich ein paar Briketts von den Küchenbullen besorgt, trotzdem musste noch Feuerholz im Wald zusammengesammelt werden. Die Schlafstellen wurden eingerichtet. Als unterste Lage dienten Tannenzweige, welche Polster und Wärmedämmung zugleich waren. Darauf legten wir die Zeltbahn. Zur Ausrüstung gehört normalerweise nur eine Schwarzdecke, eine Wolldecke in dunklem grau mit dem großen Aufdruck „NVA". Aber jeder von uns hatte mindestens drei davon dabei, aus welchen Quellen die auch immer stammten. Ich heizte den Ofen an und schnell verbreitete sich wohlige Wärme. Koslowski, unser überaus arroganter „Lieblingsdachs", stand daneben und gab von oben herab schon wieder schlaue Sprüche von sich: „Der Ofen muss glühen, dass das Eisen Lachfalten zieht! Verstanden, Springer?" „Wieviel solcher Öfen hast Du bisher beheizt?" fragte ich über die Schulter zurück. Meine Frage war durchaus berechtigt, war es doch auch sein erstes Feldlager zu einer solchen Jahreszeit. „Halts Maul, sonst gibts Druck!", sagte er mit erhobener Stimme. Zu mehr reichte es bei ihn offensichtlich nicht.

Thomas Frei: **GEDIENT**: Ein NVA-Soldat erzählt

Vom Intellekt her hätte der Kerl auch einen guten Berufsunteroffizier abgegeben.
Er war 25, sein gekräuseltes dunkles Haar zeigte trotzdem schon eine ganze Reihe dünner Stellen. Er versuchte ständig, einen auf harten Kerl zu machen, was im groben Gegensatz zu seinen verweichlichten Gesichtszügen stand. Je länger ich ihn kannte, umso mehr reifte in mir die Erkenntnis, dass er in seiner Situation als Dachs zum ersten Mal in seinem Leben eine Postion einnahm, in der andere einmal das taten, was er verlangte. Ich nahm ihn dennoch nicht wirklich ernst, daran konnten auch die lächerlichen Bestrafungen, die er mir bereits hatte angedeihen lassen, nichts ändern. Achtung und Respekt hatte er sich damit keineswegs verdient. Anstatt auf einen verbalen Schlagabtausch einzugehen, ließ ich einem Furz freien Lauf, der sich mit lautem Geräusch in seine Richtung entlud. „Du Springersau!", echauffierte sich Koslowski, was mich aber lediglich dazu veranlasste, eine weitere Ladung in seine Richtung aus meinem Darm entweichen zu lassen. Koslowski rief rot an, für einen Moment dachte ich, er würde kollabieren. „Willst Du den Dachs provozieren?", brüllte er. Seine Adern am Hals waren schon deutlich hervorgetreten. „Nee", antwortete ich, „Ich wollte nur 'ne Unterhaltung auf deinem Niveau mit dir beginnen." Jetzt war es fast soweit! Ich hatte ihn ziemlich aus der Reserve gelockt. Er ging einen Schritt auf mich zu und versuchte, mich am Kragen zu packen. Ich war schneller. Ich schlug mit dem linken Unterarm seine Rechte zur Seite, mein Arm schnellte nach vorn und ich packte ihn meinerseits am Kragen. Ich hatte dabei die Handfläche nach außen mit dem Daumen nach unten gedreht, was es mir ermöglichte, durch eine Linksdrehung um 180 Grad seine Luftzufuhr ein wenig einzuschränken. Meine Rechte war zeitgleich nach vorne gefahren und meine Hand

krallte sich in seinem Schritt fest. Ich grinste ihn an, währen ich ihm in seine unruhig hin und her zuckenden Augen sah. „Hör auf!", hauchte ich ihm entgegen. „oder ich dreh dir deine tauben Eier ab!" Zur Untermauerung meiner Ansage drückte meine rechte Hand ein wenig zu. „Und noch was, du Wicht.", setzte ich fort. "Glaub bloß nicht, dass ich deine Strafaktionen mitmache, weil ich Respekt oder Angst vor dir hätte! Beim nächsten Mal denk dran, das ich das nur aus Mitleid mit dir tue, um zu verhindern, das du dich ansonsten aufhängst, weil dich keiner ernst nimmt!" Ich spürte, wie er sich leicht entspannte. Ich ließ ihn los und stieß ihn dabei ein wenig weg von mir. Er wusste nicht so recht, was er tun sollte, so stand er für einen Moment etwas ratlos da und blickte hilflos die Zeltwand an. Die anderen Anwesenden grinsten vor sich hin. Hartung hob anerkennend seinen rechten Daumen in meine Richtung, während Reinecke, auf der Schlafstelle liegend, sein Gesicht ins Kissen drückte und leise in sich rein lachte, was ich aus seinen zuckenden Schultern ableitete.

Der Fähnrich betrat das Zelt. Ich drehte mich um und griff mit jeder Hand einen Brikett. Dreispitz realisierte sofort, dass Koslowski dumm in der Gegend rumstand. „Nichts zu tun, Koslowski?" fragte er in seiner üblichen, etwas barschen Tonart. „Nein, Fähnrich, im Moment nicht, Fähnrich." antwortete er mit leiser Stimme. Das vorgeschriebene „Genosse" vorm Dienstgrad ließen wir im Umgang untereinander weg. „Prima, mitkommen, Latrine bauen!", wies Dreispitz Koslowski an. Oh Mann, es konnte kaum dicker kommen. Gerade hatte „der Dachs" einen herben Schlag auf sein Ego erhalten, schon folgte der Nächste. Mit wütendem Gesichtsausdruck folgte er dem Fähnrich aus dem Zelt. Als die beiden weg waren, erhob sich schallendes Gelächter im Zelt. „Hüpper, Du bist Spitze", rief Reinecke.

Thomas Frei: GEDIENT: Ein NVA-Soldat erzählt

Fischer ergänzte:"Oh Mann, der wird heute Nacht ins Kissen flennen!"
Die Szene zeigte, dass Koslowski nicht wirklich Freunde hatte, noch nicht mal unter „seinesgleichen".

Der Abend wurde ganz gemütlich. Wir brutzelten Wurstscheiben und Zwiebeln in einer Pfanne auf dem Ofen, rösteten das Brot und hatten somit ein recht außergewöhnlich gutes Abendbrot. Danach leerten wir Hartungs dritte Wodkaflasche. Es schlief sich angenehm auf den Tannenzweigen und in der Wärme, die der Ofen verströmte. Am nächsten Morgen holten Hartung und ich die Frühstücksrationen für alle in unserem Zelt. Fischer hatte den Ofen schon wieder angeheizt, so dass wir die blecherne Teekanne drauf warm halten konnten. Auf den Luxus frisch gebrühten Kaffees mussten wir hier verzichten, da für Tauchsieder und Atomino kein Stromanschluss vorhanden war. Den einzigen Strom konnte Koslowski mit seinem Lade-Fahrzeug und den dazugehörigen Stromaggregaten liefern, aber es war uns lieber, darauf zu verzichten, als ihn um etwas zu bitten. Nach dem Frühstück trabte ich los, um das große Geschäft zu erledigen. Natürlich war ich auch neugierig, was Koslowski da unter den Augen des Fähnrichs am Vortage so zusammengenagelt hatte. Die Latrine war etwas tiefer im Wald und entpuppte sich als ein einfacher Donnerbalken, der an zwei Bäume, die einen ungefähren Abstand von vier Metern hatten, genagelt war. Dahinter war eine ca. 30 Zentimeter tiefe Grube ausgehoben. Hauptmann Friese saß bereits auf dem Balken, rauchte eine Zigarette und blickte entspannt in den Wald. „Guudn Morschen, Genosse Hauptmann!", grüßte ich ihn artig in breitestem sächsisch. „Guten Morgen, Genosse Soldat!", grüßte er in zackig-preussischem Militärton zurück. Ich ließ die Hosen runter und hockte mich direkt

neben ihn. Ich brannte mir eine Karo an und blies den Rauch genüsslich in die Waldluft.
„Oh Mann, Soldat! Das Kraut stinkt ja schlimmer als das was uns dahinten aus dem Arsch fällt!", schimpfte er.
„Das ist sicher Geschmacksache, Genosse Hauptmann, aber bei 120 Mark im Monat ist nichts Besseres drin", entgegnete ich. „Komm Junge, mach den Stinker aus, hier haste was Gutes!" Mit diesen Worten reichte er eine Packung „Duett" in meine Richtung. Ich nahm die Zigarette raus, die aus der Packung lugte. Eigentlich hasste ich dieses parfümierte Kraut, aber ich traute mich dann doch nicht, abzulehnen. Ich bedankte mich artig und steckte die Zigarette an, nachdem ich die Karo in der Grube hinter mir entsorgt hatte.
„Name? Einheit?", fragte er noch. „Soldat Frei, 2.Stab", antwortete ich. „Prima!"
Er putzte sich den Hintern mit dem Klopapier, welches er, genau wie ich, mitgebracht hatte, zog die Hose hoch und steifte die Hosenträger über die Schultern. Er deutet mit ausgestrecktem Zeigefinger auf mich. „Frei, man sieht sich!" Damit verschwand er zwischen den Bäumen.

II

Wir waren als erste Abteilung dran mit dem Schießtraining. Die Eisensau wurde von Fischer an den zugewiesenen Standort getrieben. Wie bei der Trockenübung bauten wir unseren Kram auf. Richtkreis, Kiste, Hocker, wir waren nach zehn Minuten fertig mit Allem. Diesmal mussten wir nicht so lange darauf warten, daß etwas passierte. Schon nach weiteren zwanzig Minuten wurden uns über Funk die ersten Ziele gemeldet. Ich schaute durchs Okular und entdeckte in gut zwei Kilometern Entfernung ein paar Panzerattrappen. Ich las die Winkel ab und gab sie an Starke weiter. Der funkte sie an die Haupt-B-Stelle weiter. Nach weiteren fünf Minuten ertönte in der Ferne ein dumpfes Grollen, welches sich in Sekundenabständen echoartig wiederholte. Dann pfiff es in der Luft, das Geräusch kam von schräg vor uns. Ich drückte mein rechte Auge ans Okular. Dann sah ich die Einschläge! Gewaltige Fontänen Erde schossen in die Höhe, verbunden mit hellen Lichtblitzen, die kurz aus dem inneren der Staub- und Erdwolken aufzuckten. Der Schall erreichte uns um einiges später. Die erste Salve hatte eingeschlagen, etwa ein Drittel der Attrappen waren verschwunden oder wiesen zumindest starke Beschädigungen auf. Die Haupt-B-Stelle hatte gute Arbeit geleistet, was auch hieß, das Reineckes Messungen einfach Spitze waren. Zwei Minuten später ging es von vorne los. Die zweite Salve flog weit über und weit vor uns vorbei, wieder schossen die Fontänen in die Höhe. Viel hatte die Feuerkorrektur nicht gebracht, es stand immer noch die Hälfte der Ziele unversehrt in der Landschaft. Das änderte sich bei der dritten Salve. Die Granaten putzten die restlichen Ziele beinahe vollständig weg.

„Feuerpause!", schnarrte es aus dem Funkgerät. Das Schießen hatte gerade mal zwanzig Minuten gedauert, was uns allerdings vorkam, als hätten wir soeben einen Kriegsfilm in voller Länge geschaut. Wir setzten uns auf unsere Feldhocker, rauchten und diskutierten über das Gesehene. Wie groß oder klein unser Anteil am „Sieg" war, wussten wir freilich nicht. Der schien eher kleiner gewesen zu sein, denn nach einer halben Stunde kam ein an uns gerichteter Befehl über Funk rein.

„Neben-B-Stelle abbauen und Rückmarsch ins Lager antreten!"
„Verstanden"; antwortete Fischer und wiederholte die Order. „Habt Ihr Lust, bei den Holmies vorbeizuschauen?", fragte Starke, nachdem wir losgefahren waren „Klar!", sagte Fischer, „will die auch mal wirbeln sehen!" Die Stellungen der Haubitzen lagen fast sieben Kilometer von unserer B-Stelle entfernt. Es dauerte etwas, bis wir da waren. Wir hielten etwas abseits und stiegen aus. Die Haubitzen, sechs an der Zahl standen etwas versetzt zueinander auf etwa hundert Metern Breite verteilt nebeneinander. Jede zweite Haubitze war um eine Kanonenlänge nach vorn gezogen. Die Zugfahrzeuge standen aufgereiht ungefähr fünfzig Meter dahinter. Das nächste Schießen schien unmittelbar bevorzustehen. Soldaten schleppten Munitionskisten heran und stellten jeweils drei nebeneinander. Schnell wurde mir das Prinzip klar. In einer Kiste befanden sich die Granaten, in der zweiten die Kartuschen, in der dritten die Pulverbeutel. Auf diese Weise konnte die Treibladung für jeden Schuss bestimmt und je nach Entfernung zum Ziel individuell angepasst werden.
Dann ging es schon los. Befehle wurden gebrüllt. Wir konnten kaum etwas verstehen, wir waren zu weit weg. Kartuschen wurden aus den Kisten geholt, Pulverbeutel reingeschoben. Ein Soldat malte etwas mit Kreide auf die Granate, bevor er sie ins Rohr schob. Ein anderer schob die gefüllte Kartusche hinterher. Der Verschluss klappte zu, kurz danach erschallte der laut gebellte Befehl „Feuer!" Instinktiv hielten wir uns die Ohren zu. Das war auch gut so, der Lärm war fürchterlich, im wahrsten Sinne des Wortes. Der Pulverdampf verbreitete überall einen Geruch, als wären wir selbst Teil eines gigantischen Silvesterfeuerwerkes gewesen. „Was schreiben die auf die Granaten?"' fragte ich Starke. Der grinste nur.

„Geh hin und guck zu", sagte er schließlich. Ich folgte seinem Vorschlag und lief auf eine Haubitze zu. Niemand beachtete mich, alle waren beschäftigt. Ich sah, wie an Kurbeln gedreht wurde und die Kanonenrohre ihre Neigungswinkel und die Seitenausrichtung leicht veränderten. Währenddessen wurden wieder die Kartuschen gefüllt. Schließlich sah ich, was der Ladeschütze auf die Granate schrieb: „MOSKAU" stand dort in großen fetten weißen Lettern. Hm, so sah also die Freundschaft zum großen roten Bruder in der Realität des deutschen Waffenbruders aus. Später erfuhr ich, dass „Warschau", „Kiew" und weitere Städte im Osten ebenso gern auf Granaten geschrieben wurden.

III

Wir traten die Rückfahrt an. Fischer nahm auf Starkes Geheiß einen Umweg, so dass wir durch den kleinen Ort kamen, der nur ein wenig Abseits von der Fahrtstrecke zum Zeltlager lag. Ich hatte wie immer hinten zu stehen und mit den Flaggen die Fahrtrichtung anzuzeigen, was meistens nicht notwendig war. Wir befanden uns offensichtlich am Arsch der Welt, da war kein Verkehr. Fischer hielt direkt vorm Dorfkonsum. Wir stiegen aus und betraten die kleine Verkaufsstelle. Wenn es im Osten auch nicht viel, nicht alles und nicht immer gab, Schnaps und andere alkoholische Produkte gab es immer und überall und auch ausreichend. So auch hier. Im Schnapsregal fanden wir „Altenburger Klarer", 11,90 Mark die Flasche. Auf dem Etikett befanden sich drei tanzende Figuren, die wohl den Motiven des Deutschen Skatblattes nachempfunden waren. Altenburg war immerhin die Skat-Hauptstadt Deutschlands, mit Spielkartenfabrik, Skatmuseum und dem Skatgericht. Den Klaren, einen Weizenkorn, gibt es noch heute, ebenso wie die anderen aufgezählten Dinge. Meine Geldbörse war noch recht gut gefüllt. Der Sold war erst ausgezahlt worden, meine Mutter hatte mir noch fünfzig Mark zugesteckt, bevor ich abgereist war. „Musste nicht dem Vater erzählen!" hatte sie gesagt, als sie mir den gefalteten Schein in die Tasche geschoben hatte. Mein Vater ließ mir mit einem ähnlichen Satz auch noch zwanzig Mark zukommen. Von dem Hunderter, den mein Opa hatte springen lassen, habe ich auch keinem erzählt.

Ausgaben hatte ich bis dato kaum, von den paar Bier auf der Rückfahrt vom letzten Urlaub mal ganz abgesehen. Ich war quasi sowas wie reich. Zumal ich von allen, die mittrinken wollten, ohnehin den Anteil abkassieren würde. Ich packte zwei Flaschen Altenburger in den Drahtkorb und griff noch nach einer Kiste Bier. „Bier geht auf mich!", sagte Starke. Das ließ ich mir nicht zweimal sagen. Fischer nahm eine Flasche Korn mit. Der Abend konnte kommen.

Im Lager angekommen begaben wir uns zur Ruhe. Natürlich tranken wir vorher ein Bier und nahmen einen kräftigen Hieb aus der Kornflasche. Wir hatten keinerlei Vorstellung davon, wann die anderen zurückkommen würden. Etwa 2 Stunden mussten wir geschlafen haben, als uns der Lärm der hereinkommenden Kameraden weckte. Ich übernahm den Dienst an der Pfanne, das war ich den anderen, die länger im Feld hatten bleiben müssen, durchaus schuldig. Wir aßen alle mit großem Appetit und schafften damit auch eine Grundlage für den folgenden Umtrunk. Nur Koslowski fehlte. Er hatte es nach seiner peinlichen Niederlage vorgezogen, sich in seinem Lade-Fahrzeug einzuquartieren. Er hatte das damit begründet, dass er ohnehin nachts ein Auge auf die

Dieselgeneratoren haben müsse, die für die Beleuchtung im Lager sorgten.
Ich musste nochmal zum Donnerbalken. Auf dem Weg dahin kam ich bei Koslowski's Quartier vorbei. Er hatte sich am Heck seines P3 aus mehreren Zeltbahnen eine Art Vorzelt gebaut. Alles war hell erleuchtet, an Lampen hatte er offensichtlich nicht gespart. „Na, Springschwein", sprach er mich mit seiner gewohnten Arroganz an, so als wäre am Vortag rein gar nichts passiert. „Während ihr auf'm Acker rumgesprungen seid, hat der Dachs schon schön getrunken", pranzte er. „Tee mit ordentlich Hängolin drin?", fragte ich provozierend.
Hängolin war angeblich eine Substanz, die dem Tee zugefügt wurde, um den Sexualtrieb der Soldaten einzudämmen. Das war natürlich nur so ein Gerücht, welches mehr oder weniger bei Lästereien Anwendung fand.
„Aber wozu brauchst du eigentlich Hängolin?", fuhr ich fort, „Bei dir tut sich doch eh nix, so schütter wie dein Haar schon ist!" Er sprang nicht darauf an, das Pranzen schien ihm wichtiger, als auf meine Ehrverletzung zu reagieren. „Der Dachs war Bier holen!", posaunte er voller Stolz heraus. Dabei zog er einen 10 Liter Plastikkanister aus dem Auto, hakte den Daumen unter den Griff, und hob den Kanister mit dem Unterarm an. Dann schraubte er den Deckel ab, hob den Arm und drehte den Kopf in Richtung Öffnung. Er nahm einen kräftigen Schluck. Unmittelbar nachdem die Flüssigkeit in seinem Mund verschwunden war, spuckte er sie wieder aus und brüllte: „Verdammte Scheiße!" Zeitgleich stellte er den Kanister auf die Ladefläche, griff sich eilig den nächsten, entfernte den Deckel hastig und nahm auch aus diesem Kanister einen Schluck. Dann geschah das Gleiche wie vorher, lautes Fluchen und Spucken, Kanister abstellen, neuen aufmachen, Schluck nehmen. Diesmal schien er den rich-

tigen erwischt zu haben. Er trank das Bier jedoch nicht sondern spülte mehrfach seinen Mund aus und spuckte alles auf den Waldboden. Ich stand staunend daneben und beobachtete das Geschehen. Einen Reim konnte ich mir noch nicht darauf machen. „Was haben die Dir da verkauft? Rinderpisse oder was?", hakte ich nun nach. „Quatsch, ich hab die Kanister mit der Batteriesäure erwischt", zischte er hinter seiner Hand hervor, die seinen Mund bedeckt. Er spülte wieder und wieder, aber der Schmerz, der ihn quälte, schien nicht wirklich nachzulassen. „Mensch, Koslowski, zum Mund spülen hättest du nicht extra Bier kaufen müssen. Wasser hätte es auch getan!", spottete ich. Die Schmerzen waren wohl zu groß, denn er entgegnete nichts. „Zeig mal her!", forderte ich ihn auf. Er öffnete seinen Mund und ich sah hinein. Viel konnte ich nicht sehen, aber die Spuren der Verätzung waren dennoch sichtbar. „Oh Mann, Du solltest ins Sani-Zelt gehen", schlug ich vor. „Die spülen auch nur!" „Da kriegste aber wenigstens was gegen die Schmerzen. Haste was runtergeschluckt?" „Nee, Gott sei Dank nicht!"

Fast hatte ich ein wenig Mitleid mit ihm. Ich bremste diesen Anflug des Mitgefühls aber aus. „Oh Mann, Koslowski, du bist doof und bleibst doof, dagegen hilft auch Säure nicht!" Damit ließ ich ihn stehen. In den nächsten Tagen lösten sich die grauverfärbten Schleimhautfetzen von seiner Zunge und dem Innenraum seines Mundes, was mit einem fürchterlichen Gestank einherging, den er notgedrungen mit jedem Ausatmen in die Umwelt abgab. Der Spott, den er von allen Seiten für sein Malheur bezog, wog den üblen Geruch jedoch mehr als auf!

IV

Wir waren wieder zurück in der Kaserne. Wir hatten mit einer Note 2 unsere erste Übung absolviert und unser Abteilungskommandeur war sichtlich zufrieden. Die E's hatten noch drei Wochen vor sich und stimmten sich mental schon mal auf die Entlassung ein. Ihre verbleibenden Tage verkürzten sie auch noch dadurch, dass jeder von ihnen zur „Zivilbeschaffung" nochmal zu einem Kurzurlaub wegtrat. Die Zivilklamotten, die sie am Entlassungstag tragen würden, schloss der Fähnrich in seinem Dienstzimmer ein. Dann kam der Schock.

Gerüchte machten die Runde, dass es ab dem neuen Diensthalbjahr eine neue Struktur geben würde. Die Einheiten sollten nach Diensthalbjahren aufgeteilt werden, so dass am Ende in jeder Einheit nur Soldaten des gleichen Dienstjahrganges waren. Die 4. Batterie würde somit vollständig aus Hüpfern bestehen, die 5. aus Dachsen, die 6. aus E's. Der Stab der 1. Abteilung sollte Springerstab werden, wir im 2. Stab würden nur Zwischenschweine sein, Koslowski, Fischer und die anderen Dachse unserer Einheit sollten in den 3.Stab versetzt werden. Mit dieser Maßnahme wollte man die EK-Bewegung ausradieren. Aus damaliger und auch aus heutiger Sicht tat man sich meiner Meinung nach keinen Gefallen. Natürlich war das Springerleben kein angenehmes, aber es dauerte nur sechs Monate und die folgenden zehn Monate waren wesentlich entspannter. Im letzten Halbjahr tat man quasi gar nichts. Das hatte was! Dazu kam, ebenfalls aus meiner Sicht, dass der unterschiedliche Ausbildungsstand der Soldaten der durchmischten Einheiten durchaus das fehlende Wissen der Neuen besser kompensieren konnte, als wenn eine ganze Einheit nur aus Neuen bestand. Wie sehr ich mit dieser Annahme Recht behalten sollte, erwies sich ein halbes Jahr später. Natürlich waren auch wir Springer des 2. Stabes enttäuscht von diesen Neuigkeiten. Zwei Tage nachdem das Gerücht offiziell bestätigt wurde, holte mich der Fähnrich in sein Dienstzimmer.

„Frei, Du hast doch mal 'ne Fernschreiber Ausbildung gehabt!?" Er musste diesen Umstand meiner „Kaderakte" entnommen haben. Tatsächlich hatte ich in den letzten Winterferien vor dem Abi eine Woche lang an solch einem Lehrgang teilgenommen. Im Rahmen der „vormilitärischen Ausbildung" war es Pflicht, bei der GST irgendeinen Lehrgang zu besuchen. Ich wählte „Fernschreiber" aus der Liste. Innerhalb dieser Woche sollten wir die Tastatur eines Fernschreibers beigebracht bekommen, um dann mit zehn Fingern schreiben zu können. Das funktionierte natürlich nicht. Außerdem lag der Lehrgang schon über ein Jahr zurück und ich hatte seither weder einen Fernschreiber noch eine Schreibmaschine angefasst. Noch heute hacke ich mit zwei Fingern auf der Tastatur meines Computers, wenn auch wesentlich schneller als damals. Trotzdem antwortete ich mit einem "Ja." „Dann kannste sicher auch Schreibmaschine schreiben!?", fragte der Fähnrich weiter. „Mehr oder weniger", sagte ich mit ein wenig Zurückhaltung. „Naja, egal", wiegelte der Fähnrich ab, „Hier ist die Liste mit den Namen der Neuen im Stab, du musst die Stubenbelegungspläne und den Dienstplan für den ersten Monat tippen!", offerierte er mir.

Oh Mann, ich hatte so gar keine Lust, in Fähnrichs Bude den ganzen Tag nach dem Zwei-Finger-Suchsystem auf der uralten Schreibmaschine rumzuhacken, aber eine Wahl hatte ich nicht. „Springt da 'ne Belobigung raus, Fähnrich?", fragte ich ihn unverblümt. Extra Arbeit, extra Bonus, das war mein Gedankengang. „Kannst doch eh nur ‚Streichung einer Strafe" bekommen, bei Deiner BB-Kartei!" sagte Dreispitz. „Passt doch!" „Na gut, weil du's bist!" Hinter verschlossenen Türen legte der Fähnrich für gewöhnlich die Formalitäten ganz gern mal ab. „Hand drauf!", schlug ich vor und streckte ihm die Rechte entgegen. Er schlug ein und ich machte mich ans Werk. Aus den Unterlagen, die er mir daraufhin in die Hand drückte, entnahm ich sehr Erfreuliches. Wir würden sieben neue Springer bekommen und drei E's, die aus anderen Einheiten zu uns versetzt werden würden. Dazu kamen noch ein paar neue Kameraden unseres eigenen Diensthalbjahres. Der einzige Dachs, der bleiben würde, war Fischer. Alle anderen verließen uns in Richtung 2. Stab. Der Fähnrich hatte mich dazu verdonnert, das Maul zu halten und niemandem nichts über die zukünftige Zusammensetzung unserer Truppe rauszuposaunen.

Aber das ging nicht! Nein, das ging gar nicht! Und das gleich aus mehreren Gründen! Einer davon hieß: Ich konnte meine Leidensgenossen mit dem „Dienstgrad Springer" nicht länger leiden lassen! Der zweite Grund hieß: Ich konnte die Tage, bis es soweit war, nicht vorübergehen lassen, ohne Koslowski permanent darauf aufmerksam zu machen, dass er als E genauso putzen würde wie einst als Springer, aber WIR nicht! Ich tippte wie verrückt, ich wollte diese hässliche Arbeit schnellstens hinter mich bringen. „So schnell wie möglich" bedeutete in der Wirklichkeit trotzdem, dass es dauerte, bis ich einigermaßen die Tasten fand. Am späten Nachmittag war ich fertig. Ich hatte drei Springer auf unsere Stube gepackt, zwei Neue aus meinem Diensthalbjahr und Fischer als Stuben-E. Ich war zufrieden mit meiner Einteilung und hatte uns auch unbewusst einen riesigen Vorteil verschafft. Aber dazu komme ich später.

Kaum auf der Bude angekommen, legte ich los: „Hat noch jemand was zu saufen? Es gibt Grund zum feiern!", rief ich in die Runde. „Ist Deine Olle schwanger?", fragte Koslowski höhnisch. „Nee, viieeel besser!", konterte ich. „Was feiern wir dann?", setzte er nach. „Wer sagt, dass DU feierst? DU wirst sicherlich gleich auf's Scheisshaus zum Heulen gehen!", provozierte ich ihn. Ich sah die Wut deutlich in ihm hoch steigen, was mich aber keineswegs beeindruckte. „Weisst du, wie das in Zukunft läuft?", fragte ich ihn lächelnd. „Nee, was meinst du?" "Ganz einfach: ich werde demnächst jeden Tag mit einem unserer neuen Springer rüber zu dir in den 3.Stab kommen. Dort können die Jungs dann angucken, wie der E Koslowski in seiner Herrlichkeit jeden Abend Reviere putzt und davon können sie lernen!" Das Gelächter der anderen, welches meiner Ansage folgte, war gigantisch. Reinecke hatte Lachtränen in den Augen. „Es gibt doch noch sowas wie Gerechtigkeit auf Erden", prustete er mühevoll heraus, während ihm die Tränen nur so die Wangen herunterrollten. Koslowski stand da wie ein begossener Pudel. Er traute sich aber nicht, in irgendeiner Form auszurasten angesichts der Schmach, die ihn gerade ereilte. „Das haste Dir hart erarbeitet!", setzte Reinecke seinen Spott fort „Woher willst du denn Deine Weisheiten haben?", fragte Koslowski trotzig. Diese Frage war das Signal, die Katze vollends aus dem Sack zu lassen. Die restlichen Tage des letzten Monats meines Springerdaseins verliefen mit der gewohnten Routine. Die E's wurden mit jedem Tag euphorischer, aber auch ungeduldiger. „Die Zeit ist wie angestemmt", lautete ihr Lieblingsspruch, den man mindestens fünfzig Mal am Tag zu hören bekam. Dann endlich kam der 29. April. Reinecke, Rupert und Lohmann saßen schon seit 04.00 Uhr morgens in Zivilkleidung am Tisch, schlürften Sekt

und naschten verschiedene Delikatessen, die sie aus dem „DELIKAT" besorgt hatten.
Wir anderen waren sichtlich frustriert. Einerseits drückten uns unsere Tage wie selten zuvor in ihrer vollen Last aufs Gemüt, andererseits fiel mir persönlich der Abschied von Reinecke schwer. Er war ein echter Kumpel, ich würde ihn vermissen. Gegen Elf war es dann soweit. Der Fähnrich riss die Stubentür auf und rief: „Jungs, es ist soweit! Ab nach Hause!"
Die Drei schnellten von den Hockern und griffen sich ihre Taschen. Die Verabschiedungsrunde begann. Reinecke hatte noch eine kleine Überraschung für mich. Zuerst übergab er mir die rote Spange, die sein Bandmaß gehalten hatte. „Halt sie in Ehren!", grinste er mich an Er klopfte mir auf die Schulter, und sagte: „Da ist noch was. Mein Schneidbrett und mein Messer gehören ab jetzt dir! Liegt beides in meinem Spind."
„Danke!", sagte ich mit einem Kloß im Hals. Mehr brachte ich nicht raus. Dann gingen sie. Rupert drehte sich noch einmal im Türrahmen um. „Durchhalten Jungs!"

Dann schlug die Tür hinter ihm zu.

Noch 363 Tage!

Kapitel 7

Mai

I

Samstag , der 1.Mai, Kampftag der Arbeiterklasse. Das Wochenende würde langweilig und vor Allem sehr seltsam werden. Die sichtbarste Veränderung im neuen Diensthalbjahr war, dass wir ab heute die „Felddienstuniform/Sommer" trugen, welche wegen des Tarnmusters auch „Ein Strich, kein Strich" genannt wurde.

Die E's waren weg. Die neue Springergeneration sollte am kommenden Dienstag einrücken. Die hatten wirklich Glück. Wir wurden am Monatsersten eingezogen, die Neuen kamen erst am Vierten. Die hatten schon mal 3 Tage Wehrdienst weniger. Unsere alten Dachse, jetzt E's, mussten heute ihre Klamotten packen und in ihre neuen Einheiten, vornehmlich in den 3. Stab, umziehen. Deren Freude, endlich im letzten Diensthalbjahr angekommen zu sein, war reichlich getrübt. Nach einem Jahr in den Niederungen der inoffiziellen Hierarchie unter den Soldaten durften sie ab heute wieder selbst für Ordnung, Disziplin und Reinlichkeit in ihrer Einheit sorgen, anstatt wie geplant, das Faulenzerleben des Entlassungskandidaten zu genießen. Einzig Fischer verblieb in unseren Reihen. Koslowski weinte ich keine Träne nach. Im Gegenteil, ich ließ keine Gelegenheit aus, ihn zu foppen. Das ging manchmal recht hart an die Grenze dessen, was er ertragen konnte. Ich lag auf meinem neuen Bett und schaute zu, wie er den Inhalt seines Spindes auf die ausgebreitete Zeltbahn stapelte, die am Ende zu einer Art Seesack zugeknöpft wurde.

Thomas Frei: **GEDIENT**: Ein NVA-Soldat erzählt

Ich war natürlich ins untere Bett gezogen. Der zukünftige Dachs musste es sich nicht mehr antun, im Suff auf das obere Bett klettern zu müssen! Auch hatte ich meinen Spind, der an der gegenüberliegenden Wand gestanden hatte, bereits gegen den direkt neben dem Bett ausgetauscht. „Wirst du oben oder unten schlafen, Koslowski?", stichelte ich, "Bestimmt oben, Springer schlafen immer oben!"„Du kannst noch unten schlafen, wenn ich schon zu Hause bin!", konterte er. Der Punkt ging an ihn. „Hast du überhaupt ein zu Hause? Oder ist da schon der Nick eingezogen bei Deiner Frau?" „Nick" war der imaginäre Name des imaginären Liebhabers der Frau oder Freundin. Das Thema „Nick" war sehr beliebt bei gegenseitigen Sticheleien. Die Angst, seine Partnerin während des Wehrdienstes zu verlieren, saß tatsächlich tief und viele Beispiele, dass es nicht jede Frau aushielt, achtzehn Monate treu zu warten, schienen zu belegen, das diese Angst durchaus berechtigt sein konnte. „Der ist bei deiner Alten!", wehrte sich Koslowski. „Hat sie mir erzählt! Der Nick hat gesagt, das Deine so hässlich ist, das ihn der Ekel gepeitscht hat!" Der Ton wurde rauher. Ich beschloss, es dabei bewenden zu lassen. Koslowski's Stimmung war ohnehin schon ganz unten angelangt, was bei weiterer Übertreibung dazu führen konnte, das es wieder in körperliche Attacken mündete. Außerdem hatte ich noch ein nettes Abschiedsgeschenk für meinen „Lieblingsdachs" vorbereitet.
Koslowski war fertig mit packen. Er knüpfte die Zeltbahn zum Seesack. Dann stand er ein wenig verloren in der Bude rum. „Warte mal, ich hab noch was für Dich!" sagte ich und erhob mich vom Bett. Ich verließ kurz den Raum und kam mit dem Geschenk zurück. „Guck mal, hab ich Dir extra besorgt! Damit es keinen Streit gibt und Du Deine Eigene hast!"

Mit diesen Worten stellte ich die Bohnerkeule, das wichtigste Reinigungsgerät bei der NVA, vor ihm hin. „Für den ewigen Springer", stand auf einem Zettel, den ich mit einer Schnur am Stil befestigt hatte. Alles lachte, nur Kowalski schaute wütend. Wortlos schulterte er seinen Seesack und verschwand aus der Tür. Koslowski war Geschichte.

II

Es klopfte an die Stubentür. Ohne auf ein „Herein" zu warten, wurde sie zaghaft geöffnet. Ein Kopf erschien, dann der ganze Mensch. „Moin!", grüßte der Ankömmling und wuchtete seinen Seesack auf's Parkett. „Ich bin der Axel, Axel Schneider." „Gruß", begrüßte ich ihn."Frei, Thomas Frei." Sein Dienstgrad war Soldat, also war er offensichtlich einer unserer neuen Zwischenschweine. „Die unbezogenen Betten sind noch zu haben, zwei der unteren sind jedenfalls noch frei. Zeitiges Kommen sichert die besten Plätze!" Er wählte das untere Bett direkt neben mir. Fischer hatte sich das Bett hinten am Fenster rausgesucht, ich das ganz vorn an der Wand. Die zwei dazwischen waren noch frei. Hartung wollte lieber oben schlafen, Franke hatte sich noch nicht entschieden. Schneider gab mir zur Bekräftigung seines Grußes nochmal die Hand und setzte sich auf sein Bett. Er zog das Käppi von seinen schwarzen Locken und warf es ans Fußende der Matratze. „Frische Bettwäsche liegt schon auf dem Tisch", erklärte ich ihm. „Ja, schon gesehen." „Aus welcher Einheit kommst du?" „Ich war in der 2. Batterie, Funker." „Na da wirst du dich ganz schön umstellen müssen hier bei uns!", ließ ich ihn mit einem Grinsen wissen. „Wieso? So viel schlimmer?" Seine Stimme klang ein wenig unsicher. „Nee, nee, eher das Gegenteil!", beruhigte ich Schneider, „Hier wird's eher gemütlicher werden! Und, was das Beste ist...." Ich unterbrach meinen Satz für einen kurzen Moment. „... was das Beste ist: Wir haben hier Springer und E's! Hier ist die Welt noch in Ordnung!!" „Ehrlich? Ohne Mist? Na das ist ja mal 'ne Meldung!!" „Ja klar! Richtige Truppe erwischt!" „Übrigens: Ich bin Aufklärer auf der Haupt-B-Stelle, wir hocken zusammen auf dem 60iger!" „60iger? Was ist das?" „Na der SPW 60 PB!" „Wofür steht das PB?", wollte er wissen. „Na für Plumbum, dem lateinischen Wort für Blei!" Er blickte mich immer noch fragend an, also musste ich es ihm erklären. „Na die Kiste ist angeblich schwimmfähig und hat hinten zwei Flügelklappen, die eine Schiffsschraube verdecken. Nur glaubt niemand an die Schwimmfähigkeit." „Ah, so, deswegen." Man merkte, dass der Kenntnisstand in einer Holmie-Einheit weit hinter dem unsrigen zurücklag, was aber sicherlich keine Schande war. Er begann, seinen Spind einzuräumen. Dabei erzählten wir von unserem Zivilleben. Es stellte sich heraus, dass er wie ich der Tramperszene angehörte und wir schon auf mehreren Konzerten waren, bei denen wir uns möglicherweise begegneten, ohne uns zu kennen. Schlussendlich stellten wir auch noch fest, das wir gemeinsame Bekannte hatten. Ich hatte nicht nur einen neuen Kameraden bekommen, sondern auch einen neuen Freund gefunden.

Wieder klopfte es an die Tür und ein weiteres neues Gesicht betrat die Stube. Der Kerl hatte, im Gegensatz zu Schneider, keinen Seesack mitgebracht. „Wollte nur mal kurz Hallo sagen!", strahlte er uns an. „Hä?", fragte ich, ein wenig verwundert. Er lachte nur. Dann erklärte er. „Ich bin Romanowski und ab heute gehöre ich offiziell zu

Euch!" „Und wo haste Deine Klamotten?" hakte Schneider nach. „Hehe, ich gehör' zwar zu Euch, aber ich zieh nicht um!" Mit jeder Antwort gab es mehr Fragen, was er an unseren Gesichtern sehen konnte. „Ich bin Sani und schlaf im Med.Punkt, wie alle anderen Sanis auch." „Ich wusste gar nicht, daß die Sanis dort pennen.", warf ich ein. „Ist ja auch inoffiziell, sozusagen!" „Hm, na dann…" Für mich war das Thema damit eigentlich beendet. „Aber das hat einen gewaltigen Vorteil für Euch!", sagte Romanowski. „Der da wäre … ?" „Na offiziell habe ich hier Bett und Spind. Das Bett ist aber unbenutzt und der Spind ist leer. Leer und verschlossen!" Sein Grinsen zog sich von Ohr zu Ohr. Jetzt verstand ich! Und die anderen hatten auch verstanden! Wir werden einen Spind haben, der auch bei Kontrollen verschlossen blieb, weil der Benutzer nicht anwesend war! Ab sofort hatten wir den perfekten Stauraum für so ziemlich alles, was verboten war! „Oh Mann, das eröffnet ja ganz neue Perspektiven!", rief ich, hörbar freudig erregt. Mir war schlagartig klar geworden, daß dieser Spind nach meinem nächsten Aufenthalt zu Hause unter anderem meine Zivilklamotten beherbergen würde! Romanowski suchte einen der leeren Schrank an der Wand aus. Ich opferte das Vorhängeschloss meines Wertfaches und gemeinsam legten wir fest, das der Schlüssel zum BV-Spind, wie der Schrank ab heute genannt wurde, abgeleitet von „Besonderes Vorkommnis", auf meinem Spind deponiert werden sollte. „Bin gleich wieder da!", kündigte Romanowski an. Keine 10 Minuten später erschien er wieder im Raum, die zwei Taschen des Sturmgepäcks in der Hand und platzierte die ersten verbotenen Sachen im Schrank. „Ich hab euch noch 'nen Campingkocher mitgebracht."
Der elektrische Kocher mit den zwei Herdplatten war eine tolle Geschichte.

"Wir haben drei davon im Med.Punkt, der hier ist ü!".
Ü stand im Soldatenjargon für überzählig oder überschüssig. „Das ist ja spitzenmäßig" Der Kocher hatte nun auch Fischers Interesse geweckt. „Da wird der E jetzt öfters Thüringer Rostbrätl schnabbern zum Abendbrot!" An seine neue Stellung in der Hierarchie hatte er sich offenbar schon ganz gut gewöhnt. Die noch fehlenden Neuzugänge waren zwischenzeitlich auch alle eingetroffen, das Einräumen der Spinde war beendet, es kehrte langsam Ruhe ein.

III

Der gemütliche Samstagabend konnte beginnen. Ein Maiumtrunk war ohnehin geplant. Dazu hatten wir bereits ein paar Flaschen Hochprozentigen gebunkert, die wir hinter den Holzverblendungen der Eckbank im Clubraum versteckt hatten. Fehlte also nur noch das Bier. „Wer kommt mit in die Spur?", fragte ich. Schweigen. „Nicht alle auf einmal!", stichelte ich. Immer noch schwiegen alle. „Na was, Ihr Hüpper, keinen Durst heute oder nen Kupferbolzen im Schlüpfer?" Schneider gab sich einen Ruck. „Hm, was meinst du damit, in die Spur zu gehen?" Hui, dass hatte ich natürlich nicht geahnt, dass es in der Kaserne auch Truppenteile gab, in denen man nicht wußte, was das hieß. „Na raus übern Zaun, zum Onkel nach Heinersdorf, Bier holen." „Klingt gut! Bin dabei!". Schneider war genau so, wie ich ihn eingeschätzt hatte. Einen Unterschied zu sonstigen Spurgängen sollte es heute trotzdem geben. Um die Wartezeit erheblich abzukürzen, wollten wir Flaschenbier kaufen. Das Abfüllen in die Kanister dauerte einfach zu lange, zumal die Kneipe heute, am 1. Mai ohnehin aus allen Nähten platzen und der Wirt schon mit seinen normalen Gästen zu tun haben würde. Also entschieden wir uns dafür, Flaschenbier zu holen. Ein weiterer Umstand machte uns außerdem zu schaffen. Erstmals war in diesem Jahr die Sommerzeit eingeführt worden, es war abends länger hell, was den Aufbruch in die Kneipe um eine Stunde nach hinten verschob. Zwei Soldaten im Trainingsanzug, die über ein Feld rannten, machten sich im Tageslicht nicht sonderlich gut.

Der Spurgang verlief problemlos, sieht man einmal davon ab, dass ich Mühe hatte, Schneider hinterher zu kommen. Ich war nicht das, was man einen Sportsmann nannte, jedenfalls nicht, was Ausdauerläufe anging. Ich versuchte stets, mich vor dem 3000 Meter-Lauf zu drücken und kotzte reichlich ab, wenn das „Abducken" misslang. Insofern fragte ich mich ohnehin, was mich freiwillig dazu veranlasste, in die Spur zu gehen. Ich konnte mir das nur mit meinem wochenendlichen Bierdurst und der Feigheit der meisten meiner Kameraden erklären. Jedenfalls rannte Schneider immer vorneweg und ich musste ihn durch gedämpfte Rufe immer wieder dazu auffordern, doch ein wenig langsamer zu machen. Das Bier war schnell verstaut, keine Stunde warten wie sonst, wenn wir die Kanister abfüllen ließen. Wir machten uns auf den Rückweg. Völlig ausgepumpt erreichte ich die Bude eine halbe Minute später als Schneider. Ich staunte nicht schlecht, als ich sah, dass die Jungs unser Obdach in ein Spielkasino umgewandelt hatten. Auf dem Tisch stand ein Roulette samt grüner Matte, mit all den Zahlen drauf. Es war so ein Plastikroulette, welches man mit viel Glück oder Beziehung im Spielwarenladen erstehen konnte.

Thomas Frei: GEDIENT: Ein NVA-Soldat erzählt

Die Jungs saßen um den Tisch herum, ein jeder hatte eine Limoflasche vor sich. Der Inhalt schimmerte aber farblich dermaßen blass durchs Flaschenglas, dass einem sofort klar wurde, dass mehr Alkohol als Orangenlimo oder Cola drinnen war. Spielchips wurden platziert und Hartung, der an der Stirnseite bei der Roulette-Schüssel saß, konstatierte nach einer Weile in breitestem, sächsischen Französisch: „Rien de va plus! -Nichts geht mehr!" Dann warf er, reichlich ungeschickt, die kleine Plastikkugel in die rotierende Schüssel. „Siebenundsechzig Blau!", rief ich in die Runde. „Arschloch!", kam es zurück. Franke schien das Spiel sehr ernst zu nehmen. Ich setzte mich dazu, füllte meine braune Plastiktasse halbvoll mit Lunikoff und machte mir ein Bier auf. „Prost allerseits", sprach ich in den Raum. Fischer hob seinen Plastikbecher und rief: „Zur Mitte, zur Titte, zum Sack, zack zack!"
Ich hatte mehr Spaß an der Beobachtung des Spieles, als daran, selbst die Spielchips platzieren zu wollen.
Wir becherten bis gegen 03.00 Uhr und krochen dann, reichlich betrunken, in die Betten. Das Zimmer war total vom Zigarettenqualm vernebelt. An solchen Abenden wurde regelmäßig das Rauchverbot auf der Stube aufgehoben. Es dauerte eine ganze Weile, bis sich der Rauch einigermaßen durch das weit geöffnete Fenster verzogen hatte. Nur gut, das im Gebäude gegenüber gerade niemand anwesend war, sonst hätte möglicherweise einer gedacht, es würde brennen und hätte die Feuerwehr gerufen.

IV

Der Alkoholexzess am Vorabend hatte gereicht, um den Sonntag mit viel Schlaf über die Runden zu bringen. Die Sonntage waren immer schlimm, was unsere seelische Verfassung betraf. Der Tagedruck stieg durch die Leere dieses Tages in Höhen, die man manchmal kaum auszuhalten glaubte. An Sonntagen geschah nichts, rein gar nichts. Man konnte Fussball spielen. Oder Handball in der Turnhalle oder man konnte das Regimentskino besuchen, wenn ein Film gezeigt wurde, was man meist nicht tat, denn nur selten lief etwas anderes als ein russischer Kriegs- oder Gegenwartsfilm. Man konnte im Clubraum Fernsehen schauen, was bei der Auswahl zwischen zwei DDR-Kanälen auch nicht viel brachte. Dann blieben noch Bücher oder Briefe schreiben. Letzteres hob die Stimmung keineswegs, vielmehr lief man Gefahr, die Freundin zu Hause mit eifersüchtigen Verdächtigungen zu plagen die unweigerlich bei hohem Tagedruck aufkamen. Am leichtesten war der Sonntag mit einem ordentlichen Kater zu ertragen. Da war man mit seinen Kopfschmerzen und dem nicht enden wollenden Durst beschäftigt. Diese Beschäftigung durchbrach man mit kürzeren Schlafperioden zwischendurch.
Am Montag hatte der Fähnrich beschlossen, uns wieder einmal den Ernst unseres Daseins nahezulegen. Zu diesem Zwecke führte er den ganzen Vormittag Schutzausbildung durch. Es war recht warm, so dass uns das ständige Aufsetzen der Gasmaske und das Überstreifen des Schutzanzuges ordentlich ins Schwitzen brachte. Dreispitz hatte aber scheinbar große Freude daran. Er ließ nicht locker und drückte die Stoppuhr immer wieder aufs Neue, während er im gleichen Moment den dazugehörigen Befehl „Gaaaaas" brüllte.

Thomas Frei: **GEDIENT**: Ein NVA-Soldat erzählt

„Du hast gelogen, Du Sau!" Schneider's Verbalattacke traf mich von der Seite, als ich gerade die Gasmaske vom Gesicht zog. Der Gummi war innen schon dermaßen feucht vom Schweiß, dass man ihn hätte fast trinken können. „Hä?" Zu mehr war ich nicht fähig. „Na du hast doch gesagt, bei Euch wär's gemütlicher! Ein Scheissdreck ist's! So nen Sackgang hatte ich schon seit Monaten nicht!" „Da muss beim Fähnrich was schiefgelaufen sein zu Hause", versuchte ich eine Erklärung, „So kenne ich den nicht!" „Vielleicht hat seine Alte am ganzen Wochenende Kopfschmerzen gehabt", steuerte Franke bei.
„Rauchpause!", rief Dreispitz in diesem Moment.
Wir ließen alles aus der Hand fallen und kramten die Zigarettenschachtel aus den Brusttaschen. Meine Streichhölzer waren nicht mehr verwendbar. Der Schweiß, den mein Körper unter der Anstrengung produziert hatte, hatte die Schachtel durchfeuchtet. Hartung gab mir Feuer, doch nach dem ersten Zug bekam ich einen Hustenanfall, der sich gewaschen hatte. Der Fähnrich guckte sich das eine Weile an, dann rief er zu mir rüber: „Frei, wenn ein brauner Ring in Deinem Maul auftaucht, musste den wieder runterschlucken, das ist Dein Arschloch!"
Die anderen lachten los, Hartung hatte Mühe, sich wieder einzukriegen. Nach der Rauchpause ging es weiter mit der Schinderei. „Macht doch mal bissel mit, ihr Schlappschwänze!"' geiferte der Fähnrich, „Ihr seid hier nicht auf dem Erholungsdeck eine Kreuzfahrtschiffes! Ihr seid hier bei der besten deutschen Armee, die es je gab! Also, Gaaaaaas!"
Die Tortur hatte erst ein Ende, als die Uhr des Kirchturms in Heinersdorf Zwölf schlug. Im Gleichschritt ging es zurück in die Abteilung. Wir waren fix und fertig, und wir waren sauer auf Dreispitz. Was hatte den Kerl nur geritten, uns so einen Stress zu machen!

Wir schmissen die Schutzausrüstung auf die Betten und gingen in den Waschraum. Duschen gehen war nicht so einfach möglich. Einen Duschraum gab es in unserem kleinen Bereich nicht und wir konnten den der 6. Batterie nur abends benutzen. Nach einer gründlichen Wäsche gingen wir in den Speisesaal, ungeordnet wie immer. Schon ereilte uns der nächste Ärger. Der OvD stand breitbeinig auf der obersten Stufe direkt vorm Eingang. Wir rissen den rechten Arm zum Gruß hoch, die Fingerspitzen an die rechte Schläfe. Der OvD, ein Oberleutnant, war aber nicht zufrieden. „Halt!", befahl er, „Wieso gehen sie nicht in Marschformation, Genossen Soldaten?" Schneider übernahm. „Der Uffz. musste Scheißen und das dauert bei dem immer so lange, aber wir schieben Kohldampf, Genosse Oberleutnant." Dem OvD verschlug es die Sprache, so eine Ausrede hatte er vermutlich noch nie gehört. „Das ist mir scheißegal, Genosse Soldat! Sie übernehmen das Kommando, Soldat!", befahl er Schneider, „Alle nochmal zurück und dann wieder hierher, diesmal in ordentlicher Marschformation!" Wir kehrten wieder um. In zwanzig Metern Entfernung formierten wir uns, Schneider kommandierte: „Stabsführungszug stillgestanden! Die ganze Abteilung im Gleichschritt Marsch!" Wir legten die fünfundzwanzig Schritte im Gleichschritt zurück. „Ganze Abteilung Halt!, Ganze Abteilung Einrücken zum Essen fassen ohne Tritt Marsch!" „Geht doch!", kommentierte der OvD seine Beobachtung. Der Reiseintopf, den es gab, war das ganze Theater nicht wert gewesen.
Am Nachmittag bekam ich, wie so oft, Post von Britta. Normalerweise bauten mich ihre Zeilen immer auf, doch diesmal zog mich der Inhalt des Briefes noch weiter runter. Als hätte der Verlauf dieses Tages nicht schon gereicht, setzte meine Freundin noch einen oben drauf! Sie war letzten Mittwoch bei ihrer Freundin Bärbel gewe-

sen. Ihr Mann, Micha, der E den ich im Urlaub kennenlernen musste, kam am Donnerstag heim. Bärbel war natürlich freudig erregt angesichts dieses Ereignisses. Ihre riesige Freude darüber hatte bei Britta offensichtlich das genaue Gegenteil ausgelöst. Über drei Seiten musste ich lesen, wie schwer und beschissen das doch alles sei, ich sei ja soweit weg, so unerreichbar und das war die schlimmste Aussage überhaupt, dass sie nicht wisse, wie sie die ganze Situation noch ein weiteres Jahr überstehen solle.

Bumm! Knall! Peng! Ich fühlte mich, als ob mein Nacken, meine Magengrube und meine Eier gleichzeitig von einem harten Schlag getroffen worden wären! Sofort produzierte mein Hirn Bilder, die Britta mit 'nem andern Kerl auf dem Disco-Saal rumknutschend zeigten oder beide eng umschlungen durch die Stadt laufend! Die Phantasie kannte da keine Grenzen, und die Phantasie war grausam! Völlig niedergeschlagen saß ich mit gesenktem Haupt am Tisch, den Tränen nahe, unfähig, klar zu denken. Ich fühlte mich hilflos, da ich keine Chance sah, zeitnah angemessen zu reagieren. Ein Brief würde frühestens am Samstag in ihrem Briefkasten liegen, da könnte schon alles zu spät sein. „Was ist los, Alter?", fragte Schneider Wortlos reichte ich den Brief über den Tisch. Er las, schüttelte den Kopf und gab die drei Seiten zurück. „Scheiße, Mann, da musste was machen!" „Was soll ich da machen?". fragte ich ihn. „Kannste nicht anrufen?" Es ratterte in meinem Hirn. Die einzige Chance, die ich zum Anrufen hatte, war, wenn Britta auf Spätschicht war. Oder... mit ein wenig Glück auch zur Nachtschicht. Da blieb mir nur ein Zeitfenster von 25 Minuten, nämlich zwischen 21.30 Uhr und 21.55 Uhr. Ich musste also hoffen, das sie etwas eher auf Arbeit erschien und die Schlange vor der einzigen Telefonzelle des Regimentes nicht allzu lang war.

Ich rechnete nach. Heute müsste sie Nachtschicht haben. Viertel nach Neun meldete ich mich zum Telefonieren ab. Zum Fernsprecher waren es keine fünf Minuten Weg. Wie so oft in solchen Situationen kommt es genau so, wie man es gerade nicht erwartet hatte. Ich war der einzige an diesem Abend um diese Zeit, der telefonieren wollte. Aber es war noch viel zu früh. Ich stand vor der Telefonzelle und wartete. Alle dreißig Sekunden blickte ich auf die Uhr, deren Minutenzeiger jemand festgeklebt zu haben schien. Ich rauchte und brannte die nächste Zigarette an der Ersten an. Ich war nervös und meine Phantasie malte schon wieder die schrecklichsten Bilder auf mein inneres Auge. Halb Zehn. Ich öffnete die Tür der Telefonzelle, nahm den Hörer in die Hand und warf das Markstück in den Schlitz. Es fiel durch und landete ohne Zwischenhalt im Münzfach unten am Telefon. Scheiße, dachte ich, entnahm das Geldstück und versuchte, es diesmal mit etwas mehr Gefühl in den Schlitz fallen zu lassen. Diesmal blieb es hängen. Ich wählte die Nummer. Besetzt! Folter kann nicht viel schlimmer sein, dachte ich. Ich legte auf, die Mark landete wieder im Münzfach und ich begann von vorn. Zwischendurch schaute ich auf die Uhr, fünf Minuten waren inzwischen vergangen. Ich musste diese Prozedur noch dreimal wiederholen, bevor endlich ein Freizeichen kam. Es tutete endlos lange im Hörer, bevor jemand abnahm.
„Rechenzentrum Ingenieurschule", meldete sich eine Stimme. Es war Britta. „Hallo, ich bin"s!" Mehr brachte ich nicht raus. „Ooch, das ist aber schön, das Du anrufst!! Ich vermisse Dich wie verrückt." Der Tonfall, diese Worte, ich bekam Gänsehaut. Mir schnürte es die Kehle zu, ich hätte losheulen können vor Sehnsucht, Traurigkeit und Freude! „Hab mir Sorgen gemacht nach Deinem letzten Brief." Ich versuchte, meiner Stimme soviel Sanftheit zu geben, wie es mir in diesem Moment möglich war.

"Du musst Dir keine Sorgen machen, ich war nur ein bissel traurig, und das musste mal raus. Wem sonst wenn nicht Dir soll ich mitteilen, wie ich mich fühle?" "Hast ja Recht, hab mir trotzdem Sorgen gemacht. Ich will Dich nicht verlieren." "Du brauchst keine Angst haben! Hauptsache, Du baust nicht wieder so viel Scheiße, so dass die Dich nicht nach Hause lassen!" "Nee, ich pass da schon auf! Werde morgen gleich den nächsten VKU beantragen!" Ich blickte auf die Uhr. Es war schon zehn vor Zehn, ich musste zum Ende kommen. Außerdem war die zweite Mark, die ich zwischenzeitlich eingeworfen hatte, gleich aufgebraucht. "Ich muss Schluss machen, die Zeit wird knapp und das Geld ist auch gleich rum." "Alles klar", antwortete Britta, "ich muss auch anfangen, wir haben viel zu tun heute. Also, bleib sauber und denk immer daran: Ich warte auf Dich!" Ich vernahm noch das Geräusch eines Kusses, dann legte sie auf. Den Weg zurück ging ich langsam. Ich war zwar wesentlich ruhiger, aber der Trennungsschmerz wollte trotzdem nicht nachlassen.

V

Heute war es soweit! Die neuen Springer sollten einrücken. Auch wenn wir im 2. Stab das nur indirekt mitbekommen würden, so war es doch ein wirklicher Höhepunkt in unserem Dasein. Wir waren zwar schon seit einigen Tagen Zwischenschweine, aber es waren noch keine Hüpfer in der Kaserne. Das würde sich heute ändern. Allein der Gedanke daran half, den eigenen Tagedruck etwas besser verdrängen zu können.

Die LKW-Kolonne mit den Neuen durchfuhr kurz nach dem Mittagessen das Kasernentor. Die Fahrt zum Exerzierplatz wurde von grölenden Rufen der Soldaten begleitet, die gerade an der Fahrstrecke unterwegs waren. „Springschweine in Anmarsch!" „Hier kommen viele Tage angefahren!" „Der Ural bricht ja fast zusammen unter der Last der Tage, die darauf spazieren fahren!"
So oder ähnlich lauteten die höhnischen Kommentare, die den Ankömmlingen entgegen gerufen wurden. Mitleid gab es keines. Schließlich hat das ein jeder durchmachen müssen und vielen jungen Männern nach uns sollte es auch noch so ergehen. „Gleiches Recht auf gleiches Leid für alle", lautete die Devise.
Auf dem Exerzierplatz bot sich das gleiche Bild, welches wir vor etwa einem halben Jahr abgegeben hatten. Aus den Lkws ergoss sich eine große Anzahl junger Männer, allesamt noch in Zivil gekleidet, auf den Exerzierplatz, wo sie zunächst ein wenig hilflos wirkend herumstanden, bis die ersten Kommandos Ordnung in diesen wirren Haufen brachten. Dann marschierten sie in noch ziemlich ungeordneter Formation in den Kinosaal. Das war es dann auch schon für den heutigen Tag. Viel mehr würde uns nicht geboten werden. Schade.
Wir kamen dennoch auf unsere Kosten. Der Block hinter dem unsrigen hatte bislang leer gestanden und war im letztem halben Jahr renoviert worden. Heute zogen dort Reservisten ein. Es waren keine gewöhnliche Reservisten, sondern „Ungediehnte". Die Jungs waren allesamt aus irgendwelchen Gründen nicht zum Grundwehrdienst gezogen worden. Bis zur Vollendung des 36. Lebensjahres konnten sie aber bis zu dreimal zum Wehrdienst einberufen werden, jeweils für ein halbes Jahr. Nach unseren Erkenntnissen würden sie allerdings nur einen Monat zur Grundausbildung bleiben, um dann weitere fünf Monate auf den

Militärflughäfen des Landes Wache zu schieben. Wir glotzten den ganzen Nachmittag mehr oder weniger aus dem Fenster und beobachteten die Zivilisten, die in kleinen Gruppen mit den schweren Seesäcken auf den Schultern das Gebäude betraten. Grund für Lästerrufe gab es trotzdem keine. Die Jungs waren zwar neu, aber sie würden immer noch ein halbes Jahr vor uns zu Hause sein. Viel interessanter waren allerdings die Erzählungen von unserem Sani, Romanowski, die er ablieferte, als er am nächsten Tag mal in „seiner" Einheit vorbeischaute.

„Da kommen Pappnasen an, sag ich Euch! Die ziehen aber auch wirklich alles, was noch Rollstuhl fahren kann!", eröffnete er seine Schilderung. Wir schauten ihn fragend an. „Hatte heute an die 200 von den ‚Flieger-Resis' zur Untersuchung. Acht von denen haben gleich mal den Schwerbeschädigten-Ausweis auf den Tisch gehauen!" Wir waren sprachlos!

„Einer von denen hat ein Holzbein!!", setzte Romanowski noch einen drauf. Wenn nichts funktionierte in der DDR, so doch die Bürokratie. Diese „deutsche Tugend" hatten sich auch die Kommunisten bewahrt! Aber hier schien sie völlig versagt zu haben! „Ich hatte auch so um die zehn Alkis dabei! Die haben gezittert wie wie 'ne Wäscheschleuder! Seit gestern keinen Tropfen Schnaps! Das geht an die Substanz!"

Er lachte dabei, wir saßen nur staunend mit offenen Mäulern da.

VI

In den folgenden Tagen bekamen wir all das zu sehen, was wir vor sechs Monaten selbst erlebt hatten. Auf dem Exerzierplatz wurde ohne Unterlass angetreten, marschiert, gesungen und gebrüllt. Die Neuen lernten das Laufen neu, wie man so schön sagte. Von den Alarmübungen, die auch zum Programm gehörten, bekamen wir nicht viel mit. Die Springer unserer Abteilung waren alle in der 4. Batterie zusammengefasst, und die war im Erdgeschoss.
Unsere Nachbarn auf dem Flur, die 6. Batterie, waren nur noch E's und Uffze. Beim Revierreinigen konnte man den Herren Gefreiten schon ansehen, dass sie nicht glücklich über die Aufteilung nach Dienstalbjahren waren. Aber daran ließ sich nichts ändern. Sie versuchten, ihren Frust dadurch zu kompensieren, dass sie uns Zwischenschweinen ihr Bandmaß mehr als üblich unter die Nase hielten. Dagegen konnten wir natürlich nicht anstinken, aber wir versuchten, diese Provokation gelassen zu nehmen. Damit es uns nicht langweilig wurde, hatte der Fähnrich immer mal wieder Maßnahmen auf dem Dienstplan festgelegt, die uns erschöpften und manchmal auch wütend machten. Beim beschissensten Regenwetter ging er mit uns auf die Sturmbahn. Der Drill, mit dem er uns über die Hindernisse jagte, war dabei das geringere Übel. Viel schlimmer war es, anschließend die von Schlamm bedeckten Klamotten wieder sauber zu kriegen. Das ging nur per Handwäsche in den großen Waschtrögen des Waschraumes. „Entweder der Dreispitz hat Tagedruck oder seine Alte hat den Nick daheim!", mutmaßte Schneider. Lachen konnte keiner darüber in diesem Moment. Wir schrubbten wortlos weiter den Dreck aus der Uniform.

Thomas Frei: GEDIENT: Ein NVA-Soldat erzählt

Ich hatte Urlaub beantragt. Die Anträge wurden auf kariertem Papier von Hand geschrieben, das Wichtigste waren die drei Felder ganz unten: „beantragt, befürwortet, genehmigt", hatte dort zu stehen. Am 16. wollte ich in den VKU wegtreten, heute war schon der 14. und die Unterschrift vom Fähnrich unter „genehmigt" fehlte immer noch. Ich klopfte an seine Tür und trat ein.
„Was gibt's, Frei?" „Hm, ich wollte nur mal nachfragen, was mit meinem Urlaub wird!"
„Welcher Urlaub?" „Na ich hatte fürs Wochenende VKU beantragt, Starke hat den befürwortet. Heute ist schon Mittwoch..."
Dreispitz druckste rum. „Hm, naja, du weisst ja, die Gefechtsstärke, die Springer sind ja noch nicht da. Kannste nicht auf nächste Woche verschieben?" „Falsch, Fähnrich, die sind da!" Er schaute mich ungläubig an. „Die sind nur noch nicht hier oben bei uns. Die sind in der Vierten, aber da sind die überzählig!", argumentierte ich. „Und nächste Woche geht gleich gar nicht!", ergänzte ich meinen Satz. „Wieso nicht?"
„Erstens sind die da auch noch nicht hier und zweitens haben die da Vereidigung!". „Hast Recht"' stimmte Dreispitz mir zu. „Na also! So, was ist nun mit meinem Urlaub?". „Naja, ich guck mir das dann nachher mal an." versuchte er, sich weiter um eine Entscheidung zu drücken. „Ach Mensch, Fähnrich, jetzt eier doch mal nicht rum!", bettelte ich. „Du bist wie eine Schmeißfliege, Frei!", wiegelte Dreispitz ab. „Damit kann ich leben, aber ohne Urlaub nicht!"' versuchte ich den Druck ein wenig zu erhöhen. „Du gehst mir auf den Sack! Du gehst mir dermassend auf den Sack!!" „Ja, deswegen bin ich ja auch hier, Fähnrich!"
Er kramte meinen Urlaubsantrag aus einem Stapel Papier hervor, was fast schon wieder länger dauerte, als ich ertragen konnte.

Er kritzelte seine Unterschrift drunter. „Jetzt zufrieden?", fragte er schnippisch. „Danke, Fähnrich, hast ja doch ein Herz!" Er grinste. „Und jetzt hau ab und geh mir nicht länger auf die Eier!" Mir war zwar klar, dass der Urlaub erst dann wirklich sicher war, wenn man mit dem abgestempelten Urlaubsschein durchs Kasernentor gegangen war, aber ich freute nicht trotzdem wie ein Schneekönig. Übermorgen ging es heim!

VII

Es lief alles glatt. Der Urlaubsschein war überpünktlich in meine Hände gelangt, bereits fünf Minuten vor der Zeit stand ich auf der Straße vor der Kaserne. Ich ging, wie beim letzten mal, runter zur Landstraße und stellte mich außer Sichtweite von der Kaserne in Anhalterposition.

Gleich der erste Trabbi hielt. Ich rannte hocherfreut zum Auto und öffnete die Beifahrertür. Dann schlief mir das Gesicht ein. Hauptmann Friese, mein Donnerbalkennachbar und Stabschef, saß hinterm Steuer. Er sah, das ich erschrocken war und entschärfte die Situation, indem er den Mund zu einem Lächeln breitzog. „Na steigen Se schon ein, Soldat, hier wird keiner gefressen!", beruhigte er mich. Ich war aber nicht so leicht zu beruhigen. Ich erwartete, dass er mich sofort zur Kaserne zurückbringen würde. Per Anhalter fahren war strengstens verboten. „Hammse Muffensausen? Brauchen Se nicht haben, war auch mal jung und einfacher Soldat! Ich hab nicht vergessen, wie das ist, wenn man schnell nach Hause will, aber die Reichsbahn nicht aus dem Arsch kommt!" Dabei feixte er vor sich hin. „Wo soll's hin?" „Nur bis zur Autobahnauffahrt, Genosse

Thomas Frei: **GEDIENT**: Ein NVA-Soldat erzählt

Hauptmann!" Mein inneres Zittern war immer noch nicht ganz vorüber, obwohl mein Puls schon merklich langsamer geworden war. „Na so förmlich brauchste hier nicht sein, das ‚Genosse' kannste ruhig weglassen! Erstens bin ich jetzt auch außer Dienst, zweitens haben wir schließlich schon zusammen geschissen! Sowas verbindet!" „Zigarette?", fragte ich ihn und hielt dabei die Schachtel in seine Richtung. „Nee Danke, Dein Stinkekraut ist eh nicht erlaubt in meinem Auto! Außerdem musste sowieso gleich raus!" An der Auffahrt zur Autobahn ließ er mich raus, nicht ohne mir noch weiter gutes Gelingen beim Trampen zu wünschen. Ich rauchte eine, bevor ich weiterlief, den Schock musste ich erst einmal verdauen. Auf der Autobahn ging es genauso flott weiter wie vorher. Bereits das zweite Fahrzeug, ein LKW W50 stoppte. Ich kletterte in das Führerhaus und schon ging es los. Der Fahrer fragte mich, wohin ich wollte. Ich hatte Glück, er musste nach Karl-Marx-Stadt. Meine Abfahrt lag auf der Strecke, so entfiel ein „Umsteigen". Der W50 kam nur mit 70 km/h voran, mehr gab die Motorleistung nicht her. Der Fahrer erzählte mir ohne Pause von seinem Wehrdienst, ich kam nicht ein einziges mal zu Wort. Selbst als er mir Fragen stellte, gelang es mir nicht, diese zu beantworten, denn es sprudelte sofort wieder aus seinem Munde. Fernfahrer schien ein sehr einsamer Beruf zu sein.
Gegen sieben Uhr traf ich bei meinen Eltern ein, hielt mich aber nicht lange auf. Auch auf das gemeinsame Abendbrot verzichtete ich, ich wollte schnellstens zu Britta. Der Tagedruck, ausgelöst durch den Brief von Anfang Mai, und die damit verbundenen Emotionen saßen immer noch tief. Der Begrüßungskuss dauerte länger als sonst, wir knutschten uns die gesamte Last der letzten Wochen aus den Leibern. Ich hatte absichtlich nichts geplant für das Wochenende, ich wollte diesmal ganz Britta

gehören. Mein guter Vorsatz führte dazu, dass unsere gemeinsame Zeit im Wesentlichen aus Besuchen bei Freunden und Verwandten bestand. Ich stellte fest, dass mich das nicht so richtig glücklich machte.
„In einer Beziehung muss man eben Kompromisse machen"- diesen dämlichen Satz nahm ich mir zu Herzen. Ich war halt noch jung und dumm.
Erst 16 Jahre später sollte ich erkennen, dass das Beherzigen genau dieses Satzes Ursache dafür ist, dass so viele Beziehungen scheitern, weil sie eben auf Grund dieser Kompromisse erst entstehen konnten. Aber damals war ich noch jung und noch ohne wesentliche Lebenserfahrung, jedenfalls was Beziehungen anging.
Den Montag hatte Britta frei genommen. So entfiel für mich das Herumgeirre in der Stadt, ich musste mir nicht die Zeit mit der Begutachtung von Beratungsmustern und dem Betrachten von öden Schaufensterauslagen vertreiben. Am späten Nachmittag schlugen wir bei meinen Eltern auf. Es gab die übliche Kaffeetafel und die üblichen Gespräche. Ich erfuhr, was dieser und jener Nachbar getan oder gelassen hatte, wie es diesem oder jenem Spielkameraden aus der Kinderzeit ergangen war und welche Sorgen und Nöte meine alten Herrschaften so auf der Arbeit durchzustehen hatten. Die Zeit war wieder einmal viel zu schnell um. Ich packte meine Sachen. Diesmal nahm ich jedoch meine Jeans, die Wrangler-Jacke und ein T-Shirt mit. T-Shirts nannte man damals noch Nicki. Ich faltete die Kleidungsstücke ordentlich in ein großes Badetuch, damit im Falle einer Taschenkontrolle nichts schiefgehen konnte. Britta fuhr, wie jedes mal, mit zum Bahnhof. Wieder verabschiedeten wir uns vorm Eingang. Die Rückfahrt fühlte sich schon an wie Routine, geradeso, als hätte man sie schon hundert Mal absolviert.
Meine zivilen Klamotten brachte ich problemlos durchs KDL. Es war die erste Amtshandlung, diese wertvollen

Kleidungsstücke im BV-Spind zu verstauen. Ich legte mich noch für die eine Stunde bis zum Wecken zur Ruhe. Ich fühlte mich viel besser, meine Ängste um Britta waren beseitigt, wenigstens für den Moment.

VIII

Eine weitere Woche, die angefüllt war mit Routine, ging vorüber. Fähnrich Dreispitz verzichtete auf weitere Quälereien. Er begegnete uns ausgesprochen freundlich und kameradschaftlich. Wir mutmaßten, dass er uns in eine gute Stimmung versetzen wollte, damit wir die Springer, die am nächsten Montag kommen würden, freundlich empfingen.
Der Montag kam, und mit ihm die Neuen. Vier Hüpfer zogen auf einen Schlag bei uns ein. Die Begrüßung der Soldaten erfolgte eher mit einer gewissen Distanz, wir empfanden sie schon ein wenig als Eindringlinge in eine funktionierende Gemeinschaft. Um so nerviger fühlte sich auch die Unruhe an, die ausbrach, als die Jungs anfingen, Ihre Betten zu beziehen und die Ausrüstung in und auf den Schränken zu verstauen. Eine Weile betrachtete ich das Gewusel vom Bett aus, aber dann wurde mir das zuviel. Ich floh in den Clubraum, um meine Ruhe zu haben. Schneider und Hartung taten es mir gleich, so hatten wir eine Skatrunde zusammen. Dreispitz schaute zweimal kurz durch die Tür und obwohl eigentlich noch Dienstzeit war, sagte er nichts. Über mir würde ab heute Klausner schlafen. Er war aus Karl-Marx-Stadt und fuhr im richtigen Leben Straßenbahn. Seine Statur trug ihm den Spitznamen „Kugelblitz" ein, aber er war mehr Kugel als Blitz. Es war jedesmal ein Schauspiel für sich, wenn er sich hoch auf sein Bett quälte und natürlich gab dieses

Bild auch regelmäßig Anlass zu Hohn und Spott. Beier war der neue Aufklärer für die Neben-B-Stelle. Mit ihm würde ich in den nächsten elf Monaten E-Mess-Traing absolvieren und die „Optikkammer reinigen". Er war aus dem Dorf in der Nähe meiner Heimatstadt, in dem sich der berühmte „Ochse" befand, wo wir häufig zu Konzerten unserer Lieblingsbands aufschlugen. Er war auch fast immer da, wenn wir den Tanzsaal dort okkupiert hatten. Diese Gemeinsamkeit schuf eine nette Basis für das weitere Auskommen miteinander. Natürlich waren die Springer zu Beginn sehr zurückhaltend uns gegenüber. Die Gerüchteküche über die EK-Bewegung hatte ihnen die schauerlichsten Geschichten zukommen lassen. Sie wähnten sich am Tor zur Hölle, vor sich die Qualen, die sadistische Dienstältere ihnen zuteil werden lassen würden. Es gab freilich solche Auswüchse, bei denen die Neuen tatsächlich regelrecht gequält worden waren. Auch uns waren solche Stories bekannt, allerdings lagen diese Ereignisse schon Jahre zurück. Unsere inoffizielle Hierarchie war da, hatte aber gewisse Grenzen, auch bei Bestrafungen untereinander, und diese waren jedem bewusst. Auch verzichteten wir auf schikanöse Spielchen, wie z.B. „Music-Box". Da musste sich ein Springer in seinen Spind setzen, die Tür wurde geschlossen und eine Mark durch den Schlitz für den Schlossriegel gesteckt. Der E sagte einen Musiktitel an und der Springer im Schrank hatte zu singen, und zwar solange, bis der Vortrag den Vorstellungen des E's entsprach. Bei uns gab es keinerlei Schikanen solcher Art, schon gar nicht aus Gründen der allgemeinen Belustigung. Vielmehr sorgte diese Hierarchie dafür, das eine klare Aufgabenverteilung die Ordnung, Sauberkeit und Disziplin garantierte. Die Offiziere wussten das. Sie tolerierten das Ganze schon alleine deswegen, weil sie sich rein gar nicht um die Belange der inneren Ordnung kümmern mussten.

Auch war die Verteilung der Aufgaben auf die Diensthalbjahre durchaus angenehm. Man hatte nur im ersten Halbjahr den Stress, die Bohnerkeule zu schwingen, Fenster zu putzen, das Klo zu schrubben und im Außenrevier Papier aufzusammeln und den Fußweg oder die Straße zu kehren. Im zweiten Halbjahr war man lediglich für die Organisation all dieser Maßnahmen verantwortlich und musste selber nur dann ran, wenn man dabei versagte.Im dritten Halbjahr machte man schließlich nichts mehr. Man griff bestenfalls regelnd ein, wenn es zwischen Springern und Dachsen zu Kontroversen kam. Unsere Springer hatten sehr schnell begriffen, dass nichts so heiß gegessen wurde, wie es vom Herd kam, was dazu führte, das alle recht schnell von einer gewissen Routine erfasst wurden, die das Leben in der Einheit endlich wieder ein wenig ruhiger werden ließ.

Noch 303 Tage!

Kapitel 8

Juni

I

Dieser Monat hielt einen ersten Höhepunkt bereit, der die uns verbleibenden Tage von nun an sichtbar machen würde. Dieser Höhepunkt hieß „Deckendurchbruch". Wir hatten am ab dem achten Tag des Juni „nur" noch soviele Tage zu dienen, wie unsere Stube in Zentimetern hoch war. Diese denkwürdige Zahl wurde mit einer ausgeschnitten Pappsonne und einer Reißzwecke an der Wand markiert. Von nun an würde jeden Tag, pünktlich zum Dienstschluss um 17.00 Uhr, ein Springer unsere Sonne um einen Zentimeter nach unten versetzen. Dieses Ritual wurde bis zum Ende peinlichst genau eingehalten. Wieder mal Feuerwache im Divisionslager! Der Fähnrich hatte unter anderem mich auserkoren, diese überaus langweilige Aufgabe für die nächsten zwei Wochen zu erfüllen. Schneider, Klausner und Uffz. Dremmler, ein neuer Gruppenführer, der direkt von der Unteroffiziersschule zu uns versetzt worden war, waren mit von der Partie. Die damit verbundene Ruhe kam mir ja eigentlich sehr gelegen, allerdings hatte auch diese Medaille ihre zwei Seiten. Es würde Anstrengungen und Bettelei kosten, die Truppe in der Kaserne dazu zu bewegen, uns regelmäßig mit der stets heiß ersehnten Post von zu Hause zu versorgen. Außerdem verführte einen die Langeweile mitunter auch dazu, den Tagedruck ansteigen zu lassen. Zeit, sich die blöd sinnigsten Szenarien auszumalen, was ich zu Hause gerade abspielen könnte, hatte man ja genug. Starke fuhr uns im B1000 rüber ins Divisionslager. Unterwegs hielt er an einem Kiosk, so dass wir wenigstens noch ein paar Flaschen Bier für die ersten Abende einsacken konnten. Uffz. Dremmler nahm diese Aktion ein wenig verdutzt wahr, solche Geschichten kannte er von seiner bisherigen Dienstzeit nicht. Wahrscheinlich ging ihm auch ein wenig die Muffe, das er ohne eigenes Zutun in etwas Verbotenes reingezogen werden würde. Das nahm ihm aber niemand übel, woher hätte er auch die Gepflogenheiten in der Truppe kennen sollen? Wir übernahmen den Dienst von unseren Vorgängern und richteten uns ein, so gut es ging. Anschließend gingen wir zur Hauptbaracke, um dem Diensthabenden unsere Ankunft und die Übernahme der Wachaufgaben zu melden. Mein spezieller Freund, der Hauptmann, den ich im Februar festgesetzt hatte, tat heute Dienst als OvD. Entweder erkannte er mich nicht oder er wollte mich nicht erkennen. Jedenfalls hatte unser neuerliches Zusammentreffen keine weiteren Folgen. Die Langeweile hielt keine 48 Stunden an. Bereits in der zweiten Nacht wurden wir um ein Uhr aus dem Bett geholt, zwei Wagons, vollgepackt mit Waren, standen vor der Rampe und warteten auf die Entladung. Anstatt die Soldaten des Divisionslagers dazu heranzuziehen, ließ man die lieber schlafen und verdonnerte uns zu dieser Knochenarbeit. Die Arbeitskraft der Anderen wollte man sich für die Aufgaben des nachfolgenden Tages erhalten. Wir staunten nicht schlecht, was in den Wagons alles so herangekarrt worden war. Wir standen mit offenen Mäulern vor Paletten mit Dosenananas, Champignons, Fischkonserven und kistenweise Bier der Ostdeutschen Edelmarken "Wernesgrüner" und "Radeberger". Wir brauchten einen Moment, denn all das, was wir da sahen, überstieg unser Vorstellungsvermögen. Hier tat sich die Kluft zwischen Anspruch und Wirklichkeit des real existierenden Sozialmus auf, und das gleich palettenweise! Nichts von all dem, was wir jetzt in das Lager umschichten sollten, war regulär in einem Geschäft erhältlich, es sei denn, man hatte Glück. Oder Beziehungen. Oder Beides!

Wir schufteten stundenlang. Hubwagen gab es keine, so dass wir die Kartons per Hand von den Paletten auf Handwagen laden mussten, die wir dann zum Bestimmungsort zogen. Ein Teil musste ins Kellergeschoss, welches über einen Lastenaufzug erreichbar war. Das verlängerte unsere Aktion noch zusätzlich. Um Vier waren wir endlich fertig. Der OvD verschloss das Lager, versiegelte die Tür und entließ uns, natürlich ohne ein Wort des Dankes. Erschöpft fielen wir in die Betten und schliefen bis Mittag.

Am Samstag kam die 5. Batterie zum Wachaufzug. Die Jungs brachten uns die ersehnte Post. Ich erhielt drei Briefe von Britta, die ich gleich morgen allesamt beantworten würde. Am Sonntag kam es dann zu einem Vorkommnis, welches für die Beteiligten weitreichende schwere Folgen haben würde.

Der OvD wusch seinen Trabbi auf dem Parkplatz direkt neben dem Wachgebäude. Von dort aus hatte er den Postenbereich 2 bestens im Blick. Während seiner Putzaktion bemerkte er, das der Posten zu keiner Zeit aufgetaucht war. Normalerweise hätte der Soldat vier bis fünfmal pro Stunde zumindest an der Stirnseite und linken Seite des eingezäunten Platzes zu sehen sein müssen, wenn er seinen Bereich befehlsgemäß ablief. Der OvD veranlasste also eine Postenkontrolle. Gemeinsam mit dem Wachhabenden und einem weiteren Soldaten lief er los. Später erfuhren wir die Details der gesamten Aktion von den Soldaten der Wachtruppe, aus erster Hand sozusagen. Man fand den Posten in der linken hinteren Ecke des Postenbereiches. Dieser Platz war von keiner Seite einzusehen. Der Soldat hockte dort auf einer Bierkiste und schlief, an den Mast gelehnt, an dem das Postentelefon angebracht war, den Schlaf des Gerechten. Der Wachhabende hatte wohl auch einige Mühe, ihn wach zu bekommen. Konsequenterweise wurde er sofort abgelöst und gegen den Soldaten, der den Kontrollgang begleitete, ausgetauscht. Als der kleine Trupp am Wachlokal angekommen war, bemerkte der OvD, dass das linke Hosenbein des Soldaten an der Außenseite völlig durchnässt war. „Was ist das da an Ihrer Hose, Genosse Soldat, wo kommt das her?" "Keine Ahnung, Genosse Hauptmann!" „Wo kommt das her? Was haben Sie da in der Seitentasche?", bohrte der OvD weiter. „Nichts, Genosse Hauptmann, da ist nichts, ganz ehrlich!" Die Unsicherheit und Angst, mit der der Soldat diese Worte vortrug, war unüberhörbar. „Machen Sie mal die Tasche leer, Soldat", forderte in der OvD auf. Zögernd öffnet der Soldat die Klappe der Seitentasche am Hosenbein, griff hinein

Thomas Frei: GEDIENT: Ein NVA-Soldat erzählt

und zog eine offene Flasche Bier heraus, aus deren Öffnung weisser Schaum quoll. „Was ist das, Genosse Soldat? Ist das das Nichts, was sie in der Tasche haben?". Die Stimme des Hauptmanns nahm an Schärfe zu. Der Soldat schwieg. Der OvD nahm ihm die Flasche weg und schaute aufs Etikett. Es war Wernesgrüner! „Wo haben sie das her, Soldat?" Wieder Schweigen! „Sind sie stumm oder taub? Rede ich chinesisch? Oder haben sie sich schon Ihr kleines Hirn weggesoffen? WO HABEN SIE DAS BIER HER? ANTWORTEN SIE!"

Mittlerweile hatte sich der Hauptmann bis zum Brüllen gesteigert. „Das habe ich gekauft, Genosse Hauptmann!" antwortete der Soldat. Der Hauptmann hätte in diesem Moment als gutes Modell für das berühmte HB-Männchen aus der Zigarettenwerbung im Westfernsehen herhalten können! Er war kurz vorm überschnappen!

Er holte tief Luft. Dann kam es aus ihm raus. Jetzt brüllte er nicht nur, er schrie, so dass selbst wir an der Rückseite des Gebäudes Wort für Wort hören konnten: „Ja glauben Sie denn ich bin blöd? Was glauben Sie denn, wen Sie hier vor sich haben? Haben Sie noch etwas anderes als einen Haufen Scheiße im Hirn? Das ist WERNESGRÜNER und nicht irgendeine Plörre! WO wollen Sie denn dieses Bier gekauft haben? Das weiß doch schon jeder Schulanfänger, dass es sowas im normalen Laden nicht gibt! Und da wollen SIE MIR erzählen, Sie hätten es gekauft? Und anstatt es in der Kaserne zu saufen nehmen Sie das Bier auch noch mit auf Wache? Erzählen Sie das ihrer Großmutter, aber nicht mir!" Der Soldat schwieg eisern. Der OvD beruhigte sich ein wenig und überlegte. „Drei Mann zum Durchsuchen des Postenbereiches bereitstellen!", befahl er dem Wachhabenden. „Vorm Betreten des Postenbereiches warten, bis ich zurück bin!", lautete die nächste Anweisung.

Der Uffz. tat wie geheißen und lief mit drei Soldaten zum Posten 2. Der OvD kehrte zurück, dann begann die Aktion. Zunächst wurde der Postenbereich außerhalb des Zaunes abgesucht. Das Ergebnis war gleich Null. Der OvD schloss das Tor zum Inneren der Umzäunung auf und der Trupp begann, das gesamte Gelände innerhalb des Zaunes abzusuchen. Sie fanden 39 leere Bierflaschen, allesamt von der Marke Wernesgüner. Mit den Fundstücken kehrten sie zurück zum Wachlokal, vor dem der Delinquent derweil im „Stillgestanden" auszuharren hatte. Der OvD ließ die 39 leeren Flaschen vor ihm aufstellen und begann sein Verhör erneut. Diesmal mit ruhiger Stimme.

„So, Soldat, Sie wollen mir also ernsthaft erzählen, das Sie zwei Kisten Wernesgrüner erworben, diese unbemerkt mit hier gebracht und anschließend komplett alleine gesoffen haben?". Schweigen. „Gut, ich gebe Ihnen eine letzte Chance, das Ganze aufzuklären! Entweder Sie erzählen mir jetzt, was und wie das Alles hier vorgefallen ist oder ich verspreche Ihnen, dass ich Sie für ein paar Jahre nach Schwedt schicken werde!". Das saß!

„Schwedt" war der Inbegriff des Albtraumes schlechthin. In Schwedt an der Oder war der Knast der NVA beheimatet, um den sich zahlreiche Gerüchte und Legenden rankten. Es hieß, die Häftlinge würden geschunden und auf das Übelste gezüchtigt, auch mit körperlicher Gewalt. Der harte Alltag würde dort um fünf Uhr morgens beginnen und nach schwerer körperlicher Arbeit erst um 23.00 Uhr enden. Privatsphäre gab es dort überhaupt nicht, Briefe und Besuche seien untersagt. Das waren Alles nur Gerüchte, die dadurch genährt wurden, das keiner derjenigen, die dort eine Strafe abzusitzen hatten, jemals darüber sprach. Der Soldat knickte ein. Er schilderte dem OvD wie er zusammen mit einem anderen Soldaten das Siegel der Tür zum Lager ausgeschält hatte, wie sie das

Thomas Frei: **GEDIENT**: Ein NVA-Soldat erzählt

Schloss knackten und schließlich zwei Kisten Wernesgrüner aus dem Lagerraum holten. Beide wurden sofort in Gewahrsam genommen und nach der Wachablösung in der Kaserne in den dortigen Knast eingeliefert. Die Geschichte um die Beiden sollte vier Wochen später ihre Fortsetzung finden.

II

Noch tagelang diskutierten wir über dieses Ereignis und spekulierten über die Folgen. Inzwischen hatte uns der langweilige Alltag der Feuerwache wieder eingeholt und wir taten, was wir immer taten: rumsitzen, ab und an einen Kontrollgang, Skat spielen, lesen, Briefe schreiben. Uffz. Dremmler erwies sich im Laufe der Zeit als durchaus guter Kumpel. Wir waren ein Jahrgang, hatten ähnliches erlebt während der Schulzeit, das waren schon einmal eine Menge Gemeinsamkeiten. Die Tatsache, das er freiwillig drei Jahre Dienst tat, anstatt nur den üblichen Grundwehrdienst zu absolvieren, änderte daran nichts. Die Freiwilligkeit, mit der er seine Verpflichtung unterschrieben hatte, war eine dieser typischen Erscheinungen in der sozialistischen Gesellschaft. Man schaffte ungeschriebene Gesetze, die die Menschen dazu veranlassten, in die SED einzutreten oder sich eben auch „freiwillig" für eine längere Dienstzeit bei der NVA zu verpflichten, um seine Karriereziele zu erreichen. Im Falle von Abiturienten funktionierte das recht einfach. Manche Studienrichtungen waren so begehrt, das es durchaus half, mit einer solchen Verpflichtung, seine Chancen, einen Studienplatz zu bekommen, drastisch erhöhte. Manchmal reichte selbst ein Notendurchschnitt von 1,5 und besser nicht, um um die längere Dienstzeit herumzukommen. Dremmler war so ein Fall. Mithin gab es keinen Grund, ihn wegen seines Dienstgrades oder seiner vielen Tage von der Kameradschaft auszuschließen. Wir vertrieben uns die Zeit mit allerlei Freizeitbeschäftigungen. Wir lasen, spielten Skat, ab und an eine Partie Schach, schrieben Briefe. Viel mehr gab es nicht zu tun. Die vorgeschriebenen Rundgänge dauerten nicht einmal eine halbe Stunde und waren nur alle zwei Stunden zu absolvieren. Nur zwei von uns hatten diese Kontrollgänge durchzuführen, so dass jeder nur alle vier Stunden an der Reihe war. Die Langeweile nagte am Gemüt. Bier gab es seit dem Vorfall vom letzten Sonntag nicht. Also wurde es Zeit, wiedermal in die Spur zu gehen. Um Dremmler nicht in Angst und Schrecken zu versetzen, sagten wir ihm nichts über unser Vorhaben. Wir vermochten nicht einzuschätzen, ob ihn die Angst vor Entdeckung nicht dazu treiben würde, dem OvD nicht doch Meldung zu erstatten. Ihm fehlte einfach die Erfahrung für solche Situationen. Die Dunkelheit brach ein. Auf Grund der Sommerzeit war die Zeit schon reichlich fortgeschritten. Wir zweifelten deswegen daran, um diese Uhrzeit noch fündig zu werden. Es war mitten in der Woche, die Kneipen schlossen für gewöhnlich um Zehn oder Elf und es war bereits 21.45 Uhr. Zwischen Posten 1 und 2 gingen wir über den Zaun und überquerten die Fernstraße, die gleich neben dem Lager entlangführte. Auf der anderen Straßenseite hatten wir eine Kleingartenanlage entdeckt. Die Chancen, dort ein paar Flaschen Bier oder eine Flasche Schnaps zu bekommen, sollten recht gut sein. Viele Leute blieben bis spät abends in ihren Gärten, vor allem wenn das Wetter schön war, so wie heute. Die Gartenkneipe sollte von daher noch geöffnet sein. Wir gingen den Weg an der Gartenanlage entlang, bis wir das Eingangstor fanden. Links dieses Weges befand sich, ebenfalls eingezäunt, eine Pädagogische Hochschule. Aus einem Fenster eines der Internatsgebäude drang laute Musik herüber. Vom Haupteingang war es nicht weit bis zum Vereinslokal. Es war noch geöffnet. Wir betraten den Gastraum. Durch die Rauchschwaden, die schwer in der Luft hingen, sahen wir, dass nur noch ein Tisch besetzt war. Die drei Männer, die dort vor ihren Bier- und Schnapsgläsern saßen, wandten den Kopf in unsere Richtung. „Hallo Jungs!" rief uns einer freundlich zu,"Durst ist schlimmer als Heimweh, stimmt's?" „Wohl war, Meister!", antwortete ich ihm. Schneider ging zum Tresen, grüßte den Wirt, der gerade Gläser polierte. „Gibt's hier Flaschenbier?", fragte er höflich. „Na klar, wieviel soll es sein? Helles oder Pils?" „Pils!", sagte Schneider, reichte dabei dem Wirt die vier Nylon-Einkaufsbeutel, die wir mitgebracht hatten. „Soviel wie da reinpasst", präzisierte er seine Bestellung. „Geht klar!", sagte der, griff sich die Beutel und verschwand im Raum hinter dem Tresen. „Wollt Ihr Euch nicht 'nen Moment hersetzen? Ich geb' euch einen aus!", forderte uns einer der Kerle am Tisch auf. Wir ließen uns dass nicht zweimal sagen. Schneider setzte sich auf den freien Stuhl, ich zog mir einen vom Nachbartisch heran. Der Wirt erschien mit den gefüllten Beuteln und stellte sie vorsichtig neben dem Tresen auf dem Boden ab. „Hannes, mach mal zwei Halbe und zwei Korn für die Jungs! Geht auf meinen Deckel!", wies der, der uns eingeladen hatte, den Wirt an. Der folgte der Aufforderung umgehend und stellte die Getränke vor uns auf den Tisch. Wir prosteten den anderen zu und tranken genüsslich. „Vom Divisionslager?", fragte unser Gastgeber. „Jein.", antwortete Schneider, „Wir sind nur auf Feuerwache da, für zwei Wochen." „Na das ist ja noch beschissener, da gibt's ja wohl keinen Ausgang in der Zeit, oder?" „Nee, Ausgang hat's da nicht", bestätigte ich ihm seine Vermutung. „Naja, jetzt sollte ja der größte Durst

gelöscht sein, oder?" Ich nahm gerade den letzten Zug aus dem Glas, als ein anderer am Tisch schon die nächste Bestellung aufgab. „Fünf Halbe, fünf Korn, alles auf mich!" rief er in Richtung Tresen. So ging es noch eine ganze Weile weiter. Die Kneipe schloss offiziell um Elf, aber wir saßen noch und tranken. Der Wirt hatte die Tür bereits abgeschlossen und becherte von da an reichlich mit. Halb Zwölf forderte er uns auf, doch nun endlich den Heimweg anzutreten. Wir schwankten aus dem Lokal, sechs halbe Liter Bier und sechs Korn in der Blutbahn. Wir bedankten uns nochmal bei den spendablen Jungs und gingen den Hauptweg Richtung Tor, stets bemüht, einigermaßen geradeaus zu laufen.
Als wir zur Fernstraße abbogen hörten wir wieder die Musik aus dem Internatsfenster, durchmischt mit Lachen und Stimmen. „Los, da gehen wir hin, da ist bestimmt ne Fete", schlug Schneider vor. „Nee, Mann, der Dremmler dreht durch, wenn wir nicht bald zurückkommen!", hielt ich entgegen. „Is mir Wurscht, der kann nächstes Jahr um die Zeit noch dort hocken und warten! Ich will jetzt zu der Fete!" Schon hatte er die zwei Beutel, die er trug, abgestellt und schickte sich an, über den Holzzaun zu klettern. Das gelang ihm trotz seines Suffs erstaunlich schnell. „Gib die Beutel rüber!", wies er mich von der anderen Seite des Zaunes aus an. Ich hatte bereits jeden Widerstand aufgegeben, sein Wille schien nicht zu brechen zu sein. Ich reichte ihm die vier Beutel rüber. „Jetzt du!", forderte er mich auf. Ich kletterte ebenfalls rüber und wir liefen zum Gebäude. Die Eingangstür war offen, wir stiegen die Treppen hoch bis in die 2. Etage, in der wir das Fenster ausgemacht hatten, aus dem der Partylärm gedrungen war. Wir schlichen den Flur entlang bis wir an der Tür waren, die zu diesem Raum zu gehören schien. Deutlich vernahmen wir die Musik. Schneider

klopfte, aber es passierte nichts. Er klopfte nochmals, aber niemand im Zimmer schien das Klopfen gehört zu haben. „Lauter, klopf lauter!", schlug ich vor. Er ballte die Faust und hämmerte mit den Knöcheln gegen das Holz. Diesmal funktionierte es. Die Tür wurde einen Spalt geöffnet und das Gesicht eines hübschen Mädchens erschien zwischen Türrahmen und Tür. „Was wollt ihr denn hier?", fragte sie. Dabei musterte sie uns von Kopf bis Fuß. Männer in Uniform hatte sie offensichtlich nicht erwartet. „Wir dachten, hier geht ne lustige Fete ab und ihr braucht vielleicht Nachschub an Getränken!"
Mit diesen Worten hob er einen der prall mit Bierflaschen gefüllten Beutel in ihre Richtung, so dass sie ihn sehen konnte. Sie schien für einen kurzen Moment zu überlegen. „Wieviel seid ihr?", fragte sie und steckte den Kopf ein wenig weiter aus der Tür, um den Flur besser einsehen zu können. „Wir sind nur Zwei.", sagte Schneider. „Na gut, kommt rein!", sie öffnete die Tür nun ganz. Wir traten ein und versuchten zunächst, uns in dem dunklen Zimmer zu orientieren. An beiden Seiten des Raumes stand jeweils ein Bett, an der Stirnseite links und rechts vom Fenster zwei Schreibtische. Auf den Betten verteilt saßen fünf weitere Mädchen. ‚Sechs heiße Bräute und wir nur zu zweit', schoss es mir durch mein trunkenes Hirn. Diejenige, die uns reingelassen hatte, zeigte auf die Stühle, die vor den Schreibtischen standen: „Setzt euch doch." Wir nahmen Platz und Schneider kramte die ersten Bierflaschen aus einem Beutel. Gekonnt öffnete er sie, in dem er die Kronenkorken mit einer anderen Flasche aufhebelte. Er reichte die Flaschen an die Mädels weiter, die sie dankbar nahmen. In den nächsten Minuten erfuhren wir, dass sie alle Unterstufenlehrer werden würden und im ersten Studienjahr waren. Lehrer der Unterstufe war ein typischer Frauenberuf, was erklär-

te, dass keine männlichen Studenten anwesend waren. Schneider witterte die Chance, eine der Studentinnen abzuschleppen. Er baggerte los, was das Zeug hielt und gebärdete sich bisweilen wie ein notgeiler alter Gockel, was ihm selbst auf Grund seines Alkoholpegels aber verborgen blieb. Ich amüsierte mich köstlich, vor allem auch über die Reaktionen der angesprochenen Damen. Schneider stand auf, ließ sich auf eines der Betten zwischen zwei der jungen Damen plumpsen und legte seine Arme um ihre Schultern. Sie ließen es geschehen, jedoch sichtlich mehr amüsiert als interessiert. Eine der beiden stand auf und holte ein Parfümfläschchen. „Hier, mach dir das mal ran, dann riechste ein bissel besser!" Schneider ging darauf ein und verteilte das Parfüm großzügig auf seinem Hals und kippte noch ein wenig auf seiner Uniform. „Oh Mann, bist du ein Homo oder warum riechst du so?", fragte die andere, nachdem Schneider sein Werk vollendet hatte. „Nee, ich bin nicht vom andern Ufer!", protestierte er. „Riechst aber so!", entgegnete sie lachend. „Los, wir tanzen!", forderte die andere ihn auf. Schneider erhob sich wankend und begab sich in Tanzposition, mehr wankend als tanzend versuchte er, nicht umzufallen. Dem Rhythmus der Musik konnte er schon nicht mehr folgen. Die Mädels amüsierten sich köstlich über seine Versuche John Travolta auszustechen. Dabei wirkte er eher wie jemand, mit dem man Mitleid haben müsste, weil eine solche Behinderung nichts Schönes ist. Ich unterhielt mich derweil einigermaßen kultiviert mit derjenigen, die uns die Tür geöffnet hatte. So nett und hübsch ich sie auch fand, ich wusste, ich war einfach zu betrunken, als das ein Flirt hätte etwas nutzen können. Im Schlimmsten aller Fälle hätte mich mein Zustand wohl eher in eine blamable Situation gebracht als Freude bereitet. Welcher junge Mann will sich schon damit konfrontiert sehen, dass er auf dem Höhepunkt einer Eroberung kläglich versagt? Schneider indes gab sein Bestes, auch wenn das „Beste" mit dem Wort „unterirdisch" beschrieben werden konnte. Es wurde Zeit, ihn aus seiner Rolle als Partyclown zu erlösen. Es kostete mich Einiges an Anstrengung, ihn davon zu überzeugen, das es an der Zeit war, zu gehen. Die Uhr zeigte schon Eins und ich stellte mir vor, wie Dremmler schwitzend und fluchend in unserem Zimmer um den Tisch rannte, weil er nicht wusste, was er angesichts unserer Abwesenheit tun sollte. Schneider lenkte schließlich ein und wir zogen von dannen. Wir hatten nur noch drei volle Nylonbeutel zu schleppen, wovon ich zwei übernahm. Ich hatte einfach Angst, dass Schneider das Bier nicht heil nach Hause bringen würde. Der Rückweg erschien endlos. Mal stoppte Schneider, um zu pinkeln, mal lehnte er sich an einen Laternenpfahl, um zu schlafen. Es kostete mich unendlich lange Minuten und ewig lange Reden, um ihn endlich an den Zaun des Divisionslagers zu bugsieren. Dort musste ich ihn auch noch drüber hieven. Auf der anderen Seite ließ er sich einfach runterfallen und schlief ein. „Oh Mann, der ist ja voll im Arsch!", fluchte ich. Ich konnte ihn mit meinen Händen nicht durch die Maschen des Zaunes erreichen, um ihn wieder wachzurütteln oder ihn wach zu rufen. Zu groß war die Gefahr, dass einer der Posten uns hörte. Andererseits stand ich außerhalb des Geländes, gemeinsam mit drei Beuteln Bier. Was sollte ich tun? Eine Weile grübelte ich über meine Optionen nach. Am Ende gab es nur eine Lösung. Ich kletterte über den Zaun und rüttelte an diesem schlafenden Alkoholbehälter, was das Zeug hielt. Gefühlte 15 Minuten später öffnete er endlich die Augen. „Mensch, reiß dich mal am Riemen!", herrschte ich ihn an. „Jaja, Alter, is ja schon gut,", lallte er. Ich gab keine Ruhe und rüttelte ihn weiter. „Biste endlich wach?", hinterfragte ich. Er setzte sich auf und rieb sich die Augen. „Oh Mann, wie spät ist das?", fragte er. „Noch früh am Abend, du Nuss! Jetzt heb' deinen Arsch aus dem Gras und steh aufrecht!" Er versuchte, aufzustehen, was ihm erst im dritten Anlauf gelang. Ich schob ihn in Richtung Zaun und lehnte ihn dort an. „Nicht wieder umfallen! Sonst gibt's Stress!", drohte ich. „Nee, Alter, bin total fit! Nur keine Panik!" Ich war mir absolut nicht sicher, ob ich ihn ernst nehmen konnte. Wieder sackte er ein wenig nach unten. Ich schlug ihm mit der flachen Hand links und rechts ins Gesicht. Das half. „Eh, suchst du Stunk, Mann? Willste eine auf die Fresse, oder was?" „Nee, du Pfeife, ich will nur, dass du wach bleibst und mir die Bierbeutel abnimmst!" „Was für Bierbeutel?", fragte Schneider verwundert. „Halt jetzt das Maul und mach was ich sag!". Meine Geduld neigte sich dem Ende. „Na gut", nuschelte er, „aber nur, weil Du mein Freund bist!" „Ja, nur weil ich Dein Freund bin!", pflichtete ich ihm bei, verbunden mit der Hoffnung, er möge endlich wach bleiben. Ich wartete eine weitere Minute, um mich zu vergewissern, dass er nicht wieder in sich zusammensackte. Als ich mir einigermaßen sicher war, dass das nicht passieren würde, stieg ich erneut über den Zaun. Wieder draußen angekommen, hob ich den ersten Nylonbeutel vom Boden auf. „Hier, nimm den ab!", sagte ich zu Schneider. Der reagiert nicht. Er stand einfach da - und schnarchte. ‚Das gibt es doch nicht, jetzt pennt der im Stehen!', dachte ich. „Schneider! Mach die Glotzen auf!" Durch die oberen Maschen hindurch stupste ich ihn am Ohr, welches gegen den Zaun gepresst war. Nach dem dritten Mal reagierte er. „Was ist denn hier los? Alarm?", fragte er verwundert. „Nee, Du dumme Sau, Bieralarm ist! Jetzt nimm mir den Beutel ab!!!" Ich hievte den Beutel über den Maschendraht. Schneider griff zu und setzte ihn hart unter leichtem Klirren der Flaschen ab. „Mach leise, du Arsch!", gebot ich ihm,"hier, der Nächste!" Der zweite Beutel wanderte über den Zaun. Schließlich folgte der Dritte. Und wieder kletterte ich. „Das ist ja schlimmer als Dienstsport", brabbelte ich vor mich hin. Ich drückte Schneider einen der Beutel in die Hand und befahl ihm, mir zu folgen. Nach zwanzig Metern, hielt er an, setzte den Beutel ab und karrte in seinen Taschen. „Was machst du?", fragte ich im Flüsterton. „Eh, lass uns erstmal eine rauchen", meinte er. „Nix rauchen jetzt! Komm jetzt endlich!" Ich war schon fast geneigt, ihn seinem Elend zu überlassen, so sehr hatte ich die Schnauze voll. Inzwischen war ich schon fast wieder nüchtern, so sehr hatte mich das ganze Theater gestresst. Widerwillig setzte er den Weg fort. Endlich waren wir an unserer Unterkunft angekommen. Ich öffnete die Tür und schob Schneider hinein. Dremmler saß am Tisch und blickte uns, zunächst sprachlos, an. Der volle Aschenbecher vor ihm sprach Bände. Er musste Stunden der Unruhe verbracht haben, nicht wissend, was er am besten tun sollte. „Wo wart Ihr denn! Seid ihr noch ganz sauber? Ich war drauf und dran zum OvD zu gehen!" „Dachte ich mir", antwortete ich, während ich Schneider zu seinem Bett führte und ihn dort einfach auf die Matratze stieß. Ich zog ihm die Stiefel aus und überließ ihn ab diesem Moment sich selbst. Ich stellte zwei Flaschen Bier auf den Tisch, machte sie auf und schob eine zu Dremmler rüber. „Hier, trink erstmal und dann beruhige Dich. Alles halb so wild!" ‚Wenn der wüsste', dachte ich, während ich meine Worte an ihn richtete. Ich erzählte ihm unsere Geschichte, ließ aber unseren Abstecher ins Studentenheim weg. Dremmler trank dabei sein Bier, aber es war offensichtlich, dass er sich nicht sonderlich wohl dabei fühlte, gerade eine Vorschrift zu übertreten. Ich trank noch ein weiteres Bier und legte mich dann, endlich, ebenfalls hin.

Zuvor hatte ich die verbliebenen Flaschen noch in meinem Schrank verstaut.Es blieb der einzige „Ausflug" während der Feuerwache. Nach zwei Wochen waren wir endlich zurück in der Kaserne. Obwohl die Feuerwache ziemlich ruhig und mit wenig Stress verbunden war, freuten wir uns dennoch, endlich wieder in der Kaserne zu sein. Tagelanges herumsitzen ohne wirkliche Aufgabe, abgeschnitten von heimischer Post und dem auf drei Personen weitestgehend beschränktem Umgang war auch nicht das Gelbe vom Ei.

III

In unserer Einheit beherrschte immer noch das Thema „Bierklau auf Wache" die Gemüter. Wir als 'fast Augenzeugen' waren willkommene Gesprächspartner, erhoffte man sich doch von uns Informationen, die über die Gerüchte hinausgingen und mehr Klarheit verschafften. Die beiden Übeltäter saßen immer noch im Teehaus, wie der Knast in der Kaserne genannt wurde. Da ich das Teehaus aus eigener Erfahrung kannte, beneidete ich die beiden nicht. Unmittelbar nach Rückkehr in die Einheit hatte ich einen Kurzurlaub beantragt, welchen der Fähnrich diesmal ohne Diskussionen genehmigte. Mein Vater war so lieb und holte mich am Freitag Nachmittag von der Kaserne mit dem Trabbi ab. Das sparte mir fast anderthalb Stunden Zeit, hatte allerdings den Nachteil, das ich während der Fahrt nicht rauchen durfte. Mein Herr Papa hatte sich das Rauchen von einem Tag zum andern abgewöhnt und gab bei jedem kleinen Anflug von Zigarettenqualm bissige Kommentare ab. Meine Mutter, Raucherin, beschränkte sich fortan auf die kleine Küche der Neubauwohnung, um ihrem Laster zu frönen, selbst wenn Besuch anwesend war, der auch rauchte. Seltsamerweise hielt sich mein Vater trotzdem immer in der Küche auf, wenn dort meine Mutter und die qualmenden Gäste eine durchzogen. „Ihr mit eurer Raucherei!", kommentierte mein Vater die Szenerie jedesmal. Mich veranlasste das eines Tages zu einem Vorstoß: „Pap, eigentlich müsstest du mal ein paar Mark auf den Tisch packen!", lockte ich ihn. „Wieso das denn!?", fragte er zurück. „Na jedesmal, wenn wir hier rauchen, stellst Du dich inmitten unter uns und ziehst Dir den Qualm in die Lungen! Aber Zigaretten kaufen tust Du keine! Das geht so nicht!" Er nahm es mit Humor, seine Sticheleien gegen Raucher konnte er trotzdem, bis zu seinem Tode, nicht lassen.

Im Kurzurlaub blieben mir nur zwei Abende, denn ich musste schon am Montag Morgen zurück in der Kaserne sein. Hatte ich mich beim letzten Urlaub noch voll und ganz Britta gewidmet, wollte ich diesmal keinesfalls auf ein Treffen mit meinen Kumpels verzichten. Britta akzeptierte schließlich mein Begehr und fuhr mit mir am Samstag Nachmittag nach Erzberg. Bereits am Bahnhof trafen wir einige der Jungs und schon während der Zugfahrt kreisten Flaschen billigen Rotweins. „Engerling" sollte heute spielen, entsprechend groß war die Zahl der Langhaarigen, die aus allen Teilen der Republik anreisten. Es war toll, nach langer Zeit wieder mal dieses Gefühl der Freiheit zu schmecken, welches im sozialistischen Alltag und erst recht bei der Armee zu kurz kam. Selbst Britta genoss die Atmosphäre im Saal und begann zu verstehen, was mich so zu dieser Szene hinzog. Nach etwas mehr als 48 Stunden war der Ausflug ins richtige Leben auch schon wieder vorbei und ich trat den Rückweg auf die gewohnte Weise an.

Das Diensthalbjahr war noch keine zwei Monate alt und ich war schon zum zweiten Male zu Hause gewesen. ‚Hoffentlich geht das so weiter', wünschte ich mir insgeheim. Die Springer unserer Einheit hatten inzwischen ganz gut gelernt, wie und wann sie ihre Aufgaben zu erfüllen hatten. Unaufgefordert wurde an jedem Nachmittag das warme, knusprige Brot angeliefert, morgens standen die frischen Brötchen auf dem Tisch, lange, bevor wir unsere Hintern aus den Betten hoben. Unsere Küchenbullen versorgten uns des öfteren mit rohem Fleisch, so dass die Kochplatte regelmäßig zum Einsatz kam. Alles in allem war die Welt in unserer Einheit in Ordnung. Ich hatte aus dem Urlaub mein Radio mitgebracht, ein ziemlich großer Kasten mit dem Namen „Prominent". Seit Rupert's Entlassung hatten wir auf der Stube kein Radio mehr, da er das Seinige natürlich wieder mitgenommen hatte. Das Brett, welches an der Kopfseite des Bettgestelles eingeklemmt wurde und auf dem das Radio stand, hatte ich mir allerdings rechtzeitig gesichert. Ein Radio pro Stube war erlaubt, allerdings mussten auf der Frequenzskala die DDR-Radiosender gekennzeichnet werden. Die Kennzeichnung sollte dazu dienen, dass Vorgesetzte, die die Stube betraten, sofort erkennen konnten, ob man einen DDR-Sender oder einen Westsender hören würde. Letzteres war natürlich strengstens verboten. Zur Kennzeichnung schnitt man Heftpflaster und kleine Dreiecke und malte sie rot an, um sie dann auf die entsprechenden Positionen der Skala zu kleben. Natürlich klebten wir auch die Dreiecke auf die Postion von HR3 und anderen Sendern des „imperialistischen" Teils Deutschlands, welche man Dank der Nähe zur Grenze auch ohne Antenne klar empfangen konnte. Der Fähnrich trat einen Teil seines Jahresurlaubes an, sein Dienst wurde von einem Offiziersschüler im dritten Studienjahr übernommen, der im Sommer zum Leutnant befördert werden und anschließend in unserer Einheit eingesetzt werden sollte. Offiziersschüler wurden in unseren Kreisen nur als „Schaffner" bezeichnet, in Anlehnung auf das silberne „S", welches ihre Schulterstücken zierte. OS Lischka, so sein Dienstgrad und Name, war selbstverständlich reichlich diensteifrig, von den Gepflogenheiten in der Truppe hatte er logischerweise so gar keine Ahnung. Er versuchte tatsächlich, abends einen vorschriftsmäßigen Stubendurchgang und morgens die Durchführung des Frühsports durchzusetzen. Anscheinend hatte Dreispitz es vermieden, ihn in die Geheimnisse eines für alle Seiten angenehmen Dienstablaufes einzuweihen. Sein Frust begann schon damit, dass keiner ein lautes „Achtung!" brüllte, wenn er eine der Stuben betrat. Auch wusste er nicht, wie er auf diese Unterlassung reagieren sollte. In preußischem Befehlston fragte er nach, was hier wohl los sei. Ich lag auf meinem Bett und antwortete: „Das was nicht angebunden ist, ist los, Genosse Schaffner!", „Was ist das denn hier für eine Disziplin?", versuchte Lischka, sich Respekt zu verschaffen. „Das ist das richtige Leben in der Truppe, Genosse Schaffner!", antwortete Schneider. „Was soll DAS denn heißen? Wir sind hier bei der NVA und nicht in einem Wanderzirkus!" „Genau, Genosse Schaffner! Wir sind hier in der NVA und nicht auf der Schaffnerschule! Und wenn Sie hier langfristig bestehen wollen, ohne durchzudrehen, dann sollten sie anfangen, sich daran zu gewöhnen.", konterte Schneider ruhig. Lischka war sprachlos. „Also", fuhr Schneider fort,"Folgendes: Schauen sie sich hier um! Gehen sie mit weißen Handschuhen in jede Ecke, öffnen sie jeden Spind, schauen sie jedem Soldaten hier tief ins Arschloch! Das einzige, was sie dabei feststellen werden ist, das Alles, aber auch wirklich Alles, porentief rein und zu ihrer vollsten Zufriedenheit sein wird! Also, Genosse Schaffner, tun sie sich keinen Zwang an! Aber lassen Sie sich eines gesagt sein: Das Alles funktioniert auch, ohne das wir uns gegenseitig irgendeinen Stress bereiten und ohne das Sie hier jeden Abend antanzen und einen auf Befehlsgeber machen müssen. Aber Eines kann ich Ihnen versichern, Genosse Schaffner: Sollten Sie an diesem Stil festzuhalten gedenken, wird sich das Blatt gegen sie wenden! Wenn man uns zusehends auf dem Sack rumtritt, geht unsere Motivation in Momenten, wo es tatsächlich auf unsere Disziplin und Genauigkeit ankommt, todsicher ganz tief in den Keller!" Eine derartige Ansage hatte ich Schneider im Leben nicht zugetraut, aber er hatte in wenigen Sätzen all das auf den Punkt gebracht, was dieses System treffend beschrieb. Lischka gab klein bei, bemühte sich fortan um eine freundschaftliches Verhältnis zu uns und lernte auf späteren Übungen, die wir mit ihm absolvierten, das er durchaus gut daran tat! Er wurde ein richtig guter Leutnant und ein noch besserer Kamerad!

Noch 303 Tage

Kapitel 9
Juli

I

Mit dem Juli kam viel Sonne, was mir wiedermal vermehrt das beliebte E-Messtraining bescherte. Dabei war ich jetzt der „Alte", da ich den Soldaten Beier, seines Zeichens Springer, im Schlepptau hatte. Das Schöne daran war, dass ich das schwere OEM2 nicht mehr selbst zu tragen hatte. Ich ließ Meier das Gerät aufbauen. Nach dem Einrichten wies ich ihm sein erstes zu messendes Objekt zu: den Schornstein des Heizkraftwerkes neben dem Neubaugebiet. Anstatt mit seinen Messreihen zu beginnen, zog es Beier aber zunächst einmal vor, die Balkons der Wohnblöcke nach Schönheiten abzusuchen, die sich eventuell ein Sonnenbad im Bikini gönnen würden. Und tatsächlich, er wurde fündig. „Frei, komm mal her, schnell!!" „Was ist denn los?", fragte ich, da ich seine Aufregung so gar nicht verstand. „Das musste gesehen haben! Oh Mann! Ne Augenweide!" Ich quälte mich aus der Wiese und trat an das Gerät. Dann presste ich meine Augen auf die Gummimanschetten. Und dann sah ich Beiers Objekt des Erstaunens. Da lag tatsächlich eine junge Dame in einem Liegestuhl auf dem Balkon im ersten Stock. Und sie hatte keinen Bikini an, sie war „oben ohne", in der Vergrößerung von 1:14 wirklich sehr gut zu sehen! Beier drängelte schon wieder: „Los, lass mich nochmal ran!" „Wart's ab!", blaffte ich zurück. Ich mass die Entfernung bis zu ihr, drückte den Kippschalter auf der rechten Seite der E-Mess-Schere und las an der Skala die Meter ab. Dann verstellte ich die Entfernung sofort wieder. „So Beier, jetzt zehn mal die

Entfernung zur linken Brustwarze messen!" „Kann ich den rechten Nippel nehmen, der ist besser zu sehen?" „Mir egal, Hauptsache Du machst was!" Beier drehte eifrig am Stellrad und notierte die Werte in sein Messbuch. Eigentlich war das sinnlos, denn die tatsächliche Entfernung zur rechten Brustwarze der Dame stand logischerweise nicht in unserer Tabelle der Messobjekte. Ich widmete mich derweil dem Buch, welches ich mitgenommen hatte. Ich las gerade „Die Rebellion der Gehenkten", der 5. Band aus dem „Caoba-Zyklus" von B.Traven. Travens Bücher faszinierten mich ebenso wie der Schriftsteller selbst. Bis heute rätseln Forscher, wer sich hinter dem Pseudonym eigentlich verbirgt. Dem Mann war es tatsächlich gelungen, seine Identität derart zu verwischen, dass bis in unsere Tage keine eindeutige Antwort auf die Frage, wer er wirklich war, gefunden wurde. Seine Werke bestechen unter anderem durch zahlreiche Feststellungen und Aussagen, bei denen es mich immer wieder gewundert hat, das sie in der DDR abgedruckt wurden. So beschreibt er in seinem Buch „Das Totenschiff" eine Situation vor dem Polizeigefängnis in Madrid, in der sich zwei Leute über die Schreie unterhalten, die aus dem Gebäude zu vernehmen sind. Das Resümee des Dialogs lautet in etwa so: „Die grausam Verfolgten von heute werden die grausamsten Verfolger von morgen sein. Heute sind die Kommunisten die Verfolgten!" Da hatte die Zensur in der DDR offensichtlich etwas verschlafen, als sie das Buch verlegen liess. Aber auch der „Caoba-Zyklus" hatte es in sich. Da konnte man Sätze lesen wie: „Je dümmer das Individuum, um so Größer sein Drang, sich in eine Uniform zu zwängen." Oder: „Zum Marschieren im Gleichschritt hätte es nicht der Bildung eines Gehirns bedurft, das Vorhandensein des verlängerten Rückenmarks wäre dafür ausreichend gewesen."

Thomas Frei: **GEDIENT**: Ein NVA-Soldat erzählt

Solche Sprüche waren natürlich ein gefundenes Fressen für unsereins im Umgang mit Vorgesetzten, besonders im Umgang mit den BU's, den Berufsunteroffizieren, also vom Unterfeldwebel bis zum Stabsfeldwebel. Unter denen gab es reichlich Exemplare, die vielen Soldaten intellektuell und intelligenzmäßig total unterlegen waren, was sie mit besonders forschem und militärisch korrektem Auftreten zu kompensieren suchten.
Beier hatte die Entfernung zur rechten Brustwarze der Offiziersgattin gemessen, nun widmete er sich den Objekten, an denen wir unsere persönlichen Messfehler ausmachen konnten.

II

Die Tage zogen sich dahin. Es war Sommer, Ferienzeit. Die Offiziere und die BU's traten nacheinander ihren Jahresurlaub an, die Meisten von ihnen hatten schulpflichtige Kinder. Dreispitz verabschiedete sich für die nächsten zweieinhalb Wochen, Offiziersschüler Lischka übernahm das Kommando. Es war seine letzte große Aufgabe vor seiner Ernennung zum Leutnant, die im August stattfinden sollte. Bislang hatte er sich als recht anständiger Vorgesetzter erwiesen. Natürlich musste man ihm auch ein gewisses Maß an Naivität bescheinigen, den richtigen Durchblick, wie das Soldatenleben außerhalb einer Offiziershochschule funktionierte, hatte er noch nicht. Aber woher auch? Seine Naivität machten wir uns selbstverständlich zu Nutze, immer bestrebt, uns Vorteile und Annehmlichkeiten zu verschaffen, was uns beim Fähnrich Dreispitz logischerweise schwerer fiel. Im Zuge dieser Vorgehensweise beantragte ich frech einen weiteren Kurzurlaub. Im Grunde war es ein Unding, jeden Monat eine

Heimfahrt erwirken zu wollen, aber was hatte ich schon zu verlieren? Mehr als eine Ablehnung konnte mir nicht widerfahren. Lischka diskutierte mein Begehr in keinster Weise, er genehmigte meinen Urlaubsantrag ohne jeglichen Kommentar. Der Freitag kam ran. Ich holte meinen Urlaubsschein aus dem Dienstzimmer von Lischka. Anschließend ging ich jedoch runter ins Parterre und nahm Kurs auf das Dienstzimmer der Stabsoffiziere. Hauptmann Friese sollte da sein und dazu noch allein. So lautete jedenfalls meine Vermutung. Ich klopfte an die Tür, worauf ich ein preussisch-zackiges „Herein" vernahm. Ich trat ein, nahm Haltung an. Friese saß auf dem Stuhl vorm Schreibtisch. Die Stiefel hatte er ausgezogen und die in graue Socken gehüllten Füße auf der Tischplatte abgelegt. Er blickte von dem Buch auf, in dem er gerade schmökerte. „Genosse Hauptmann, gestatten Sie, dass ich Sie spreche!". „Mensch Frei, lass die Förmlichkeiten! Was gibt's?" „Hm, Genosse Hauptmann, ich trete nachher in Kurzurlaub weg und wollte mal fragen ob…." Viel weiter kam ich nicht. „Jaja, schon gut, bis zur Autobahnabfahrt kann ich Sie mitnehmen! Aber seien Sie pünktlich und bringen sie ordentliche Zigaretten mit! Karo wird im Trabi nicht geraucht!" Er lächelte. „Danke, Genosse Hauptmann!" „Um Vier auf dem Parkplatz vorm Tor!", machte Friese unsere Verabredung fest. Ich war überpünktlich, aber Friese war schneller gewesen. Er stand schon vor seinem Auto und zog eifrig an seiner „Duett". Er sah mich schon von weitem und öffnete den Kofferraumdeckel, damit ich meine Tasche gleich drin platzieren konnte. Wir stiegen ein und er fuhr los. Bis zur Autobahnauffahrt waren es keine zwanzig Minuten. „Na, Frei, wie lange haste noch zu dienen?" „Ende des Monats ist Bergfest, da ist die Hälfte rum!", antwortete ich, nicht ohne einen leichten Anflug von

Stolz, doch schon zu den „alten Hasen" zu gehören. „Und wie lange haben Sie noch?, fragte ich zurück. „Hm, noch bissel was mehr als fünf Jahre", sagte er lächelnd. „Da haben sie ja schon fast 20 Jahre auf dem Buckel, da sollten sie eigentlich schon geflochtene Schulterstücken haben!" Ab dem Dienstgrad Major waren die Schulterstücken geflochten. „Tja, auch bei Offizieren gibts BV-Vögel!", antwortete er lapidar, „Ich hatte auch keine Lust, auf die Militärakademie zu den Russen zu gehen, um vorwärts zu kommen! Wozu auch, bin zufrieden, wie es ist. Je höher man klettert, um so größer die Fußangeln, in denen man sich verfangen kann!" Er ließ mich an der Auffahrt zur Autobahn raus, wünschte mir viel Gluck beim Trampen. „Komm nüchtern wieder!", sagte er abschließend mit einem Grinsen auf dem Gesicht. Ich baute mich gleich am Anfang der Auffahrt auf, nur drei Autos später kam ein Polizeiauto daher und hielt neben mir. Der Polizist auf der Beifahrerseite des Lada hatte das Fenster heruntergekurbelt, den rechten Ellbogen lässig auf der Tür abgelegt. „Na, Soldat, was machen wir denn hier?" Sein Tonfall klang herablassend. Natürlich wusste er, das es für Soldaten verboten war, per Anhalter zu reisen und er wusste, das ich das auch wusste. Andererseits war er ganz sicher auch Soldat gewesen, früher, irgendwann. Um so weniger verstand ich, das er jetzt offensichtlich wenig Verständnis für mich zu zeigen gewillt war. Ich befürchtete das Schlimmste und das wäre eine vorläufige Festnahme und Überstellung an eine Militärstreife gewesen. „Ich versuche, auf dem schnellsten Weg nach Hause zu kommen. Mein bester Freund heiratet morgen, heute ist Polterabend!", log ich. „Und warum fahren wir dann nicht mit dem Zug, wie sich das gehört?'. „Das ist ganz einfach", entgegnete ich so ruhig und sachlich, wie es mir emotional möglich war, "Mit dem Zug würde ich für die 100 Kilometer bis nach

Hause fünf Stunden brauchen. Bis ich da bin wäre alles schon vorbei!" „Aber Sie wissen schon, das sie was Verbotenes tun?", bohrte er weiter. „Ja, klar, aber was soll ich denn machen, wenn ich einigermaßen pünktlich sein will?" „Naja, ich war ja auch mal Soldat", konstatierte er ein wenig gönnerhaft, „Na los, spring schon rein!" Ich traute meine Ohren nicht. Die beiden VoPo's wollten mich tatsächlich ein Stück mitnehmen. „Wo soll's eigentlich hingehen?", fragte mich der Fahrer, nachdem ich eingestiegen war. „Richtung Osten", erklärte ich ihm. "Gut, dann lassen wir Dich an der Raststätte raus. Sieh aber zu, dass du so schnell wie möglich dort wegkommst!" Das war tatsächlich ein Ratschlag auf Polizistenniveau. Dachte der Kerl denn ernsthaft, ich würde dort übernachten wollen? Ich sagte nichts dazu, ich musste ja froh sein, dass die beiden ihre Dienstpflichten verletzten und mich auch noch zu einem guten Ausgangspunkt mitnahmen. Ich stieg an der Autobahnraststätte aus und setzte mich in Richtung Parkplatz in Bewegung. Die Schirmmütze hatte ich weit in Richtung Nacken verschoben, die Ärmel meines Hemdes hatte ich nach oben umgekrempelt. Die Uniformjacke trug ich über der linken Schulter, die Tasche trug ich in der linken Hand. Mein Äußeres entsprach allem, nur nicht der geltenden Dienstvorschrift. Immer wider drehte ich mich im Laufen um und streckte meinen rechten Daumen den Fahrzeugen entgegen, die an mir vorüberfuhren. Ich sah, das viele Autos bis unters Dach vollgepackt waren. Es war Urlaubszeit in der Republik. Auf dem Parkplatz sprach ich mehrere LKW-Fahrer an, hatte aber zunächst wenig Glück. Entweder sie fuhren nur wenige Abfahrten weiter oder mussten am Hermsdorfer Kreuz Richtung Norden abbiegen. Das Autobahnkreuz war wenig geeignet zum Trampen, weshalb ich davon Abstand nahm, wenigstens bis dorthin ein Fahrzeug zu nehmen.

Irgendwann klappte es doch und ich ergatterte einen Laster, der mich bis zu meiner Zielausfahrt mitnahm. Diesmal war der Fahrer ein ziemlich schweigsamer Mensch, was mir auch gelegen kam. Wir fuhren mit 80km/h über die Betonpiste, an der sich seit Adolfs Zeiten nicht wirklich viel getan hatte. Die Luft im Führerhaus war drückend heiß, ein wenig Linderung verschaffte der Luftzug, der durch die offenen Seitenfenster hereinströmte. Die Hitze und der Zigarettenrauch hatten meinen Mund ausgetrocknet, zu trinken hatte ich aber nichts dabei. Mit ausgedörrten Mundschleimhäuten redete es sich ohnehin nicht gut, also genoss ich das Schweigen.

III

Kurz vor Sieben klingelte ich an der Wohnungstür meiner Eltern. Niemand öffnete. Um das Kraut fett zu machen musste ich feststellen, das ich keine Schlüssel dabei hatte. Der lag gut gesichert im Wertfach meines Spindes. Da lag er so richtig gut. Was nun?
Ich überlegte kurz. Zu Britta fahren lohnte nicht. Es dauerte eine Dreiviertel Stunde, bis ich dort sein würde und sie musste dann ohnehin auf Nachtschicht. Ich ging die Treppe runter und betrat den Vorraum zu den Kellern. Dort zog ich mich in Windeseile um, meine Zivilklamotten hatte ich Gottseidank dabei. Damals besaß man in der Regel nur ein paar richtige Jeans, so dass ich das gute Stück sowieso immer hin und her schleppen musste. Als ich die Prozedur vollendet hatte, verstaute ich meine Tasche mit den Armeeklamotten in der hinters-

ten Ecke des Raumes, gleich hinter einem Handwagen, der dort abgestellt war. Ich verließ das Haus und lief zur Bushaltestelle. Auf dem Weg überlegte ich, wohin ich jetzt gehen könnte. Viel Auswahl blieb nicht. Für den Fall, das meine Kumpels irgendwo auswärts zu Gange waren, war es ohnehin zu spät. Außerdem hatte ich kein Ahnung, wo was los ist. Also blieb nur, nach Engelsdorf in den Ratskeller zu fahren. Dort schlugen wir für gewöhnlich Freitags auf, wenn es an anderen Veranstaltungen mangelte. Der Bus kam. Einen Fahrschein hatte ich nicht, woher auch? Also schnippte ich mit dem rechten Daumen gegen die Holzbox, in die man normalerweise den Fahrschein zum Entwerten einschob. Das tat ich, um das Geräusch zu erzeugen, welches der Kasten verursachte, wenn der Datumsstempel auf das graue Fahrscheinpapier krachte. Es waren nur vier Haltestellen, bis ich im Zentrum aussteigen musste. Ich verließ den Bus und blickte nach links in Richtung Platz der Freiheit. Da wurde mir schlagartig klar, wo sich meine Eltern mit meinem kleinen Bruder rumtreiben mussten und wo ich meine Kumpels treffen würde. Der Platz der Freiheit war eine große Freifläche inmitten der Stadt, der für zahlreiche verschiedene Veranstaltungen genutzt wurde. Dort wurde mehrmals im Jahr der Rummelplatz aufgebaut, ab und an gastierte ein Zirkus auf dem Platz. An diesem Wochenende wurde also das alljährliche Pressefest abgehalten, wie das große Transparent am Zugang zum Platz schon von weitem verriet. Neben zahlreichen Fressbuden und Bierzelten gab es eine große Bühne, auf der mehr oder weniger bekannte Stars des Landes die Werktätigen der DDR mit ihren Darbietungen zu erfreuen versuchten. Es war, in meinen und meiner Kumpels Augen, eher ein totales Spiesserfestival, aber es eignete sich hervorragend, um den herausgeputzten Normalbürgern zu demonstrieren, dass es neben den angepassten Jugendlichen noch andere gab, nämlich uns. Ich war nicht der einzige, der dem Platz zustrebte. Derartige Volksfeste erfreuten sich außerordentlicher Beliebtheit, waren sie doch eine seltene und deswegen willkommene Abwechslung im sozialistischen Leben. Als ich den Platz erreichte, entschloss ich mich spontan dazu, mit meinem Rundgang auf der rechten Seite zu beginnen. Ich weiß nicht, ob ich mir damit einen Gefallen tat, denn ich kam gar nicht dazu, den Platz auch nur ansatzweise zu umrunden. Als ich am ersten improvisierten Biergarten ankam, schallten mir schon die Rufe von bekannten Stimmen entgegen: „Tom, heh Tom, wir sind hier!" Ich schaute in die Richtung und sah von Jeansjacken bedeckte Arme winken. Als erstes machte ich Andi's feuerroten Haarschopf aus, dann erkannte ich die anderen. Die ganze Clique war vertreten. Man begrüßte mich freudig, gerade so, als wäre ich von einem fremden Planeten zurückgekehrt. Auf ein Bier brauchte ich nicht warten. Man hatte, wie sonst auch, das Bier gleich tablettweise bestellt, beziehungsweise herangeholt. Pit war auch da. Ihn hatte man im Mai eingezogen, es war sein erster Urlaub und heute sah ich ihn zum ersten mal mit kurzen Haaren. Er schob mir grinsend ein Bier über den Tisch: „Scheiße, wa?", sagte er und deutete dabei auf die kurzen Stoppeln, die seine Kopfhaut zierten. „Geht vorbei", grinste ich zurück, „Gibt Schlimmeres, zum Beispiel furchtbar viele Tage!" Pit konnte mit dem Jargon was anfangen, die „Armeesprache" war ihm nicht mehr fremd. „Lass gut sein! Heute wird gesoffen und gelebt!", lachte er. „VKU?", fragte ich ihn. „EU", antwortete er. „Könnt Ihr beiden mal Deutsch reden?", warf Andi ein, „Euer Soldatenrussisch versteht doch keine Sau!". Pit und ich lachten. „NOCH nicht!!", entgegnete er in Richtung Andi, „Aber auch Deine Tage werden kommen!" ‚Oh Mann, der steckt ja schon volles Rohr drin in der Kacke, dabei hat der grad' mal zwei Monate rum', dachte ich so bei mir. „Wo steckst Du überhaupt?, fragte ich Pit. „Sondershausen, bei den Muckern", lautete die Antwort. „Ach du Scheiße", entfuhr es mir. Die „Mucker" waren die Mot.- Schützen, also die Soldaten, die nur mit einer Knarre in der Hand im Ernstfall nahezu schutzlos über das Schlachtfeld krochen und dort zum Kanonenfutter für den Feind wurden. Und von dem Regiment in Sondershausen hatten wir nicht Gutes gehört, was den Drill und die Zustände dort betraf. Pit war echt zu bedauern. „Habt Ihr Aufteilung nach Diensthalbjahren?", fragte ich weiter. „Wie meinst du das?" "Na sind bei Euch die Diensthalbjahre aufgeteilt? Sind die nach Kompanien getrennt oder gemischt?" „Gemischt, was sonst? Getrennt hab ich noch nie gehört!" Ich erzählte ihm, wie das neuerdings bei uns lief. „Hm, schön für die Springer, aber voll Kacke, wenn die Phase durch ist!", konstatierte Pit nach meiner Erklärung. „Meine Worte!", pflichtete ich ihm bei. „Bin froh, dass es bei mir im Zug nicht so ist!", ergänzte ich. Irgendwer hatte eine Runde Korn geholt, die Gläser wurden verteilt. Als jeder sein Glas hatte, stand Bolle auf, nahm sein Glas und hub zu einer Rede an: „Wir trinken auf das Wohl der Frauen, in deren Mitte wir so gern verweilen und die wir so gerne unter uns haben!", lautete seine kurze Ansprache. Unter lautem Gejohle erhoben wir die Schnapsgläser. Auch die Mädels, die anwesend waren, lachten über Bolle's Spruch, feministisches Rumgezicke und „sexistische Entgleisungen" gab es damals noch nicht. Es war einfach etwas derberer Humor und wurde auch als solcher verstanden. Wir tranken weiter und unterhielten uns. Aus der Ferne, von der Bühne drang ostdeutsche Schlagermusik herüber. Wer da was sang, wussten wir nicht, aber das war uns auch völlig egal. Mit Schlager- und Discomusik hatten wir nichts am Hut, schon gar nicht, wenn sie aus dem Osten kam. Jemand tippte mich auf die linke Schulter. Ich drehte mich um und sah Heike, die neben mir stand. „Na Tom, wie geht's so?", lächelte sie mich an. „Mensch Heike, Du auch hier?" Ich war überrascht. Heike kannte ich seit ungefähr zwei Jahren. Sie war aus Jena und studierte an der Pädagogischen Hochschule Lehrerin. Ich hatte sie einst im Versorgungszentrum bei der Disco kennengelernt. Damals hatte ich mich „unsterblich" in sie verliebt und für eine Weile waren wir auch so etwas wie ein Paar. Dieses Zusammensein hatte sich jedoch auf die gemeinsamen Abende in der Disco beschränkt, welche im Grunde nichts weiter waren als zusammen reden, tanzen und ein bissel rumknutschen. Viel mehr war da nicht gewesen. An den Wochenenden war Heike immer nach Hause gefahren, was mich dazu veranlasste, meinen Gelüsten nachzugehen, ohne ein schlechtes Gewissen zu haben. Schließlich wusste ich ja auch nicht, was sie an den Wochenenden in Jena so trieb. „Komm, setz Dich zu mir." forderte ich sie auf. Ich zog vom Nachbartisch einen Stuhl heran, sie setzte sich. Irgendwie wirkte sie unglücklich. Es war eine Ewigkeit her, das ich sie zum letzten Mal gesehen hatte. Es musste im letzten September gewesen sein. „Bist du bei der Armee?', fragte sie, auf meine Haare deutend. „Ja, seit November, die Hälfte ist fast 'rum", beantwortete ich ihre Frage. „Siehst gut aus mit kurzen Haaren.", sagte sie. „Hör auf! Das sieht aus wie Spiesser! Bin ich Spiesser?", wehrte ich mich. „Nee, wirklich, steht Dir ganz gut!?", schmeichelte sie weiter. Ich versuchte, das Thema zu wechseln. „Was machst Du so? Wie läuft das Studium?" „Fang das letzte Jahr an im September, hab aber schon 'ne Praktikumsstelle hier. Bin jetzt an der Komarow-Schule in 'ner dritten Klasse." Komarow-Schule, das war MEINE Schule! Auch wenn ich da erst ab der Vierten war, es war meine Schule. Ich gehörte zu den ersten Schülern an der „Komarow", die seinerzeit neu

gebaut worden war. „Fährst du an den Wochenenden gar nicht mehr nach Jena?", fragte ich. „Nur manchmal. Ich hab auch Samstags Unterricht, da lohnt sich das nicht, nach Hause zu fahren. Ist 'ne Scheiß Zugverbindung!" „Ich weiß!", antwortete ich und betete die Zugverbindungen nach Thüringen her. Schließlich lag Jena auf dem Weg zu meiner Garnisonsstadt. „Ich hab jetzt ein eigenes Zimmer im Wohnheim, das ist fast wie 'ne eigene Wohnung!" Vorher hatte sie sich ein Zimmer mit drei anderen Studentinnen teilen müssen, was die Privatsphäre natürlich erheblich eingeschränkt hatte. „Was macht die Liebe?", begann ich nachzuforschen. „Liebe macht Diebe!", antwortete sie bedeutungsvoll, was für mich nichts anderes hieß, als dass sie bis dahin nur Pleiten erlebt haben dürfte. „Und bei Dir?", fragte sie zurück.
Ich überlegte kurz, was ich sagen sollte. Einerseits war ich mit Britta zusammen und ich behauptete, dass ihr mein ganzes Herz gehören würde. Andererseits hatte ich eine Kirsche neben mir sitzen, die offensichtlich die Finger nicht ganz von mir lassen konnte, ein Mädel, welches ich schon vor langer Zeit gerne vernascht hätte, was mir aber verwehrt geblieben war. Was sollte ich sagen? Was sollte ich tun? Ich trank einen weiteren Korn, in der Hoffnung, dass mir der Schnaps Klarheit verschaffen würde. Das tat er natürlich nicht, aber er setzte meine Hemmschwelle, Ungebührliches zu tun und zu sagen, erheblich herab.
„Was meinst du?", fragte ich mit der unschuldigsten Miene der Welt. „Na was läuft bei Dir in Sachen Beziehung? Haste 'ne Freundin?" „Jeeeeiiiin" Ich zog das nichtssagende Wort in die Länge. „Hm, das ist so,", begann ich, „ich hab zwar 'ne Freundin, aber das ist so ein Auf und Ab, also so richtig weiß ich nicht, was das ist und was das werden soll. Also, hm, das ist nichts wirklich Ernstes."
Mein Gestammel musste sich lächerlich anhören, aber Heike schien sich daraus das zu nehmen, was sie sich dar-

aus nehmen wollte. „Ist Deine Freundin mit hier?", fragte sie. „Nee, und genau sowas ist ja das Ding, weswegen ich nicht weiß, ob oder ob nicht oder ob überhaupt oder wie oder was oder warum." Ich versuchte, sie zu verwirren und zu beruhigen, alles gleichzeitig. Langsam stieg in mir die Gier nach dieser Frau hoch, die Gier, mit ihr zu schlafen. Das war mir bisher versagt geblieben, was ich seinerzeit durchaus als Niederlage empfunden hatte. Die nächste Runde Bier und Korn erreichte den Tisch, auch Heike trank tapfer mit. Heike hatte sich mit meiner letzten Antwort irgendwie zufrieden gegeben, zumindest bohrte sie nicht weiter in meinem aktuellen Liebesleben herum.
„Hallo Thomas!"
Eine Kinderstimme rief mich, was gleichzeitig mit heftigem Zupfen an meinem Ärmel einherging. Das entriss mich der aktuellen Konversation. Mein kleiner Bruder stand neben mir und strahlte über das ganze Gesicht. Er war gerade fünf Jahre alt und mächtig stolz auf seinen Bruder, der Soldat war und mit einem richtigen Gewehr schießen durfte. „Na hallo Sven, was machst Du denn hier?", sagte ich zu ihm und hob ihn auf meinen Schoss. „Guck mal, da sind Mama und Papa!", sagte der Kleine und zeigte in Richtung des Zaunes, der den Biergarten vom Weg trennte. Ich erhob mich und trug den Kleinen an den Zaun. „Na hallo, ihr Beiden!", begrüßte ich meine Eltern. „Ich war kurz vor Sieben da, aber da wart Ihr schon weg.", erklärte ich."Ich hätte mir eigentlich denken können, dass Ihr hier seid." Meine Mutter nahm mich zuerst in den Arm, dann folgte mein Vater. „Na wir haben uns ja doch noch getroffen.", sagte er. „Hm, naja, blöderweise hab ich meine Schlüssel vergessen. Hab mich im Keller umgezogen. Meine Tasche steht hinter dem Handwagen von Arnolds". „Hm, was machst Du dann heute Nacht? Fährst du zu

Britta oder kommst du heim?", fragte meine Mutter. „Britta hat Nachtschicht.". „Ich kann Dir meine Schlüssel geben", schlug mein Vater vor, „Nur damit Du nicht draußen schlafen musst!". Er grinste dabei. Ich nahm das Angebot dankend an. Mein Vater übergab mir seinen Schlüsselbund, natürlich nicht ohne mahnende Worte, diesen ja nicht zu verlieren. Die Drei machten sich auf in Richtung Bus. Ich widmete mich wieder meinen Freunden und Heike. Ich erzählte ihr von meinem Leben als Soldat und ließ dabei keine Gelegenheit aus, auf die seelischen Nöte, die damit einhergingen, hinzuweisen. Bier und Korn flossen in Strömen. Unsere Gruppe war inzwischen auf zirka fünfzig Leute angewachsen, die Stühle wurden knapp. Heike hatte inzwischen vom Stuhl auf meinen Schoss gewechselt. Das schien keinen meiner Kumpels zu stören und mich veranlasste es dazu, meine Hände nach anfänglichem Zögern über Teile ihres durchaus schönen Körpers kreisen zu lassen. Heike schien nichts dagegen zu haben, ab und an schmiegte sie sich an mich, gerade so, als wären wir schon ewig ein Paar. Meine Hände fuhren zärtlich über die Innenseite ihrer von Jeans bedeckten Schenkel, was sie jedesmal dazu veranlasste, sich noch mehr an mich zu pressen. Britta geriet derweil völlig aus meinem Fokus, ich suhlte mich in der momentanen Situation, ohne schlechtes Gewissen, ohne Skrupel. Ich flüsterte Heike einige Komplimente ins Ohr. „Weißt du eigentlich, wie sehr ich Dich begehrt habe?" „Ja, ich weiß", hauchte sie zurück. Sie musste spüren, was sich inzwischen in meiner Hose tat, zu hart drückten sich die Gefühle aus, die mich überkamen , als das Heike das hätte ignorieren können. Es war längst dunkel, meine Uhr zeige kurz nach Elf. Die ganze Zeit hatte ich Heike unentwegt mit meinen Händen bearbeitet, wir hatten reichlich geknutscht. Es wurde langsam Zeit, nach vorn zu sehen „Lass uns hier verschwinden!", flüsterte ich ihr ins Ohr.

Thomas Frei: **GEDIENT**: Ein NVA-Soldat erzählt

Wortlos erhob sie sich und zog mich von meinem Stuhl. Wir verabschiedeten uns von den anderen und gingen los. Eng umschlungen, mit einigen Knutschpausen, erreichten wir die Bushaltestelle. Die Hochschule und das dazugehörige Internat lagen in dem Wohngebiet, wo meine Eltern wohnten, einen Umweg hatte ich also nicht. Bevor wir das Tor zum Hochschulgelände erreichten, klärte mich Heike auf: „Auch wenn ich jetzt ein eigenes Zimmer hab, musst Du über den Zaun, Zutritt nach wie vor nur mit Studentenausweis.!" „Scheisse!", sagte ich. „Du schaffst das schon! Ich warte hinter dem Pförtnerhaus." Sie ging durchs Tor, währen ich mir im Gelände links daneben eine geeignete Stelle suchte, um über den Zaun zu kommen. ‚Oh Mann', dachte ich,‚überall das Gleiche... Zäune Zäune Zäune, klettern, klettern klettern...'. Als ich den Maschendraht überwunden hatte, nahm mich Heike an die Hand und führte mich zu dem Haus, in dem ihr Zimmer war. Das Zimmer war ungefähr fünfzehn Quadratmeter groß, für eine Studentenbude durchaus großzügig bemessen. Kaum im Raum angekommen, zog ich sie an mich und küsste sie voller Gier. Sie schien ebenso erregt zu sein, denn sie begann unmittelbar damit, mir die Klamotten vom Körper zu streifen. Ich tat es ihr gleich, hörte dabei aber nicht auf, meine Zunge durch ihre Mundhöhle kreisen zu lassen. Als wir beide nackt waren, stieß ich sie aufs Bett und legte mich neben sie. Meine Hände begannen, ihren Körper mit Streicheleinheiten zu bedecken, während meine Zunge sanft ihren Hals abschleckte. Ich spürte, wie ihre Erregung zunahm und ihr Atem unter meinen Attacken langsam heftiger wurde. Wieder küssten wir uns, wir saugten uns regelrecht ineinander fest. Meine rechte Hand arbeitete sich inzwischen an ihren Schenkeln aufwärts, bis an den Punkt, an dem ich die Feuchte spürte, die sie mittlerweile absonderte. Ich begann, an ihrer empfindlichsten Stelle mit meinem Mittelfinger sanft zu reiben, was sie in noch größere Erregung versetzte. Es war soweit. Ich wälzte mich auf sie und drang in sie ein. Mit heftigen Stößen trieb ich sie immer weiter hoch in ihrer Ekstase. Ihre Fingernägel krallten sich unter lautem Stöhnen in meine Rücken. Ich wusste sofort, dass diese Spuren erheblichen Erklärungsbedarf gegenüber Britta haben würden, aber das war mir in diesem Moment völlig egal. Heike ließ sich vollends fallen, gab sich ganz ihrer Lust hin. Sie stöhnte immer heftiger, was mich nur noch mehr antrieb, ihr Gutes tun zu wollen. Am liebsten wäre ich ganz in sie hineingekrochen in dem Moment. Den Höhepunkt erlebten wir gemeinsam. Sie schien mich erdrücken zu wollen, als sich ihr Stöhnen zu einem leisen Schreien steigerte, welches ich aus Angst, dass uns jemand hören könnte, zu unterdrücken suchte, indem ich sie wieder wild knutschte. Das ganze Spiel wiederholte sich noch ein paar mal, bis wir schließlich, total erschöpft, einschliefen.

IV

Es war bereits Acht, als ich aufwachte, Heike schlief neben mir. Mit sichtlich zufriedenem Gesichtsausdruck schlummerte sie einfach weiter. Ich stieg aus dem Bett, zog mir die Unterhose an und suchte im Zimmer nach einem Handtuch. Ich wolle wenigstens duschen, bevor ich ging. Heike öffnete die Augen, lächelte mich an und sagte sanft: „Guten Morgen" „Guten Morgen", antwortete ich spontan, wusste aber im Grunde nicht, wie ich tun sollte. Klar, es war eine tolle Nacht, eine Nacht voller Emotionen, eine Nacht mit grandiosem Sex, eine Nacht voller Nähe, aber es war keine Nacht, die irgendeine Zukunft versprach. Ich war mir dessen bewusst, aber was dachte Heike darüber? „Machst Du Dir 'nen Kopf?", fragte sie. „Worüber?". Ich versuchte, gleichgültig zu wirken. „Na wegen der Nacht und Deiner Freundin!" „Ein wenig schon.", gestand ich. „Musst du nicht. Ich hatte einfach Lust auf Dich, was nicht heißt, das ich jetzt eine Beziehung mit Dir will." Ihre Worte trafen mich einerseits wie ein Hammer, andererseits beruhigten sie mich. Bis dahin hätte ich mir nicht vorstellen können, das Frauen einfach nur aus Lust mit einem Mann zusammen sein könnten und nicht aus tieferen Emotionen. Aber so ist das im Leben, man lernt immer etwas Neues. Befreit von dieser Hälfte meiner Gewissensbisse machte ich mich auf den Weg zu meinen Eltern. Die anderer Hälfte meines Gewissens plagte mich heftig. Meine Schritte in Richtung elterliche Wohnung, welche nur etwa zehn Minuten entfernt von der Hochschule lag, wurden immer langsamer. Ich dachte nach. Die Begründung, warum ich Britta nicht noch am gestrigen Abend aufgesucht hatte, lag auf der Hand: Ich hatte den Zug genommen und war erst nach 22 Uhr da. Punkt! Was hatte ich an dem Abend noch gemacht? Das war auch klar: Ich hab mit den Kumpels auf dem Pressefest gesoffen. Woher kamen die Kratzer auf meinem Rücken? Das war schon schwieriger zu erklären. Zunächst war da die Frage, ob Britta die Kratzer überhaupt bemerken würde. Darüber brauchte ich nicht nachdenken, denn sobald sie diese Spuren hinterfragen würde, musste eine Erklärung her, und zwar ohne rumzudrucksen. Ich grübelte, und mir fiel nichts, aber auch gar nichts ein, was plausibel geklungen hätte. Ich wurde umso panischer, je näher ich der Wohnung meiner Eltern kam. Schließlich einigte ich mich mit mir selbst drauf, dass die Kratzspuren zustande gekommen wären, als wir am Donnerstag im Rahmen einer Übung unter Stacheldraht

hätten durchkriechen müssen. Ich schloss die Tür auf. Meine Mutter schaute aus der Küche und fragte sofort: „Nu sag mal, wo kommst Du denn her um diese Zeit?" „Hab bei Andi gepennt, haben noch 'ne Fete gemacht bei ihm.", log ich. Ich war immer noch müde. Ich hatte höchstens 4 Stunden geschlafen, und dies nach reichlich Alkohol und ausgiebiger körperlicher Betätigung. Diskussionen darüber konnte ich in dem Moment auch nicht vertragen. Meine Mutter gab sich mit meiner Erklärung zufrieden. „Ich leg mich noch bissel hin", sagte ich zu ihr. „Isst du mit zu Mittag? Ich hab extra gekocht für Dich!"
Das grenzte schon an Nötigung. Ich hatte nicht von ihr verlangt, das sie „extra für mich" zu Mittag kocht, was ja im Grunde auch nur die halbe Wahrheit war. Natürlich hätte sie auch ohne meine Anwesenheit in der Küche gestanden, um eine warme Mahlzeit auf den Tisch zu bringen. Schließlich war das in ihrer Welt schon immer so üblich. Nur hatte sie eben heute ein paar Kartoffeln mehr geschält und möglicherweise ein Stück Fleisch mehr in die Pfanne gehauen. Aber selbst das war fragwürdig, denn wann immer sie kochte, blieb am Ende noch reichlich übrig. Ich stieg auf diesen Erpressungsversuch nicht ein: „Kann mir ja später was warm machen.", gab ich ihr zu verstehen. Ein wenig beleidigt war sie schon, aber das war mir in dem Moment egal. Gegen ein Uhr stand ich auf, aß ein paar Happen im Stehen in der Küche. Meine Mutter honorierte das mit einem unfreundlichen Blick. Selbst meine Bemerkung, das es mir schmeckte konnte an ihrer schlechten Laune nichts ändern. Ich machte mich auf den Weg zu Britta. Mein schlechtes Gewissen plagte mich nach wie vor, aber da gab es Nichts, was ich hätte dagegen tun können. Während der Bus-und Straßenbahnfahrt stellte ich mir vor, wie ich ihr gegenübertreten sollte. Die Angst, ich könnte mich durch mein Verhalten selbst verraten, saß mir im Nacken. Ich klingelte an der Woh-

nungstür. Brittas Mutter öffnete. Sie war Mitte Fünfzig und eine recht hausbackene Frau, die ihre Tochter mehr umsorgte , als in meinen Augen gut und notwendig war. Sie lächelte und flüsterte: „Britta schläft noch, sie hatte ja Nachtschicht" „Ich weiß", sagte ich, „Deswegen komm ich ja auch heute erst. Bin schon gestern Abend angekommen." „Ach so, na dann kommen Sie mal rein.", forderte sie mich auf. Ich zog meine Jesuslatschen aus und betrat den kleinen Flur. Brittas Mutter kramte ein paar Pantoffeln aus dem Schuhschrank. Ordnung musste schließlich sein. Dann geleitete Sie mich ins Wohnzimmer. „Nehmen sie doch Platz." Mit der Rechten zeigte sie dabei auf einen Sessel. „Soll ich Ihnen einen Kaffee machen? Ach ja, mein Mann ist im Garten, da gibt es viel zu tun!", begründete sie gleich noch die Abwesenheit von Brittas Vater. „Nein Danke, nur keine Umstände. Ich würde jetzt lieber zu Britta...." „Wir sollten sie ruhig noch ein Stündchen schlafen lassen." Das hörte sich wie eine Anweisung an, der man besser nicht widersprach. Ich schaute auf die Uhr, es war bereits Zwei. „Naja, sie hat schon fast 7 Stunden 'rum!", traute ich mich dennoch zu widersprechen, „Ich guck einfach mal, vielleicht ist sie ja auch schon wach! Ich mach auf jeden Fall leise." Brittas Mutter steckte ihre Hände in die Taschen ihrer Kittelschürze, ihr Gesichtsausdruck verriet, dass ich mir gerade einen dicken Minuspunkt im Schwiegermutterheft eingefangen hatte. Ich ignorierte das tapfer und ging zur Tür von Brittas Zimmer. Bemüht, auch das kleinste Geräusch zu vermeiden, drückte ich die Klinke und öffnete die Tür zunächst nur einen Spalt. Ich schlich leise hinein. Britta schlief fest. Ich setzte mich auf den Bettrand und begann, ihren rechten Arm zu streicheln, der auf der Decke lag. Sie seufzte im Schlaf, dann begann sie leicht zu blinzeln. Dann öffnete sie die Augen, streckte sich und lächelte mich an. Ihre Hand griff nach meinem

Nacken und sie zog mich zu sich runter. Ohne ein Wort zu sagen, begann sie, mich zu küssen. Dabei zog sie mich vollends ins Bett. Ihre Hände suchten den Hosenbund meiner Jeans, es dauerte ein wenig, bis sie den Metallknopf durch das Knopfloch geschoben hatte. Ich konnte der Aufforderung nicht widerstehen und half ihr, meine Klamotten vom Leib zu bekommen. Natürlich hatte ich Lust auf sie, aber ich war auch froh, nach der vergangenen Nacht nicht reden und Fragen beantworten zu müssen. Eine Stunde später standen wir auf. Fragen nach den Kratzern auf dem Rücken waren keine gekommen, sie hatte die Spuren der letzten Nacht nicht bemerkt. Britta frühstückte. Ich musste derweil den selbst gebackenen Kuchen ihrer Mutter kosten und natürlich ausgiebig loben, was mir nicht schwer fiel, denn der schmeckte wirklich hervorragend. Britta fragte mich, was ich denn für den Abend eingeplant hätte. „Hm, ich hab nichts geplant, ich dachte, du hättest mit irgendwem irgendwas ausgemacht.", ließ ich sie wissen. „Nee, hab extra nichts eingeplant, weil du ja nur für einen Abend da bist. Da nahm ich an, Du willst mit Andi und den anderen irgendwo hin." „Naja, da hätte ich heute kurz nach Mittag am Bahnhof aufschlagen müssen, um zu erfahren, wer wo spielt, wollte aber lieber hierher kommen!" argumentierte ich mit einem Lächeln. „Wir können ja jetzt noch zum Bahnhof, vielleicht ist ja noch wer da!?". „Nee, muss echt nicht sein!" Nach dem gestrigen Abend galt es, ein Zusammentreffen zwischen uns und meinen Kumpels zu vermeiden. Ich wollte nicht riskieren, das irgendeiner, sei es aus Versehen oder mit Absicht, erzählen konnte, wie ich mit Heike auf dem Schoss nicht unbedingt an Britta gedacht hatte. Wir waren ein wenig ratlos, was wir nun unternehmen sollten. Auf Disco hatte ich absolut keine Lust. Was dort gespielt wurde, war nicht meine Musik und mit dem Publikum hatte ich auch nicht viel gemein. Blieben die Tanzsäle auf den Dörfern in der Nähe, aber auch dafür hielt sich mein Interesse in Grenzen. Der Weg dahin war zu umständlich und zu lang. Mit meinen Kumpels war das alle-weil was anderes, denn wir hatten in der Gruppe schon vorm Aufbruch reichlich Spaß, zumal wir bereits Stunden vorher in der Mitropa-Gaststätte auf dem Bahnhof ein paar Bier tranken. Wir hatten immer noch keine richtige Idee. „Lass uns in den Garten gehen, meinem Vater guten Tag sagen.", schlug Britta schließlich vor. ‚Samstags im Schrebergarten, spießiger geht es fast nicht', dachte ich bei mir, willigte aber in Ermangelung besserer Vorschläge ein. Der Garten lag nur zehn Minuten Fußweg entfernt. Als wir das kleine Gartentor öffneten, sahen wir Brittas Vater in gebückter Haltung vorm Erdbeerbeet. „Hallo Papa, wir sind's!", grüßte Britta in seine Richtung. Er schaute auf. „Oh, hoher Besuch!" Er kam auf uns zu und steckte mir die Hand entgegen. „Na, schon wieder auf Urlaub?", fragte er. „Ja, aber nur Kurzurlaub diesmal", antwortete ich höflich. „Hm, ihr treibt euch trotzdem sehr oft zu Hause rum! Bei uns damals, im Krieg, da gab es das nicht!", belehrte er mich. Ich sagte nichts dazu, zuckte nur kurz mit den Schultern. „Wolln'Se ein Bier? Ich hab gutes Pilsator da!" Pilsator war eine etwas teurere Sorte, die im Gegensatz zum normalen Pilsner nicht ganz so schnell vergammelte, was in der Praxis bedeutete, dass es länger als drei Tage brauchte, bevor es trübe wurde. „Ja gerne!" „Ich hab auch 'nen Altenburger Klaren da!", flüsterte er mir zu. Er schien froh zu sein, mal einen Schnaps ausschenken zu können, ohne den mürrischen Blicken seiner Frau trotzen zu müssen. Ich war eine willkommener Grund, ungestraft ein wenig mehr trinken zu dürfen als sonst! Ich tat ihm den Gefallen, auch wenn ich an Brittas Gesichtsausdruck erkennen konnte, das sie nicht begeistert war. Wir gingen zur Terrasse, die etwas erhöht in den Hang, der am Ende des Grundstücks lag, gebaut war. Wir setzten uns hin. Auf dem Weg dorthin hatte Britta's Vater schon die zwei Flaschen Bier, die Pulle Korn und zwei Schnapsgläser aus der Laube geholt. „Was möchtest Du trinken, Tochter?", fragte er Britta, "Im Kühlschrank müsste noch Weißwein sein!" „Ich will auch 'nen Korn", überraschte sie uns mir ihrer Antwort. Ich ahnte, dass das eine Trotzreaktion war, denn sie trank normalerweise keine harten Sachen. Wir prosteten uns zu, der doppelte Korn verschwand mit einem Zug in meinem Hals. Ich spülte mit Bier nach, denn der Schnaps war alles andere als mild. „Wollt Ihr zum Essen bleiben, oder habt Ihr was anderes vor?" Die Frage war an Britta gerichtet, die mich daraufhin anblickte und fragend die Schultern hob. „Eigentlich haben wir nichts vor", beantwortete ich die Frage an ihrer Stelle. „Hm, tust Du uns einen großen Gefallen, mein Kind?" fragte er Britta. Sie ahnte wohl schon, was kam. Sie verzog leicht das Gesicht. „Was soll ich machen?", kam es leicht schnippisch von ihr. „Gehst du noch mal vor in die Wohnung und sagst Deiner Mutter, dass wir heute grillen wollen? Roster (auf westdeutsch: Bratwürste) sind im Kühlschrank. Vielleicht könnte sie ja noch einen Kartoffelsalat machen?" „Na gut… brauchen wir sonst noch was?" „Nee, Senf, Ketchup, Essig, Öl, alles da. Höchstens noch Rotwein, wenn Ihr Damen welchen trinken wollt!" Sie lief los, immer noch mit mürrischem Gesicht. Kaum war sie außer Sichtweite, kramte ihr Vater die Flasche Altenburger hervor. „Komm, einer geht noch!" „Es geht immer noch einer!", pflichtete ich ihm bei. Wir tranken den Schnaps. Kaum hatte ich das Glas abgestellt, war es, wie von Geisterhand, schon wieder aufgefüllt. Diesmal wartete ich mit dem Trinken. Es war noch früh am Abend. Wenn wir in dem Tempo weitermachen würden, wären wir noch vor Sonnenuntergang im Koma gelandet. Nach einer Stunde kamen die Damen zurück. Britta's Mutter trug einen vollgepackten Henkelkorb, Britta einen prall gefüllten Nylonbeutel. „Na, sind die Herren noch nüchtern?", fragte die Mutter spitz ihren Mann. „Natürlich, was denkst Du denn!?", antwortete der mit Entrüstung in der Stimme. „Naja, ich kenn Dich ja nicht erst seit 14 Tagen!", konterte sie. „Hm, dann werde ich mal den Grill anheizen!". Er war immer noch angesäuert ob der Verdächtigung. Als die Holzkohle richtig Glut hatte, legt er er die Würste auf. Schnaps wurde bis dahin vermieden, aber auf das Gelingen der Roster musste natürlich vorsichtshalber angestoßen werden.

Die Frauen deckten derweil den Tisch. Britta's Mutter hatte tatsächlich noch einen Kartoffelsalat gemacht. Dazu wurde noch eine Schüssel mit hauseigenem Blattsalat dazugestellt. Auch Ketchup stand auf dem Tisch, ein äußerst rarer Artikel in ostdeutschen Haushalten. Aber Britta's Mutter war Verkäuferin in einer kleinen HO-Verkaufsstelle. Von daher wunderte es mich nicht sonderlich, das ich so etwas Seltenes kredenzt bekam. Die Würste waren fertig, wir begannen zu essen. Es schmeckte herrlich. Es war zwar die spiessigste Situation, die sich einer wie ich vorstellen konnte, aber ich genoss es. Auch sparte ich nicht mit Komplimenten für dieses gelungene Abendbrot. Britta war mittlerweile auch wieder bei besserer Laune. Sie spürte wohl, dass ich mit jedem Bissen und jedem Wort dazu bei ihren Eltern fleißig Pluspunkte sammelte. Ich mutierte zum Schwiegermuttertyp. Oder besser: zum Schwiegervatertyp. Die Begeisterung von Brittas Mutter ließ mit jedem weiteren Korn, den ihr Mann und ich tranken, ein wenig nach.

Am nächsten Morgen, der für mich erst gegen Mittag begann, hatte ich einen ganz schönen Schädel. Ein starker Kaffee linderte meinen Zustand ein wenig. Im Mittagessen, welches von Britta's Mutter serviert wurde, stotterte ich zunächst nur lustlos herum, besann mich all gering darauf, dass das die Köchin nur wenig begeistern würde. Also zwang ich mich zum Essen und lobte fleißig das Mahl. Am Nachmittag besuchten wir noch meine Eltern. Britta war gut gelaunt und erzählte pausenlos mit meiner Mutter während sich in mir bereits die innere Unruhe angesichts der in einigen Stunden anstehenden Rückreise breit machte. Es erschien mir zwar ein wenig seltsam, aber ich sehnte mich in diesem Moment danach, in der Kaserne auf meinem Bett zu liegen und in der dort herrschenden Ruhe meinen Kater auskurieren zu können. Der Nachmittag verging trotzdem schnell, die Zeit bis zur Abfahrt meines Zuges schmolz dahin wie die Butter in der Sonne. Die Sehnsucht nach dem Kasernenbett hatte sich verflüchtigt. Jetzt machte sich der Tagedruck wieder über mich her.

V

Wie sonst auch, kam ich am frühen Morgen in der Kaserne an. Ich quälte mich lustlos durch den Tag, die Zeit schien wie angestemmt. Übers Wochenende war nichts aufregendes passiert, so gab es auch nicht viel, was mir hätte berichtet werden können. Die wohl gravierendste Neuigkeit war der Umstand, das am Mittwoch die Verhandlung gegen die beiden Bierdiebe vorm Militärgericht stattfinden würde. Meine Einheit war dazu auserkoren, die gewünschte Anzahl Zuschauer im Gerichtssaal zu stellen, welcher sich im Divisionsstab befand. Der Stab war in einem anderen Militärobjekt in der Stadt untergebracht. Am Mittwoch morgen um acht Uhr war es soweit.

Thomas Frei: **GEDIENT**: Ein NVA-Soldat erzählt

In Ausgangsuniform kletterten wir auf die Ladefläche des Ural und ab ging es, quer durch die Stadt, zum Militärgericht. Vor dem Gebäude, in dem die Militärgerichtsbarkeit für unseren Militärbezirk ihren Sitz hatte, saßen wir ab. Es war noch Zeit für eine Zigarette. Die Verhandlung sollte um neun Uhr beginnen, wir hatten nur zwanzig Minuten bis hierher gebraucht. Zehn Minuten vor Beginn rückten wir ein. Wir nahmen auf den Zuschauerbänken Platz und schauten uns interessiert um. Vorn stand, in erhöhter Position, ein großer, schwerer Richtertisch aus dunklem Holz, der spärlich verschnörkelt war. Er war breit genug, dass wenigstens drei Personen dahinter Platz hatten. Das Ding stammt bestimmt noch aus dem Dritten Reich, ging es mir durch den Kopf. Das lag durchaus im Bereich des Möglichen, waren doch auch viele der Kasernen bereits vor dem 1. Weltkrieg errichtet worden. An der Wand hinter dem Richtertisch hing das unvermeidliche Foto von Honecker. Daneben hing noch ein Portrait von Armeegeneral Hoffmann. Rechts, um 90 Grad gedreht, stand der etwas kleinere Tisch, an dem der Militärstaatsanwalt seinen Platz hatte. Ich schaute nach links. Dort vermutete ich den Platz des Verteidigers, aber da war nichts. Circa drei Meter vorm Richtertisch standen, mit einem halben Meter Abstand zueinander, zwei Stühle.

Dann ging es los. Die Saaltür wurde aufgerissen und ein lautes „Aaaachtung" ließ uns von den Stühlen hochschnellen. Ein Oberst betrat den Raum und begab sich schnellen Schrittes zum Richtertisch. Ihm folgte ein Hauptmann, der zum Tisch des Staatsanwaltes eilte. Dann folgten die beiden Delinquenten. Sie wurden von zwei bewaffneten Posten begleitet. Als sie vor den beiden Stühlen Aufstellung genommen hatten, donnerte der Militärrichter ein lautes „Stillgestanden!!" durch den Saal.

„Ich eröffne die Verhandlung in der Strafsache gegen den

Soldaten Olaf Müller und Stefan Singer! Rührt Euch! Setzen!" Wir setzten uns. Die Atmosphäre im Raum hatte etwas bedrohliches an sich. Ich könnte das nicht näher erklären, aber wir saßen alle wie erstarrt auf unseren Stühlen und beobachteten angespannt, was da vorn geschah. Der Oberst wies den Staatsanwalt an, die Anklageschrift zu verlesen. Die beiden Angeklagten mussten sich dazu von den Stühlen erheben. Gesenkten Hauptes hörten Sie, wessen sie sich schuldig gemacht hatten. Wir Zuhörer kannten ja die ganze Geschichte, ich kannte sie ja quasi aus erster Hand. Trotzdem hörte sich die Story aus dem Munde des Hauptmanns, verfasst in Juristensprache, viel schlimmer und sträflicher an. Aus dem, was der Staatsanwalt vortrug, konnte ich entnehmen, dass es weniger um den Einbruch ins Lager und um den Diebstahl des Bieres ging, als vielmehr darum, das sich die beiden besoffen hatten, während sie mit geladenen Waffen durch die Gegend liefen. Nach ungefähr zehn Minuten war der Hauptmann fertig. Die Angeklagten durften sich wieder setzen. „Soldat Müller, erheben Sie sich!". Der Richter schien nun etwas sanfter zu sein. „Haben Sie etwas zu Ihrer Entlastung vorzubringen?", fragte er beinahe sanft. „Nein, Genosse Richter", antwortete Müller kleinlaut. „Wer von Ihnen kam auf die Idee, in das Lagerhaus einzubrechen?", fragte der Oberst weiter. „Ich weiß nicht mehr, Genosse Richter." Müller murmelte fast nur noch. „Antworten Sie laut und deutlich!". Des Richters Stimme wurde wieder etwas barscher. Müller wiederholte die Antwort etwas lauter. „Was gibt es da nicht zu wissen, Soldat? Sie müssen doch wissen, WER von Ihnen beiden vorgeschlagen hat, in das Lager einzusteigen!" „Das hat sich so ergeben, Genosse Richter", sagte Müller. „Soldat Singer, erheben Sie sich!" wandte der Oberst sich nun an den zweiten Angeklagten. „Soldat Singer, wer hatte die Idee dazu?"

Thomas Frei: **GEDIENT**: Ein NVA-Soldat erzählt

Singer schwieg. „Meine Herren, stellen Sie nicht meine Geduld auf die Probe! Also, Singer, WER hatte die Idee?" „Ich glaube, das war ich!", sagte Singer. „Glauben gehört in die Kirche und nicht in eine sozialistische Armee! Oder sehe ich aus wie ein Pfaffe?" ‚Nee, eher wie ein Zirkusdirektor', schoss es mir mit Blick auf seine Uniformjacke, an der mehrere Reigen kunterbunter Ordensspangen prangten, durch den Kopf. „Ich war das, der die Idee hatte.", nahm Singer all seinen Mut zusammen. „Wie haben sie das Siegel zur Tür entfernt und wieder angebracht?', fragte er weiter. Singer schilderte, wie der das Siegel aus Knetmasse vorsichtig mit dem Messer aus der Halterung schälte und später vorsichtig wieder rein drückte, so dass man Spuren nur bei ganz genauem Hinsehen erkennen konnte. Damit war Singer als Drahtzieher entlarvt. Der Staatsanwalt befragte die Beiden noch eine Weile nach „Motiv" und „Anlass" der Tat, während der Richter mit ein paar Einwürfen den Verteidiger mimte. Weder Müller noch Singer wussten etwas sinn- und hilfreiches beizutragen. Wie sollte man eine solche Aktion auch sinnvoll begründen. Es war einfach dämlich, im Divisionslager Bier zu klauen, aber es war noch viel dämlicher, das Bier auch noch auf Wache zu saufen. Der Staatsanwalt kam zu seinem „Plädoyer". Nochmal wurde die ganze Szenerie ausführlich beschrieben, was die Verhandlung noch langweiliger machte, als sie zu diesem Zeitpunkt schon war. Am Schluss beantragte er für Singer 6 Monate und für Müller 5 Monate Haft in der Militärstrafanstalt in Schwedt. Der Richter bedankte sich beim Staatsanwalt. Ein Plädoyer der Verteidigung gab es nicht, das es einen Verteidiger nicht gab. Der Oberst erhob sich und brüllte wieder: „Aaaachtung!!" Wir sprangen von den Stühlen und nahmen Haltung an. „Das Gericht zieht sich zur Beratung zurück!" verkündete er.

„Fortsetzung der Verhandlung in zwanzig Minuten! Die Angeklagten verbleiben im Gerichtssaal! Rührt Euch! Wegtreten!" Der Richter verließ als Erster den Saal, gefolgt vom Staatsanwalt. Dann drängten wir durch die Türe und hasteten nach draußen. Streichhölzer flammten auf, Zigaretten wurden angesteckt. Dann ging die Diskussion los: „Ach Du Scheiße, sechs Monate in die Hölle nach Schwedt, da würde ich mir 'nen Strick nehmen!" sagte einer. „War aber auch 'ne dämliche Aktion!", warf ein anderer ein. „Arme Schweine!" „Ja, aber selber schuld!" So ging das hin und her. Wir drückten die Kippen aus und gingen zurück in den Saal. Nach kurzer Wartezeit erschienen die beiden Vertreter der Staatsmacht. Es lief das gleiche Procedere ab wie am Anbeginn der Verhandlung. Kaum hatten wir uns gesetzt, scheuchte uns der Richter schon wieder von den Stühlen: „Erheben Sie sich zur Urteilsverkündung! Aaaachtung!"
Nachdem wir alle standen, fuhr der Oberst fort: „Im Namen des Volkes ergeht folgendes Urteil: Wegen Straftaten gemäß ….. (es folgte eine schier endlose Aufzählung von Paragraphen) wird Soldat Müller zu 4 Monaten und Soldat Singer zu 5 Monaten Strafarrest verurteilt. Der Arrestvollzug erfolgt in der Strafanstalt Schwedt. Die Dauer des Arrestes ist nicht Bestandteil der Wehrdienstzeit. Die im Arrest verbrachte Zeit ist nachzudienen! Rührt Euch! Setzen!"
Es folgte die Urteilsbegründung.
‚Die armen Schweine", dachte ich nur. Achtzehn Monate eingesperrt, ohne jegliche Privatsphäre, waren schon schlimm genug. Das Ganze noch um mehrere Monate unter noch härteren Bedingungen verlängert zu bekommen, war ein Alptraum. ‚Ich würde das nicht durchstehen!', konstatierte ich für mich selbst. Die Verhandlung war beendet. Als wir das Gebäude verließen, stand der Ural schon zur Abholung bereit. Wir kletterten auf die Lade-

fläche. Der LKW fuhr los. Es herrschte Stille, keiner sagte einen Ton. Die Raucher nuckelten schweigend an ihren Kippen. Jeder war mit sich selbst beschäftigt, wohl alle versuchten, sich auszumalen, was den Beiden jetzt wohl bevorstand.

VI

Es dauerte einige Tage, bis der Gedanke an Schwedt wieder in den Hintergrund rückte. Immerhin war die Verhandlung Gesprächsthema Nummer Eins, zumindest in unserer Abteilung,.Wieder und wieder mussten wir die Fragen der Kameraden aus den Batterien dazu beantworten, was zumindest mich irgendwann begann, zu nerven. Wir lenkten unser Augenmerk auf das anstehende Bergfest. Das genaue Datum fiel leider auf einen Wochentag. Natürlich hätte man sich an jedem x-beliebigen Tag abfüllen können, aber wie im richtigen Leben bot sich der Samstag eben eher an. Also beschlossen wir, das zum Bergfest gehörende Besäufnis auf das erste Wochenende im August zu verlegen. Bis dahin war es noch eine anderthalb Woche. Die Schnapsvorräte dazu hatten wir schon seit Wochen angelegt und ständig aufgestockt. Die Flaschen wurden hinter der Verblendung der Eckbank im Clubraum eingeschraubt und ständig durch neu eintreffende „Lieferungen" von Urlaubern und Ausgängern ergänzt. Wir waren fast besser bestückt als eine kleinere Gartenkneipe.
Der Fähnrich kam aus dem Urlaub zurück. Er war sichtlich erleichtert, das es während seiner Abwesenheit zu keinen besonderen Vorkommnissen gekommen war, entsprechend gut war seine Laune und entsprechend gering war sein Drang, uns auf den Sack gehen zu wollen. „Schaffner" Lischka verabschiedete sich in seinen Urlaub,

aus dem er als Offizier zurückkehren würde. Er machte eine Runde durch die Stuben. Ich schüttelte ihm zum Abschied die Hand und sagte: „Nie wieder Schaffner!" „Nie wieder Schaffner!', gab er zurück und lachte dabei! „Machs gut Lischka, und viel Spaß bei der Ernennung!" „Danke, Frei! Macht keine Scheiße und haltet Euch tapfer!" „Machen wir!", versprach ich ihm.

Die übliche Routine fand statt. E-Mess-Training, Optikkammer reinigen, zwischendurch mal Wache im Divisionslager.

So ging der Juli dahin.

Noch 272 Tage!

Kapitel 10
August

I

Bergfest! Es war soweit!
Die Hälfte des Martyriums lag hinter uns! Doch es war grotesk: Die Tage vor uns wogen schwerer, je weniger es wurden! Der Samstag kam und wir konnten es kaum erwarten, dass die Offiziere und Berufsunteroffiziere das Gebäude in Richtung zu Hause verließen. Um allen Eventualitäten vorzubeugen, warteten wir noch eine weitere halbe Stunde ab, bevor wir uns daran machten, den ersten Alkohol zu konsumieren. Schneider ging zu seinem Spind und kramte vier Konservendosen hervor, die er auf den Tisch stellte. "AXA Gewürzgurken" prangte auf dem

Thomas Frei: **GEDIENT**: Ein NVA-Soldat erzählt

Etikett. „Willste jetzt fressen? Ich dachte, wir saufen?", fragte ich ihn. „Warts ab!", grinste er. Er nahm sein Taschenmesser hervor, klappte die kurze Klinge aus und rammte zwei gegenüber liegende Löcher in den Deckel. Dann griff er sich meinen Braunen Becher, der schon bereitstand und füllte ihn zur Hälfte. „Kosten!", befahl er mir. Ich nahm den Becher hoch und führte ihn zum Mund. Ein unsäglicher, alkoholischer Luftstrom entstieg der Plastiktasse, mir schossen die Tränen in die Augen. Ich nahm mich zusammen und führte den Becher an meine Lippen. Schließlich nahm ich einen Schluck, worauf ich sofort losprustete und hustete. Meine Kehle brannte wie Feuer und ich spürte mehr als deutlich, wie das Teufelszeug meine Speiseröhre in Richtung Magen floss. Ich nahm geschwind einen weiteren Schluck, diesmal aber aus meiner Cola-Flasche. „Willst Du mich vergiften?", schrie ich Schneider an. Der Husten ließ langsam nach, ebenso das fürchterliche Brennen in der Kehle. „Was ist das für ein Zeug??" „Primasprit! 94% reiner Alkohol! Gibt ein paar schöne Mischungen aus den 2 Litern, die hier stehen!". Er grinste breit, während er uns aufklärte. „Und wie kommt das Zeug in Gurkendosen?", fragte ich neugierig. „Mein Schwager arbeitet in der Gurkenbude an der Maschine, wo die Dosen verschlossen werden!" Ich hatte mich mittlerweile erholt. Also machten wir uns daran, unsere Mischungen „zuzubereiten" Wir mixten also lauwarmen reinen Alkohol mit lauwarmer Cola oder Limonade, je nachdem, was ein jeder gerade vorrätig hatte. Der Geschmack war nicht viel besser als am Anfang. Im Grunde schmeckte das Gesöff eklig. Aber das machte nichts. Wir waren nicht in einer Cocktailbar, also tranken wir, was wir kriegen konnten. „Hauptsache es dreht", lautet das Motto. Während wir die erste Mischung hinterwürgten. ließen wir einige lustige Episoden aus der bisher erlebten Armeezeit Revue passieren.

Der zweite Becher schmeckte schon nicht mehr so widerlich, das umnebelte Hirn wurde merklich kritikloser…
Die dritte Mischung wurde zubereitet, jetzt ging beim Einschenken der Limonade schon einiges daneben.
Wir fingen an zu singen. Nein, es war keine dieser Parties, bei der Mann anfängt, irgendwelche Schlager oder Rock-Hits zu grölen. Wir sangen Lieder, die in der NVA durchaus traditionsbehaftet waren. Das erste Lied war eine Version der „Capri-Fischer", nur der Text war verändert:

„Wenn bei Danzig die Rote Flotte im Meer versinkt,
und auf dem Roten Platz das Deutschlandlied erklingt,
dann ziehn wir Deutschen wieder in Moskau ein,
dann wird endlich wieder Friede in Deutschland sein!"

Es fiel uns mittlerweile reichlich schwer, den Text ordentlich in der Melodie zu platzieren, aber das war egal. Das nächste Lied war ein wenig einfacher:

„Ein Russe steht im Walde ganz still und stumm.
Da kommt ein Deutscher Panzer und fährt ihn um!
Ei wie macht das Fahren Spaß,
jetzt liegt der Russe tot im Gras.
Ein Russe stand im Walde ganz still und stumm!"

Der dritte Becher war leer. Es war noch nicht einmal acht Uhr und wir waren schon abgefüllt, ohne dass wir nur ein einziges Mal mit dem Schraubenzieher der Verkleidung der Eckbank im Clubraum zu Leibe gerückt wären.

Der Primasprit reichte noch für eine vierte Mischung. Die nahm uns vollständig aus dem Rennen. Ich wollte pinkeln gehen, schaffte es aber nicht mehr bis aufs Klo. Ich pisste auf den Flur, zumindest hat mir das Dremmler am

Thomas Frei: GEDIENT: Ein NVA-Soldat erzählt

nächsten Tag erzählt. Ich selbst konnte mich nur noch schemenhaft an einzelne Szenen erinnern, die sich während des Verzehrs des vierten Mixes ereignet hatten. Das Elend, das sich am Sonntag Morgen bot, sprach Bände. Es roch säuerlich in der Bude, Hartung hatte in sein Bett gekotzt und die ganze Nacht darin gelegen. Der Gestank reizte meinen Geruchssinn dermaßen, das ich auch sofort begann, das spärliche Essen vom Vortag hochzuwürgen. Allerdings konnte ich die Vollendung verhindern. Ich schleppte mich zum Fenster, riss es auf und nahm mehrere Atemzüge frischer Luft. Als ich mich ein wenig gefangen hatte, ging ich zum Waschraum, um Wasser für den Morgenkaffee zu holen. Beim Betreten der Stube erwischte mich der säuerliche Gestank mit voller Wucht abermals. Wieder drückte mein Magen seinen Inhalt in die falsche Richtung. Ich hielt die Luft an, setzte die Kanne auf dem Tisch ab und brannte mir eine Karo an. Ich paffte den Rauch in dicken Schwaden aus dem Mund. Der Gestank der Zigarette schob den des Gekotzten ein wenig in den Hintergrund. Ich erhitzte das Wasser mit dem Atomino innerhalb weniger Sekunden und brühte meinen Kaffee. Dann rüttelte ich Beier, meinen Aufklärungsspringer wach. „Beier, weck den Hartung und kümmere Dich, das die Sauerei hier verschwindet! Verstanden?". Beier rieb sich die Augen, er war noch halb verschlafen. „Was? Was für 'ne Sauerei? Wen soll ich wecken?" Ich wiederholte meine Anweisung. Beier nickte, dann verzog er sein Gesicht. Der Gestank hatte sein Hirn erreicht. „Oh Mann, was stinkt denn hier so fürchterlich?", fragte er mich. „Die Sauerei, um deren Beseitigung Du Dich kümmern sollst!" „Das stinkt wie Kotze!" „Das stinkt nicht nur wie Kotze, das IST Kotze!" „Ich mach nicht anderer Leute Kotze weg!", protestierte er. „Das hab ich auch nicht von Dir verlangt, Beier!", belehrte ich ihn. „Ich hab Dir gesagt, Du sollst den Hartung wecken und Dich darum KÜMMERN, dass die Kotze wegkommt! Haste den Unterschied kapiert?" „Jaja, schon gut! Ich mach ja schon." Während ich die Stube verließ, schwang er sich vom Bett. Ich ging in den Klubraum, schaltete den Fernseher ein und setzte mich. Es lief das sonntägliche Kinderprogramm, „Zu Besuch im Märchenland". Erst jetzt bekam ich mit, dass der Tag schon weit fortgeschritten war. Ich überlegte kurz, dann stand ich auf und ging zurück auf die Stube. Der Gestank hatte sich ein wenig verzogen, war aber immer noch stark genug, Brechreiz auszulösen. Hartung war wach und beguckte sich das Drama auf seinem Bett, während er sich am Kropf kratzte. „Oh Mann, was war denn gestern noch los?, fragte er mich. „Keine Ahnung, aber mach, das es aufhört zu stinken!", antwortete ich. Schneider kam zur Tür rein, er hatte seinen Waschbeutel in der Hand und ein Handtuch über der Schulter. „Mein Gott, kann mal jemand den Gestank abschalten?", meinte er, „Das stinkt sowas von widerlich!" „Hör auf zu jammern, geht ja gleich los!", antwortete Hartung. Ich ging zu meinem Spind und kramte einen Schraubenzieher aus meinem Wertfach. „Jungs, Zeit für einen ordentlichen Frühschoppen!", verkündete ich. „Du hast 'ne Meise!", lehnte Hartung ab. „Geht doch nichts über einen guten Kaffee mit 'nem ordentlichen Schuss!", argumentierte ich. „Oh ja! Dass passt!" Schneider's Gesicht strahlte ob meines Vorschlags. „Geh Du schrauben, ich brüh' mir schnell 'nen Kaffee!", fuhr er fort. Ich tat, wie mir geheißen. Als ich die Verkleidung der Eckbank abnahm, stellte ich fest, dass der gesamte Vorrat unangetastet war. Ich suchte eine Flasche Weinbrand der Marke „Goldkrone" hervor. Das war der Cognac des DDR-Bürgers. Dann verschloss ich das Versteck wieder, öffnete die Flasche und schüttete einen ordentlichen Schluck in meinen Kaffee. Schneider tauchte auf und steckte mir sogleich seinen Becher entgegen. Ich „verdünnte" seinen Kaffee ebenfalls mit reichlich Weinbrand. Genüsslich schlürften wir dieses Gemisch und schauten nebenbei zu, was die Kinderfernsehfigur aus unseren Kindertagen mit Namen Pittiplatsch heutzutage so trieb. Eine Stunde später stieß Hartung zu uns, ihm folgten weitere Kameraden. Der Clubraum war voll. „Ist noch was zu saufen da?" fragte einer. „Ja, klar, noch Alles da", sagte ich. „Los geht's! Bergfest feiern, nochmal, heute!". Wieder schraubte ich die Verkleidung ab. Dann holte ich die Flaschen aus dem Versteck, die ich dabei abzählte. Ich kam auf zweiundzwanzig, ohne die angebrochene Pulle „Goldkrone". ‚Oh mein Gott, das geht böse aus!', dachte ich für mich. „Die sind ja pisswarm!", hörte ich es hinter mir sagen. „Kein Problem, wir legen die Pullen in die Aluschüsseln, die im Klo stehen und füllen kaltes Wasser auf, das sollte den Fusel bissen runterkühlen.", schlug Schneider vor. Ein paar Jungs setzten den Vorschlag sofort in die Tat um. Der Umtrunk begann. Auch die Springer bekamen etwas ab. Etwas später kam Schneider noch auf die Idee, in die Spur zu gehen, um Bier zu holen. „Ohne mich!", lehnte ich ab,"Wir haben genug zu saufen, außerdem bin ich noch platt von gestern!". Schneider lies nicht locker. „Geh doch. Nimm 'nen Springer mit, am besten den Beier. Der muss das eh lernen!", lautete mein Vorschlag. Schneider überlegte kurz, dann nickte er. Er ging hinüber zu Beier und sagte zu ihm: „Los Du Springer, es geht jetzt ab in die Spur! Mach Dich fertig" Beier schaute auf. „In die Spur? Ich? Ich hab das noch nie gemacht!"Es war offensichtlich, dass er Angst hatte. „Na und? Es gibt für Alles ein erstes Mal!". Schneider wechselte langsam in den Befehlston. „Hm, was soll ich mich da fertig machen?", fragte Beier. Seine Stimme verriet Unsicherheit. „Zivilklamotten anziehen, Trainingsanzug drüberziehen!". Kurz und knapp erklärte Schneider, was zu tun war. Derweil sammelte ich von den Anwesenden das Geld ein. „Wieso Zivilklamotten?", hakte Beier nach. „Was bist Du denn für ein Penner?", fragte Schneider zurück,"Haste noch nicht mitbekommen, dass die ganzen Kneipen im Umkreis nichts mehr an Leute in Uniform ausschenken dürfen?" „Nee, das ist mir neu!", kam es von Beier entschuldigend. „Dann weisstes halt jetzt!", sagte Schneider trocken, "Und komm jetzt endlich aus'm Arsch!" Die Beiden zogen los. Wir anderen tranken einstweilen gemütlich weiter. Irgendwer kam auf die Idee, das Roulette aufzubauen und das Casino zu eröffnen. Irgendwann taumelten Schneider und Beier in den Raum, beide in Zivilkleidung. Sie stellten die vier Beutel Bier auf den Boden. „Wo habt Ihr Eure Trainingsanzüge?", fragte ich. „Oh Scheisse, die liegen noch draußen im Gebüsch!!", sagte Schneider und verzog dabei sein Gesicht. „Verdammt, da muss einer nochmal raus!", konstatierte er weiter, „Los Beier, ab, nochmal übern Zaun, aber zieh vorher Armeeklamotten an!". Beier schaute unglücklich drein. Er hatte schon Muffensausen bei der eigentlichen Aktion gehabt, jetzt sollte er nochmal über den Zaun, um die Trainingsanzüge holen. „Wieso ich?", begehrte er auf. „Weil Du der Springer bist und nicht an die Trainingsanzüge gedacht hast", wurde er von Hartung aufgeklärt. „Na der Schneider hat doch genauso nicht dran gedacht!", protestierte er weiter. „Na und? Der Schneider ist kein Springer, das macht den Unterschied!" Beier zog sich die „Ein Strick, kein Strich" an. „Und wenn die mich erwischen? Was sag ich dann, wenn die fragen, was ich mit zwei Trainingsanzügen will?". „Am besten sagste gar nichts! GAR NICHTS! Das Du besoffen bist, werden die dann schon mitkriegen! Und Besoffene tun eben manchmal seltsame Dinge, bei denen sie nicht mehr wissen, warum sie das getan haben!" Widerwillig machte sich Beier auf den Weg. Nach dieser Unterbrechung nahm das Casino wieder seine Arbeit auf und es wurde weiter gebechert. Die Tür wurde aufgerissen. Uffz. Starke stand breitbeinig im Türrahmen, die Fäuste in die Hüften gestützt. „Sagt mal, Ihr Arschlöcher, was habt Ihr mit dem Beier angestellt?", rief er in den Raum „Was sollen wir mit dem angestellt haben?", fragte ich zurück."Ich hab grade 'nen Anruf vom KDL bekommen, der Beier wollte über den Zaun steigen, da hat ihn die Wache festgenommen!", erklärte Starke. „Keine Ahnung, der ist einfach raus. Wozu sollte der über den Zaun gewollt haben? Zu Saufen ist doch genug im Hause!", sagte Schneider. „Vielleicht hatte er Druck auf der Pfeife und wollte ne Alte aufreißen gehen?", kam Hartung mit einem unsinnigen Erklärungsversuch daher. „Vielleicht war ihm wichsen aufm Klo nicht mehr genug?", ergänzte Klausner. „Hehehe, das kann Dir nicht passieren, Klausner, oder? Kennst ja nichts anderes!", stichelte Hartung in Richtung des Springers. „Hm, das ist voll Kacke. Der Fähnrich wird morgen kotzen wie 'ne Sau!". Starke machte sich echt Sorgen. Er als UvD wird auch sein Fett weg bekommen. Schließlich braucht auch der Fähnrich jemanden, der Schuld ist und an dem er sich abreagieren konnte, nachdem er vom Abteilungskommandeur Berger bekommen haben wird.

Es sollte jedoch noch schlimmer kommen, aber das wussten und ahnten wir noch nicht. Noch saßen wir bei einem fröhlichen Gelage.

II

Der Montag Morgen wurde zum Martyrium. Wir lagen natürlich noch völlig verkatert in den Betten, als der Fähnrich zum Dienst erschien. Während wir noch mehr oder weniger friedlich vor uns hin schlummerten, ereigneten sich außerhalb der Stuben Dinge, von denen wir keine Ahnung hatten, die uns aber von Uffz. Starke später detailliert geschildert wurden.

Wie jeden Morgen, wenn Fähnrich Dreispitz den Flur betrat, stürmte er zunächst in sein Dienstzimmer, aus dem er nur einige Sekunden später wieder herauskam. Offensichtlich legte er dort nur seine Mütze ab, um anschließend hastig in Richtung Toilette über den Flur zu laufen. Erst nachdem er diese verlassen hatte, nahm er sich die Zeit, den UvD und den GuvD zu Begrüßen und nach dem Stand der Dinge zu fragen. So auch an diesem Morgen. Allerdings dauerte diesmal sein Aufenthalt in der Toilette ungewöhnlich lang. Nachdem er endlich herauskam, stürmte er zum UvD-Tisch und begann, die Anzahl der Soldaten auf dem darüber hängenden Dienstplan zu überprüfen. Als er damit fertig war, murmelte er ein "Das gibt es ja wohl nicht" vor sich hin, um gleich wieder im Klo zu verschwinden. Einen kurzen Moment später tauche er wieder auf. In seinen Händen hielt er einen Packen nasser, vor sich hin tropfender Etiketten von Schnapsflaschen. Er schmiss diese auf den UvD-Tisch und befahl Starke: „Los, zähl mal die Dinger nach!". Starke begann die Etiketten zu zählen, was gar nicht so einfach war, weil sie durch die Nässe aneinanderklebten. „Das sind 18 Stück, Genosse Fähnrich!", meldete Starke. „Quatsch, Starke, das sind zweiundzwanzig! Noch mal zählen.!" Starke zählte erneut. Schweiß stand auf seiner Stirn, ihm war klar, dass diese Geschichte auch ihn treffen würde. Er war schließlich Diensthabender und konnte unmöglich nichts bemerkt haben. „Jawohl, zweiundzwanzig Etiketten.", bestätigte er nun das Ergebnis von Dreispitz. „Wie viele Soldaten waren anwesend am Wochenende?", bohrte der Fähnrich weiter. Starke schaute auf den Dienstplan und zählte. „Nach Abzug der Urlauber waren es siebzehn Mann, Genosse Fähnrich", antwortete er. „Das gibt es ja wohl nicht! Nicht nur, dass hier Gesoffen wird, Neeeein, es wird noch gesoffen bis zur Bewusstlosigkeit! Pro Mann mehr als eine Flasche Schnaps! Sind wir hier auf 'ner Kreuzfahrt von Alkoholikern? Habt Ihr sie noch alle auf dem Christbaum?" Seine Stimme wurde immer lauter und sein Gesicht verfärbte sich zusehends rot. Er riss die Tür zur ersten Stube auf und brüllte in nie zuvor gehörter Lautstärke: „Raus aus den Betten, Ihr versoffenen Drecksäcke! Aber dalli! Raustreten in vollständiger Dienstuniform mit Schutzausrüstung am Mann in zwei Minuten!" Wir schälten uns aus den Betten. Mir war kotzübel, es drehte im Kopf in gleichem Maße, wie es in den Schläfen hämmerte. Auch mit der Koordination meiner Gliedmaßen ging einiges schief. Ich verhedderte mich in den Hosenbeinen und krachte mit meinem gesamten Gewicht auf die stählerne Bettkante. Der rechte Oberarm schmerzte höllisch, aber ich hatte keine Zeit, mich darum zu kümmern. Wir verließen die Stuben, immer noch diverse Teile der Ausrüstung am Körper richtend. Dreispitz ließ uns antreten.

„Zweiter Stabsführungszug STILLGESTANDEN!!!!" Dreispitz' Halsschlagadern schwollen an, sein Gesicht färbte sich rot. „So, meine Herren! Hier wurde also gesoffen, bis die Schwarte kracht! Was glaubt Ihr eigentlich, wo Ihr hier seid? Auf dem Erholungsdeck von einem Kreuzfahrtdampfer? Im FDGB-Ferienheim? Ihr seid Soldaten der Nationalen Volksarmee! Ihr habt einen Auftrag!

Und der lautete nicht, sich die Hacke volllaufen zu lassen! Und schon gar nicht in solchen Mengen!" Er machte eine kleine Atempause. „So, meine Herren! Jetzt werde ich Ihnen zeigen, wie Sie den ganzen Fusel schneller ausschwitzen werden, als Sie ihn trinken konnten! Ganze Abteilung links um! Im Laufschritt ausrücken und vorm Gebäude Aufstellung nehmen, MAAARSCH!" Wir hetzten die Treppen runter. Jetzt nahm ich den Schmerz im linken Oberarm schon deutlicher wahr. Eigentlich hätte ich in den Med.Punkt wegtreten sollen, aber ich wagte es nicht, mich mit diesem Ansinnen an den Fähnrich zu wenden. Wir waren längst angetreten, als Dreispitz unten erschien. „Stillgestanden!", brüllte er wieder, „Ganze Abteilung rechts um! Im Laufschritt MAAARRRSCH!" Wir setzten und in Bewegung. Dreispitz rannte vorne weg. Er gab das Tempo an, und das in einem Maße, das wir Mühe hatten, ihm zu folgen. Zwischendurch drehte er sich um und rief: „Na was, Ihr Schlappschwänze, nichts Gutes mehr gewöhnt? Schneller! Nicht zurückfallen!" Er rannte Richtung KDL, erst dort stoppte er den Zug. Nachdem uns der Posten das Tor auf Fähnrichs Anweisung geöffnet hatte, wurden wir wieder in den Laufschritt befohlen. Er bog rechts ab. Ich ahnte, wo er hinwollte, und meine Ahnung verhieß nichts Angenehmes: Es ging in Richtung Sturmbahn. Diese Hindernisstrecke war mir schon ohne Kater ein Gräuel. Ich war zwar nicht ganz unsportlich, aber dieses Ding hatte Elemente in sich vereint, die ich hasste und bei denen ich Mühe hatte, sie zu bewältigen. Völlig außer Puste kamen wir an der Sturmbahn an. Unsere Hoffnung, erst einmal verschnaufen zu können, machte der Fähnrich mit seinem nächsten Befehl gnadenlos zunichte. „GAAAAS!", brüllte er uns an. Wir rissen die Stahlhelme von den Köpfen, zerrten die Gummimasken aus den Umhängetaschen und stülpten sie über unsere schweißnassen, geröteten

Thomas Frei: **GEDIENT**: Ein NVA-Soldat erzählt

Gesichter. Gott sei Dank war wenigstens die Hitze dieses Sommertages noch nicht so groß, es war ja noch recht früh am Morgen. Nachdem jeder seinen Stahlhelm wieder aufgesetzt hatte, begann die eigentliche Tortur. Er ließ uns in Zweierreihe antreten und schickte jeweils mit einem knappen „Los" die Jungs, die ganz vorn standen, auf die Sturmbahn. Ich stand zum Glück ein wenig weiter hinten, so das ich für einige Sekunden verschnaufen konnte, soweit das mit aufgesetzter Gasmaske überhaupt möglich war. Dann war ich an der Reihe. Ich rannte los, nein, besser, ich trabte los. Zum Rennen war ich nicht mehr fähig. Ich stieg über die Balken, die das erste Hindernis bildeten. Aus der Ferne hörte ich den Fähnrich brüllen. „Schneller, Frei! Schneller! Ihnen kann man ja im Laufen die Stiefel neu besohlen!" Selbst wenn ich gewollt hätte, ich konnte nicht schneller. Das Pochen in den Schläfen war mittlerweile unerträglich geworden. Das nächste Hindernis nahte, der Wassergraben. Die zwei Meter zu überspringen schaffte ich keinesfalls. Ich platschte etwa bei der Hälfte ins Wasser und hatte Mühe nicht gänzlich hineinzufallen. Dann kam das Seil, an dem man sich hochzuziehen hatte, um ein horizontal gespanntes Seit zu erreichen, an dem man sich fünfzehn Meter weit zu hangeln hatte. Wie ein nasser Sack hing ich daran und ließ es schließlich nach zwei weiteren kläglichen Versuchen bleiben. Ich lief einfach weiter, dem nächsten Martyrium entgegen, welches die Eskaladierwand war. Ich sprang an die zwei Meter hohe Holzwand, die ich überklettern sollte, prallte aber daran ab. Es gelang mir nicht, meinen rechten Arm an der oberen Kante einzuhaken. Zum Hämmern in den Schläfen kam der heftige Schmerz im rechten Oberarm. Das war aber noch nicht alles. Ich spürte, wie mein Magen sich zusammenkrampfte und seinen Inhalt die Speiseröhre hochschob. Ich kämpfte dagegen an, während mir der Schweiß wie ein Wasserfall am ganzen

Körper runter zulaufen schien. Dann gab es kein Halten mehr. Der Mageninhalt hatte meinen Kehlkopf erreicht und stieß weiter vorwärts in die Mundhöhle. Ich gab den Widerstand auf. Ich erbrach mich mit voller Wucht in die Gasmaske. Die Kotze quoll zwischen Gummi und Haut aus der Gasmaske und floss meinen Hals hinunter. Ich kam erst auf die Idee, mir die Maske von Gesicht zu reißen, als ich keine Luft mehr bekam. Ich ließ ich zu Boden fallen, zog die Gasmaske an und hustete und kotzte, was das Zeug hielt. Der Fähnrich kam angerannt. Er beugte sich mit besorgter Miene über mich und beobachte mich für einen Moment. „Wer hustet und kotzt, lebt noch!", konstatierte er zunächst. „Alle klar, Frei? Oder brauchst vier Träger für den Rückweg?" „Nee, schon gut.", stammelte ich. Der Fähnrich kramte in seiner Hosentasche und zog ein Taschentuch hervor. Es war unbenutzt und fein säuberlich gefaltet und gebügelt. „Hier, wisch Dir die Kotze vom Hals!", bot er mir das gute Stück an. Ich nahm das Taschentuch dankbar an und versuchte, das Erbrochene von meinen Hals und aus den Gesicht zu wischen, was nur notdürftig gelang. Dann stand ich mühsam auf, nahm meine Gasmaske und versuchte, die Reste des Mageninhaltes herauszuschütteln. Auch das funktionierte nur unzureichend. Inzwischen hatte die ganze Truppe diesen Exkurs in die Höhen der militärischen Körperertüchtigung unter erschwerten Bedingungen absolviert. Dreispitz ließ uns wieder antreten. „So! Ich hoffe, Ihr habt Eure Lektion gelernt und lasst derartige Eskapaden in Zukunft bleiben! Ansonsten wird es beim nächsten Mal noch schlimmer! Das verspreche ich Euch!". Den Rückweg legten wir mehr oder weniger ungeordnet zurück. Ich schleppte mich mehr als ich ging. Der Geruch meiner Kotzerei hing mir in der Nase, Ich konnte es kaum erwarten, aus den versifften Klamotten und in den Waschraum zu kommen.

Thomas Frei: **GEDIENT**: Ein NVA-Soldat erzählt

Das Ausspülen der Gasmaske erwies sich als schwierig. In den Falten des Schlauches, welcher zum Filter ging, hatten sich reichlich Reste meines Mageninhaltes festgesetzt und waren in der Zwischenzeit schon eingetrocknet. Meine Uniformjacke wusch ich gleich komplett, was zur Folge hatte, dass ich den Rest des Tages im Sporthemd rumlief, da die Jacke Zeit zum Trocknen brauchte. Damit war die ursprünglich angesetzte Ausbildung für diesen Tag auch gelaufen. Eigentlich hatte ich genug für den Tag, aber es kam noch dicker. Die Dienstausgabe, die sonst auch eher locker durchgeführt wurde, fand heute streng nach Dienstvorschrift statt. Sie begann damit, das Soldat Beier vortreten musste. „Zweiter Stabführungszug stillgestanden! Augen geradeaus! Soldat Beier, vortreten!". Beier trat nach vorn. „Soldat Beier, ich bestrafe Sie wegen unerlaubten Entfernen von der Truppe mit drei Wochen Ausgangs- und Urlaubssperre! Soldat Beier, zurücktreten ins Glied!", Dann hielt der Fähnrich nochmals eine Moralpredigt, die ewig zu dauern schien. Schließlich ließ er Uffz. Starke die Post austeilen. Für mich waren zwei Briefe dabei, einer von Heike, der andere, ziemlich dick diesmal, von Britta. Ich legte mich auf mein Bett und überlegte, welchen der Briefe ich zuerst lesen sollte. Beide verhießen nichts Gutes, so jedenfalls teilte es mir mein Bauchgefühl mit. Ich entschied mich, Heikes Brief zuerst zu öffnen. In diesem Brief erwartete ich die weniger schlimmen Zeilen. So war es auch. Heike teilte mir mit, wie sehr sie die Nacht mit mir genossen hatte, um mir anschließend zu versichern, dass ich jedoch keinerlei Angst haben müsse, da sie im Moment sowieso lieber Solo wäre. Ich nahm ihr diese Einlassung nicht hundertprozentig ab, denn sie hätte sich nicht extra die Mühe machen müssen, mir dies Alles nochmal zu schreiben, da es ja bereits im Gespräch geklärt worden war. Für mich las sich der Brief eher wie das verlangen nach Widerspruch, wie der Wunsch, ich möge ihr das Gegenteil erzählen und um sie werben. Ich legte den Brief beiseite und brannte mir eine Zigarette an. Nein, den Gefallen, ihr zu widersprechen würde ich ihr nicht tun. Wer weiß, vielleicht würde ich ihr ja noch nicht einmal antworten. Die Entscheidung dazu schob ich jedenfalls erst einmal auf. Dann öffnete ich Britta's Brief. Mit jeder Zeile, die ich las, bestätigte sich mein ungutes Bauchgefühl mehr und mehr. Britta hatte zufällig (oder auch nicht zufällig) einen Kumpel aus meiner Clique getroffen, und der hatte ihr, aus welchen Gründen auch immer, ganz detailliert geschildert, was er an dem Freitag Abend auf dem Pressefest beobachtet hatte. Natürlich nannte sie den Namen dieses Arschloches nicht, was es für mich noch schlimmer machte. Über drei Seiten beklagte sie sich, berechtigterweise, über den Verrat, den ich an an ihr verübt hatte. Die vorher durchaus lesbare Wut verwandelte sich ab einem gewissen Punkt in Traurigkeit, was mich noch mehr runter zog. Ich fühlte mich elend. jetzt auch noch seelisch. Als hätte heute die körperliche Tortur nicht schon gereicht. Das Einzige, was mich ein wenig hoffen ließ, war der Fakt, dass Britta unsere Beziehung nicht für beendet erklärt hatte. Ich hätte am liebsten losgeheult, was natürlich nicht ging. Ja, ich bedauerte mich sehr, wohl wissend, dass ich sowohl an meinen körperlichen als auch an meinen seelischen Qualen selbst Schuld hatte.

Britta zu antworten war ich am heutigen Tage nicht mehr in der Lage. Das musste warten. Heute war ich zu nichts mehr fähig.

Thomas Frei: **GEDIENT**: Ein NVA-Soldat erzählt

III

An den folgenden Tagen legten wir eine ausgesprochen gute Disziplin an den Tag. Fähnrich Dreispitz zeigte fast Anzeichen von Rührung darüber, wie wir uns bemühten, unsere Verfehlung auszuwetzen und ihn in gute Laune zu versetzen. Er würdigte das auf seine Art. Am Freitag war Parktag angesetzt. Das bedeutete, das die ganze Truppe in den Gefechtspark musste, um sämtliche Fahrzeuge zu reinigen und auf Funktionstüchtigkeit zu überprüfen. Es war recht heiß, die Sonne knallte auf uns herab und wir schwitzten wie die Schweine. „Beier und Klausner zu mir!", befahl er die beiden Springer zu sich. Er kramte seine Geldbörse aus der Gesäßtasche, zog einen Zwanzig-Mark-Schein hervor und sagte: „Los, ab in die MHO, holt zwei Kästen Cola, oder einen Kasten Cola und einen Kasten Limo, je nachdem, was es gerade hat!". Die Beiden trabten los. Dann rief er nach mir und Hartung.

„Ihr Beiden geht in die Abteilung, sucht den Kleiderbullen und lasst Euch Handtücher geben für alle! Nachher ist Baden im Feuerlöschbecken angesagt!" Uns blieb der Mund offen stehen! Baden im Feuerlöschbecken! Das war mal eine Aktion! Das Becken hatte fast die Größe eines Schwimmbeckens in einer Schwimmhalle, also bestens geeignet, ein wenig zu schwimmen und zu planschen! Eilig liefen wir zur Abteilung. Den Kleiderbullen, wie wir den für die BA-Kammer zuständigen Uffz. nannten, hatten wir nach nur fünf Minuten gefunden. Er händigte uns die Handtücher aus und wir eilten zurück. Die beiden Einkäufer waren immer noch nicht aus der MHO zurück. Die waren nun schon fast eine dreiviertel Stunde weg. Nach weiteren dreißig Minuten kamen sie endlich.

"Wo habt Ihr die Getränke geholt? In Polen? Oder in Russland? Wieso hat das so lange gedauert?". Klausner guckte betroffen. Er war ein etwas einfältiger Typ, aber ehrlich. Das wurde ihm jetzt zum Verhängnis. „Wir haben uns auf die Schnelle in der Kneipe noch ein Schnitzel bestellt, Genosse Fähnrich.", antwortete er in seiner dörflichen Art. „Klausner, bist Du blöd? Hatte ich irgendwas von Schnitzel fressen erwähnt?". „Nein, Genosse Fähnrich." , murmelte Klausner kleinlaut. „Da man mit vollem Bauch nicht ins Wasser soll, ist für Euch Beide das Baden gestrichen!", Wir anderen machten uns zunächst über die Getränke her. Dann entkleideten wir uns und sprangen ins Becken. Das war eine wirklich willkommene Abkühlung. Vergessen war der beschissene Wochenanfang, vergessen auch des Fähnrichs Zorn auf uns. Auch Dreispitz ließ sich dieses kühle Intermezzo nicht entgehen. Die Truppe war wieder eine richtige Truppe.

IV

Am Dienstag war ich soweit gewesen, einen ausführlichen, sechs Seiten langen Brief zu schreiben, in dem ich mein Verhalten begründete und um Vergebung bat. Natürlich musste ich lügen, ich beharrte darauf, das es außer ein paar Knutschereien zwischen mir und Heike nichts gegeben hätte. Nun wartete ich voller Angst, aber auch voller Hoffnung jeden Tag auf eine Antwort. Die konnte aller frühestens am Montag eintreffen, aber auch da war wohl eher der Wunsch der Vater des Gedankens, wenn man die normalen Postlaufzeiten in Betracht zog. Insofern gestaltete sich das Wochenende sehr schwierig. Alkoholexzesse mussten wir unbedingt vermeiden, aber nüchtern keimte unsäglicher Tagedruck auf, der durch die Langeweile auch noch verstärkt wurde. Ich hatte keinen Anlass, noch einen Brief zu schreiben und stundenlang an Formulierungen zu feilen. Im Grunde blieben die üblichen Freizeitaktivitäten: Skat, Lesen, Billard spielen, Fernsehen glotzen, Alles Dinge, auf die ich keine Lust hatte. So zog sich das Wochenende endlos dahin und es war eine regelrechte Erleichterung, als der Montag kam.

Der fing mit einer Überraschung an: Lischka war wieder da! Gleich Morgens kam er auf unsere Stube, wir saßen noch beim Frühstück. „Na Jungs, alles in Ordnung?", begrüßte er uns, nachdem er eingetreten war. „Oh, ein neuer Offizier im Gelände!", rief ich ihm entgegen. "Glückwunsch zur Ernennung!" Die anderen riefen ebenfalls „Glückwunsch!" „Danke, Jungs, Danke!". „Einen Kaffee für den Herrn Offizier?", fragte Schneider. „Gern, aber wenn schon, dann für den GENOSSEN Offizier!", sagte Lischka, „Die HERREN Offiziere gab es früher mal!" So ganz konnte er seine Steifheit noch nicht ablegen. Er griff sich einen Hocker und setzte sich an den Tisch. Als er den Kaffee vorgesetzt bekam, brannte er sich eine Zigarette an, Nu erzähl schon, wie lief die Ernennung ab?", fragte Hartung. Lischka berichtete ausführlich und nicht ohne Stolz. „Naja, jetzt bin ich jedenfalls froh, das ich endlich die Schule hinter mir habe!", schloss er seine Erzählung. „Jo, Schaffner ist halt auch ein beschissener Status!", erinnerte Schneider ihn an die Vergangenheit.

Der Tag verging und ich fieberte der Dienstausgabe entgegen. Schon vorher ging ich Uffz. Dremmler auf den Sack, ob er seinen Läufer, wie der GuvD genannt wurde, nicht schon in die Poststelle geschickt habe, unsere Post einzusammeln. „Oh Mann, Frei, was ist los? Willst Du mir hier ewig auf die Eier gehen? Warte doch einfach ab!", versuchte er, mich loszuwerden.

Meine ganze Aufregung war umsonst. Es war kein Brief für mich angekommen. Ich versuchte, mir Britta's Schichtrhythmus auszurechnen. Als Resultat kam immer wieder die Frühschicht heraus. Somit hatte ich keine Chance, sie telefonisch zu erreichen. Ich litt wie ein Hund. Selbst wenn ich mich meinem Kumpel Schneider anvertraut hätte, hätte ich meine Emotionen selber bewältigen müssen. Also ließ ich es bleiben. Bis weit nach Mitternacht wälzte ich mich von einer Seite auf die andere, ohne Schlaf zu finden. Am Morgen fühlte ich mich wie erschlagen. Wieder ging es los, das Warten auf die Dienstausgabe und die Verteilung der Post. Wieder war das Warten umsonst. Immer noch kein Brief. So zog sich die Woche dahin. Erst am Freitag war es soweit. Ich nahm den Brief entgegen. Meine Hände zitterten, als ich ihn hastig aufriss….
Meine Augen überflogen die Zeilen auf den zwei Seiten. Ich atmete tief durch, steckte mir eine Karo an. Alles war gut! Britta hatte mir verziehen.

V

Eine weitere Trockenübung stand an, die über zwei Tage gehen sollte. Dazu fuhren wir auf ein Übungsgelände in bei Ordruff. Es war meine erste Trockenübung auf der Haupt-B-Stelle, ich würde also mehr zu tun bekommen, als auf den bisherigen Übungen. Die Hitze im SPW war unerträglich. Kein Lüftchen regte sich, so dass auch die geöffneten Luken keinerlei Effekt in Sachen Luftzufuhr hatten. Fasste man auf die Außenhaut des dunkelgrün gestrichenen Panzerwagen, verbrannte man sich die Finger. Vorausschauend, wie wir in unserer Dienstzeit geworden waren, hatten wir uns mit reichlich Tee eingedeckt. Zwei 10 Liter Kanister nannten wir unser eigen. So standen wir also im Gelände und warteten darauf, das irgendetwas passieren würde. Es war kein Offizier an Bord, weder Major Ganter noch unser Leutnant Lischka. Auch unser Rechner fehlte, der trieb sich unseres Wissens im Stabsfahrzeug rum, genannt „Budka", was auf russisch „Koffer" bedeutet. Das war ein LKW vom Typ LO, dessen kofferartiger Aufbau nach links und rechts ausgeschoben und somit vergrößert werden konnte. Dort drin hockten im Ernstfall die Stabsoffiziere über ihren Gefechtskarten und heckten die besten Angriffs- oder Verteidigungsstrategien aus. Nur Schneider, mein Funker, und Franke, der Fahrer, waren zugegen. „Mensch, wir hocken schon seit zwei Stunden hier drin und nichts passiert! Die Hitze geht mir auf den Sack!", sagte Franke und nahm einen Schluck Tee aus seiner Feldflasche. „Wenn wir gleich vor zwei Stunden losgefahren wären, könnten wir schon im Westen sein!" Schneider's Stimme klang bei diesem Satz durchaus ernst. „Wie im Westen sein?", fragte ich nach. „Naja, stell Dir vor, wir wären auf die Autobahn Richtung Westen gefahren, da wären wir schon lange über die Grenze!" Die Art, wie er das sage, klang keineswegs nach einem Witz. „Hm, die hätten uns doch schon unterwegs aus dem Verkehr gezogen!" gab ich zu bedenken. „Hehehe, was glaubst Du, wer einen SPW auf der Autobahn anhält? Muss natürlich hinten ordnungsgemäß ein Regulierer mit seinen Fähnchen rausgucken!", konterte er. Ich dachte nach, und ich stellte fest, das die Wahrscheinlichkeit, auf der Autobahn gestoppt zu werden tatsächlich gering erschien. „Und dann? Grenzübergang? Die sind gesichert wie sonstwas!" „Hm, gibt zwei Varianten: Entweder, die sind so überrascht, wenn ein Panzerwagen auftaucht, das die es nicht schaffen, ihre Betonrolltore zu verschließen oder die schaffen das und dann wären wir im Arsch. Deswegen würde ich ja einfach den Grenzzaun abseits von 'nem Übergang durchbrechen!". Er schien es ernst zu meinen! „Du spinnst!", sagte ich, „Das wäre nicht zu schaffen, da sind fünf Kilometer Sperrgebiet davor!" Jetzt mischte sich Franke ein. „Na und? Wenn man Querfeldein ins Sperrgebiet einfährt, kriegt das keine Sau mit! Dann auf 'ne Landstraße auffahren! Dann denken die doch alle, der SPW gehört zu einer Grenzkompanie! Dann ran an die Grenze, Vollgas und durch!" Das klang logisch. Wir hörten Stimmen, die sich näherten, kurz darauf kletterten Major Ganter und Leutnant Lischka in den SPW. Das Gespräch war damit beendet und unsere Flucht fand somit auch nicht statt.

Noch 241 Tage.

Kapitel 11

September

I

„Es klingt wie ein Hit! Nur noch acht mal Polit!" Gemeint war der Politunterricht, der regelmäßig an zwei Tagen im Monat stattfand. Dort wurden wir auf die NVA, das sozialistische Vaterland und den Kommunismus eingeschworen,. Das war zumindest das erklärte Ziel dieser „Rotlichtbestrahlung", wie derartige Veranstaltungen im Volksmund und somit auch bei der NVA genannt wurden.

Thomas Frei: **GEDIENT**: Ein NVA-Soldat erzählt

Durchgeführt wurde der Politunterricht vom Politoffizier, der eine ganz besondere, schwergewichtige Dienststellung innehatte. Allgemein wurde angenommen, das der Politoffizier gleichzeitig der Verbindungsoffizier zum Schal und Schwert der Partei, also zur Stasi war. Aber das waren selbstverständlich nur Gerüchte, beweisen konnte das damals natürlich niemand. Der Politoffizier betrat den Schulungsraum. Es war ein neues Gesicht, welches wir zuvor nie gesehen hatte, Der Kerl war ein Oberleutnant, der sich als „Oberleutnant Winkelmann" vorstellte. Er war ein recht dunkelhäutiger Typ, dessen schwarze Haare schon deutliche graue Strähnen zeigten, was mich zu einer fatalen Fehleinschätzung hinreißen ließ. „Nun Genossen, da wollen wir uns heute mal über den 13. August 1961 unterhalten!"' begann er die Rotlichtbestrahlung. Das Datum war allen sattsam aus dem Geschichts- und dem Staatsbürgerkundeunterricht bekannt: Es ging um den Bau des „antifaschistischen Schutzwalls", der Mauer. „Wir sollten vielmehr über den 30. April 1981 reden!!", unterbrach ich seine Rede in Anspielung auf unser Entlassungsdatum. Bis dahin war ich davon ausgegangen, dass der für sein Aussehen vergleichsweise niedrige Dienstgrad darauf schließen ließ, das Oberleutnant Winkelmann ein Offizier der Reserve war und daraus folgend seine Aufgabe etwas lockerer nahm. Seine Reaktion auf meinen Einwurf belehrte mich schnell eines Besseren! „Nehmen Sie den Politunterricht nicht ernst, Genosse Soldat?", brüllte er mich an. „Stehen Sie gefälligst auf, wenn ich mit Ihnen rede!" Ich erhob mich und nahm Haltung an. „Ihr Name, Genosse Soldat?", fragte er, immer noch lauter als nötig. „Frei, Genosse Oberleutnant.", gab ich zur Antwort. „Ihr Name ist SOLDAT Frei!", brüllte er weiter. „Nein, Genosse Oberleutnant, das stimmt nicht! Mein Name ist ‚Frei'. ‚Soldat ist mein Dienstgrad!".

Ich wurde trotzig. Die anderen kicherten. „Wollen Sie mich belehren, Soldat Frei?". Er war außer sich. „Nein, Genosse Oberleutnant, ich wollte nur korrekt sein!". „Hier gehört der Dienstgrad zu Ihrem Namen! Also, wie heissen Sie?" „Frei, Genosse Oberleutnant! So steht es in meinem Wehrdienstausweis unter ‚Name'! ‚Soldat' steht weiter hinten unter ‚Dienstgrad'!".Ich war nicht gewillt, klein beizugeben. Das Gekicher meiner Kameraden war durchaus dazu geeignet, meinen Willen zu stärken. „Was wissen Sie über den 13. August 1961, Soldat Frei?", fragte er als Nächstes. „Da kann ich mich nur sehr schwer daran erinnern, Genosse Oberleutnant, da war ich gerade mal ein halbes Jahr alt!" Gelächter brach aus. Winkelmann schnaufte und ich sah, dass er sich nur mit Mühe zurückhalten konnte, nicht zu explodieren. „Wollen Sie mich verarschen, Frei? Also WAS war am 13. August 1961?" Seine Stimme hatte beinahe die Lautstärke auf einem Konzert meiner Lieblingsbands erreicht, nur ohne Mikro und Verstärker. „Der 13. August 1961 war der Tag des Baus der Mauer, Genosse Oberleutnant!", brüllte ich zurück. Ich passte mich seiner Lautstärke an! „Mauer? Hör ich das richtig? M-A-U-E-R??? ANTIFA-SCHISTISCHER SCHUTZWALL heißt das! Sie quatschen hier im Jargon der Bonner Ultras! Ihre Eltern haben Sie offensichtlich diesen westlichen Hetzsendern ausgesetzt! Also, nochmal, was war am 13. August 1961!?" „Da wurde der antifastischistische Schutzschwall gebaut!" Ich stammelte und sprach die Worte absichtlich falsch aus. „Sind sie blöd, Frei, oder warum quatschen Sie so einen Scheissdreck? Oder sind Sie einer von diesen verkappten Feinden des Sozialismus? Was sind Sie von Beruf, Soldat Frei?" „Nichts, Genosse Oberleutnant, ich bin gar nichts von Beruf!", antwortete ich wahrheitsgemäß. „Was soll das heissen, Nichts?". „Ich habe keinen Beruf, ich habe Abitur." „Nun, dann werde ich dafür sorgen, das Ihre zukünftige Studieneinrichtung von Ihrer politischen Einstellung erfährt! da werden Sie sehen, was Sie davon haben!" Seine Drohung verfing nicht. „Diese Mühe können Sie sich sparen, Genosse Oberleutnant!" „Was soll das heißen, Frei?" „Ich hab keine Studienplatz und werde auch keinen bekommen!", antwortete ich. „Waren Sie so blöd in der Schule oder was?". „Nein, Genosse Oberleutnant. Ich hab mich nur geweigert, So zu werden wie Sie, Genosse Oberleutnant!", klärte ich ihn wahrheitsgemäß auf. „Was heisst das nun schon wieder, Frei?", bohrte er weiter. „Naja, das ist eigentlich ganz einfach", begann ich,"Man wollte mich dazu bringen, Offizier zu werden, aber das wollte ich nicht. Also hat man mir ins Zeugnis geschrieben, dass ich auf Grund meiner Einstellung zur Deutschen Demokratischen Republik nicht geeignet wäre, zu studieren, was ja am Ende einem Studienverbot gleichkommt!". Obwohl einige meiner Kameraden darüber bescheid wussten, ging ein Raunen durch den Raum. „Das kann ich mir lebhaft vorstellen, so wie Sie hier provozieren! Mit solchen wie Ihnen sollte man noch ganz anders verfahren! Da sind wir noch viel zu human!" Mit dieser Aussage war klar, dass wir es hier mit einem dunkelroten Vertreter der sozialistischen Arbeiter- und Bauernmacht zu tun hatten.

II

Zwei Tage später bestellte mich der Fähnrich in sein Dienstzimmer. „Mensch Frei, was haste denn da wieder für einen Bock geschossen?", fragte er ohne jegliche Einleitung. „Ich weiß nicht, was Sie meinen, Genosse Fähnrich!" Natürlich wusste ich, worum es ging, aber manchmal ist es besser, wenn man sich erst einmal dumm stellt. „Du hast den neuen V-Nuller provoziert!", sagte

Dreispitz. Damit war klar, dass der Oberleutnant Winkelmann der Verbindungsoffizier zur Stasi war. Die Bezeichnung für diese Offiziere lautete intern VO, umgangssprachlich V-Nuller. „Ich bin mir keiner Schuld bewusst, ich war nur ehrlich!", entgegnete ich. „Ehrlich brummt am längsten! Das weißte doch! Du bist doch nicht blöd!", wand der Fähnrich ein und fuhr fort: „Ich sitze jetzt da und hab ein Problem!". „Was für ein Problem?", fragte ich. „Der will, dass ich Dir eine Strafe aufbrumme, aber erstens weiß ich nicht, wie ich die begründen soll, denn in der Dienstvorschrift finde ich nichts, was tatsächlich auf die Sachlage treffen würde und zweitens weiß ich nicht, wie hoch eine Bestrafung für eine nichtexistierende Verletzung der DV ausfallen sollte! Verstehst mein Dilemma, Frei?" „Ja, versteh ich, Fähnrich, tut mir leid!" Er tat mir wirklich leid in diesem Moment. Dann kam mir eine Idee. „Fähnrich, mir fällt da was ein!", sagte ich „Und was? Raus damit!" „Naja, wir fahren doch am 18. oder 19. auf Übung nach Nochten, stimmts?" „Ja, stimmt!", bestätigte er. „Die Übung dauert doch drei Wochen, richtig?". „Richtig!" „Na also, dann bestrafen Sie mich doch mit vier Wochen Ausgangs- und Urlaubssperre und nach der Übung belobigen Sie mich mit ‚Streichung einer Strafe'!" schlug ich vor. „Die Ausgangssperre werde ich ganz tapfer ertragen, während wir im Feldlager sind!", versprach ich grinsend. „Schlitzohr! Raus jetzt!" Auch der Fähnrich lächelte. Die Streichung der Strafe aus der Kartei war wichtig. Die Belobigung würde bewirken, dass die Strafe gelöscht wurde, was Voraussetzung dafür war, das ich in zwei Monaten, als E, Gefreiter werden konnte! „Das klingt gut, Frei! Nur wofür soll ich Dich bestrafen?" „Na einfach ganz allgemein wegen Verletzung der Dienstpflichten!". „Ich sag ja, Du bist nicht blöd! Frag mich nur, warum Du Dich und mich da in solch eine Situation bringst!". Am Nachmittag zur

Dienstausgabe ließ mich der Fähnrich vortreten. „Soldat Frei, hiermit bestrafe ich Sie wegen Verletzung der Dienstpflichten mit vier Wochen Ausgangs- und Urlaubssperre! ... Wegtreten!"

III

Übermorgen sollte es losgehen. Schneider, Hartung, Beier, zwei weitere Springer aus der Nachbarstube, Uffz. Dremmler, der Fähnrich, Leutnant Lischka und ich sollten als Vorkommando mit einem Ural auf den Übungsplatz nach Nochten fahren, um die Zelte für die Einheit aufzubauen. Die 4.Batterie hatte noch eine Küchengruppe nebst Feldküche mitzuschicken. Dazu kam noch eine Gruppe aus der gleichen Einheit, die die Unterbringung der drei Batterien unserer Abteilung vorbereiten sollten. Aber heute stand erst einmal etwas wesentlich angenehmeres Ritual auf dem Programm. Wir hatten noch 222 Tage vor uns und das hieß, dass wir am heutigen Tage unser Bandmaß anmalen durften. Das wurde sehr sehr ernst genommen und akribisch durchgeführt. Zunächst wurden die Wochenendtage mit einem roten Kugelschreiber markiert. Der Samstag jeweils zur Hälfte, der Sonntag komplett. Eine ganz wichtige Zahl war die 133. Diese stand für die Postleitzahl von Schwedt, wo der Armeeknast war, und wurde deswegen mit einem schwarzen Gitter gekennzeichnet. Selbstverständlich ging diese Zeremonie mit einem Umtrunk einher, der sich diesmal allerdings in Grenzen hielt.
Fischer, unser Stuben-E ließ keine Gelegenheit aus, um rumzufrotzeln, immer wieder hielt der uns sein Bandmaß unter die Augen, welches schon reichlich an Länge abgenommen hatte. Es würde nicht mehr lange dauern, bis es

auch vom Umfang her im aufgerollten Zustand nicht mehr in der Spange halten würde. Ab da wurde es lose in der Hosentasche getragen. Fischer's Sticheleien machten uns aber nicht viel aus, wir genossen das Ritual. Schließlich war es ein weiterer markanter Meilenstein in Richtung Entlassung.
Der Morgen der Abfahrt kam. Bereits am Vortag hatten wir die Zelte auf den Ural verladen. Ich hatte vorsorglich als weiche Unterlage das Tarnnetz des SPW's obendrauf gepackt. Die Zelte waren ziemlich hart, und da wir die Fahrt auf der Ladefläche verbringen würden, wollte ich für ein angenehmeres Ruhelager sorgen. Wir traten im Gefechtspark an zum Empfang des Marschbefehls. Der Konvoi bestand aus insgesamt fünf Fahrzeugen, vier Ural und der LO mit Feldküche der Küchengruppe. Das Kommando bekam Fähnrich Dreispitz übergeben. Das war ein wenig außergewöhnlich, denn Leutnant Lischka stand vom Dienstgrad her über ihm. Offensichtlich traute man dem Leutnant aber noch nicht all zu viel zu. Dreispitz gab die Fahrtroute und die Marschgeschwindigkeit bekannt. Nochten lag im Osten der Republik, ungefähr 50 Kilometer nordöstlich von Bautzen. Die gesamte Strecke belief sich auf etwa 330 Kilometer. Der Fähnrich hatte ein Kolonnentempo von 30 km/h ausgegeben. Na das konnte heiter werden. Mindestens zwölf Stunden auf der Ladefläche hocken, zwischendurch noch Pinkelpausen... Ich war bedient! Ich, und nicht nur ich, hoffte, das es doch ein wenig schneller gehen möge. Wir kletterten auf die LKW und kurz darauf setzte sich der Konvoi in Bewegung. Wir richteten uns unsere Lagerstätten noch ein wenig ein, so das jeder seine Utensilien wie die Verpflegungsrationen, die wir uns von den Jungs in der Küche hatten vorbereiten lassen, in Reichweite hatte. Die ersten zwei Stunden döste ein jeder noch vor sich hin. Wir waren schon seit vier Uhr auf den Beinen und absolut nicht ausgeschlafen.

Thomas Frei: **GEDIENT**: Ein NVA-Soldat erzählt

Ein Stopp weckte uns auf. Ich schaute auf die Uhr, es waren tatsächlich erst zwei Stunden gewesen, seit wir losgefahren waren. „Wo sind wir?", fragte ich in die Runde. „Irgendwo zwischen Hermsdorf Kreuz und Gera.", sagte Schneider. „Dann sind wir ja tatsächlich nur 30 gefahren!" Ich war entsetzt! „Bei dem Tempo kommen wir ja erst an, wenn es da oben im Wald so finster ist wie in einem Bärenarsch!", machte ich meinem Ärger Luft. Wir sprangen vom LKW und suchten uns erst mal einen Platz am Gebüsch um zu pinkeln. Dann ging ich zu Dreispitz, der, an den LKW gelehnt, eine rauchte. „Mensch, Fähnrich, wenn wir weiter so über die Autobahn schleichen, kommen wir in stockdunkler Nacht an! Wie sollen wir da noch wenigstens das Zelt für uns aufbauen? Geht das nicht ein bissen schneller?". „Hm, das Marschtempo kommt doch nicht von mir, sondern von Ganter!". „Na und? Ist der hier? Der hockt hinter seinem Schreibtisch und liest Zeitung!". „Naja, die Dunkelheit bei Ankunft ist natürlich ein Argument, welches nicht von der Hand zu weisen ist!". Der Fähnrich suchte offensichtlich nach einer guten Begründung für Eigeninitiative. „Ich meine, mir ist das ja egal, Fähnrich, ich hab einen guten Platz zum pennen auf dem Tarnnetz. Aber Ihr, die Ihr in der Fahrerkabine hockt, habt es da nicht so bequem!", versuchte ich, ihm noch ein wenig mehr auf die Sprünge zu helfen. „Stimmt, da vorn ist nur Platz für einen zum Liegen!". „Jo und Morgen früh tun einem alle Knochen weh!", ergänzte ich. „Na gut, Frei, überredet!"
Die Pause war beendet, wir kletterten wieder auf die Ladefläche und es ging weiter. Tatsächlich fuhren wir jetzt so um die 50 km/h, aber immerhin besser als 30. Das der Fähnrich nicht ganz so auf die Tube drücken wollte, war sicherlich auch dem Umstand geschuldet, dass Benzin ein hohes und teures Gut war in der DDR.

Erdöl musste für nur begrenzt vorhandene Westmark eingekauft werden. Selbst der große Bruder in Moskau gab nichts mehr gegen Ostmark oder andere Produkte ab. Von daher waren alle Betriebe und Einrichtungen dazu angehalten, Sprit einzusparen, wo es nur ging. Und immerhin fraß ein Ural schon mal an die fünfzig Liter auf einhundert Kilometern.

IV

Gegen 16 Uhr kamen wir am Zielort an. Wir hielten auf einer Waldlichtung. Nachdem wir vom Ural geklettert waren, schauten wir uns erst einmal um. Das Erste, was ich entdeckte war ein großer Steinpilz, der am Fuße eines Baumes stand. Ich ging hin und pflückte ihn aus dem Waldboden. Er war wie gemalt, keine Anzeichen von Wurmbefall. „Guckt mal, lecker!", strahlte ich. "Hier müssen noch mehr sein!" „Frei, schmeiß den weg! Pilze essen ist strengstens verboten!", wies mich Dreispitz an. „Verboten für Idioten!", rief ich ihm zu, „Ich kenn' die Pilze! Hatte jahrelanges Training von meinem Opa! Und ich werde mir diese Delikatesse gewiss nicht entgehen lassen, nur weil ein Erfinder von Dienstvorschriften mir die Kenntnisse nicht zutraut!", entgegnete ich. „Außerdem: Hier gibt es keine Pilzsucher, es ist Pilzsaison! Das dürfte eher auf Ernte, denn auf ‚Suchen' hinauslaufen!", fuhr ich fort. „Mach - was Du willst, aber wenn Du mit 'ner Vergiftung krepierst, weiß ich von Nichts!" Der Fähnrich hatte schon wieder Muffensausen! Wir suchten nun aber einen geeigneten Platz für das erste Zelt. Das war nicht ganz einfach, denn am manchen Stellen standen die Bäume dicht. Schließlich hatten wir uns auf einen Standort geeinigt und begannen mit dem Aufbau. Wir waren routiniert, bereits nach zehn Minuten stand unser neues Heim. Wir richteten uns provisorisch ein, denn natürlich würden wir nach Ankunft der kompletten Truppe umziehen müssen. Für heute war genug getan. Hallbauer, der Fahrer der Küchengruppe, Dachs wie ich, kam zu mir. „Eh, Frei, ich fahre ins Dorf, der Konsum hat noch halbe Stunde auf. Braucht Ihr was?" „Na klar doch! Soll einer mitkommen?". „Ja, gerne!". „Schneider! Komm mal!" rief ich laut. „Was haste?" Schneider war innerhalb von Sekunden aus dem Nichts aufgetaucht. „Haste Lust mit Hallbauer ins Dorf zu kutschen, Getränke holen?". „Und Du? Zu faul?". „Nee, ich geh derweil Pilze suchen! Gibt lecker Abendessen!" „Das klingt gut!", sagte Schneider. „Also, was soll ich holen?" „Hm, am besten zwei drei Rohre Klaren oder Wodka und ein paar Flaschen Limo oder Cola."' schlug ich vor. „Kein Bier?", fragte Schneider. „Nee, das lässt sich wegen der vielen Flaschen schlecht abtarnen und vergammelt bei der Wärme bis morgen ohne Kühlschrank!" argumentierte ich. „Ja, stimmt... Haste Geld?". Ich zog einen Zwanziger aus der Tasche. „Bring drei Flaschen. Eine musst Du erstmal blechen!", sagte ich zu Schneider. „Aber wir sammeln nachher Kohle ein! Wer saufen will muss zahlen!", machte ich noch klar. „Logisch!", pflichtete mein Kumpel mir bei. Hallbauer und Schneider fuhren los. Ich griff mir meinen Stahlhelm und marschierte in Richtung Wald. Ich brauchte tatsächlich nicht lange zu suchen, bis sich eine äußerst ergiebige Stelle fand, an der jede Menge Maronen ihre braunen Hüte durch den Waldboden gesteckt hatten. Es war das wahre Pilzparadies, was sicherlich auf den Umstand zurückzuführen war, das hier auf dem Übungsgelände zivile Pilzsammler keinen Zutritt hatten. Der Stahlhelm, den ich als Sammelbehälter mitgenommen hatte, war im nu gefüllt. Ich ging zurück, kippte die Pilze auf mein Nachtlager und begab mich zur Küchengruppe. Die waren noch mit der Inbetriebnahme der Feldküche beschäftigt. Ich fragte nach Schüsseln, die ich auch geliehen bekam, allerdings nicht ohne versprechen zu müssen, ein paar Pilze abzugeben. „Kein Problem!", sagte ich," ich bring die Alle her, und wir bereiten die zusammen hier zu. Hab im Zelt außer meinem Feldkocher sowieso keine Möglichkeit, die Pilze zu braten!". „Oh ja, das klingt gut!", freute sich ein Soldat. Ich trabte wieder los. Binnen einer halben Stunde waren die Schüsseln voll. Ich lieferte meine Beute bei den Küchenjungs ab und machte mich ein drittes Mal auf den Weg, diesmal in eine andere Richtung. Auch dort wurde ich nicht enttäuscht. Ein Stahlhelm und vier volle Schüsseln mit Pilzen, dass sollte reichen. Schneider und Hallbauer waren zurück. Für uns waren drei Flaschen Lunikoff im Gepäck, die Schneider unter seiner Zeltbahn verstaute. Außerdem hatte er eine Kiste Quick Cola mitgebracht. Ich schlug vor, das wir schon mal eine Mischung für uns vorbereiteten, so dass wir ungestört trinken konnten, selbst wenn der Fähnrich oder Lischka im Zelt waren. Das die Cola sehr blass aussehen würde, sollte nicht auffallen, da nur eine Funzel von Lampe für ein wenig Licht im Zelt sorgte. Inzwischen hatten die Jungs an der Feldküche die Pilze zubereitet und holten uns zum Essen fassen. Jeder bekam eine erkleckliche Portion ab. Dieses seltene Gericht schmeckte wunderbar und wir genossen es! Auch der Fähnrich langte zu, was natürlich ob seiner anfänglichen Bedenken mit Lästereien bedacht wurde. „Fähnrich, das Herzrasen und die Atemnot setzen in frühestens zehn Minuten ein! Also noch genügend Zeit, das Testament zu schreiben!" So in der Art musste sich Dreispitz einiges anhören, nebst dem Gelächter, welches jeder blöden Bemerkung folgte. Der Abend war mild, die Temperaturen waren trotz fortgeschrittener Uhrzeit immer noch sehr angenehm.

Schneider und ich griffen uns je eine Schwarzdecke und eine Flasche mit Mischung und gingen die paar Meter zum Waldrand, neben dem eine schöne Wiese lag. Wir breiteten unsere Decken aus und machten es uns darauf bequem. Der Sternenhimmel, der sich über unseren Köpfen präsentierte, bot einen wahrlich gigantischen Anblick. Soviel Sterne konnte man sonst kaum irgendwo sehen. Zu viele dieser kleinen Lichtpunkte am Firmament wurden von der Helligkeit der Städte regelrecht verschluckt. Aber hier, fernab einer großen Stadt, mitten in einem Terrain, wo keinerlei künstliche Beleuchtung störte, waren sie alle da! Mir verschlug es regelrecht die Sprache, ich hatte den Himmel noch nie zuvor so gesehen. Ich legte mich auf den Rücken, zog an meiner Karo und starrte dieses phantastische Bild an, welches sich meinen Augen darbot. Schneider schien ebenfalls überwältigt, auch er sagte kein Wort.

Nachdem wir schweigend diesen Anblick lang genug genossen hatten, gingen wir in unser Zelt. Die anderen saßen schon alle drin, einschließlich Dreispitz und Lischka. Der Leutnant erzählte irgendwelche Geschichten von der Offiziershochschule. Da wir später dazugekommen waren, bekamen wir den Zusammenhang nicht wirklich mit. Ich griff in die eine Tasche des Sturmgepäcks, in der ich die vorbereitete Cola-Wodka-Mischung verstaut hatte und begann, daran zu nuckeln. Der Fähnrich schaute zu mir rüber und sagte: „Was trinkst Du da, Frei?" „Na was könnte das wohl sein, Fähnrich? Kleiner Tipp: Es ist KEIN Kaffee!", gab ich zurück. „Ihr habt doch bestimmt was da, oder?". Natürlich verstand ich seine Anspielung, ging aber nicht darauf ein. „Klar haben wir was da. Hallbauer hat ne ganze Kiste Cola und Limo mitgebracht!". „Cola hab ich selber!". „Na was anderes habe ich auch nicht, Fähnrich!", behauptete ich weiter. „Lass mal von Deiner Cola kosten!" Er ließ nicht locker.

„Nee, nee, Fähnrich, so etwas kann ich nicht leiden! Das hab ich schon als kleines Kind nicht gemocht, wenn andere aus meiner Flasche trinken!" „Deine Cola sieht so dünn aus!", bohrte er weiter. „Da hatten die wohl im VEB Getränkekombinat wohl wiedermal mehr Wasser als alles andere!" „Erzähl keinen Scheiß, Frei, Ihr habt doch was da!". „WAS sollen wir denn dahaben?". „Na Alk!" Endlich ließ er die Katze aus dem Sack. „Nee, wir haben nichts da.", log ich wieder, bot ihm aber gleich die Erfüllung seines Wunsches an. „Aber wenn Sie wollen, kann ich was besorgen.". „Wie willste jetzt was besorgen?", fragte er neugierig. „Na das regele ich schon.". versprach ich ihm. „Na dann los!", forderte er mich auf. „Nur unter zwei Bedingungen!" „Die da wären?" „Erstens: Sie bezahlen! Die Pulle Wodka kostet zwanzig Mark! Und zweitens: Wir kriegen was ab!". „Zwanzig Mark für eine Pulle Wodka? Das sind ja Preise wie im Delikat-Laden!" „Naja, 'nen Konsum sehe ich hier nicht! Also, was ist nun?" Er tuschelte mit Lischka. Es dauerte eine Weile, bis sich die Beiden einig wurden. Letztendlich zog ein jeder von ihnen seine Geldbörse hervor. Der Fähnrich hatte nur einen Zwanziger, den er mir gab. Lischkas Zehner ging an Dreispitz. Ich griff den Schein, stand auf und ging Richtung Ausgang. „Hände weg von meiner Cola!", rief ich dem Fähnrich noch zu.

Schneider hatte die ganze Zeit amüsiert der Diskussion gelauscht und schon lange begriffen, was er zu tun hatte. Es war einfach unglaublich, was wir für ein eingespieltes Team wir beiden waren! Er hatte schon längst eine der Flaschen unter der Zeltwand nach draußen geschoben. Es ging den Fähnrich rein gar nichts an, das der Schnaps vor seiner Nase gelagert war. Ich ließ mir Zeit und ging erst einmal in aller Ruhe Pinkeln. Dann schlich ich zum Zelt und sammelte die Flasche Lunikoff auf. „Im Wald wachsen Wodka-Pullen!" grinste ich, als ich das Zelt wieder betrat. „Die Stelle musste mir zeigen!", rief Schneider. „Nee, das ist Geheime Verschlusssache!", antwortete ich ihm. Der Fähnrich schien schon voller Gier zu sein. „Her mit dem Zeug, Frei, aber dalli!". „Oh, hier hat aber jemand Durst! Fehlt bloß noch, dass die Hände zittern!", frotzelte ich ihn. „Nana, nicht übermütig werden!", warnte er mich. „Hm, Fähnrich, Verstoss gegen Befehl 30/74 des Ministers! Und das von Ihnen!". „Gilt nur für militärische Objekte! Sind wir hier in einem militärischen Objekt?" Er versuchte, schlau zu sein. Ich sagte nichts dazu, allerdings musste ich mir eingestehen, dass ich in diesem Moment durchaus dahingehend ein wenig verunsichert war, ob ein Truppenübungsplatz ein militärisches Objekt ist oder nicht. Ich vermutete, er ist es. Aber das war im Grunde egal. Die Flasche Schnaps war nun da, Fähnrich und Leutnant hatten bezahlt und tranken mit uns. Da spielte der Befehl 30/74 ganz gewiss keine Rolle.

V

Wir standen früh auf, gingen zum Wassertankwagen, um uns zu waschen und anschließend zur Feldküche. Das Frühstück war schon vorbereitet. Hallbauer war ins Dorf gefahren, um beim Bäcker frische Brötchen zu holen. „Altbackene Semmeln und Dosenbrot wird es in den nächsten zwei Wochen noch oft genug geben!", begründete er seine Aktion, für die er von Allen viel Lob erntete. Dann fingen wir an, die Zelte aufzubauen. Es fiel uns auf Grund der Gegebenheiten schwer, diese in einer einigermaßen vernünftigen Ordnung aufzustellen, da wir immer erst schauen mussten, an welchen Stellen der Abstand zwischen den Bäumen ausreichen würde. Die vier Stabszelte standen bereits um elf Uhr, eines davon hatten wir ja bereits am Vortag errichtet. Dann machten wir erst einmal ausgiebigst Mittagspause. Erst gegen Zwei begannen wir, den Jungs von der 4.Batterie zu helfen. Die hatten richtig gut zu tun. Insgesamt 21 Zelte mussten die Jungs errichten, das war ein Haufen Holz. Allerdings waren dafür aber auch drei Tage Zeit. Bis zum Einbruch der Dunkelheit hatten wir zehn Zelte geschafft. Morgen würden wir fertig sein. Am Abend ging ich mit Hallbauer in die Pilze. Wieder war es mehr eine Ernte als ein Suchen. In nicht mal einer Stunde hatten wir zwei Eimer mit Steinpilzen, Maronen und Pfifferlingen gefüllt. Ich half beim Putzen und schneiden. Hallbauer hatte aus dem Dorf noch jede Menge frische Petersilie beschafft, was die Pilzpfanne noch leckerer machte. Nach dem Abendessen ging die Diskussion des Vorabends von vorn los. Es schien, als habe der Fähnrich seine Liebe zu Wodka und dem Verstoß diverser Vorschriften entdeckt. Diesmal leierte ich ihm dreißig Mark für die Flasche Wodka aus dem Kreuz, immerhin war es die letzte Pulle, die wir auf Lager hatten. Dreispitz zog zwar ein Gesicht angesichts des Preises, aber am Ende zahlten er und Lischka doch. Wir schliefen recht früh ein, morgen würden wir noch einmal so richtig ranklotzen müssen. Wieder war Hallbauer zum Bäcker gefahren, die Frühstücksbrötchen waren köstlich. Dazu die Umgebung! Wir saßen mitten im Wald, das Spätsommerwetter war herrlich. Lediglich die Uniformen und die Umstände unserer Anwesenheit passten nicht so richtig zu diesem Idyll. Das hielt uns jedoch keineswegs davon ab, den Moment zu genießen. Auch war es um ein Vielfaches besser als der Kasernenalltag. Nach dem Essen ging es auch gleich los. Wir bauten die restlichen Zelte auf, was wie geschmiert ablief. Außer der Mittagspause gönnten wir uns keine Rast, von einer

gelegentlichen Zigarette abgesehen. Am frühen Nachmittag waren wir fertig. Stolz meldeten wir dem Fähnrich Vollzug. Anstatt uns zu loben, servierte er uns lieber noch eine schlechte Nachricht. „Hm, die Zelte stehen, soweit so gut! Jetzt fehlen nur noch die Wassergräben um die Zelte herum!" Er lächelte ein wenig triumphierend dabei, wohl wissend, das keiner von uns an diese Notwendigkeit gedacht hatte. „Also, Spaten raus und Gräben ziehen, mindestens zwanzig Zentimeter breit und 15 Zentimeter tief!" Freunde machte er sich mit dieser Ansage ganz sicher nicht, obwohl er natürlich Recht hatte: die Gräben mussten sein, sonst würde das ganze Zelt nichts nützen, wenn einem bei Regen das Wasser unten rein lief. Die Zelte waren fünf mal fünf Meter, also mussten pro Zelt zwanzig Meter Graben ausgehoben werden. Simple Mathematik verriet uns, was da noch an Arbeit vor uns lag. Dabei hatten wir schon davon geträumt, den nächsten Tag an irgendeinem Badesee in der Nähe verbringen zu können. Wir ackerten wie besessen, um heute noch soviel wie möglich zu schaffen, verbunden mit der Hoffnung, wenigstens morgen noch einen freien Nachmittag raus schinden zu können. Ich hatte schon Blasen an den Händen, aber ich war nicht der Einzige. Auch Schneider fluchte über die Schmerzen. Handschuhe hatten wir natürlich keine dabei, die lagen in der Kaserne im Spind.
Ein Drittel der Gräben war gezogen, was uns auch nicht glücklicher machte. Wir waren verschwitzt, hatten schmerzende Hände und, zu allem Unglück keinen Tropfen Alkohol mehr vorrätig, um den Zorn runterspülen zu können. Entsprechend mürrisch reagierte ich, als der Fähnrich abends im Zelt wieder anfing, mir wegen Wodka auf den Sack zu gehen. „Oh Mann, Fähnrich, nicht für Hundert Mark hab ich heute was zu verkaufen! Hätten Sie nicht nur zugeschaut, wie wir uns die Seele aus dem

Leib schuften sondern wären mal in den Dorfkonsum gefahren, dann hätten wir jetzt Alle zusammen mehr davon gehabt!!" Damit gab er sich zufrieden und verschwand. Da „sein" Zelt jetzt auch aufgebaut war, schlief er nicht mehr bei uns. Kaum war er weg, kramte Uffz. Dremmler in seiner Tasche und zog eine Flasche Wodka raus. „Jungs, vorbeugen ist besser, als nach hinten fallen, oder sehe ich da was falsch? Oder hätte ich die lieber für 'nen Hunderter an den Fähnrich verhökern sollen?" Er lächelte in die Runde, während er die Flasche gut sichtbar für alle Anwesenden hochhielt. Die Überraschung war groß, groß und gelungen. Mit dieser Aktion hatte sich Dremmler ewig währenden Respekt und Loyalität verschafft.
Am nächsten Morgen taten meine Hände noch mehr weh. Die Blasen hatte ich aufgestochen, jeder Griff nach irgendwas löste Schmerzen aus. Ich fragte den Küchenbullen nach dem Verbandskasten. Ich packte Mullkompressen auf die wunden Stellen und umwickelte meine Hände mit Binden. So sollte es besser gehen, als ohne Verband, hoffte ich. Und es war auch so. Zu unserer Enttäuschung waren wir erst am Nachmittag fertig. Unser Arbeitstempo erreichte keineswegs das Level vom Vortag, der Allen sichtbar in den Knochen steckte. Jeder Bauarbeiter hätte uns ausgelacht bei der Arbeitsleistung, aber wir waren eben keine Bauarbeiter und bezahlt wurden wir sowieso nicht wie einer. Nachdem der letzte Spatenstich getan war, schmissen wir die Feldspaten erst einmal weit von uns und hockten uns auf den Waldboden. Ich wischte mir mit dem Jackenärmel den Schweiß aus dem Gesicht und zog an meiner Zigarette. „Das ist ja wie in Sibirien hier!", klagte ich. „Ja, nur wärmer!", pflichtete Schneider mir bei. „Übertreibt mal nicht! Mein Opa war in Sibirien, da ging ganz anders zu! Da ist das hier wie in einem FDGB-Erho-

lungsheim! Das kann ich Euch sagen!" Klar hatte Hartung mit seinem Einwand recht, aber gemessen am gemütlichen Leben in der Kaserne war das hier schon fast wie Arbeitslager, zumindest war das mein subjektives Gefühl. Hallbauer kam vorbei. „Pilze?", fragte er kurz. „Nee, Alter, hab heute absolut keine Ambitionen, um gesenkten Hauptes durch den Wald zu laufen!", antwortete ich. Hallbauer lachte. „Brauchste auch nicht! Hab ich schon erledigt, als Ihr hier noch nach vergrabenen Schätzen gebuddelt habt! Wollte nur wissen, ob ich für Euch welche machen soll!" Na das war ja mal eine Überraschung. „Klar, immer her damit!" Ich war begeistert, genauso wie Schneider und Hartung. „Also drei Portionen." stellte Hallbauer fest. „Nee, mach mal vier! Bitte!" Das kam von Schneider. „Wieso vier?", fragte Hartung ihn. „Na ich denke, unser Uffz. Dremmler hat sich auch was verdient heute und gestern Abend!" Es folgte nur zustimmendes Nicken. „Alles klar, vier mal Schweinesteak mit Pilzen für die Herren!"."Das klingt nicht wie FDGB Ferienheim, das klingt wie Interhotel!". Hartung war freudig erregt.

V

Am nächsten Morgen erreichten die ersten Truppen unserer Abteilung das Lager. Die Truppe war seit fast vierundzwanzig Stunden per Bahnverladung unterwegs. Entsprechend ausgemergelt erschienen sie alle. Die Zelte füllten sich, mit der Ruhe und Beschaulichkeit der vorgegangen Tage war es vorbei. Immerhin gönnte man unseren Kameraden noch eine Verschnaufpause bis zum nächsten Morgen, an dem es zum ersten Male „ins Gefecht" gehen sollte.

Auch hatten einige unserer neuen Zeltbewohner noch ein paar Bier und zwei Flaschen Schnaps im Gepäck, so das bei all der ausgebrochenen Hektik am Ende noch ein wenig Spaß herauskam. Am nächsten Morgen fuhren wir die erste Übung. Als Einstimmung auf das eigentliche Artillerieschießen hatte man eine Trockenübung angesetzt. Wir fuhren eine ganze Weile durch den Wald, auf ausgefahrenen Waldwegen, ab und an über kleinere Wiesen. Ich saß oben auf dem Lukenrand und genoss die Tour. Naturschutz spielte hier keine Rolle. Wenn sich Hindernisse in Form kleinerer Büsche oder Bäume in den Weg stellten, wurden die einfach niedergewalzt. Major Ganter, der an der hinteren Luke herausschaute, befahl, zu stoppen. Er hatte eine große Kuhle entdeckt, in die er den SPW hinein dirigierte. Es war eine Vertiefung in der Erde, die offensichtlich vor geraumer Zeit als Stellung für ein ähnlich großes Gefechtsfahrzeug ausgehoben worden war. Ich konnte also meiner Aufgabe von meinem Sitz aus nachkommen. Ich leierte das eingebaute Stativ mittels Handkurbel nach oben, nordete die E-Mess-Schere ein und begann. Ich meldete fleißig Winkel und Entfernung zu den imaginären Zielen, aber eben am Ende ohne Möglichkeit, das Resultat zu sehen. In der Feuerpause verließen wir den SPW. Ein Küchenwagen war gekommen, um uns das Mittagessen zu bringen, welches wir, auf dem Waldboden hockend, aus den Kochgeschirren löffelten. Aus diesen Aluminiumdingern zu essen war wirklich kein Genuss, also beschränkte sich die Mahlzeit auf das Niveau reiner Nahrungsaufnahme. Dafür fanden wir links und rechts unserer Postion wieder reichlich Pilze, die wir so nebenher beim Pinkeln einsammelten. Der Duft, der sich anschließend im SPW ausbreitete entschädigte einerseits für das Mittagessen, andererseits tropfte einem um so mehr der Zahn. Major Ganter gab keinen Kommentar zu den Pilzen ab. Er tat einfach so, als hätte er nichts bemerkt. Zwischendurch verschwand Ganter für etwa drei Stunden. Er hatte sich von seinem Führungsfahrzeug abholen lassen. Da die Feuerpause beendet war, nahmen wir an, er wollte sich in den Batterien umschauen um sich ein Bild zu machen, was er beim scharfen Schießen erwarten konnte. So verging der erste Übungstag. Kein Schuss war gefallen, der böse Klassenfeind aus dem Westen war heute trotzdem mit heroischem Einsatz besiegt worden. Als wir in unserm Zelt angekommen waren, hatte ich mehrere Briefe von Britta auf meinem Lager vorgefunden. Uffz. Starke war als Nachhut vor zwei Stunden mit dem Lade-P3 angekommen. Die alte Kiste war nicht angesprungen gewesen, als die Truppe aufgebrochen war. Allerdings konnte auf das Fahrzeug nicht verzichtet werden, da nur in der Batterie-Ladeanlage sämtliche Akkus geladen werden konnten. Da man Klausner, den Springer, der den P3 fuhr und die Aufgabe des Ladens innehatte, nicht alleine fahren lassen wollte, musste Starke das Kommando über die Zwei-Mann-Nachhut übernehmen. Ich jedenfalls freute mich darüber, dass er an die Post gedacht hatte. Die Pappnasen, die gestern gekommen waren, hatten dies nämlich schlicht vergessen.

Ich nahm die drei Briefe und suchte mir einen schönen Platz am Waldrand. Dort sortierte ich sie nach dem Datumsstempel auf der 20-Pfennig-Marke, die den Kopf von Walter Ulbricht zierten. Britta berichtete mir ausführlichst über die letzten beiden Wochenenden. Sie beschrieb die Disco-Abende an den Samstagen, erzählte mir, wen sie alles getroffen hatte und beklagte in jedem Brief mehrfach, wie sehr sie mich vermissen würde. Kritik musste ich mir auch „anhören", nämlich darüber, dass ich nicht schrieb! Ja, ich hatte in den letzten sieben Tagen auch nicht geschrieben! Was sollten diese Vorwürfe? Sie wusste doch ganz genau, das ich im Feldlager war! Aber wahrschein-

lich stellte sie sich das so vor, wie ein Ferienlager unserer Kinderzeit, mit Speisesaal und Aufenthaltsräumen. Sie hatte offensichtlich keine Ahnung davon, dass man hier auf dem Boden oder sonst wo hockend aus dem Blechnapf fraß und gemeinsam auf notdürftig entrindeten Baumstämmen saß, um das Essen wieder loszuwerden.
Ich war traurig und wütend zugleich! Da saß ich nun, inmitten herrlichster Natur, am Waldrand, eine wunderschöne Waldwiese vor mir und Wetter vom feinsten. Eine Umgebung zum genießen und träumen. Aber mich drückten die Tage, wieder einmal, und wiedermal ganz heftig! Ich trottete zurück zum Zelt, kramte mein Schreibzeug raus und ging zur Feldküche. Dort gab es einen Tisch und Hocker. Ich sagte Hallbauer bescheid, dass ich dort einen Brief schreiben würde. Er sah meinen Gesichtsausdruck und fragte: „He Alter, was ist los? Schlechte Nachrichten?". „Nee, nur Gejammer und Genörgel von meiner Freundin. Kotzt mich an! Als ob man es nicht schon schwer genug hätte! Die hat doch nichts auszustehen! Die ist doch in der Freiheit! Aber jammert!" „Hm, geht mir auch regelmäßig so. Nimm das nicht zu ernst!"„Muss trotzdem mal grundsätzlich was dazu schreiben!" Ich war trotzig.
Ich begann zu schreiben, kam aber immer wieder, von Zweifel geplagt, ins Stocken. Sollte ich meinen Gefühlen freien Lauf lassen? Oder doch lieber nett und lieb sein und sie beruhigen? So gut ich es vermochte, versuchte ich es mit einer Mischung aus Beidem. Als ich den Brief, immerhin drei Seiten lang, beendet hatte, klebte ich ihn zu und pappte einen Walter Ulbricht drauf. Briefmarken hatte ich immer in meiner Schreibmappe. „Fährst Du morgen ins Dorf?", fragte ich Hallbauer. „Weiß noch nicht genau, aber die Chance ist groß!" „Nimmst Du den bitte mit?"' „Klar doch!", er zwinkerte mir zu, „wenn Du noch 'nen Zehner und zwei

Mark hast, könnte ich Dir auch noch Trosttropfen mitbringen!". Das klang gut. Ich hatte wieder ein Lächeln auf den Lippen, während ich das Geld aus der Hosentasche kramte.

Es vergingen noch drei weitere Tage mit Trockenübungen. Das Gute daran war, das wir ständig an anderen Standorten „kämpften", was den Vorteil hatte, dass wir so ganz nebenbei auch neue Stellen mit reichlich viel Pilzen fanden. Ich hatte begonnen, die Pilze, kleingeschnitten, auf Zwirn aufzufädeln. Diese „Pilzleinen" hängte ich im SPW auf, damit sie so trocknen konnten. Die Pilze verströmten einen wahnsinnig angenehmen Duft im Panzerfahrzeug. Das Erstaunlichste aber war, das weder Major Ganter noch Leutnant Lischka in irgendeiner Weise Notiz davon nahmen.

VI

Es war soweit. Heute sollten die Haubitzen endlich so richtig Feuer spucken! Das langweilige Ansagen von Pseudotreffern ist vorbei! Wir fuhren wie an den Tagen zuvor eine Weile durch die Landschaft. Major Ganter gab die Richtung an. Schließlich erreichten wir die ausgehobene Stellung, in der wir schon am ersten Übungstag unseren Posten bezogen hatten. „Gefechtsbereitschaft herstellen!", befahl der Major lautstark. Ich kurbelte die E-Mess-Schere nach oben, nordete sie ein und meldete Vollzug. Der ganze Vorgang hatte keine vierzig Sekunden gedauert. Auch der Rechner und der Funker meldeten Einsatzbereitschaft. „Frei, such mal was, was wir als Ziel nehmen könnten!", forderte der Major mich auf.

Ich schaute durch die Okulare und durchforstete den ungefähr zwei Kilometer entfernten Waldrand nach markanten, möglichen Zielen ab. Ich entdeckte einen alten verwitterten Stamm, der völlig kahl, geschätzte drei Meter aus dem Boden ragte. „Ich hab da was, Genosse Major!", meldete ich. Anschließend dirigierte ich seinen Blick direkt auf das Objekt. „Sehr gut! Jetzt brauchen wir noch drei vier weitere Ziele links und rechts von dem Ding!" Gemeinsam legten wir noch vier Bäume fest, die, bei guter Feuerleitung, unserem Zerstörungsdrang zum Opfer fallen würden. Dazu gesellte sich noch eine größere Erdaufschüttung, die sicherlich auch zu einer alten ausgehobenen Stellung gehörte. Das sollte fürs Erste reichen. Dann ging es los. Ich maß die Entfernung und den Winkel zu dem kahlen Stamm und gab meine Resultate an den Rechner weiter. Der begann, die Zielkoordinaten zu errechnen. Derweil nahm ich mir, links beginnend, die anderen „Ziele" vor. Ich hatte mir einen „Zielplan", der auf einem Klemmbrett fixiert war, vorbereitet. Die Ziele waren von links nach rechts durchnummeriert und ich notierte mir meine Messergebnisse unter dem jeweiligen Ziel. Major Ganter funkte die Anweisungen für die Geschützstellung höchst persönlich durch. Ich hörte nur die Hälfte seiner Anweisungen. Ich hatte die Panzerhaube auf dem Kopf, und diese war nur an den internen Funk angeschlossen, Außerdem war ich voll auf meine Aufgabe konzentriert. gespannt wartete ich auf die ersten Einschläge. Die ließen jedoch eine ganze Weile auf sich warten, was den Major in Rage versetzte. Er brüllte so laut in den Funk, dass auch ich es mit meinen abgedeckten Ohren gut hören konnte: „WAS IST DENN DA HINTEN LOS? Pennt Ihr Alle? WO bleibt das Feuer?!!"

Thomas Frei: **GEDIENT**: Ein NVA-Soldat erzählt

Es dauerte immer noch eine gefühlte Ewigkeit, bis wir das Pfeifen der herannahenden Granaten vernehmen konnten. Die erste Salve traf ein. Vor uns krachte es höllisch. Fontänen aus Dreck wurden in die Höhe geschleudert und vermischten sich mit dem Qualm der Explosionen. Ich hatte die ganze Zeit durch die Okulare gestarrt und gesehen, dass die Granate links vom kahlen Stamm und ungefähr fünf Meter davor eingeschlagen war. Schäden am Ziel selbst konnte ich aber noch nicht erkennen. Dann lichtete sich der Rauch. Der Stamm stand noch. „Zwei Strich links, fünf Meter kurz!", gab ich durch. Der Rechner legte los, schaute auf seine Tabellen und fingerte am Rechenschieber. Keine dreißig Sekunden später gab er die korrigierten Koordinaten an den Major. Die nächste Salve flog heran. Ich sah, wie die Granate den Stamm von vorn traf. Nun wirbelte auch Holz im Gemisch mit Dreck und Qualm durch die Luft. „Ziel Drei vernichtet!", gab ich durch. Ich wartete nicht weiter ab, dazu war keine Zeit. Ich wanderte blitzschnell mit den Augen die anderen Ziele ab. Im Erdhaufen klaffte eine breite Lücke. „Ziel Vier vernichtet!" „Ziel Fünf steht noch!" „Korrekturangaben?", schnarrte der Major. „Negativ!". „Das muss schneller gehen, Frei!". „Zu Befehl, Genosse Major! Aber ich hab nur zwei Augen!". „Nicht maulen, machen!" Ganter war unerbittlich. Er wusste genau, dass ich nicht gleichzeitig fünf Ziele im Auge behalten konnte, die mehr als fünfhundert Meter auseinander lagen. „Ich übernehme die linke Seite, Sie die rechte!" Ich maß das letzte Ziel rechts noch einmal, und gab die neuen Werte an den Rechner. Der Winkel war der Gleiche, bei der Entfernung hatte ich drei Meter mehr gemessen, als beim ersten Mal. Dann nahm ich mir in aller Eile nochmals die Ziele links vor, die beide noch unversehrt dastanden. Die Fehlerkorrektur war minimal, aber offensichtlich maßgebend. Die nächste Salve wurde befohlen. Wir hörten die Granaten anfliegen. Doch diesmal war etwas anders als vorher. Aus der Bündelung der Fluggeräusche aller sechs Granaten, die auf die Ziele zuflogen, hatte sich eines herausgelöst, so schien es. Das Pfeifen klang anders, irgendwie „langsamer". Und es schien von hinten und tiefer daherzukommen. „Deckung!", brüllte Major Ganter, rutschte dabei geschwind vom Lukenrand auf die Sitzbank, wobei er gleichzeitig die hintere Luke schloss. Dann hörten wir auch schon den Einschlag nur ein paar Meter hinter uns! Der SPW wackelte. Zu gleichen Zeit ergoss sich eine Lawine von Dreck durch meine offene Luke in den Innenraum! „Feuer einstellen! SOFORT FEUER EINSTELLEN! IHR IDIOTEN!" Dem Empfänger am anderen Funkgerät muss das Trommelfell geplatzt sein, so laut wie Ganter schrie. „Kommandeursfahrer sofort in die Haupt-B-Stelle!" lautete sein nächster Befehl. Dann riss er die Luke auf und war im nu aus dem SPW verschwunden. Ich nahm die Panzerhaube ab, blickte die Anderen an und fragte: „Was war das denn?". „Mann, Frei, ich glaub, wir hatten gerade riesengroßes Schwein! Die wollten den Dachs erschießen! Mit Granaten!" sagte Schneider ganz ruhig. Er wischte sich dabei den Schweiß von der Stirn und ich sah, dass seine Hände zitterten. „Los, erstmal raus hier!", befahl Leutnant Lischka. Ich musste erst nach hinten kriechen, meine Luke war vom Messgerät versperrt. Draußen angekommen, brannte wir uns erst einmal eine Zigarette an. Dann schauten wir uns um. Ungefähr fünfzehn Meter hinter uns sahen wir den Krater, den die Sprenggranate in den Waldboden gerissen hatte. Schneider ging zur Seite und erbrach sich. „Alles in Ordnung, Schneider?", fragte Lischka besorgt. „Geht schon, Leutnant.", stammelte er. Auch der Leutnant war kreidebleich im Gesicht.

Thomas Frei: **GEDIENT**: Ein NVA-Soldat erzählt

„Ach Du Scheisse!"' konstatierte er mit Blick auf das Loch im Boden, „Das wäre es beinahe gewesen!". „Ich frag mich, wie das passieren kann!" Ich war wütend! „Da muss einer bei den Holmies gepennt haben!", schimpfte ich. „Einer? Nee, EINIGE!".

Auch der Leutnant war erbost, jedenfalls verriet das seine Stimmlage. Dann war erst mal für geraume Zeit Stille. Wir hockten auf dem Waldboden und jeder sinnierte vor sich hin. Schneider hatte sich wieder einigermaßen gefangen. Mehr Farbe hatte sein Gesicht allerdings immer noch nicht. Dann hörten wir Motorengeräusch. Der UAS mit Ganters Fahrer kam durch den Wald gepprescht. Ich erkannte Hallbauer auf dem Beifahrersitz noch bevor der Geländewagen hielt. Die Beiden sprangen aus dem Auto und eilten hinter das Fahrzeug. Gemeinsam wuchteten sie eine grüne Thermosphore aus dem Heck. Sie trugen den Essensbehälter zu uns. Hallbauer ging eiligen Schrittes wieder zum Auto und kam mit einem Brot uns einem Stapel Suppenschüsseln zurück. „So Jungs, heute kein Blechnapf! Die Überlebenden des Infernos bekommen heute Offiziersschüsseln!", strahlte er. „Weißt Du, was da hinten los war?", fragte Schneider. „Hm, viel hab ich nicht mitbekommen, aber Ganter hat da hinten gebrüllt wie ein Stier! Der hat mindestens eine halbe Stunde lang getobt wie 'ne Sau!" Schlauer waren wir nach dieser Aussage nicht, aber es nährte unseren Verdacht, dass dieser Fehlschuss wohlauf das Versagen einer Holmie-Grupe zurückzuführen war.

Die Suppe war lecker. Erbsensuppe mit Rauchfleisch, gut durchgezogen, dazu eine Scheibe Brot. Das Essen war auch eine gute Ablenkung von den Ereignissen. Sogar Schneider löffelte seine Schüssel mit gutem Appetit leer. Hallbauer verabschiedete sich und der UAS entfernte sich wieder. Die restliche Suppe hatte er dagelassen.

Wir saßen eine weitere Stunde auf dem Waldboden. Schneider war inzwischen in der lauen Nachmittagsluft eingeschlafen. Dann hörten wir das Funkgerät aus dem SPW schnarren. Lischka sprang auf und schwang sich durch die hintere Luke in den Radpanzer. Wir hörten ihn aus der Ferne reden. Dann tauchte sein Kopf aus der Luke auf. „Jungs, wir sollen zurückkommen! Das Schiessen ist für heute abgebrochen!" Ich weckte Schneider, wir kletterten in den SPW und machten uns auf den Weg. Im Lager angekommen, wurden wir von den Anderen schon erwartet. Wir wurden gefeiert, als wären wir die Helden aus „Vier Panzersoldaten und ein Hund" und hätten eine riesige Übermacht des Feindes besiegt. Dabei lag unsere Leistung ja lediglich darin, nicht fünfzehn Meter weiter hinten gestanden zu haben. Aber wir waren in den Augen unserer Kameraden durch eine „echte Feuertaufe" gegangen. Trotzdem tat dieses Mitgefühl natürlich gut. Indessen interessierte uns logischerweise viel mehr, was zu unserem Beinahe-Ableben geführt hatte. Starke übernahm es, uns aufzuklären.

Nach intensiven Recherchen und penibler Zählung der bei jedem Geschütz gelagerten Pulverbeutel, die je nach Zielentfernung in die Kartuschen gestopft wurden, stellte sich heraus, dass am zweiten Geschütz der Vierten Batterie ein Pulverbeutel mehr im Bestand war, als es hätte möglich sein dürfen. Dies ließ nur einen Schluss zu: Derjenige, der für die Befüllung der Kartusche verantwortlich war, hat gepennt und einen Beutel weniger hineingestopft. Und keiner, auch nicht der Geschützführer, hatte irgendetwas bemerkt. So flog die Granate eben nicht so weit, wie sie sollte und hätte uns beinahe ausgelöscht. Wir konnten es kaum glauben. „Ja, das kommt von dieser idiotischen Aufteilung nach Diensthalbjahren!", maulte Schneider. Er fuhr fort: „Nur Springer an der Haubitze, Null Ahnung, kein Dachs, kein E dabei, der das im Griff hat! Da lieber wird der Dachs erschossen, Hauptsache keine EK-Bewegung!" „Na logisch, zumal eh ein paar Prozent Schwund eingeplant sind!", wärmte Hartung ein unter Soldaten beliebtes Gerücht auf. Das Thema verließ uns den ganzen Abend nicht mehr. Das wurde auch dadurch provoziert, weil immer wieder Soldaten von den Batterien vorbeischauten, um von uns direkt zu hören, wie sich der Beschuss unserer Stellung so angefühlt hatte. Es ging mir auf die Nerven, aber so manch einer brachte etwas zu trinken mit, als „Kulturabgabe für Geschichten erzählen", wie Schneider es nannte. Am nächsten Morgen wurde das Artillerieschießen fortgesetzt. Inzwischen war der Regimentskommandeur eingetroffen, um die Leistung der 2.Abteilung zu beobachten und zu benoten. Wir gaben Alles und die Abschlussnote 2 sowie die damit verbundene Zufriedenheit unseres Kommandeurs waren der Lohn dafür. Ich hatte noch im Feldlager einen Kurzurlaub beantragt, der vom Fähnrich auch prompt ohne jede Diskussion genehmigt wurde. Wir kehrten am Donnerstag Nachmittag aus dem Feldlager zurück. Am Freitag beeilte ich mich, meine Ausrüstung so schnell es ging, wieder in Ordnung zu bringen. Anschließend wirbelte ich mit den Anderen aus meiner Gruppe am SPW. Wir ließen sogar die Mittagsruhe sausen. Um Drei war Alles fertig. Ich ging duschen, packte meine Tasche und zog die Ausgangsuniform über. Dann holte ich meinen Urlaubsschein beim Fähnrich ab. Punkt Vier durchquerte ich das Tor. Dort stand schon mein Vater, zusammen mit meinem kleinen Bruder, um mich abzuholen. Heute musste ich nicht trampen.

Der kurze Aufenthalt war ziemlich unspektakulär. Britta und ich genossen die Stunden, was sie hergaben. Am Samstag waren wir zum Konzert von „Wanderer", bei dem ich auch meine Kumpels traf. Dennoch widmete ich mich mehr meiner Freundin als den Jungs. Ich hatte einiges gutzumachen und noch mehr aufzuholen. Am Montag Morgen gegen Fünf war ich zurück. Und Übermorgen begann schon ein neuer Monat.

Noch 211 Tage

Kapitel 11
Oktober

I

Der Zwischenfall beim Artillerieschießen hatte Konsequenzen gehabt. Der Geschützführer, ein Berufsunteroffizier mit Dienstgrad Unterfeldwebel wurde zum Unteroffizier degradiert. Der Soldat, der nicht bis Fünf zählen konnte, kassierte vier Wochen Ausgangs- und Urlaubssperre. Außerdem hatte er einige zusätzliche Übungseinheiten zu absolvieren, natürlich in seiner Freizeit. Damit war dieses Thema erledigt.
Fischer, unser Stuben-E war guter Dinge. Sein letzter Monat war angebrochen. Seine Freude darüber ließ er uns spüren, bei jeder passenden und unpassenden Gelegenheit. Das Bandmaß trug er schon lange lose in der Tasche. Er zog es hervor, wann immer er konnte und wedelte damit vor unseren Nasen herum. „Nächsten Monat um die Zeit bin ich schon daheim!", hieß es am Anfang. Der Spruch wurde mit jedem weiteren Tag verändert. „Nächsten Monat um diese Zeit bin ich schon lange daheim!" lautete die Steigerung. Dann begann Fischer, das a in „lange" auszudehnen! Es begann zu nerven, und mit jedem weiteren eingefügtem a nervte es mehr! Aber er

hatte sein Ziel erreicht, denn bei uns stieg wieder der Tagedruck. Mir stand noch ein Erholungsurlaub in diesem Diensthalbjahr zu. Ich beantragte diesen für die dritte Woche des Monats. Britta hatte drei Wochen ihres Jahresurlaubs genommen, wollte aber in den ersten zwei Wochen mit einer Freundin zu deren Eltern in den Spreewald fahren. Ihre dritte Woche würde mir gehören. Die Tage schlichen dahin. Es lag nichts Besonderes an. Hier ein wenig „Ausbildung", ab und an ein Wachaufzug im Divisionslager. Fischer sorgte mit seinen dämlichen Sprüchen und seinem Gehabe noch zusätzlich dafür, das es einem so vorkam, als ob die Zeit eingefroren wäre. Dazu kam noch das schlechte Wetter. Der Himmel erschien vorwiegend grau, es regnete häufiger und die Temperaturen ließen merklich nach. De Spätsommer war endgültig vorbei und der Herbst zeigte sich nicht von seiner freundlichsten Seite. Ich konnte mir den Frust noch nicht einmal von der Seele schreiben, denn meine Briefe würden bei Britta ungeöffnet zu Hause liegen und erst gelesen werden, wenn ich schon bei ihr war. Dafür erreichte mich Post von meinem Schulkameraden Uli.

Wir waren auf der Penne dicke Freunde gewesen. Im Grunde war er der einzige wirkliche Freund, den ich in meiner Klasse hatte. Wir waren nur fünf Jungs gewesen. Die anderen Drei verkörperten aber das, was ich angepasste Streber und Spiesser nannte. Ohnehin hatte ich einen ziemlich schweren Stand in der Klasse und an der Schule. Ich war neben einem Kumpel aus der Parallelklasse der einzige mit langen Haaren. Dazu kamen noch meine Klamotten. Mehrfach wurde ich von der Schule nach Hause geschickt, um meine Levi's gegen „normale" Hosen zu wechseln. Meine Klassenlehrerin hatte sich angewöhnt, meine Mutter jeden Morgen auf Arbeit anzurufen, um ihr zu berichten, was ich für ein böser

Bube war. Den Vogel schoss sie jedoch ab, als sie von der Klasse darüber abstimmen ließ, mich von der Abschlussfahrt zum Abi auszuschließen. Während der Abstimmung musste ich hinter meinem Stuhl stehen, während Frau Bisky, so ihr Name, meine gesamten Verfehlungen aufsagte. Nachdem sie diese Litanei beendet hatte, forderte sie meine Mitschüler zur Abstimmung auf. Alle stimmten dafür - bis auf einen: Uli!
Damit hatte sich für mich die Abschlussfahrt erledigt, worüber ich im Stillen froh war. Diese Fahrt sollte über Pfingsten stattfinden. Ich hatte schon überlegt, wie ich die Teilnahme hätte verhindern können, da es an Pfingsten üblich war, dass sich sämtliche Tramper-Truppen im Elbsandsteingebirge zum ‚wandern' trafen. Da wollte ich dabei sein, und meine Lehrerin und Klassenkameraden hatten es möglich gemacht, ohne das ich mir etwas einfallen lassen musste. Ich lästerte später mit Uli noch, ob er mir Pfingsten mit meinen Kumpels nicht gönnen würde. Ich öffnete Uli's Brief und begann zu lesen. Mit jeder Zeile ging mein Mund weiter auf.
Er war am selben Tag wie ich eingezogen worden und heute musste ich lesen, dass er sich vor zwei Wochen „Nachschlag" geholt hatte. Er hatte sich zum Dienst für fünfzehn Jahre und die damit verbundene Fährich-Laufbahn verpflichtet. Er begründete seine Entscheidung in endlosen Sätzen, aber ich kapierte das trotzdem nicht. Der Schock saß tief, ich konnte das nicht glauben. Uli war ein Freigeist, wie ich es war, wenn auch auf eine etwas andere Art! Aber fünfzehn Jahre in Uniform? Freiwillig? Nachdem man schon fast zwei Drittel der Dienstzeit rum hat? Mein Gesichtsausdruck schien Schlechtes zu verheißen. „Was ist denn mit Dir? jemand gestorben?", fragte Schneider. „Nee, schlimmer, viel schlimmer!", stammelte ich. „Deine Olle geht fremd?" „Nee, noch schlimmer!". „Die ist schwanger, aber nicht von Dir?".

Schneiders Phantasie schien grenzenlos. „Nee, mein bester Kumpel von der Penne hat vor zwei Wochen aufgekellt!". „Hä? Du spinnst! So etwas macht doch keiner!" Schneider glaubte das auch nicht. „Doch, lies selbst!" Ich schob ihm den Brief über den Tisch. „Was ist das denn für ein Vogel! Entweder der hat ein Rad ab oder die haben den gefoltert, dass er unterschreibt!"„Ich versteh das auch nicht!" sagte ich. Schneider schüttelte verständnislos den Kopf. Hartung kam rein und sah unsere Mienen. „Was ist denn mit Euch los? Gibts Ärger?" „Nee", sagte Schneider und erzählte ihm die Geschichte. Hartung lachte lauthals los. „Die Doofen sterben niemals aus!", kommentierte er das Gehörte. Sowenig ich Uli's Entscheidung auch verstand, so kam ich doch an einen Punkt, an dem ich seine Entscheidung akzeptierte. Natürlich hätte ich daran ja ohnehin nichts ändern können, aber jedem anderen hätte ich sicherlich die Freundschaft gekündigt. Die Freundschaft zu Uli blieb, bis heute.

II

Franke hatte Stress, so richtig Stress. Er hatte diverse Kontaktanzeigen aufgegeben und jede Menge Post von netten jungen Mädels bekommen. Aber anstatt sich eine auszusuchen, hat er gleich mehreren geantwortet. Das ist an sich nichts Außergewöhnliches und in einem gewissen Maße sicherlich auch zu händeln. Aber Franke bekam den Hals nicht voll. Er hatte bei einigen der jungen Damen nachgefragt, ob sie nicht noch eine Freundin hätten, die möglicherweise nicht abgeneigt wäre, sich mit einem einsamen Kameraden von ihm zu schreiben. Dafür „kaufte" er Klausner seinen Namen ab. Auf diese Weise wollte er die Freundinnen aushorchen, um herauszufinden, wie sie wirklich über ihn dachten. Dazu gewöhnte er sich an, seine Schrift zu verändern, je nachdem, ob er gerade Franke oder Klausner war. Dieses Spielchen trieb er mit drei Mädels und jeweils einer Freundin. Anfangs hatte er Not, beim Schreiben nicht durcheinander zu kommen. Aber es war erstaunlich, wie schnell es zur Routine wurde. Doch heute drohte die selbstgelegte Bombe zu platzen. Eine Freundin von Franke hatte sich zum Besuch am Samstag angesagt und ihre Freundin kündigte, freudig erregt, „Klausner" das Gleiche an! „Scheiße, was mach ich denn jetzt!?". Er drehte nervös Runde um Runde um den Tisch. „Mach Dir keine Sorgen! Sag die Wahrheit, dann reißen Dir die Weiber Deinen krummen Piephahn raus!", lästerte Schneider. „Hör auf, das ist nicht lustig!" „Dann nimm doch den Klausner mit! Ist doch ganz einfach!" „Nee, die sich mit ‚Klausner' schreibt, ist die Bessere!" „Sag einfach, Klausner hat Ausgangssperre!", schlug Hartung vor. „Nee, dann will die wenigstens im Besucherraum mit dem quatschen! Ist also auch Scheiße!" Er raufte sich die Haare. „Wie wäre es, wenn Du gleich alle Deine Weiber einbestellst? Das wäre dann ein Aufwasch!" schlug ich vor. „Wie viele haste denn eigentlich?", fragte Schneider. „Sechs", antwortete er niedergeschlagen. „Tja, die Gier, die Gier!", lachte Hartung. Franke lief immer noch um den Tisch.

„Schon Scheiße, wenn man das Phänomen der körperlichen Teilung nicht beherrscht!" Die Lästereien ließen nicht nach. „Haben die Weiber Dich überhaupt schon mal gesehen? Wissen die eigentlich, wie hässlich Du in Wirklichkeit bist?" „Hast Du denen von Deiner Impotenz erzählt?" „Deine krumme Nudel schafft doch kaum eine der Damen, was willst Du dann mit sechsen von denen?".

Thomas Frei: **GEDIENT**: Ein NVA-Soldat erzählt

„Haste Bilder von den Weibern? Die sind doch bestimmt so fette Matronen! Solche Hemden wie Du stehen doch auf fette Matronen!" „Ihr seid Arschlöcher! Hat Euch das schon mal jemand gesagt?", keifte Franke zurück. „Ja klar, der Fähnrich, jeden Morgen!", entgegnete ich. Er tigerte weiter um den Tisch. „Geh den Flur putzen, wenn Du zuviel Energie hast!", schlug Schneider vor. „Leck mich am Arsch!" Franke wurde langsam wütend, was uns nur dazu aufstachelte, laut zu lachen.

„Der Franke ist ein irrer Hahn,
mit einer schlaffen Nudel.
Sechs Weiber würd er gerne 'haam
und ficken wie im Rudel.

Jetzt bricht die Panik in ihm aus,
denn Zweie machen ernst!
Die rupfen Dir die Nudel raus,
damit Du es mal lernst!

Mit soviel Frauen spielt man nicht!
Du kleiner Herr Gefreiter!
Wir reißen Dir den Piephahn ab
Dann   zieh   wir   fröhlich   weiter!"

Der Vers war mir spontan eingefallen, und nachdem ich geendet hatte, musste selbst Franke lachen. „Frei, Du bist doof!" „Nee, Franke, ich hab Abi!" „Hm, und was mach ich nun?" „Ganz einfach: Du beendest als Klausner die Sache, entweder vorher schriftlich, oder Du als Franke erzählst dem Mädel, dass Klausner sie nur verarscht hat und verheiratet ist!" Der richtige Klausner protestierte:"Wieso soll ich der Scheißkerl sein?" „Du sollst kein Scheisskerl sein, Du BIST einer! Wer seinen Namen für ein paar Mark verhökert, ist ein

Scheißkerl!". Schneider trug seinen Einwand halb lachend vor. „Und dann", fuhr ich fort, „dann machste als Franke die Braut von Klausner an!" „Hm, das klingt durchführbar.", gestand Franke ein.
Er zog die Geschichte durch, wie ich vorgeschlagen hatte. Genützt hat es am Ende dennoch nichts. „Klausners" Freundin biss nicht an und seine Freundin hat er vergrault. Aus dieser Erfahrung beendete er nach und nach sämtliche „Klausner"-Beziehungen und konzentrierte sich fortan nur auf die Mädels, mit denen er sich unter seinem eigenen Namen schrieb. Allerdings musste er sich bis zum Ende unserer Dienstzeit immer wieder Lästereien gefallen lassen, wenn er am Tisch saß und Briefe schrieb.

III

Mein Urlaub nahte. Ich hatte mich entschlossen, von Mittwoch nach Dienst bis zum nächsten Mittwoch zum Dienst abwesend zu sein. So erreichte ich, dass ich vorm Urlaub nur zweieinhalb Tage und nach dem Urlaub nur drei Tage Dienstgeschehen zu ertragen hatte, was mir zwei besser erträgliche Wochen verschaffte. Ich verließ die Kaserne und lief schnurstracks in Richtung Fernverkehrsstraße. Ich war noch keine dreihundert Meter gelaufen, als es hinter mir hupte. „Friese", schoss es mir durch den Kopf! Der Trabi hielt neben mir. Ja, es war mein Lieblingshauptmann! „Steig ein Frei! Aber lass Deine Stinke-Kippen aus! Wenn de qualmen willst, meine Duett liegen hier in der Ablage!" Ich stieg ein und Friese brauste los. „Na, hast ne richtige Feuertaufe gehabt im Felde?", fragte er. „Ja, hätte aber gerne drauf verzichtet!".

„Nehm' ich Dir unbesehen ab! Der Ganter wärmt das heute noch mehrfach die Woche auf, was Euch da passiert ist! Der hat die Granate auf sich zufliegen sehen! Sagt er jedenfalls!" „Na knapp war's allemal. Wir waren anschließend alle ganz schön von der Rolle. Schneider hat gekotzt wie ein Reiher, so fertig war der!". „Jo, das ist schon so 'ne dämliche Geschichte, wenn man nur Springer am Holm stehen hat! Das überblickt auch der beste Geschützführer kaum noch, so aufgeregt, wie die da durcheinander hüpfen!". Wir hatten die Autobahnauffahrt bereits erreicht. „Na dann, viel Glück beim Trampen und 'nen schönen Urlaub! Bleib sauber, Frei!", verabschiedete er mich. „Danke nochmal! Bis nächste Woche, Hauptmann!"
Ich erwischte auf Anhieb einen LKW, der mich bis zu meiner Abfahrt mitnahm. Auch dort hatte ich Glück, bereits das dritte Auto hielt. In seinem uralten Skoda Octavia brachte mich der nette Fahrer bis kurz vor die Bushaltestelle. Um halb Sieben war ich bereits zu Hause. Wie immer war meine Mütter nicht begeistert, dass ich mich nur schnell umzog und gleich wieder verschwand. Sie stand etwas geknickt im Flur, während mein inzwischen sechsjähriger Bruder schon wieder mit meiner Schirmmütze auf dem Kopf durch die Wohnung marschierte und sich als tapferer Soldat fühlte.
Britta öffnete die Wohnungstür, ich trat ein und wir fielen uns in die Arme. Sie saß mit ihren Eltern gerade beim Abendbrot. Ihre Mutter legte in Windeseile ein Gedeck für mich auf. Den Abend verbrachten wir zu Hause. Allerdings konnten wir eine Anstandsstunde, die mit belanglosen Unterhaltungen zwischen mir und ihren Eltern angefüllt war, nicht umgehen. Wir waren froh, als wir uns endlich zurückziehen konnten.

IV

Heute hatten wir etwas Besonderes vor: Wir wollten einen Ausflug nach Dresden machen! Da wir natürlich kein Auto besaßen, mussten wir den Zug nehmen. Die Verbindung war nicht so schlecht. Mit dem Bummelzug dauerten die Einhundert Kilometer ein wenig mehr als zwei Stunden. So richtig wohl war mir dabei nicht wirklich, denn eigentlich durfte ich mich mit meinem Urlaubsschein nur an meinem Heimatort und der näheren Umgebung aufhalten. Ich befürchtete allerdings, dass Britta recht wenig Verständnis für meine Bedenken gehabt hätte. Im schlimmsten Falle hätte sie mich womöglich noch für einen Feigling gehalten. Nach der Ankunft verließen wir den Dresdner Hauptbahnhof und liefen schnurstracks in Richtung Prager Strasse. Das war zu dieser Zeit die wohl bekannteste Einkaufsstraße in der Republik. Wir schlenderten an den Schaufenstern entlang. Brittas begehrlich Blicke entgingen mir nicht. Wenn man in anderen Städten unterwegs war, schwang natürlich immer die Hoffnung mit, irgendetwas zu erhaschen, was man sonst nicht zu kaufen bekam. Diese Hoffnung wurde zwar in den meisten Fällen enttäuscht, aber man weiß ja nie! Die Hoffnung stirbt jedenfalls zuletzt. Ihrem Drang folgend, musste ich unweigerlich die Streifzüge durch verschiedenen Läden über mich ergehen lassen. Um sie bei Laune zu halten, tat ich bei jedem Kleidungsstück, welches sie mir zur Bewertung entgegenhielt, sehr interessiert, um abschließend ein nichtssagendes Urteil darüber abzugeben. Natürlich fand sie am Ende nichts, was ihr gefallen hätte.

Thomas Frei: **GEDIENT**: Ein NVA-Soldat erzählt

Nach etwas mehr als zwei Stunden hatten wir die anderthalb Kilometer bis zum Zwinger zurückgelegt. Ich hatte Hunger. Eines der wenigen Restaurants aufzusuchen, machte keinerlei Sinn. Die Warteschlangen waren stets sehr lang, auch wenn die Hälfte der Tische leer, aber mit einem „Reserviert"-Schild ausgestattet waren. Also gingen wir in das „Restaurant „Am Zwinger", im Volksmund „Freßwürfel" genannt. Das war eine Selbstbedienungsgaststätte, deren Ambiente nicht anders war als die Kantinen in den sozialistischen Großbetrieben. Das Essen war nicht das Schlechteste und die Wartezeit war erträglich. Mit „Essen gehen" hatte dieses Procedere allerdings nicht viel zu tun, es handelte sich vielmehr um einen Vorgang, den man als Nahrungsaufnahme bezeichnen würde.

Nachdem wir den Freßwürfel verlassen hatten, spazierten wir am Königsufer entlang, stiegen die Brühl'schen Terrassen hinauf und gingen in Richtung Albertinum. Dort befand sich seinerzeit die Ausstellung des Grünen Gewölbes, eines meiner Lieblingsmuseen. Ich drängte Britta dazu, die Ausstellung anzusehen. Ich war zwar schon ein paar Mal dagewesen, aber diese Sammlung von August des Starken faszinierte mich immer wieder. Nach einer Stunde waren wir wieder draußen und spazierten auf Umwegen zurück in Richtung Bahnhof. Die Dämmerung zog schon herauf, so dass die ohnehin stets grauen, maroden Fassaden der Gebäude noch grauer wirkten. Die Ruine des Stadtschlosses wirkte gar ein wenig gespenstisch. Abermals liefen wir die Prager Strasse entlang, diesmal auf der anderen Seite. Rita entdeckte natürlich noch einen Jugendmode-Laden, den sie unbedingt mit ihrem Besuch beehren musste. Aber auch da gab es nichts, wofür es sich gelohnt hätte, Geld auszugeben. Der Mangel an attraktiven Konsumgütern ließ einen eben ein sparsames Leben führen. Die Rückfahrt ging sehr schnell.

Wir fuhren diesmal mit dem D-Zug, was uns drei Mark Zuschlag kostete. dafür waren wir aber schon in knapp einer Stunde wieder in unserer Heimatstadt.
Den Freitag verbrachten wir mit einem ausgiebigen Stadtbummel, gerade so, als hätten wir am Vortag nicht schon genug Geschäfte aufgesucht. Im Antiquariat fand ich nach ausgiebiger Suche zwei Bücher, die mein Herz begehrte. Ich erstand die Biographie von Jack London und einen Band mit Kurzgeschichten von Mark Twain.
Am Abend war es dann so weit. Wir gingen nach Wirnsdorf in den Ratskeller. Dort würde ich meine Kumpels treffen! Endlich! Ich war schon seit vorgestern Abend in der Stadt und hatte noch keinen von meiner Clique getroffen! Entsprechend groß war meine Vorfreude, während Britta dem Abend mit gemischten Gefühlen entgegenblickte. Andi und Bolle trafen wir schon im Bus. Die Beiden erzählten mir die neuesten Erlebnisse. Sie waren zwei Wochen zuvor zum Zwiebelmarkt in Weimar gewesen, ein Volksfest, was auch die Tramper aus dem ganzen Land regelmäßig anzog. Natürlich drehten sich die Geschichten um das Übliche, z.B. wie man den Öler, wie wir den Schaffner der Deutschen Reichsbahn nannten, beim Schwarzfahren ausgetrickst hatte. Fast die ganze Truppe war auf dem Tanzsaal vertreten. Der Alkohol floss reichlich, sehr zu Brittas Leidwesen. Allerdings zeigte sie sich von der toleranten Seite. Es kommen keinerlei Vorwürfe, aber freudige Erregung war bei ihr genau sowenig festzustellen. Sie ertrug diesen Abend ganz tapfer.
Am Samstag wollte ich eigentlich mit Britta und meinen Kumpels zu irgendeiner Mugge, allerdings war mir völlig entfallen, dass ihre ältere Schwester letzten Dienstag Geburtstag hatte und das heute die obligatorische Familienfeier dazu abgehalten wurde. Ich hatte so gar keine Lust darauf, aber musste wohl oder übel mitgehen und zwar sichtlich gut gelaunt. Ich überstand das Famili-

enfest und am Ende hatte ich auch eine Menge Spaß. Brittas Vater hatte ein wenig zu tief ins Glas geschaut. Zu seiner Entlastung muss erwähnt werden, das sein Schwiegersohn ihn regelrecht zum Trinken gedrängt hatte. Trotzt dieses mildernden Umstandes fand das seine Frau gar nicht so schön, was zu lustigen Dialogen auf dem gesamte Heimweg führte. Nun ja, lustig waren die Dialoge wohl eher für Britta und mich. Wir liefen die ganze Zeit hinter den Beiden her und fingen jedesmal an zu kichern, wenn sie sich anblafften. Zugegebener Maßen neigten wir in dem Moment dazu, auch Sätze als lustig aufzufassen, die für die Beteiligten nicht wirklich lustig waren, denn auch wir hatten ganz gut einen in der Krone. Der halb-alkoholisierte Sex, der dann folgte, war gigantisch und vor allem ausgiebig. Es war, als hätten wir mit jedem Glas auch eine Dosis Lust getrunken, die sich nun Bahn brach. Erst nach ein paar Stunden fielen wir in den Schlaf und wachten erst nach dem Mittag auf.
Brittas Mutter war entsprechend mürrisch. Sie hätte uns gern gereinigt und gelüftet am Mittagstisch sitzen gesehen. Ich fühlte mich unwohl, weil ich ihre Stimmung, mit der sie uns bestrafen zu wollen schien, als Einschränkung meiner Freiheit empfand, wenigstens im Urlaub zu tun und zu lassen, was ich gerne mochte. Dieses Gefühl, außerhalb der Kaserne, war mir neu, denn seit Jahren lebte ich, einigermaßen toleriert von meinen Eltern, diese Freiheit. Ich begann mich zu fragen, ob das die Welt ist, in der ich nach meiner Dienstzeit meinen Platz finden und einnehmen wollte. Für den Moment jedenfalls, war mein Bedarf an diesem Spiesserleben gedeckt. Die restlichen zwei Tage wurden dann auch schon ein wenig zur Qual.

Wir besuchten zwar meine Eltern, aber dort ging es im Grunde nicht viel anders zu, als bei Britta zu Hause. Als ich am Dienstag Abend aufbrach, gab es von meiner Seite längst nicht den Abschiedsschmerz, der sonst diesen Moment so schwer machte.

V

Am Morgen meiner Ankunft lief zunächst alles wie gewohnt ab. Wir schwänzten den Frühsport, selbstverständlich mit Wissen und Einverständnis des UvD. Nach der Morgentoilette und dem Bettenbau setzten wir uns zum Frühstück an den großen Tisch auf der Stube. Wasserdampfwolken entstiegen den Plastikbechern, in denen der Kaffee gebrüht wurde. Ich schnitt gerade ein Brötchen auf, als Hartung anhub, eine Frage an mich zu richten. „Weisste schon das Neueste?" „Mann, was bist Du den für ein Spinner, woher soll ich das Neueste wissen? Bin erst seit zweieinhalb Stunden aus dem Urlaub zurück!" „Also weisste es noch nicht?" „Sag mal, machst Du jetzt einen auf blöd, oder was?" So langsam riss mir der Geduldsfaden. Ich war hundemüde und nicht aufgelegt zu dämlichen Ratespielchen. „Hm, dann sag ich's halt."
Schon wieder unterbrach er seine Ansage mit einer Kunstpause.
„Na was nu? Was gibt es denn nun so Spannendes, dass Du einen Krimi daraus machst?" Immer noch zögerte er. „Willst Du uns hier und heute mitteilen, dass Du neulich beim Wichsen auf dem Klo gemerkt hast, dass Du ein Homo bist?" Ich konnte nicht anders, als ihn aufzuziehen und zu provozieren, denn sonst würde er nie auf den Punkt kommen. „Arschloch!", fauchte Hartung mich an. Aber meine provokante Attacke hatte Wirkung gezeigt! „Schneider wird in den Divisonsstab versetzt!". platzte er endlich raus. „Wann?" Meine Frage kam wie aus der Pis-

tole geschossen, während ich Schneider fragend anblickte. „Ende des Monats", antworte Schneider. „Scheiße Mann, das hätte nun nicht sein müssen!". „Wem sagst Du das? Hab auch keine Lust! Wer weiß, wie es da zugeht!? Vielleicht muss ich dort wieder die Bohnerkeule schwingen und den Rest der Dienstzeit ohne Alk und Spielkasino verbringen!" Er schien auch nur wenig begeistert zu sein. „Na wenigstens komm'ste als E in die neue Truppe. Immer noch besser als als Springer!" versuchte ich ihn zu trösten. „Weiß jemand, was wir als Ersatz kriegen?" „Einen Hüpfer mehr, als ursprünglich geplant." klärte Hartung mich auf. „Na wenigstens das!". Natürlich gab es für Schneider eine angemessene Abschiedsfeier. Fischer, unser Stuben-E war derart betrunken, dass er sich auf der Suche nach seinem Bett verlaufen hatte und am nächsten Morgen aus dem Clubraum der 6.Batterie gekrochen kam. Das scherte ihn gar nicht, am kommenden Donnerstag würde er entlassen werden.

Der 30. Oktober war da: Entlassungstag. Fischer hatte schon nach Mitternacht seine Zivilkleidung angezogen und sich damit auf sein Bett zur Ruhe gelegt. Sein Spind war leer geräumt, die Ausrüstung und Bekleidung in der Zeltbahn verstaut, zur Abgabe bereit. Kurz nach sieben griff er sich den Packen und verließ die Stube Richtung BA-Kammer. Eine halbe Stunde später war er zurück. „Na, Jungs, wollt Ihr mit dem Heimkehrer die Henkersmahlzeit einnehmen?' Er strahlte übers ganze Gesicht. „Klar doch!", sagte Schneider, „ist ja auch fast meine Henkersmahlzeit hier!" „Hehehe, nur mit dem Unterschied, das ICH nach Hause gehe! HEUTE!". Diese Worte gingen Fischer runter wie Öl! Für diesen Tag war war nichts von Wichtigkeit auf den Dienstplan gesetzt worden. Unseren Vorgesetzten war durchaus klar, das die, die bleiben mussten, heute besonders litten. Also tolerierte man die allgemeine Gammelei. Der Fähnrich kam in die Bude gepoltert. „Gefreiter Fischer, bereitmachen zum Abmarsch!", krakeelte er. „HERR Fischer, bitte! Gefreiter war gestern! Und wenn schon mit Dienstgrad, dann bitte ‚Gefreiter der Reserve'!" Dabei grinste er. „Nenn Dich doch, wie Du willst. Mach Dich fertig, Abfahrt in 'ner halben Stunde auf dem Exerzierplatz!". Und schon war der Fähnrich wieder verschwunden. Fischer zündete sich noch eine Zigarette an. „So Jungs, die letzte Kippe hier!".

Wir taten es ihm gleich. Schweigend saßen wir am Tisch und rauchten. Fischer drückte den Stummel aus, dann stand er auf. „So, Zeit für den Heimkehrer, das Weite zu suchen und zu finden! Macht´s gut, Ihr Arschlöcher! Wart 'ne ganz dufte Truppe! Haltet Euch tapfer!" Er machte die Runde und drückte jeden die Hand. Schneider und mich umarmte er zum Abschied.
Dann ging er. Schneider und ich beschlossen, zum KDL - Gebäude zu gehen, um den Lkws, die die Heimkehrer zum Bahnhof brachten, bei der Ausfahrt zuzusehen. Wir standen eine Weile gelangweilt auf dem Fußweg. Dann kam die Kolonne angefahren. LKW für LKW fuhr an uns vorbei. jedesmal wenn einer das Tor durchfahren hatte, erschallte von der Ladefläche ein ohrenbetäubendes Gejohle. Ich weiß nicht, warum wir uns das antaten. Es tat weh, zu sehen, wie die Jungs in die Freiheit fuhren. Andererseits wussten wir: Wir würden die nächsten sein! Aus einem der Ural flogen jede Menge verbogene Löffel auf die Straße. Die Kerle auf der Ladefläche wollten offensichtlich den Spruch „...den Löffel abgeben" in die Tat umsetzen. Der Wachhabende, der direkt am Tor stand, brüllte sofort: „HAAAAAALT" Der Fahrer trat, vermutlich erschrocken, hart auf die Bremse. Der Leutnant ging zur Rückseite des LKW und befahl: „Alles absitzen!". Die Ladefläche leerte sich.

Thomas Frei: **GEDIENT**: Ein NVA-Soldat erzählt

„Vor dem Wachlokal antreten in Dreierreihe!". Die Jungs in Zivil schauten zunächst etwas ungläubig aus der Wäsche, kamen aber der Aufforderung schließlich nach. Der Leutnant ging zum Fahrer und gab Anweisungen. Der LKW setzte sich in Bewegung, durchquerte das Tor, bog aber rechts statt links ab. Dann trat er vor die Soldaten in Zivil. „Löffel aufsammeln! Anschließend wieder antreten! Im Laufschritt, Marsch!" Die Truppe schwärmte aus und sammelte die Löffel wieder ein. Dann traten sie an wie vorher. Der Leutnant war inzwischen im Wachlokal verschwunden. Er ließ die Horde eine ganze Weile stehen, bevor er wieder auftauchte. Dann kam er lächelnd zurück. Er baute sich breitbeinig vor den Jungs auf, seine Hände hatte er auf dem Rücken. „Es freut mich, Ihnen mitteilen zu dürfen, dass Sie heute aus dem aktiven Wehrdienst entlassen werden. Es freut mich allerdings auch, Ihnen mitteilen zu dürfen, das der heutige Tag erst um Mitternacht endet! Sie werden die Zeit bis zu Ihrer Abfahrt, die auf Befehl des Offiziers von Dienst auf unbestimmte Zeit verschoben werden musste, im Kinosaal verbringen! Sie warten hier! Ein Unteroffizier wird Sie zu Ihrem Aufenthaltsort geleiten!" „Sauerei! Lass uns raus! Du Tagesschwein! Das ist Freiheitsberaubung!" Diese und weitere Ausrufe kamen aus der Menge. Der Leutnant verzog das Gesicht und hub an, einen weiteren Vortrag zu beginnen. „RUUUHE im Glied", brüllte er. Sofort verstummte der Protest. Mit deutlich lauterer Stimme ließ er die Herren wissen: „Wenn Sie hier auch nur noch ein Wort verlieren und weiterhin den Aufstand proben, dann garantiere ich Ihnen, dass Sie nicht eher als um 23.59 Uhr die Kaserne verlassen werden! Haben Sie mich verstanden!" Die Jungs schwiegen.

Dann kam der Unteroffizier. „Stillgestanden! Augen gerade aus! Rreechts um! Im Gleichschritt MARSCH!" Die

Meute setzte sich in Bewegung. Sie trotteten mehr als das sie marschierten, viele von ihnen gesenkten Hauptes. Sie liefen an uns vorbei. Ich erspähte Koslowski in der Menge. Ein letztes Mal foppen musste sein!
„Mensch Koslowski! Wolltest Du nicht heute nach Hause? Statt dessen marschierst Du hier wieder ein! Bist eben doch der ewige Springer!" Schneider lachte. Koslowski schaute wütend in meine Richtung. Er sagte noch irgendwas, aber ich konnte das nicht verstehen. Die Truppe war inzwischen zu weit entfernt.
Sie mussten noch bis 17.00 Uhr warten, bevor man sie rausliess. Einen LKW-Transport zum Bahnhof gab es für die Jungs auch nicht.
Am nächsten Tag, dem letzten des Monats, lief nicht viel. Wir verbrachten den Vormittag im Gefechtspark, reinigten unseren SPW, puhlten Steine aus dem Reifenprofil, das alles reichlich lustlos. Eigentlich hätten wir Grund gehabt zur Freude, denn nun waren wir die E's, die Alten. Allerdings kamen die neuen Hüpfer erst am Dienstag an. Unsere alten Hüpfer waren da durchaus aufgeregter angesichts des neuen Ranges. Sie liefen schon mit in der Mitte quer geknickten Schulterstücken herum, was das inoffizielle Zeichen für ihr Dienstalter war. Dabei hatten die ja noch bist Dienstag Dienst zu tun wie ein Springer. Schneider war auf der Stube geblieben. Er hatte seine ganze Ausrüstung zu packen, denn um 15.00 Uhr sollte er abgeholt und in seine neue Einheit verbracht werden. Entsprechend getrübt war die Stimmung in der Mittagspause. Wir versuchten die Wartezeit mit lustigen Geschichten zu überbrücken, die wir gemeinsam erlebt hatten. Dann war es soweit. Es klopfte an die Tür und ein Soldat steckte seinen Kopf herein. „Ich such den Schneider!" „Du meinst, den ‚E' Schneider!?", antwortete Schneider höchstselbst. „Keine Ahnung, welches Diensthalbjahr! Ich soll den abholen und in den Divisionsstab

bringen.". "Komm rein und mach das Brett ran! Ne Abschiedsfluppe mit meinen Kumpels muss jetzt noch sein!" "Alles klar, wir haben Zeit! Von mir aus brauchen wir vor sechs nicht zurück sein!" Wir rauchten. Nach einer weiteren Zigarette stand Schneider auf. "Scheiße! Was soll's! Ich mach mich dann mal vom Acker!" Wieder wurden Hände geschüttelt. Ich musste mich beherrschen, um nicht loszuheulen, als Schneider mich umarmte. Ich hatte merklich einen Kloß im Hals. Wir schworen uns noch, in Kontakt zu bleiben. Dann war Schneider zur Türe raus. Trotz des recht lässigen Dienstablaufes der letzten Tage bestand der Fähnrich heute auf der Durchführung der Dienstausgabe nach Vorschrift. Unser dezimierter Haufen trat auf dem Flur an. Dreispitz kam gleich zur Sache. Er ließ die neuen E's aus dem Glied nach vorn treten.

"Stillgestanden! Soldat Frei, hiermit ernenne ich Sie mit Wirkung zum morgigen Tag zum Gefreiten!" Gegen Ende seines Satzes drückte er mir ein paar Schulterstücke mit den silbernen Balken in die Hand. "Ich diene der Deutschen Demokratischen Republik!", plärrte ich ihm vorschriftsmäßig laut entgegen.

Der Monat war um, das Halbjahr war vorbei, das letzte Drittel lag vor mir.

Noch 180 Tage!

Kapitel 13
Und wieder November

I

Der erste Monat als E begann.

„Nie wieder Ein-Strich-Kein-Strich!". brüllte Hartung, als er die Winterdienstuniform anzog, die ab heute wieder zum Einsatz kam. Seine neuen Schulterstücke hatte er schon angebracht. Er baute sich vor uns auf, strich sich die Haare wiedermal schräg über die Stirn und imitierte Hitler: „Volksgenossen, Soldaten, Kamerrrraden! Wir werden diese letzte Schlacht siegrrrreich überrrrstehen! Und ich verrrsprrrreche Euch, in einem halben Jahrrr sind wirrr wiederrr zu Hause!" Ja, in einem halben Jahr…. die Last der Tage wog immer noch schwer!

Die Balken auf den Schulterstücken waren nicht nur äußeres Zeichen unserer neuen Stellung in der Truppe. Der Sold erhöhte sich ebenfalls um 30 Mark pro Monat, von bisher 150 auf jetzt 180 Mark. Dazu kam noch die Funktion als „Rettungsbalken". Vor einer Verurteilung zu Arrest im Falle einer schweren Verfehlung stand nun die Degradierung. Natürlich veranlasste das Keinen von uns, mehr über die Stränge zu schlagen als üblich. Der Dienstag kam, und mit ihm die neuen Rekruten. Wir standen lässig am Exerzierplatz herum und beobachteten die einfahrenden Lkws, von deren Ladeflächen sich eine große Schar an jungen Männern in Zivil ergoss, die kurz darauf im Kinosaal verschwand. Einige von denen würden demnächst unsere Brötchen und Brot beschaffen, unsere Unterkunft sauber halten und anderweitige Dienste ver-

richten. Aber bis dahin würden noch gut dreieinhalb Wochen vergehen. In den nächsten drei Wochen schoben wir Wache im Divisionslager bis zum Abwinken. Fast durchgängig hatten wir die „Ehre", im 48-Stunden-Rhythmus dort anzutanzen. Das hieß in der Praxis, dass wir an Tag X abends 18.00 Uhr als Wacheinheit dort eintrafen, am nächsten Tag 18.00 Uhr abgelöst zu werden, um am dritten Tag erneut ab 18.00 Uhr dort erneut Dienst zu tun.
Am 22. des Monats hatten die Neuen ihre Vereidigung. Am folgenden Tag wurden sie in ihre Einheiten versetzt. Wir bekamen drei neue Springer auf unsere Stube. Zwei von ihnen waren junge Kerle, Salzmann und Kroll, Abiturienten, wie einst ich. Stresow, der dritte Springer war schon 26, verheiratet und hatte zwei Kinder. Er war ein etwas einfältig wirkender Typ, der besonders schlimm unter der Trennung von Frau und Kindern zu leiden schien. Er tat mir tatsächlich ein wenig leid. Man hatte ihn kurz vor Ablauf des Wehrpflichtalters eingezogen, was oftmals eine viel größere Bürde darstellte, als wenn man gleich mit 18 einrücken musste. Der Mann hatte Familie und einen Haushalt, der nun mit wesentlich weniger Geld zurechtkommen musste. Dazu fehlte ja auch eine Person in der Familie, seine Frau hatte Beruf und Kinder alleine zu stemmen. Das Alles änderte selbstverständlich nichts an seinem Status als Springer. Er hatte uns, die 19 jährigen E's als die „Herren" zu akzeptieren und uns zu Diensten zu sein. Ein schlechtes Gewissen, dass wir, unerfahrene Jünglinge, die bislang unter Mama's Fittichen ein recht bequemes Leben hatten, ihn herumkommandierten oder durch die Zwischenschweine kommandieren ließen, hatten wir freilich nicht. Stresow gab sein Bestes und avancierte binnen einer Woche zu meinem „Lieblingsspringer!

Romowe. Der Verlag

II

Der Bandmaßanschnitt stand an und ich wollte Stresow die Ehre zuteil werden lassen, den ersten Schnipsel des meinigen in einer feierlichen Zeremonie zu entfernen. Wie üblich hatten wir schon seit geraumer Zeit eine nicht unbeträchtliche Anzahl an Schnapsflaschen gebunkert. Nach dem Abendessen, welches heute aus auf der Stube gebratenen Schweinesteaks mit reichlich Zwiebeln und Brot bestand, begannen wir mit den Vorbereitungen. Wir, die E's, präparierten unsere Bandmaße, indem wir unsere Stahlhelme mittels Zwirn an der Metallöse des ersten Zentimeters befestigten. Die Springer zogen sich derweil um. Für den Anschnitt war eine spezielle Kleiderordnung vorgesehen. Die Springer hatten weisse, lange Unterwäsche zu tragen, dazu auf Hochglanz polierte Stiefel. Das schwarze Ausgangs-Koppel war ebenfalls poliert und wurde durch das Tragegestell ergänzt. Auf dem Kopf trug der Springer seinen Stahlhelm, den eine Kerze zierte. Diese wurde kurz vorm Anschnitt angezündet. Die Zwischenschweine hatten keine besondere Anzugsordnung zu befolgen. Deren Aufgabe bestand darin, die Schere auf einem Kissen darzureichen. Der E stand auf dem Tisch. Diese Höhe war notwendig, um das Bandmaß, welches mit dem Stahlhelm beschwert worden war, auch vollständig ausrollen zu können und eine gut Fallhöhe des Helmes zu erreichen. Gleichzeitig wurden auf dem Tisch zwei der Plastikbecher bereitgestellt, die bis zum Rand mit Wodka gefüllt waren.
Dann ging es los. Ich sollte der Erste sein. Ich kletterte auf den Tisch und hob mein Bandmass in die Höhe. Stresow stellte sich vor mir auf und hob den Blick zu mir. An seiner linken Seite stand Klausner mit dem Kissen bereit, auf

dem die Schere lag. Stresow begann, seinen Spruch aufzusagen:

*"Ich bin ein armes Springerlein
mit hässlich vielen Tagen!
Und was der Onkel E befiehlt
das tu ich ohne Klagen!"*

Dann folgte eine kurze Pause.

*"Lieber Onkel E!
Gestattest Du,
daß ich vor Dir niederstürze
und Dein Bandmaß kürze?"*

Nach einer weiteren, ganz kurzen Kunstpause schmetterte ich ein feierliches „Ja' in die Runde. Klausner ging in diesem Moment runter auf sein rechtes Knie, gleich einem Pagen im Märchenfilm, der dem König das Kissen mit der Krone reicht. Stresow ergriff die Schere und führte sie bedächtig zum Bandmaß. Mit der Linken hielt er dieses etwas oberhalb des Endes fest, während er den Schnitt setzte. Es war vollbracht! Der Stahlhelm sauste nach unten und schlug mit lautem Knall auf dem Parkett auf, worauf alle Anwesenden anfingen, laut zu grölen. Ich sprang vom Tisch, nahm die beiden Wodkabecher in die Hand und reichte einen Stresow. „Auf ex!", wies ich ihn an. Wir hoben die Becher an die Lippen und tranken. Es war eigentlich eine widerliche Angelegenheit. Der Wodka hatte Raumtemperatur, diese billige Sorte schmeckte dazu auch gekühlt reichlich eklig. Es handelte sich um „Kristall-Wodka", den man im Volksmund „Blauer Würger" nannte, und dies nicht ohne Grund. Ich setzte den leeren Becher ab und trank schnell einen großen Schluck aus meiner Cola-Flasche, um den hässlichen Geschmack aus dem Mund zu bekommen. Stresow kämpfte derweil immer noch tapfer mit seiner Portion. Mit jedem Schluck wurde sein Blick flehender, man möge ihn von dieser Last doch erlösen. Aber keiner half, da musste er durch. Schließlich hatte auch er es geschafft. Ich umarmte ihn brüderlich und bedankte mich bei ihm und Klausner für den erwiesenen Dienst. Bei allen Rangunterschieden wurde dennoch kameradschaftliches Verhalten und die dazugehörigen Gesten sehr groß geschrieben. Zumindest in unserer Truppe. Wir machten weiter. Die nächsten zwei Zeremonien wurden genauso feierlich durchgezogen, wie die meinige. Nur eben mit anderen Darstellern. Kaum waren wir fertig, ging die Tür auf. Kunze, ein E aus der Nachbarstube schwankte herein. „Jungs, wir brauchen mal Eure Hilfe!". „Was gibts?" „Wir haben eine Springer zu wenig für den Anschnitt, ihr müsst uns mal einen borgen!" „Lass doch einen zweimal machen!", schlug ich vor. Kunze fing an zu lachen. „Hehehe, nee, die Pfeiffen liegen schon flach! Das sind die totalen Backpflaumen! Nach einem Becher Wodka! Volles Rohr hinüber diese Nasen!" Ich dachte, ich würde Stresow eine besondere Ehre zuteil werden lassen, als ich vorschlug, das er das über nehmen möge. Immerhin winkte eine Extraportion Schnaps und das noch ganz umsonst. Stresow traute sich nicht, nein zu sagen. Also folgte er Kunz und tat, was man von ihm erwartete. Wir saßen um den Tisch und tranken weiter fleißig. In der Zwischenzeit hatten wir den Metallschnipsel mit Hilfe eines kleinen Schlüsselringes an den Armbanduhren befestigt. Auf diese Weise war unser Status auch erkennbar, wenn wir keine Uniform trugen. Das interessierte zwar „draußen" keinen Menschen, aber für uns war es eines der wichtigsten Dinge überhaupt. Zwei Stunden später hatte ich das Gefühl, in die Nachbarstube gehen zu müssen, um nachzuschauen, wo Stresow abgeblieben war. Es dauerte einen Moment, bis ich ihn entdeckt hatte. Das Licht war zwar angeschaltet, aber die Bewohner lagen alle schlafend auf den Betten. Stress lag zusammengekauert zwischen Besenspind und einem Bett. Er schnarchte. Es dauerte geraume Zeit, bis ich ihn dazu bewegen konnte, sich zu erheben. Ich schleppte ihn in unsere Bude, half ihm beim Ausziehen und bugsierte ihn in sein Bett, welches über meinem war. Dann legte auch ich mich hin. In fünf Stunden musste ich aufstehen. Ich hatte für den Sonntag „6-Uhr-Ausgang" beantragt, was hieß, dass ich für 24 Stunden raus konnte. Mein Vater wollte mich abholen und abends in die Bezirksstadt fahren, von wo es eine direkte Zugverbindung zu meinem Standort gab.

III

Ich erwachte gegen zwei Uhr. Irgendetwas war seltsam. Meine Hände lagen auf der Bettdecke und es fühlte sich feucht an. Ich tastete ein wenig herum, aber das machte es nicht besser. Zunächst dachte ich, ich würde mich täuschen, denn es war sehr kühl im Raum, Wir hatten beide Fenster sperrangelweit geöffnet, den anders wäre das Konglomerat aus den Ausdünstungen der neun Körper, den Geruch von Fürzen, Schweißfüßen, Knoblauch- und Bieratem uns was sonst noch in Frage kam, nicht auszuhalten gewesen. Ich schlug die Bettdecke zurück und fühlte an meiner Schlafanzughose. Ich hatte im Halbschlaf tatsächlich in Betracht gezogen, das ich selber eingepinkelt haben könnte. Alles trocken. Dieses Untersuchungsergebnis beruhigte schon einmal. Ich stand auf und untersuchte mein Bett, aber außer der feuchten Bettdecke war nichts festzustellen. Ich ging auf den Flur. Starke saß am UvD-Tisch und las. „Starke! Kannste mal kommen?" „Was is'n los?" „Hm, meine Bettdecke ist feucht und ich weiß nicht, woher das kommt!". „Haste eingeschifft?" lachte er. „Quatsch! Alles trocken hier!, deutete ich auf meine Hose. Starke folgte mir ins Zimmer. Mit der Taschenlampe funzelte er über meinem Bett herum, konnte aber auch nichts entdecken. Er ging zur Tür, neben der sich der Lichtschalter befand. Er machte das Licht an und guckte wieder. Immer noch war nichts zu sehen. Dann kam es. Stresow drehte sich oben in seinem Bett. Während er sein Gewicht verlagerte, wurde die Schaumstoffmatratze durch die Spannfedern, die den Boden des Bettes bildeten, ausgepresst. Ein dünner Strahl Urin ergoss sich auf meine Bettdecke. Ich schnappte nach Luft! Starke lachte und ging aus der Stube. Ich rüttelte Stresow, was das Zeug hielt. „Wach auf, Du Springschwein!!!" Stresow drehte sich wieder, worauf mehr Pisse aus seiner Matratze auf mein Bett tropfte. Das machte mich noch wütender. Ich rüttelte energischer, auch meine Stimme wurde lauter."Du elender Hüpfer pinkelst dem E ins Bett!! Bist noch noch ganz glatt???" Hartung war wach geworden. „Eh Frei, was brüllst Du hier 'rum? Hast Du 'ne Macke oder bist Du so besoffen??" „Der Springer hat in mein Bett gepisst!", klärte ich ihn auf. „Was? Du spinnst, der pennt doch!" „Ja, und beim Pennen hat er in mein Bett gepisst!" „Das hat der nicht drauf!!" „Doch! Guck Dir an!"

Hartung schälte sich aus seinem Bett. Ich rüttelte an Stresow, der sich daraufhin wie ein dressiertes Tier wieder drehte. Die Matratze gab wiederum etwas vom aufgesaugten Urin frei. Hartung starrte fassungslos auf den Strahl, der sich auf meine Bettdecke ergoss. „Oh Mann, der Hüpfer! Das geht gar nicht! Sowas geht

überhaupt nicht!" stammelte er vor sich hin. Wieder rüttelte ich Stresow. Endlich öffnete er die Augen. „Mach das Du aus dem Bett kommst Du Sau!", herrschte ich ihn an. Er begriff nicht, was ich von ihm wollte. Er setzte sich auf, was einen weiteren Strahl aus seiner Matratze freisetzte. „Du hast ins Bett gepisst!", schrie ich ihn an! Er rieb sich die Augen. „Was, wie? Ich hab ins Bett gepinkelt?", fragte er ungläubig. „Ja, Du Schwein! Sie Dir die Sauerei an!" Langsam schob er sich von seinem Bett. Als er endlich auf dem Boden stand blickte an sich herunter. Er bemerkte den nassen Fleck auf seiner Schlafanzughose.
„Oh Mann, Scheiße, wie ist das denn passiert?" „Na zu viel gesoffen, Springschwein!" Ich nahm seine Hand und führte sie auf meine Bettdecke. „Hm, bissel feucht!", stellte er fest. „Bissel feucht? DU HAST IN MEIN BETT GEPISST" „Oh Mann, das tut mir leid, das tut mir echt leid, das wollte ich wirklich nicht!" „Du gehst jetzt duschen, anschließend beziehst Du mein Bett neu! Und dann sag ich Dir, wie das weiter geht! Mach ja Latte, das ich mich nochmal aufs Ohr hauen kann!" „Ja, klar, ich beeil mich!", versprach er. Er eilte aus der Stube, keine zehn Minuten war er wieder zurück. Er hatte sogar frische Bettwäsche sowie eine neue Schwarzdecke dabei. Bettenbau schien sein Ding zu sein, in Windeseile hatte er mein Bett bezogen. Dann wollte sein Bett neu beziehen. „Hör auf!", befahl ich ihm, „Nimm Deine Matratze, schaff die in den Waschraum und mach die dort sauber! Dann legte die auf den Fensterstock vom Klo, damit die trocknen kann!". „Und wo soll ich schlafen?", fragte er zögerlich. „Das ist mir doch Wurst!", herrschte ich ihn an. „Darf ich das leere Bett benutzen?" Er bettelte schon fast. „Das kannste vergessen! Du kannst auf dem Hocker am Tisch pennen! Und über den Tag wirst sowieso nicht zum

Ruhen kommen! Da warten jede Menge Reviere auf Dich!" Er sah mich betroffen an, wagte aber nicht, zu widersprechen. Ich legte mich wieder hin und schlief recht schnell ein. Ich konnte allerdings nur noch anderthalb Stunden schlafen, dann musste ich schon wieder hoch. Stresow saß tatsächlich auf dem Hocker, eingewickelt in eine Schwarzdecke, die Arme auf dem Tisch liegend und den Kopf zwischen den Armen. Es war eiskalt in der Bude und ich konnte seine Zähne klappern hören. Fast keimte Mitleid in mir auf. Nein, er tat mir wirklich leid, als ich ihn da hocken sah. Aber die internen Hirarchie-Regeln ließen es nicht zu, jetzt Gnade zu zeigen. Ich ging in den Waschraum, dann zog ich mich an. Ich verließ die Stube und ging zu Starke. „So, ich mach los. Kannst Du Hartung was ausrichten bitte?" „Klar! Und was?", fragte er. „Flur weiss solo für Stresow heute. Und Bettverbot bis nach Flur weiss!". „Oh Mann, Du bist echt hart!", konstatierte Starke, grinste aber dabei. „Wir sind ja hier auch nicht auf dem Erholungsdeck von der ‚Völkerfreundschaft'!", begründete ich meine Entscheidung. Starke grinste wieder. „Na dann, bis morgen!", verabschiedete ich mich und entschwand.
Morgen, das war schon ein neuer Monat.
Und heute, Punkt 17.00 Uhr würde ich zum ersten Mal selbst einen weiteren Zentimeter vom Bandmass abschneiden.

Noch 148 Tage!

Kapitel 14
Und wieder Dezember

I

„Nie wieder November", brüllte Hartung am Montag Morgen, kaum das er die Augen aufgemacht hatte. Ja, von nun an würde das so sein, kein Monat würde sich ein weiteres Mal wiederholen. Es war kalt geworden, grau und regnerisch. Der Monatsanfang hatte noch gar nichts vom Winter, sondern kam eher wie ein hässlich kalter, verregneter Herbst daher. Stresow hatte seine Entgleisung gut überstanden, auch die Strafmaßnahmen hatten ihm nicht geschadet. Er war jedoch sichtlich erleichtert, als er feststellte, dass ich ihm seine Pinkelei nicht weiter nachtrug. Für mich war das Thema durch. Er hatte Scheiße gebaut, ich hatte ihn bestraft, oder besser, bestrafen lassen, Ende. Fortan war ich wieder nett zu ihm, zumal er sich auch wirklich redlich Mühe gab, alles zu unserer Zufriedenheit zu erledigen. Manchmal neigte er sogar dazu, zu übertreiben, worauf hin man ihn ein wenig einbremsen musste. Aber wir waren schließlich keine Sklaventreiber. Während der Woche sickerte durch, das die Hüpfer aus der gesamten Abteilung am Freitag in ihren ersten VKU wegtreten sollten, Das schloss auch unsere Springer mit ein. Das gab natürlich Diskussionen, vor allem unter unseren Zwischenschweinen. Die sahen deutlich vor sich, das sie am Wochenende höchstselbst die Reviere zu reinigen hätten. Der Protest ging sogar soweit, dass Klausner beim Fähnrich vorsprach, um das zu verhindern. Dreispitz erklärte ihm aber ganz gelassen, dass es ihn einen Dreck interessiere. Unterstützung von unserer Seite hatten die Zwischenschweine auch nicht zu erwarten, denn eines war sonnenklar: Der E würde keinen Finger rühren!

II

Der Freitag kam, und damit ein Szenario, was aber auch uns, die E's einigermaßen auf die Palme brachte. Wir saßen im Speiseraum zum Mittagessen, welches heute sogar ausgesprochen gut war! Es gab Schnitzel mit Kartoffeln und Mischgemüse, an sich nichts aufregendes, aber diesmal tatsächlich richtig gut gekocht. So waren wir guter Laune, als die 4. Batterie komplett zum Essen einrückte.Wir trauten unseren Augen nicht!
Die Springer erschienen, Mittags um 12.00 Uhr, in Ausgangsuniform am Mittagstisch! Sofort ging lautes Geblöke im Speisesaal los. Sämtliche anwesende E's und Zwischenschweine protestierten. „Das habt Ihr Hüpfer nicht drauf! Freitag Mittag in Ausgangsuniform rumlaufen! Hier geht's wohl los? Ist das jetzt hier die Heilsarmee, wo Freitags Mittags schon Schluss ist?" So und ähnlich lauteten die Rufe, die den Springern entgegenschlugen. Die blickten verwirrt um sich und konnten gar nicht begreifen, warum und wieso sie so angegangen wurden. Der begleitende Uffz. versuchte es mit uns auf die „harte" Tour. „Ruhe im Saal!", brüllte er, was wiederum Buh-Rufe und Gelächter auslöste. „Mund zu, Du Dienetod! Geh Tage zählen!" war noch das harmloseste, was man ihm um die Ohren haute. Auch wurden jede Menge Bandmaße geschwungen, um ihm klarzumachen, dass sein Dienstgrad hier nichts zählte. Nach einer Weile hatte sich die Menge wieder beruhigt, zumal wir ohnehin für den Moment keinerlei Aufklärung darüber erhalten würden, wieso die designierten Urlauber schon vier Stunden vor Urlaubsantritt in Ausgangsuniform rumsprangen. Dann ging plötzlich die Alarmhupe los. Das störte zunächst keinen. Der Alarmton kam aus einem Kasten, wie er auf jedem Flur stand. Dieser Kasten gehörte zum Alarmsys-

tem der Warschauer Vertragsstaaten, im Westen Warschauer Pakt genannt, und der Kasten nervte fast jeden Tag mit seinem Gehupe, ohne dass auch nur einmal ansatzweise irgendetwas daraus resultiert hätte. Also ließen wir das Ding vor sich her hupen und aßen einfach weiter. Nach etwa fünf Minuten betrat ein Offizier den Speisesaal und brüllte laut „AAAACHTUNG!" Die Hüpfer sprangen von den Stühlen, während sich der Rest nur zögerlich erhob. „Was sitzen Sie hier noch herum und fressen? Es ist Alaaaarm!", schrie der Offizier. Wir guckten uns verdutzt an. „Ja was glotzen Sie alle so blöd! Wissen Sie, was das ist: Alarm!?" brüllte er wieder. Dann kam Hektik auf. Alles drängte zum Ausgang. Wir hatten Gott sei Dank schon aufgegessen, aber viele andere mussten das leckere Schnitzel nun stehen lassen. Draußen angekommen, beeilten wir uns nicht sonderlich, um in unsere Einheit zu kommen. Einzig die Springer rannten an uns vorbei, alles andere ließ sich Zeit. „Hehehe, da hatten die Hüpfer es eilig, in die Ausgangsuniform zu kommen, und nu is Brettschiss!", amüsierte sich Hartung. „Ja, und am Schnitzel durften die gerade mal riechen!" setzte ich noch einen obendrauf. Als wir auf dem Flur ankamen, sahen wir den Fähnrich aufgeregt von Stube zu Stube rennen. „Mensch, wo bleibt Ihr denn? Es ist Alarm!", herrschte er uns an, als er uns wahrnahm. „Jaja, nur die Ruhe, wir sind gleich bereit!", beruhigte Hartung ihn. Wir gingen auf die Stube und zogen die Watte-Kombi an. Ruckzuck hatten wir die Tragegestelle angelegt und Teil 1 und 2 daran befestigt. Keine zwei Minuten später traten wir auf dem Flur an. Der Fähnrich stand bereits, auch in Kampfmontur, da. „Jungs, hier scheint was Großes im Gange zu sein! Jetzt ist Waffenausgabe, dann holt jeder noch seine spezielle Ausrüstung, Funkgeräte, E-Mess-Schere, Alles! Dann ab in den Gefechtspark an die Fahrzeuge! Abmarsch!". „Wie soll das gehen, Fähnrich?", warf ich ein, „Die Teile

auf dem Rücken, dann noch die E-Mess-Schere, Stativ, Batterie-Tasche, unmöglich!" Er überlegte kurz. „Verteil Deine Teile auf zwei Kraftfahrer, ich nehme das Stativ! Den Rest musste alleine wegbekommen!". Gesagt, getan. „Zwanzig Minuten später kam ich, einigermaßen abgehetzt, am SPW an. Ich montierte die E-Mess-Schere auf dem Stativ im Panzerwagen und verstaute das transportable Stativ sowie mein Teil 1 und 2 zwischen hinterer Sitzbank und den Motorenklappen. Meine Kalaschnikow befestigte ich in der Halterung neben meinem Sitz. Dann kletterte ich aus dem SPW. Um mich herum war noch reichliches Gewusel. Soldaten rannten durcheinander, während Fähnrich Dreispitz versuchte, ein wenig Ordnung in den Sauhaufen zu bringen. Ein Ural fuhr vor, aus dem ein Hauptmann sprang. Er lief schnurstracks zum Fähnrich und sagte etwas zu ihm. Dreispitz nickte kurz, dann brüllte er: „Aaaachtung! Zweiter Stabsführungszug antreten zur Munitionsausgabe!"
Diesen Befehl hatten wir noch nie gehört.
Munitionsausgabe!
Wir traten an, worauf der Fähnrich uns kommandierte, uns in einer Reihe an der Ladefläche des Ural zum Empfang der Munition aufzustellen. Jeder bekam vier gefüllte Magazine ausgehändigt, worauf wir die leeren Magazine, die wir in den Magazintaschen hatten, abgeben mussten. Was hatte das zu bedeuten? Uns wurde mulmig. Dann kam der nächste Schritt, der unser Unbehagen nur noch verstärkte. Ein weiterer LKW fuhr vor und uns wurden die Essensrationen für den „Ernstfall" ausgereicht. „Fähnrich, was ist hier los?", fragte ich Dreispitz. „Ich hab keine Ahnung! Ehrlich! Ich weiß genau soviel wie Ihr!", beteuerte er. Mittlerweile war es vier Uhr nachmittags, indes gab keinerlei Anzeichen, dass die Alarmübung beendet wäre. Das beunruhigte uns um so mehr, denn

schließlich sollten die Springer in den Urlaub wegtreten, und zwar genau jetzt! Aber nichts dergleichen geschah. Wir standen rauchend um die Fahrzeuge herum. Das dort Rauchverbot herrschte, interessierte in dem Moment niemanden. Auch Leutnant Lischka paffte eine nach der anderen. Dann kam der Fähnrich und ließ uns antreten. Wir marschierten vor den freien Platz am Eingang zum Gefechtspark. Dort hatten schon die Batterien Aufstellung genommen. Der Abteilungskommandeur, Major Ganter, erschien in Begleitung des Regimentskommandeurs. „Aaaachtung!" brüllte er. Wir alle nahmen Haltungen. „Zur Gefechtsausgabe, stillgestanden!" Er wandte sich an den „Regimenter" „Genosse Oberst, 2. Abteilung zur Befehlsausgabe angetreten!" meldete er. Der Oberst übernahm. „Rührt Euch!" - „Genossen! Dieser Alarm ist keine Übung! Der Klassenfeind hat in der Volksrepublik Polen eine Konterrevolution angezettelt! Die imperialistischen Feinde des Sozialismus haben die polnische Regierung gezwungen, das Kriegsrecht auszurufen! Wir wurden alarmiert, um unseren polnischen Genossen bei der Niederschlagung der feindlichen Aktivitäten gegen den Sozialismus zur Seite zu stehen! Wir werden in Gefechtsbereitschaft verbleiben, bis wir entweder den Marschbefehl nach Polen bekommen oder die Situation anderweitig geklärt ist! Detaillierte Informationen erhalten die Kommandeure von mir. Der Rest, wegtreten!". Wir mussten uns erst einmal sammeln, um zu begreifen, was uns da gerade mitgeteilt worden war. Wir sollten in den Krieg ziehen, wir sollten kämpfen, nicht gegen Papp-Panzer oder imaginäre Ziele, nicht gegen Bäume am Waldrand auf einem Übungsplatz. Nein, wir sollten losgeschickt werden, um zu töten, um andere Menschen zu töten, und um eventuell selbst getötet zu werden.

III

Dreispitz kam zum SPW. „Schnapp Dir zwei Springer und hol das Tarnnetz für Eure Kiste aus der Optikkammer!", befahl er. „Können wir nicht den UAS nehmen?" fragte ich. „Wenn ich wollen würde, das Ihr den UAS nehmt, hätte ich gesagt ‚Nimm Dir den UAS!' Ich hab Dir aber gesagt, Du sollst zwei Springer nehmen! Das ist ja wohl schon genug an Entgegenkommen, oder?" Dem war nicht zu widersprechen. Ich rief Stresow und Salzmann zu mir. Gemeinsam trotteten wir den langen Weg zur Abteilung. Der Rückweg dauerte doppelt so lang. Das Tarnnetz war ziemlich schwer, so dass die Beiden laufend Pause machen mussten. Beim letzten Drittel half ich tragen, sonst wären wir wohl nie angekommen. Wir packten das Tarnnetz auf den hinteren Teil des SPW, zwischen Turm und hinteren Einstiegsluken, wo ich es mit einem langen Strick an den Griffen der Seitenwand befestigte.

Es war schon dunkel. Gegen sechs Uhr fuhr die Feldküche vor und wir fassten eine Linsensuppe in unseren Kochgeschirren. Die dazugehörige Bockwurst gab es auf die Hand. Immer noch regte sich nichts. Ich verkrümelte mich in den SPW. Starke saß auf der hinteren Bank und las ein Buch im Schein einer Taschenlampe. Hartung saß auf dem Fahrersitz und lauschte den krachenden Tönen, die sein Taschenradio ausspuckte. „So eine Scheiße, jetzt soll der E noch in den Krieg und auf die letzten paar Tage seinen Arsch riskieren", brummelte er vor sich hin. „Was ist da überhaupt los in Polen?", fragte Starke. Offensichtlich waren sämtliche Nachrichten der letzten Woche an ihm vorübergegangen. In Polen war eine neue Gewerkschaft gegründet worden, „Solidarnosc" - Solidarität.

Thomas Frei: GEDIENT: Ein NVA-Soldat erzählt

Es gab Streiks für bessere Arbeitsbedingungen und bessere Löhne. Die Demonstrationen waren natürlich von der Regierung als illegal erklärt worden. Die Polizei ging hart gegen die Demonstranten vor, es gab auch Tote. In mehreren Werften wurde seit mehreren Tagen nicht mehr gearbeitet und die Streikbewegung hatte mittlerweile das ganze Land erfasst. Das war unser Informationsstand. „Also verstehen kann man die Leute in Polen schon!" sagte ich. „Wieso?", fragte Lischka. „Naja, denen geht's ja beschissener als uns hier in der DDR!", antwortete ich. „So ein Quatsch! Sozialismus ist Sozialismus! Und da geht es den Menschen besser als im Westen!", argumentierte er. „Hm, als ich das letzte Mal in Polen war, hatte ich 'nen anderen Eindruck! Die Läden dort sind halb leer! Meine Tante wohnt in Schwedt, direkt an der Grenze. Da kommen jeden Tag Heerscharen von Polen und kaufen alles weg!", erzählte ich ihm. „Engpässe gibt es halt immer mal wieder, da muss man nicht gleich den Sozialismus in Frage stellen!" Lischka kämpfte gerade mächtig für den Kommunismus. „Wegen mal einem Engpass gehen die bestimmt nicht auf die Straße!" argumentierte ich weiter. „Die sind vom Westen gesteuert! Ganz sicher!" Lischka wurde fast wütend. „Das ist mir egal, ich will nicht in den Krieg ziehen!" sagte ich. „Du bist Soldat, und wenn Du den Befehl dazu bekommst, geht es nicht danach, ob Du willst oder nicht!" Lischka war jetzt auf Agitationstour. „Das ist doch idiotisch!", meinte ich, „Ich kann die Leute dort verstehen, soll aber da rüber, um die abzuknallen!". „Das musst Du mal anders sehen!" Jetzt war ich gespannt auf die Erklärung des Leutnants. „Mal ganz davon abgesehen, dass wir eine sozialistische Armee sind, sind wir in erster Linie Soldaten! Und Soldaten befolgen Befehle! Und wenn der Befehl eben lautet: Wir gehen da und da hin und kämpfen, dann tun wir das eben! Weil das unsere Aufgabe ist als Soldaten!" „Hm, das heißt am Ende, dass das auch in der Wehrmacht so war! Wieso werden die dann als Verbrecher bezeichnet?" Mein Einwurf war nicht ganz ohne, ich begann mich da auf sehr gefährliches Terrain. „Naja, für den einzelnen Soldaten stellt sich das tatsächlich so dar, dass die letztendlich Befehlen gefolgt sind, aber die Wehrmacht als Ganzes war natürlich eine faschistische Armee!"„Aber als Einzelnen ist das für mich doch irrelevant! Ich hab als Einzelner Befehlen zu folgen, ansonsten bin ich im Arsch und die stellen mich an die Wand!" Lischka schwieg. „Ich mag nicht auf Leute schießen, deren Ansinnen ich verstehen kann und gegen deren Protest ich nichts habe!" begehrte ich noch mal auf. Hartung mischte sich jetzt in die Diskussion ein: „Sieh's mal anders!", sagte er. „Und wie?" „Na ganz einfach! Stell Dir vor, wir müssen da rüber, in deutscher Uniform, mit Panzern und Fahrzeugen mit unseren Hoheitszeichen drauf. Und dann begegnen wir den Truppen der ‚Konterrevolutionäre', wie die hier genannt werden!" „Und?", fragte ich weiter. „Na was werden die wohl denken und tun?", fragte Hartung. „Hm, für die sind wir der Feind! Logisch, oder?" „Ja, klar!" „Also, was machen die? Die schießen auf uns! Die können ja keine Gedanken lesen und erkennen, dass der Frei und der Hartung denken wie die! Also, die sehen unsere Uniformen, also sind wir der Feind!" „Richtig.", gestand ich ein. „So, also schießen die! Und was machst Du, wenn Du beschossen wirst? Richtig! Du ballerst einfach zurück! Und warum? Weil Du gegen die bist? Nein, weil Du einfach Deine eigene Haut retten und nicht selber krepieren willst! Ganz einfach!". Seine Argumente brachten es auf den Punkt! Er zündete sich noch eine Zigarette an. „Siehste, und so funktionieren Kriege immer! Den Landsern ist die große Politik eigentlich völlig egal, die kämpfen ein jeder für sich immer nur darum, den eigenen Arsch wieder heil nach

Hause zu bringen! Und nichts anderes bleibt uns übrig! Einfach draufhalten, wenn's losgeht, um des eigenen Lebens willen!" Damit war Alles gesagt. Dennoch, unsere Angst blieb.

IV

Der Alarmzustand wurde erst am Montag Morgen aufgehoben. Damit wich auch die Angst, tatsächlich in einer bewaffneten Auseinandersetzung sein Leben riskieren zu müssen. Allerdings hatten wir die Lektion, dass es durchaus Ernst werden könnte, gründlich gelernt. Wir hatten zwei Tage, unsere Ausrüstung und die Fahrzeuge wieder in Ordnung zu bringen. Die Springer durften am Donnerstag in den Urlaub wegtreten, Normalität zog wieder ein. Als Stresow aus dem Urlaub zurück kam, überraschte er uns mit allerhand Leckereien aus seiner häuslichen Vorratskammer. Er packte jede Menge selbstgeräucherte Wurst auf den Tisch. Dazu gab es noch zwei Flaschen von bestem selbstgebrannten Birnenschnaps. Er war immer noch froh, das ich ihn nach seiner Pinkel-Aktion wieder leiden konnte. Ein paar Tage später kam der Fähnrich mit einer Mitteilung daher. „Hört mal her! Mit der Urlaubsplanung läuft das jetzt ein wenig anders! Die vorgeschriebenen Urlaubstage werden jetzt festgelegt, nicht mehr beantragt!" „Das ist doch Scheiße, Fähnrich, wie soll man das denn mit zu Hause abstimmen, wenn da keiner in der Zeit Urlaub bekommt, wenn wir geschickt werden?" „Das kann ich Dir auch nicht sagen, Frei, ich kann nur sagen, was der Regimentskommandeur als Befehl ausgegeben hat!" „Der hat sie ja nicht mehr alle!", kommentierte Hartung.
„Obacht, was Du sagst!", warnte Dreispitz.
„Na ist doch wahr! Das ist doch totaler Käse! Meine Zarte

arbeitet rollende Woche! Wenn es blöd läuft, ist die die ganze Zeit zur Nachtschicht und auch noch an den Wochenenden! Da hab ich absolut NICHTS vom Urlaub!". „Ich kann es doch auch nicht ändern!". Dem Fähnrich war die Situation auch sichtlich unangenehm. „Hm, dann muss ich eben in die Trickkiste greifen!" Hartung zog die Stirn in Falten, während er das sagte. „Und wie sieht Dein Griff in die Trickkiste aus?", wollte Dreispitz wissen. Hartung grinste über alle vier Backen. „Hehehe, das wüsstest Du gerne, Fähni! Aber das wirste merken, wenn es soweit ist!". Er grinste dabei noch mehr. Dreispitz ging in sein Dienstzimmer, aber auch meine Neugier war geweckt. „Und was willste dann machen?", fragte ich Hartung. „Na ganz einfach: Ich drück ein BV ab, dann gibts Ausgangs-und Urlaubssperre, wenn's zum Zeitpunkt nicht passt!". Bereits am nächsten Tag kam von Dreispitz die Mitteilung, das wir in der Woche vor Weihnachten für Erholungsurlaub vorgesehen waren. Die Rückkehr war am Heilig Abend Morgen zum Dienst. Das löste natürlich wieder Proteste unsererseits aus. „Fähnrich, dass ist doch Scheiße. Weil, das ist ungerecht!" „Was ist daran ungerecht?" „Im letzten Jahr durften wir an Weihnachten nicht heim, weil wir Springer waren und uns das ‚nicht zustand' als Springer! Und dieses Jahr dürfen wir wieder nicht nach Hause zu Weihnachten!" „Ich bin Weihnachten auch nicht zu Hause, also jammere jetzt nicht 'rum!", antwortete der Fähnrich kurz. „Aber Du bist freiwillig hier, ich nicht!". Ich wollte nicht einfach so klein beigeben. „Kannst Ja zum Regimenter gehen und Dich beschweren. Mal gucken, was der sagt!" Dreispitz grinste, während er diesen Vorschlag machte. Ich trabte ab, es hatte keinen Zweck, weiter zu diskutieren. Der 17. des Monats kam heran und wir traten in den befohlenen Urlaub weg.

V

Diesmal fuhr ich mit dem Zug nach Hause. Der Grund war einfach: es war Scheißwetter, heftiger Schneeregen fiel vom Himmel, außerdem war es schon fast völlig dunkel, als wir die Kaserne verließen. Es machte also keinen Sinn, sich an die Straße zu stellen. Mit Müh' und Not erreichten wir den Zug. Hartung musste in meine Richtung und von meinem Zielbahnhof noch mit dem Bus ein Stück weiter. So hatte ich wenigstens Gesellschaft auf der langen Zugfahrt. Er begab sich sofort in den Mitropa-Wagen, um ein paar Bier zu holen. „Guck mal, was ich erwischt habe!", strahlte er und reckte mir eine Flasche Radeberger entgegen. „Das ist ja was ganz Edles!", rief ich erfreut aus. „Radeberger" gehörte zu den besonders seltenen Waren im Lande. Heiß begehrt, weil von bester Qualität und bestem Geschmack, bekam man dieses Bier kaum im Handel, es sei denn, man hatte Beziehungen. Wir ließen uns das Bier schmecken. Wir sprachen nicht viel, sondern starrten mehr oder weniger durch das Fenster in die Dunkelheit. Wir nahmen ab und an ein paar dunkle Umrisse von Bäumen und Gebäuden wahr, was durch den sich verstärkenden Schneefall immer schwieriger wurde.

„Treffen sich zwei Schneeflocken. Sagt die eine zur anderen: Wo willst Du denn hin? Antwortet die: In die Alpen, zum Wintersport, und Du? Ich will in die DDR, 'ne Schneekatastrophe verursachen!" Ich musste lachen, obwohl an diesem Witz durchaus etwas Ernstes war. Wir entschlossen uns, bereits in Gössnitz umzusteigen. Wir würden zwar genau den selben Anschlusszug nehmen, wie wenn wir bis Leipzig gefahren wären, aber wir zogen es vor, die Zeit lieber in der Bahnhofskneipe zu verbringen, als im Zug.

Das Mitropa-Restaurant war schon angefüllt mit jeder Menge Soldaten, die wie wir auf Urlaub fuhren. Wir fanden noch zwei Plätze an einem Tisch mit Soldaten von den Panzertruppen. Man erkannte die Waffengattung an der farbigen Umrandung der Schulterstücke. Wir hatten eine weinrote Umrandung, bei den Panzersoldaten war sie - ROSA! Das gab natürlich stets Anlass zu Lästereien. Rosa war nicht gerade eine Farbe, die man mit Panzern, Waffen, Militär in Verbindung bringen würde. „Na, wie läuft's in der Homo-Truppe?", fragte Hartung einen der Beiden. „Wenn Du stänkern willst, such Dir 'nen anderen Tisch!", fauchte der gleich zurück. „Willste den E anmachen, Du Springer?". Irgendwie war Hartung aggressiv drauf. „Hör auf! Die haben sich das nicht ausgesucht! Weder das Rosa noch das Diensthalbjahr! Lass uns in Ruhe ein Bier trinken und gut!" versuchte ich ihn zu beruhigen. Ein dankbarer Blick des einen Soldaten traf dem meinen. Die Bedienung kam und ich bestellte eine Runde Bier, auch für die zwei Unbekannten an unserem Tisch. Damit war die Situation entschärft. Wir hatten anderthalb Stunden Aufenthalt, bevor es weiterging, was locker für sechs Bier für jeden gereicht hatte.
Unsere Knie waren schon entsprechend weich, als wir am Ziel ankamen. Hartung hatte am Bahnhofskiosk noch ein paar „Zündkerzen" gekauft, kleine Fläschchen Schnaps, natürlich den berüchtigten „Blauen Würger". Schwankend begleitete ich ihn noch zur Haltestelle seines Busses, der auch kurz nach uns ankam. Ich übergab ihn an den Fahrer und sagte diesem noch, wo er Hartung rausschmeißen solle. Dann ging ich zu meiner Haltestelle. Ich musste nur ans andere Ende der Stadt. Die Busse fuhren selbst um diese Zeit noch alle fünfzehn Minuten, die Fahrt selbst dauerte auch nicht viel länger. An diesem Abend war nicht mehr viel los mit mir. Ich

hatte zwar noch in der Kneipe im Versorgungszentrum nachgeschaut, aber da war niemand, mit dem es sich gelohnt hätte, noch ein paar Bier zu trinken. So stapfte ich durch den Schnee bist zu meinen Eltern. Meine Füße waren inzwischen durchnässt, denn auch im Winter gehörten die simplen Halbschuhe zur Ausgangsuniform. Ich trank mit meinem Vater noch ein Bier und einen „Kurzen", rauchte mit meiner Mutter noch eine F6, dann fiel ich ins Bett.

Am nächsten Morgen waren meine alten Herrschaften bereits auf Arbeit und mein kleiner Bruder im Kindergarten, als ich aufwachte. Die Sonne schien durchs Fenster und ich sah, dass der Himmel stahlblau erstrahlte. Es lag eine ordentliche Menge Schnee, was dem Blick aus dem Fenster etwas märchenhaftes verlieh. Ich machte mir etwas zu essen, setzte mich ins Wohnzimmer und schaltete den Fernseher an. Dort lief das übliche langweilige Fernsehprogramm. Auf allen fünf Kanälen fand ich nichts, was mich interessiert hätte. Ich blätterte durch die Lokalzeitung, während ich mein Brot kaute, aber außer den üblichen Erfolgsnachrichten vom Kampf der Wirtschaft gegen den Winter gab es auch da rein gar nichts, was lesenswert gewesen wäre. Am Mittag machte ich mich auf die Socken. Ich fuhr mit dem Bus in die Stadt, bummelte dort ein wenig herum, bevor ich um halb drei Britta von der Arbeit abholte. Der Urlaub verlief völlig unspektakulär. Verwandtschaftsbesuche, Disco am Freitag mit den Kumpels, ein Besuch auf dem Weihnachtsmarkt mit dem obligatorischen Glühwein und Bratapfel, viel mehr stand nicht auf dem Programm. Britta hetzte mich noch durch ein paar Geschäfte in der Stadt. Die Jagd nach passenden Weihnachtsgeschenken war auch in diesem Jahr eher eine Tragödie denn Spaß.

Die tägliche Zeremonie des Abschneidens eines weiteren Zentimeters vom Bandmaß verpasste ich freilich nicht.

Die Schnipsel bekam Britta ausgehändigt. Ihre Aufgabe bestand darin, die Abschnitte auf eine Sektflasche zu kleben, die wir an meinem Entlassungstag trinken würden. Die weiteren Schnipsel würde ich mit den Briefen an sie schicken.
Der Dienstag Abend kam schnell daher und die paar Tage waren auch schon wieder vorbei. Britta brachte mich zum Bahnhof. Der Umsteigebahnhof in Leipzig war gespenstische leer. Einen Tag vor Heilig Abend schien niemand mehr zu vereisen. Selbst in der Mitropa saßen außer ein paar Soldaten niemand. Diese Leere löste ein bedrückendes Gefühl aus. Man kam sich verloren vor, einsam. Ich stellte mir vor, wie die meisten Leute in heimeliger Atmosphäre zu Hause saßen und die vorweihnachtlichen Momente genossen, die erfüllt war vom Duft des Gebäcks und den erwartungsvollen Augen der Kinder. Ich bekam Heimweh, kaum dass ich von da aufgebrochen war. Wieder einmal stieg der Tagedruck.

VI

Schlecht gelaunt erreichte ich die Kaserne. Als ich die Stube betrat, gab ich mir auch nicht sonderlich Mühe, leise zu machen. Es waren eh nur die Springer anwesend, alle anderen kamen ja auch an diesem Morgen zurück. Ich brühte mir einen Kaffee und ging in den Clubraum. Dort hatte es sich der der GUvD auf einem Fernsehsessel bequem gemacht und döste vor sich hin. Es war Salzmann, einer unserer Springer. Ich weckte ihn. „Heh, Salzmann! Was pennst Du hier? Warst Du schon Semmeln holen?" Salzmann schrak hoch. „Was? Was soll ich holen?" „Oh Mann! Es ist schon halb sechs! Wo sind die Brötchen?" „Scheiße, hab ich total verpennt!".

Thomas Frei: **GEDIENT**: Ein NVA-Soldat erzählt

„Dann gnade Dir Gott, dass die noch draußen stehen und die Küchenjungs die noch nicht reingeholt haben!" Er rannte los, kam aber nochmal zurück. Er hatte die Beutel vergessen. Ich stellte mich an das Flurfenster, vom aus ich die Seite des Küchengebäudes sehen konnte, wo die Paletten mit den Backwaren abgestellt wurden, morgens die Brötchen, am späten Nachmittag das frische Brot. Dort waren keine Paletten mehr zu sehen. Dann sah ich Salzmann, wie er verzweifelt an der Gebäudeseite hin- und her lief. Er blickte nach oben zu mir. Ich zeigte ihm mit der linken Hand den Stinkefinger. Die Ansage war deutlich. Er hämmerte an die Seitentür und wartete. Nach einer Weile sah ich, wie die Außenlampe anging, die Tür wurde geöffnet. Salzmann diskutierte mit dem für mich unsichtbaren Soldaten, schließlich übergab er diesem die zwei Semmelbeutel. Nach einer Weile erhielt er sie gefüllt zurück.

„Na da haste nochmal Schwein gehabt!" sagte ich zu ihm, als er wieder angekommen war. „Oh Mann, tut mir leid, tut mir echt leid!" „Du brauchst offensichtlich mal wieder ein paar Extra-Reviere! Kaum ist der E nicht da, lauft Ihr Hüpfer nicht mehr an der Leine! Schande ist das!" Salzmann verzog nur das Gesicht. Nach dem Frühstück schaute ich auf den Dienstplan. Mir blieb die Spucke weg angesichts dessen, was ich da las.

08.00 - 12.00 Uhr Vorbereitung auf Streifendienst
13.30 -14.30 Uhr Streifendienstbelehrung
17.00 Uhr Vergatterung zum Streifendienst
18.00 Uhr Dienstantritt Streifendienst

Ich kochte vor Wut! Heute war Heilig Abend und ich sollte zum Streifendienst! Ich sollte Weihnachten in dem dunklen Loch von Streifenlokal auf dem Bahnhof zubringen, anstatt mit den Kameraden auf der Stube wenigstens ein wenig so zu tun, als wäre heute ein besonderer Abend. Hartung stand ebenfalls auf Streife. Der dritte im Bunde war Klausner. Der Fähnrich war unser Streifenführer. Jetzt wusste ich auch, warum er schon vorher angekündigt hatte, dass auch er am Heilig Abend nicht zu Hause sein würde. Der Sack hatte es schon vor unserem Urlaub gewusst, und er hatte nichts gesagt! Ich gammelte den ganzen Tag auf der Stube. Vorzubereiten gab es nichts. Dreispitz kam erst nach 13.00 Uhr von zu Hause. Er riss unsere Stubentür auf und trat polternd durch die Tür. Er grinste mich an. „Na Frei, wie war der Urlaub? Gut erholt? Gut gestärkt? Heute Abend mischen wir die Stadt auf!" Er konnte seine Freude darüber nicht verbergen. Bei früheren Streifendiensten hatte er immer gern Soldaten genervt, die im Ausgang ein wenig über die Stränge schlugen. Gerechterweise muss man allerdings anmerken, das er es meist bei Ermahnungen beließ und nur selten einen Landser festnahm. Da musste es sich schon um einen schlimmeren Zwischenfall handeln, als um einen Verstoß gegen die Kleiderordnung. Dennoch war das Wort „Idiot" das Erste, was mir bei seiner Ansage in den Kopf schoss. Die Streifenbelehrung führte der Fähnrich im Clubraum durch. Er ratterte die Vorschrift in wenigen Minuten runter und ließ uns im Belehrungsbuch unterschreiben. Es ging vorwiegend um den Umgang mit unseren Schusswaffen, die wir, voll aufmunitioniert mitzuführen hatten.

17.00 Uhr gingen wir ins Dienstlokal des OvD, der uns zum Streifendienst vergatterte. Ab dem Moment der Vergatterung stand man unter besonderem Befehl des Diensthabenden und hatte besondere Rechte und Pflichten, die sich von normalen Kasernendienst unterschieden. Zur Streife trugen wir die Ausgangsuniform, allerdings mit Stiefeln statt Halbschuhen. Äußerlich konnte man uns am weißen Koppel und dem weißen Schulterriemen erkennen, die wir trugen. Wir übernahmen das Streifenlokal von unseren Vorgängern. Dreispitz trug die Namen und Dienstgrade ins Streifenbuch ein. Dabei las er kurz vor, welche Vorkommnisse die Jungs vor uns dort aufnotiert hatten. Im Grunde waren es die üblichen Delikte: Benutzung des Interzonenzuges, Trunkenheit usw. „So, dann machen wir uns mal auf die Socken!", kündigte der Fähnrich an. „Wie - wir machen uns auf die Socken?', fragte ich. „Na wir machen jetzt einen Streifenrundgang durch die Stadt! Was sonst?" Ich verdrehte, für ihn sichtbar, die Augen. „Was soll DAS denn?", fragte ich weiter,"heute ist Heilig Abend! Alle Kneipen haben zu! Alle Familien hocken zu Hause unterm Tannenbaum und feiern Weihnachten! Einschließlich der Soldaten, die das Glück hatten, heute Urlaub zu bekommen! Und wir sollen jetzt, am Heilig Abend, dem Fest des Friedens, mit 'ner Knarre auf dem Rücken durch die Stadt latschen? Das kannste alleine machen!" Dem Fähnrich blieb der Mund offen stehen, als ich meinen kurzen Vortrag beendet hatte. Er schluckte. Dann sagte er: „Hm, Frei, nee, hast Recht. Wir finden da draußen heute keine bösen Buben. Vermutlich machen wir uns nur zum Ei, wenn wir da rumlatschen!" „Oder jemand hat Mitleid und lädt uns an die Festtafel ein!" Hartung musste auch was sagen. „Was machen wir dann die ganze Zeit?", fragte der Fähnrich. "Jetzt gehen wir erstmal in die Mitropa und essen was. Die sollten noch auf haben!" Die anderen Drei nickten zustimmend. Die Mäntel brauchten wir nicht, das Bahnhofsrestaurant war nur 30 Meter weiter. Wir waren so ziemlich die einzigen Gäste. Die Bedienung wirkte reichlich frustriert, was aus unserer Sicht verständlich war. Das Essen hatte Bahnhofsniveau, war aber immer noch besser als in der Kaserne. Wir schlenderten zurück. „Ich muss nochmal an den Kiosk, hab meine Zigaretten vergessen!", kündigte Hartung an. Dabei zwinkerte er mir zu. Mir war klar, das er schon mal anfing, den Schnapsvorrat aufzufüllen. Den Alkohol mit dem Streifenfahrzeug in die Kaserne zu bringen war eine Chance, die man unmöglich ungenutzt vorübergehen lassen konnte. Wir entschlossen uns, eine runde Skat zu spielen. So richtig gute Stimmung wollte trotzdem nicht aufkommen. Auch der Fähnrich war ein wenig betrübt. Er hatte zwei kleine Töchter, die heute natürlich ihren Papa vermissen würden. „Sollen wir bei Dir daheim vorbeischauen?", fragte ich ihn. „Nee, Frei, lass mal! Du weißt doch, ich wohne in der Buckelsiedlung. Da braucht nur einer aus dem Fenster glotzen, der mich nicht leiden kann und unser Auto sehen! Anscheißer gibt es dort zur Genüge!" „Stimmt!", pflichtete ich ihm bei, „Aber das ist doch schlimm, oder?" „Ja klar ist das schlimm, aber was willste denn machen! Man hat nicht nur Freunde im Leben! Nicht mal in 'ner Offizierssiedlung!"

Wir spielten lustlos weiter. Dann schmiss Dreispitz die Karten auf den Tisch. „So, ich hab jetzt die Schnauze voll! Ich geh jetzt und hol uns was zu Saufen! Heute ist Weihnachten und wir sind im Frieden und hocken nicht in einem Schützenloch im Felde!" Mit diesen Worten stand er auf, zog sich den Mantel über, setzte seine Tschapka auf den Kopf und verschwand durch die Tür. Wir saßen sprachlos da und schauten uns an. „Was war DAS denn?", fragte Klausner. „Keine Ahnung, aber wir werden es in Kürze erfahren!", orakelte Hartung. Wir spielten derweil zu Dritt weiter. Es dauerte fast eine Stunde, bis der Fähnrich zurück war. „So eine Scheiße, hat schon alles zu!", schimpfte er. „Aaaaber, der Fähni ist ja nicht doof! Guckt mal das hier!" Lachend zog er zwei Flaschen Sekt aus den Manteltaschen. Rotkäppchen! Bück-Dich-Ware! Nur unterm Ladentisch zu bekommen! „Mensch, wo haste die denn geklaut?", fragte Hartung, immer noch ungläubig dreinschauend. „Hehehe, Kunst kommt von Können und nicht von Wollen, sonst würde es nicht Kunst heißen, sondern Wunst!" gab Dreispitz ein wenig an. „Intershop!", riet Klausner. „Klausner, Du bist doof! Im Intershop hätte ich Westsekt gekauft und keinen Ostsekt!" „Na komm, rede schon!" forderte ich ihn auf. „Nur die Ruhe, zuerst wird getrunken - Klausner! Ab in die Mitropa, Sektgläser holen!" Der Fähnrich schien ob seines Einkaufserfolges völlig durch den Wind zu ein. Ein Soldat, sichtbar als Streife unterwegs, sollte Sektgläser in der Bahnhofskneipe holen. Klausner verzog das Gesicht, wagte aber nicht, zu widersprechen. Keine fünf Minuten später war er zurück, mit den Sektgläsern. Er war schlicht erleichtert, das seine Mission von Erfolg gekrönt war. Dreispitz öffnete die erste Flasche. Er ließ den Korken genüsslich knallen und es schien, als habe er reichlich Übung darin. „Daran erkennt man die Bonzen!", frotzelte Hartung. „Woran?', fragte Dreispitz. „Na, wie professionell die 'ne Sektflasche aufmachen! Bei Unsereins reicht es höchstens zum Aufmachen von 'ner Pulle Bier!", antwortete er. Der Fähnrich schenkte ein. Wir stießen an, durchaus in einer nun etwas feierlichen Stimmung. „Fröhliche Weihnachten, Jungs!", sagte der Fähnrich, „Ihr seit schon ne gute Truppe!"

VII

Heute war Silvester. Wir beendeten heute ein komplettes Jahr in Uniform, ein komplettes Jahr gestohlene Jugend, gestohlene Freiheit, so empfand zumindest ich das. Wir hatten reichlich Schnaps von der Streife eingeschmuggelt. Geld hatte bei der Beschaffung keine große Rolle gespielt,

denn ich hatte auf jegliche Weihnachtsgeschenke verzichtet, immer mit dem Hinweis, dass Geld so ziemlich das Einzige war, was dem Soldaten ständig fehlte. Man hatte wohl größere Auswüchse befürchtet und deshalb jeder Abteilung einen Offizier zugeteilt, der die „Feierlichkeiten" überwachen sollte. In unserem Falle war dieser Offizier Major Drechsel, der Batteriechef der 6.Batterie, also der Truppe, mit der wir uns den Flur teilten.
Wir brutzelten leckere Steaks auf der Stube. Einer unserer Köche hatte in der großen Küche eine riesige Portion Bratkartoffeln gemacht, die zwei Springer in einer Termosphore abholten. Wir speisten quasi fürstlich zu Abend. Bier war auch reichlich da. Wir bezweifelten, das diese Art zu leben in anderen Soldatenstuben üblich war. Der Duft des Fleisches hatte wohl den Major auf den Plan gerufen, der kurz nachdem wir das Essen begonnen hatte, auf unserer Stube erschien. „Was ist denn hier los?", fragte er überrascht, als er realisierte, was da so auf unserem Tisch stand. „Stresow, auf! Hol mal nen Stuhl und ein Gedeck für den Genossen Major!", wies ich meinen Lieblingsspringer an. Der ließ sogleich das Besteck aus der Hand fallen und eilte aus der Bude. „Sie sind eingeladen, Genosse Major! Oder essen Sie kein Schweinesteak?" sagte Hartung zu ihm. „Na wenn da so ist, wer kann da schon Nein sagen?" kam es von Drechsel. „Ein Bier zum Essen?" Hartung wagte es auf die unverschämte Tour. „Ihr bringt mich in Teufels Küche!", protestierte Drechsel recht schwach. „In Teufels Küche? Nee, Major, ähm, Genosse Major, zur guten Küche gehört ein gutes Bier, alles andere ist Sünde! Das hat schon unser Dorfpfarrer immer gesagt!" rechtfertigte Hartung seinen Vorschlag. „Hm, na gut, weil heute Silvester ist!"
Nach dem Essen begann das Besäufnis. Das Silvester war, spürte man in dem Moment nicht, denn es war wie bei jedem anderen Umtrunk auch. Die Uhr schlug Zwölf. Wir

stießen an und grölten: „Dieses Jahr gehen wir heim!".
Auch die Zwischenschweine grölten mit. Sie hatten ja nicht unrecht, allerdings lag deren Entlassungsdatum erst im Oktober. Wir lachten! „Ihr armen Wichser! Wisst Ihr, wie lang Euer ‚dieses Jahr' noch ist?"
Wir gingen auf den Flur, um den anderen, auch den E's der 6.Batterie ein frohes neues Jahr zu wünschen. Wir trauten unseren Augen nicht, angesichts dessen, was wir da zu sehen bekamen. Major Drechsel saß auf dem UvD-Tisch der sechsten Batterie. Er hatte seine Stiefelhosen an, jedoch keine Stiefel, sondern Pantoffeln. Er trug weder Hemd noch Uniformjacke, sondern lediglich sein weißes Unterhemd. Mit den Hosenträgern erinnerte er ein wenig an Ekel Alfred aus der Fernsehserie „Ein Herz und eine Seele", die jeder von uns aus dem Westfernsehen kannte. Er hatte ein Bandmaß um den Hals, in der Hand hielt er eine fast leere Flasche Wodka, die er immer wieder in die Höhe hob, wobei er ausrief: „Dieses Jahr gehen wir heim!" Ja, richtig, auch Drechsels Dienstzeit war im April zu ende.

Der Dezember war Geschichte.

Noch 119 Tage!

Kapitel 15
Und wieder Januar

I

„Nie wieder Dezember!"
Hartungs „Ausruf" war kein Ausruf. Der Spruch kam eher qualvoll aus seinem verkaterten Kopf, den er nach der durchzechten Silvesternacht hatte. Wir verschliefen mehr oder weniger den Tag. Ich legte zwischendurch mit einem Schluck aus der Wodka-Flasche nach. Das verminderte das rapide Absinken des Alkoholpegel ein wenig, was auch die damit einhergehenden Beschwerden linderte.
Bereits am nächsten Tag gelang es dem Fähnrich, uns die ansonsten gute Stimmung zu verderben. Er kündigte uns an, das wir in der kommenden Woche umziehen würden. Wir sollten unser Quartier in den Baracken beziehen, die neben den Unterkünften des FlaRaketen-Regimentes standen, welches auch in unserer Kaserne stationiert war. Unser Abteilungsgebäude sollte renoviert werden, weswegen wir für etwa sechs Wochen in die Baracken ziehen sollten. Der Umzug nahm volle drei Tage in Anspruch. Unsere Baracke war recht klein, die „Stuben" ebenso. Es gab sechs Stuben in der „Fischbüchse", wie wir diese Notunterkunft nannten. Jede Stube hatte vier Schlafstätten, jeweils vier an jeder Seite, auf zwei Ebenen. Die untersten „Betten" hatten Bettkästen, in denen wir tagsüber die Bettwäsche zu verstauen hatten. Alles in allem sahen die Zimmer aus wie Zugabteile, selbst die schmalen Liegen waren mit dem gleichen Kunstleder überzogen, wie die Sitze bei der Deutschen Reichsbahn. Unterhalb des Fensters war ein Klapptisch angebracht, ebenfalls wie im D-Zug-Wagon.

Thomas Frei: GEDIENT: Ein NVA-Soldat erzählt

Unsere Spinde waren in mehreren Zelten untergebracht, die nur wenige Meter seitlich von der Baracke standen. Wir hatten uns sehr schnell an die neuen Zustände gewöhnt. Für mich bestand ein großer Vorteil darin, dass ich, auf dem Bett liegend, Fernsehen schauen konnte. Die Gestaltung der Zimmer brachte uns aber noch auf eine andere „geniale" Idee: Die Ähnlichkeit zu einem Zugabteil provozierte es geradezu, hier ordentlich die „Heimfahrt zu trainieren". Dazu mussten die Springer, mit Ästen in den Händen permanent am Fenster vorbeirennen, während wir auf den Pritschen saßen und soffen. Dem ganzen wurde die Krone aufgesetzt, indem wir die Jungs Schilder malen ließen, auf denen die Namen der Heimatbahnhöfe standen. Der Lauf musste so abgebremst werden, dass der Hüpfer mit dem Schild in der Hand direkt neben dem Fenster zum Stehen kam.

Ein weiterer Vorteil unserer neuen Unterkunft war die Nähe zum Zaun. Wir fanden schnell heraus, dass dort kaum ein Posten auftauchte. Hinter dem Zaun lag ein Feld, an dessen Ende die das Dorf Burwitz lag. Gleich am Anfang des Dorfes gab es eine Kneipe, von der bekannt war, das die Wirtin einen extra Gastraum bewirtschaftete, in dem sich, abseits der Blicke der „normalen" Gäste, Soldaten trafen. Wir entschlossen uns, fortan den Sonntag Vormittag dort beim Frühschoppen und einem leckeren Mittagessen zu verbringen. Der Gasthof war weit über das Dorf hinaus berühmt für seine guten Rouladen! So zogen wir am Sonntag also unsere Zivilkleidung an und kletterten über den Zaun. Es war tatsächlich so, wie die Gerüchte sagten:

Im zweiten Gastraum saßen wirklich lauter Soldaten. Viele Gesichter kannten wir aus der Kaserne. Wir zechten fröhlich und genossen das leckere Mittagsmahl. Erst am späten Nachmittag kehrten wir zurück, satt und besoffen.

II

Am 28. des Monats sollten wir für zwei Wochen ins Feldlager nach Annaburg fahren. Regimentsschießen war angesetzt. Diesen Termin nahm ich zum Anlass, vorher noch einen Kurzurlaub zu beantragen, der auch ohne Probleme genehmigt wurde. Britta freute sich riesig, war doch seit dem letzten Urlaub noch nicht einmal ein Monat vergangen. Während der Kuschelphase nach phantastischem Sex passierte es. „Sag mal, Du liebst mich doch, oder?", fragte Britta. „Natürlich, das solltest Du aber mehr als deutlich wahrnehmen", flüsterte ich. „Hm, wenn Du mich doch liebst, was hältst Du denn dann davon, wenn wir heiraten würden?". *Bumm!* Das kam aus heiterem Himmel. Klar, ich hatte auch schon mehrfach daran gedacht, hatte mich allerdings auf Grund der aktuellen Situation nicht getraut, diesen Gedanken zu Ende zu denken. Aber ich ließ Britta nicht lange auf eine Antwort warten. „Das wäre ein Traum!", sagte ich. „Wirklich? Meinst Du das ernst?", bohrte sie. „Ja, das meine ich ernst! Ich vermisse Dich jeden einzelnen Tag und manchmal halte ich es kaum aus, dass Du so weit weg bist und ich nicht einfach losfahren kann, um Dich zu sehen!" „Naja, ich dachte nur, Du bist so ein Wilder, so unangepasst, so ein Tramper eben!". Irgendwie hatte sie ja Recht, aber in meinen Gedanken und in meiner Gefühlswelt waren das zwei verschiedenen Dinge. Glaubte ich zumindest, damals. „Man kann ja heiraten, ohne ein völlig verspiesstes Leben zu führen!", warf ich ein. „Wie meinst Du das?. fragte Britta. „Hm, wir können ja auch an den Wochenenden zu Konzerten fahren und die Kumpels treffen, auch wenn wir verheiratet sind. Man muss ja nicht sein Leben auf zu hause und den Kleingarten der Eltern beschränken!"

„Stimmt!" „Aber davon mal abgesehen, ich werde ja wieder im Krankenhaus arbeiten, da hab ich sowieso auch an den Wochenenden Dienst. Dann will ich noch zur Fachschule. Soviel Zeit für's rumziehen bleibt da sowieso nicht mehr!" bekräftigte ich meine Absicht, in Zukunft etwas ruhiger zu werden. Britta lächelte. „Schön! Und wann?" „Was und wann?", fragte ich. „Na wann wollen wir heiraten?" „Hm, ich weiß nicht, sobald ich von der Armee zurück bin! Bekommt man überhaupt so einfach einen Termin auf dem Standesamt?" „Keine Ahnung! Aber ich werde das herausfinden!", sagte Britta, immer noch lächelnd. Ich würde heiraten. Bald. Ein seltsames Gefühl, ein seltsamer Gedanke. Ein erwachsenes Gefühl, ein verdammt erwachsener Gedanke. Dabei war ich erst 19.

III

Der Fähnrich hatte mir für die nächsten Tage E-Mess-Training verordnet. Sicherlich wollte er garantieren, das ich beim anstehenden Regimentsschießen gute Resultate brachte. Allerdings hatte ich so gar keine Lust darauf, bei diesem Matschwetter meine Geräte unter freiem Himmel auf schlammigem Grund aufzubauen und den Tag bei Niesel- oder Schneeregen draußen zu verbringen. Ich zog es vor, die Dienstzeit in der Bibliothek zu verbringen. Die war zwar tagsüber geschlossen, allerdings kannte ich den Soldaten, der die Bücherei zu betreuen hatte, recht gut. So saß ich also Tag für Tag von acht Uhr morgens bis 12.00 Uhr mittags in der Bibliothek und las. Damit gelang es mir, eines der Prinzipien des Soldatendaseins auf eine fast perfekte Stufe zu heben: Abschwenken oder Abtarnen nannte man das in unserem Jargon. Ich blieb für viele Stunden unsichtbar und im Nachgang konnte selbst der

Fähnrich nicht verifizieren, ob ich die mir zugedachten Aufgaben tatsächlich erfüllte, zumal ich treu und brav meine Messreihen-Tabellen ausgefüllt hatte.

Der Abfahrtstag nach Annaburg war gekommen. Es ging schon zeitig am Morgen los. Der Transport erfolgte per Bahnverladung. Die Kolonne bewegte sich langsam in Richtung Güterbahnhof, wo wir zunächst stundenlang standen. Nur langsam wurde Fahrzeug für Fahrzeug auf die Wagons gefahren. Erst am Nachmittag war unser SPW an der Reihe. Wir hatten schon vorher unsere persönliche Ausrüstung aus dem SPW geholt. Jetzt schleppten wir das Ganze endlose Meter am Güterzug entlang, bis wir endlich einen „Viehwagon" fanden, der noch nicht besetzt war. Die Schiebetüren befanden sich auf jeder Seite in der Mitte des Wagons. Drinnen gab es links und rechts Pritschen über die ganze Breite des Wagons, auf zwei Etagen. In der Mittel stand ein Kanonenofen. „Keine Kohlen, kein Holz!", stellte Hartung sofort fest. „Salzmann, Stresow, Kohlen und Holz organisieren, aber zackig!" befahl er den beiden Springern. „Und wie sollen wir das Zeug hierher bringen?". fragte Salzmann. „Bin ich Jesus? Wächst mir Gras aus der Nase? Hab ich Antworten auf alle dämlichen Hüpferfragen?" antwortete Hartung sarkastisch. „Platte machen, Lösung finden!" kam kurz und knapp seine nächste Anweisung. Die Beiden machten sich davon. Wir richteten derweil unser Lager auf einer der unteren Pritschen ein. In der Zwischenzeit trudelten einige unserer Stubenkameraden ein, der Wagon war vollständig belegt. Salzmann und Stresow kamen zurück. Sie schleppten einen alten Wäschekorb, der mit Briketts gefüllt war. Sie erwarteten ein Lob von uns. stattdessen fragte Hartung jedoch: „Und Holz? Wo ist das Holz? Wie sollen wir die Kohle anzünden?" Salzmann dreht sich wortlos um und verschwand wieder, Stresow folge ihm. Nach zehn Minuten hatten die Zwei auch diese Aufgabe bewältigt. Klausner kam vorbei und brachte ein Plastikkarree mit Brot und eine Thermosphäre, die gut mit Butter und verschiedener Wurst gefüllt war, dazu noch einen Kübel mit Zapfhahn, in dem Tee war. Für Verpflegung war gesorgt. Weitere zwei Stunden vergingen, bevor sich der Zug endlich in Bewegung setzte. Es war schon dunkel, als sich diese endlose Schlange langsam aus der Stadt wälzte. Wir waren seit fast zehn Stunden unterwegs und hatten die Stadt noch nicht einmal verlassen. „So kann man keinen Krieg gewinnen!", war Hartungs Kommentar. Das laute Quietschen der Bremsen weckte uns. Mit einem Ruck kam der Zug zum stehen. Es war noch dunkel draußen, das konnte ich durch den offenen Spalt der Schiebetür erkennen. Ich schob sie ganz auf und blickte nach vorn und hinten am Zug entlang. Auch aus den zwei Wagons vor und hinter uns lugten Soldatenköpfe. Außer denen war nichts zu sehen, wir schienen auf freiem Felde angehalten zu haben. Ich nutzte den Moment und sprang aus dem Wagon, um zu pinkeln. Als ich mittendrin beim Entleeren der Blase war, hörte ich, wie der Zug anfuhr. In mir kam Panik auf. Ich hatte noch so einen Druck auf der Blase, das ich nicht einfach das Pissen einstellen konnte. - ‚Scheisse, was mach ich jetzt!?', schoss es mir durch den Kopf. Eine Lösung des Problems fiel mir trotzdem nicht ein. Die Pisse lief weiter aus mir raus. Ich presste, um die Notdurft rascher zu beenden, was aber nicht viel half. Ich hörte Hartung rufen: „Mensch Frei, mach Latte!" Der Arsch hatte gut reden! Dann kam die Erlösung. Die Bremsen quietschten wieder! Dieses ansonsten furchtbare Geräusch empfand ich in diesem Moment wie den Klang himmlischer Glocken! Ich beendete mein Werk und rannte in Richtung Wagon. Der Zug war keine fünfzig Meter gefahren! Ich kletterte hinein und wischte mir die Schweißperlen von der Stirn.

„Hoffentlich muss ich während der Fahrt nicht scheißen!", war Hartungs Schlussfolgerung aus der Situation. Wir legten uns wieder zum Schlafen. Als wir aufwachten, standen wir schon wieder irgendwo in der Einöde. Es bereits zehn Uhr. Nach meiner nächtlichen Erfahrung pinkelten wir nur noch vom Trittbrett. Keiner wollte riskieren, pinkelnd dem fahrenden Zug hinterher zu blicken. Den ganzen Tag über bewegte sich der Zug nur zögerlich vorwärts, immer wieder kam es zu längeren Haltepausen. Auf dem Güterbahnhof in Weissenfels wurde uns schließlich verkündet, dass wir hier offiziell für zwei Stunden stehen würden, bevor es weiterging. Diese Ansage führte zu langen Warteschlangen vor den wenigen Toiletten, die wir dort vorfanden. Am frühen Abend ging es weiter. Obwohl der Zielbahnhof keine dreißig Kilometer entfernt war, dauerte es noch satte elf Stunden, bis wir schließlich ankamen. „Diese Transportmethode kann nur 'ne russische sein", kommentierte Hartung die Fahrt. „Wieso ne russische?", fragte ich. Na stell Dir vor, die Wehrmacht hätte so transportiert! Die hätten ein Jahrzent bis Stalingrad gebraucht!".

IV

Ein Vorkommando hatte es diesmal nicht gegeben. So hatten wir die Aufgabe, nach Ankunft im Lager unsere Zelte selbst aufzubauen. Wir schickten die Hüpfer in den Wald, um ausreichen Tannenzweige einzusammeln, die den Zeltboden bedecken sollten. Wir stellten derweil das Teil auf. Nachdem alles fertig war und ich mein Lager eingerichtet hatte, trat ich aus dem Zelt. Schräg gegenüber hatte eine andere Truppe ihre Unterkünfte aufgebaut. Ich schaute hinüber und erkannte einen Kerl, der mir bekannt vorkam. Ich guckte noch ein paarmal in-

tensiver. Dann brüllte ich: „Schneeeeiiiiderrr!" Schneiders Kopf fuhr herum. Er starrte in meine Richtung, stutzte kurz, dann lachte er: „Mensch Frei, das gibt es doch nicht!!!". Wir eilten aufeinander zu. Nach kurzer freudiger Umarmung und ausgiebigem Schulterklopfen, fragten wir gegenseitig: „Und wie gehts?". „Zuerst Du!", sagte ich. „Ja, wie soll's gehen, Alles klar soweit! Der E kann sich nicht beklagen!" Dabei zog er das Bandmaß aus der Hosentasche. Ich holte meines auch hervor und hielt es ihm entgegen. Das geschah automatisch, sozusagen als Reflex auf die übliche „Kontrolle". Hatte man das gute Stück nicht dabei, war eine Strafzahlung fällig. „Wie ist Deine Truppe so?", fragte ich weiter. „Naja, ganz gut. Nicht so angenehm wie bei Euch, ist aber auszuhalten!" Sehr glücklich klang das nicht. „Wo klemmt's?", bohrte ich. „Du kennst ja die Division, da kannste nicht übern Zaun zum Bier holen oder so, da musste Dich mit dem Saufen darauf beschränken, was man so einschmuggeln kann. Spontaner Umtrunk ist da nicht! Aber dafür gehen wir fast jeden zweiten Tag raus. Und von da ist es viel näher in die Stadt als von Euch."
Für mich war das nur schwer vorstellbar, aber Schneider schien zufrieden. „Lass uns die Tage was trinken, abends!", kündigte ich ihm an. „Na logisch, Alter, machen wir!".
Das Lager war nicht das Schlechteste. Neben dem Zeltplatz gab es noch drei feste Gebäude, aus Stein gebaut, von der Form und Aufteilung her wie langgezogene Baracken. In zwei Gebäuden waren die Offiziere und deren Speisesaal untergebracht, Im dritten Gebäude gab es einen großen Speisesaal nebst Küche sowie Toiletten, Waschräume und Duschen. Das machte den Aufenthalt im Feldlager um diese Jahreszeit wesentlich angenehmer. Am folgenden Tag, ein Samstag, ließ man uns noch in Ruhe. Weitere Truppenteile kamen an, die Einrichtung

des Lagers wurde weiter vorangetrieben. Erst morgen, am Sonntag, sollten die Ersten zum Trockentraining auf den Acker. Das war zugleich der erste Tag des neuen Monats.

Noch 88 Tage.

Kapitel 16
Und wieder Februar

I

„Nie wieder Januar!"
Auch diesen Monat kündigte Hartung mit seinem Lieblingsspruch an. Diesmal jedoch nicht so verkatert wie am Neujahrstag. Unser Bandmaß war nun schon auf unter einen Meter geschrumpft, was den Tagedruck allerdings keineswegs verminderte. Immer noch kam uns die vor uns liegende Zeit bis zur Entlassung vor, wie eine Ewigkeit.
Wir wurden heute nicht ausgewählt, um am Trockentraining teilzunehmen. Wir vermuteten, dass man unsere Truppe schonen wollte. Immerhin galten wir als die ungekrönten Könige des Artillerieschiessens, die man immer dann heranzog, wenn es um die Wurst ging. Und das war heute gewiss nicht der Fall. Wir konnten den Sonntag quasi vergammeln, was angesichts der Örtlichkeiten nicht leicht fiel. Um diese Jahreszeit kam auch das Pilze sammeln nicht in Frage. Ich kam auf die glorreiche Idee, den Fahrer des Abteilungskommandeurs zu überreden, mit Hartung und mir in die Stadt zu fahren. Auffallen sollte das niemandem, bei dem Durcheinander, welches im Lager heute noch herrschte. Das einzige Risi-

ko, welches wir trugen, war, das wir im Ort einem Offizier begegnen würden. Aber der wäre sicherlich auch nicht unbedingt rechtmäßig dort anwesend.
Also fuhren wir los. Der Bahnhof, der unser Ziel war, war leicht zu finden. Jeder Bahnhof hatte einen Kiosk, der auch Sonntags geöffnet war. Und an jedem Kiosk gab es, neben Bockwurst mit Brötchen und Zigaretten, auch Spirituosen. So auch hier, in diesem kleine Kaff. Ich erstand drei Flaschen „Altenburger Klarer" für 11,90 Mark das Stück. Hartung erwarb nochmal das Gleiche. Wir fuhren direkt zurück. Keiner hatte auch nur irgendetwas bemerkt, unsere Mission war erfolgreich. Der Abend konnte kommen.
Der Abend kam.
„Los Hartung, wir gehen!" „Wo willst Du denn hin?" fragte er. „Überraschung!", antwortete ich in bedeutungsvollem Ton. Ich hatte ihm nichts von Schneider erzählt. „Was für ne Überraschung?" wollte er wissen. „Sag ich nicht, sonst ist es ja keine Überraschung mehr! Los jetzt, nimm Dir 'ne Pulle Schnaps und komm einfach mit!" forderte ich ihn energisch auf. „Schon gut, schon gut! Nur keine künstliche Hektik!". Ich griff mir auch eine Flasche und gemeinsam verließen wir das Zelt. Ich ging voran. Wir überquerten den Platz, was ziemlich schwierig war, denn der Boden war von einer riesigen Pfütze bedeckt, deren Boden aus blankem Eis bestand. Wir erreichten Schneiders Zelt. Ich schlüpfte durch die äußere Türöffnung, durch die man quasi in einen ein Meter langen Bereich gelangte, der eine Art Schleuse nach Innen bildete. Bevor die durch die innere Öffnung ging, klopfte ich an eine der Zeltstangen und kündigte uns an: „E's von der Ari im Anmarsch!", rief ich laut. „Immer herein, wenn's kein Buckel ist!", rief es von drinnen. Wir traten ein. Das Zelt war, genau wie unseres, spärlich beleuchtet. „Was gibts?", fragte ein Soldat, der

auf seinem Lager lümmelte. „Wir wollen zu Schneider.", gab ich zur Antwort. Hartung schaute mich fragend an, ich grinste zurück. Der Soldat drehte sich rum und rüttelte den Kerl, der neben ihm lag. „Schneider, Besuch für Dich!"Schneider setzte sich auf und starrte in unsere Richtung. Dann verzog er seinen Mund zu einem breiten Grinsen. „Eh Hartung, eh Frei, kommt rein, setzt Euch!" Ich zog meine Schnapsflasche hervor und wedelte damit in der Luft herum. „Ich schätze, hier gibts welche, die Durst haben!" „Aber immer!", kam es aus einer anderen Ecke. Auch Hartung wedelte jetzt mit seiner Flasche. „Für noch mehr Durst!", kündigte er an. „Na zu Saufen sollten wir genug haben!", konstatierte Schneider, wobei er seine Decke zur Seite schob, was zwei weitere Flaschen Wodka zum Vorschein bracht. „Oh Mann, das verspricht ein lustiger Abend zu werden!" Wir hockten uns ans Fußende von Schneiders Lager. Die Pullen begannen zu kreisen, die Unterhaltung kam in Gang. Wir berichteten über so ziemlich Alles, was seit Schneiders Versetzung in unserer Truppe vorgefallen war. „Mensch, ich wünschte, ich wäre noch bei Euch!" Das Bedauern war deutlich zu hören. Auch seine Kameraden staunten nicht schlecht, wie lax es bei uns zuging. Von solch einem leichten Soldatenleben hatten die Jungs noch nie gehört. „Ich habe es Euch doch gesagt, aber Ihr Arschlöcher habt ja gemeint, ich würde Scheiße erzählen!", warf er ihnen an den Kopf. Wir sonnten uns in der Bewunderung der Jungs aus dem Divisionsstab. Mit fortschreitendem Alkoholgenuss schmückten wir unsere Schilderungen natürlich auch wesentlich blumiger aus, als es tatsächlich war. Wir waren die Helden, die großen Gurus, zumindest für die Stunden, in diesem Zelt, in dieser Nacht.

Thomas Frei: **GEDIENT**: Ein NVA-Soldat erzählt

II

Gegen drei Uhr war der Schnaps leer getrunken. Mühsam erhob ich mich. Hartung war schon umgefallen und schnarchte. Ich sah keine Veranlassung, ihn jetzt zu wecken. Mit meiner Flasche Altenburger, in der sich noch ein kleiner Rest befand, in der rechten Hand, trat ich ins Freie. Ich schwankte in Richtung meines Zeltes. Ich hatte gerade die Mitte der Eispfütze erreicht, als es mir die Füße wegzog. Ich fiel nach hinten und landete auf meinem Arsch. Ich hörte noch das Geräusch zerberstenden Glases. Den Schmerz in der rechten Hand verspürte ich zunächst gar nicht. Die kalte Nässe, die sich über meinen ganzen Hintern breit machte, störte mich da eher. Ich stützte mich auf die linken Hand und versuchte mühsam, wieder hoch zu kommen. Der erste Versuch schlug fehl. Ich landete mit meiner linken Körperhälfte im Wasser. „So eine Scheiße, verflucht nochmal!" Ich startete einen zweiten Versuch. Der gelang. Als ich schließlich wieder stand, bemerkte ich eine warme Spur, die über meine rechte Handfläche floss. Ich bewegte die Hand in Richtung meines Gesichtes. Dabei stellte ich fest, das ich den Flaschenhals der Schnapsflasche immer noch in der Hand hielt. Der Rest der Flasche war weg. Ich warf das Glas in die Pfütze, dann betrachtete ich meine Hand. Unterhalb des Ringfingers klaffte eine tiefe Wunde, die blutete wie die Sau. „So eine Scheiße!" brabbelte ich vor mich hin. Mir war klar, dass ich ins Sani-Zelt musste. Die Wunde war einfach zu groß, um sie selbst versorgen zu können. Ich hatte nur eine vage Vermutung, wo das Sani-Zelt stand. Ich machte mich auf den Weg, mehr wankend als gehend. Irgendwann hatte ich das Zelt gefunden. ich stolperte hinein und reckte den zwei anwesenden Personen meine blutende Hand entgegen.

Einer war ein Offizier, ein Oberleutnant. Er hatte allerdings schon mächtig graue Haare, der Dienstgrad passte nicht zum scheinbaren Alter. „Ich bin Oberleutnant der Reserve, Dr. Preller.", stellte er sich vor. Damit war die Diskrepanz zwischen Rang und Alter erklärt. „Na zeigen Sie mal her!", forderte er mich auf und zog dabei an meiner blutenden Hand. „Na das klafft ja ganz schön auseinander! Da haben Sie ja einen tollen Trinkerunfall hingelegt!" „Hm, jaja, Scheisse." „Aber nähen brauchen wir nicht, obwohl…. Ein, zwei Stiche wären vielleicht nicht schlecht!", meinte er, nachdem er die Wunde begutachtet hatte. Als nächstes kippte er großzügig Wasserstoffperoxyd darüber. Es brannte höllisch, das Blut verfärbte sich rosa und bildete immer mehr Blasen. Nach einer halben Minute kippte nochmals nach. „So, jetzt ist das Alles schön sauber. Ich werde das jetzt mit einem Schmetterlingsverband ein wenig zusammenziehen, dann wird das fein geschient und verbunden!" Der Sani schnitt ein Stück Pflaster in Schmetterlingsform, klebte einen Flügel auf die Handfläche und zog mit dem anderen Flügel die Wunde ein wenig zusammen. Dann legte er einen hölzernen Mundspatel darauf und verband das ganze anschließend. Mein Ringfinger war nun steif. „So, übermorgen sehen wir uns wieder zur Kontrolle und zum Verbandswechsel! Wie sieht es mit Schmerzen aus?" „Keine Schmerzen, Genosse Oberleutnant!", antwortete ich brav. „Naja, wundert mich nicht, besoffen wie Sie sind!", sagte er, „Ich schreib Sie aber auf Innendienst. Mit der Verletzung kann ich Sie nicht ins Feld schicken!" Die Übung war für mich gelaufen. Major Ganter würde sauer sein! Er musste jetzt mit dem unerfahrenen Beier zurechtkommen.
Ganter war mehr als sauer, als er von meinem Handicap erfuhr. Ich vermied es in den folgenden Tagen, ihm unter die Augen zu kommen. Ich nahm mir aber Beier nochmal

vor und erklärte ihm, worauf es auf der Haupt-B-Stelle ankam. Ganters Zorn legte sich, nachdem er festgestellt hatte, das mein Ersatzmann mit kleinen Abstrichen so gut bei der Sache war, wie er es von mir stets erwartet und geliefert bekommen hatte.

III

Ich hatte nun ein Problem. Ich musste jeden einzelnen Tag im Feldlager rumkriegen, ohne etwas zu tun. Das war nicht einfach. Hier gab es keine Bibliothek, einen Büchervorrat hatte ich auch nicht eingepackt. Meine Kameraden fuhren allesamt jeden Morgen auf den Übungsacker und kamen erst bei Einbruch der Dunkelheit zurück. Die Langeweile, die ich hatte, war schrecklich. Permanent Briefe nach Hause zu schreiben, war auch keine Option. Zum Einen hätte ich nicht gewusst, worüber ich berichten sollte, zum anderen gingen die Briefe ohnehin nicht weg. Anfangs fuhr ich ab und zu mit dem Küchentrupp raus, um bei der Essensverteilung zu helfen. Da ich aber nur die linke Hand einsetzen konnte, war ich keine Hilfe sondern stand den Jungs nur im Weg.

Erlösung kam in Person unseres Lade-Fritzen. Das ursprüngliche Lade-Fahrzeug, ein Geländewagen P3, war zu Beginn des Halbjahres gegen einen LO mit großem Kofferaufbau ausgetauscht worden. Neben den Akku-Ladeeinheiten im Koffer bot der Aufbau genügend Platz für einen Tisch und vier Hocker. So trafen wir uns jeden Morgen nach dem Frühstück mit dem Fahrer des Abteilungskommandeurs zum Skat. Am zweiten Tag stellten wir fest, dass Skatspielen ohne Bier eine arg trockene Angelegenheit war. Also fuhr ich fortan mit dem Abteiler-

Fahrer zunächst in die Stadt, um Bier einzukaufen. Natürlich brachten wir genug Bier, um auch die Kameraden am Abend mit ein paar Flaschen zu versorgen. So vergingen die Tage im Feldlager doch noch auf einigermaßen angenehme Art und Weise.
Beier hatte im Laufe des Feuerleittrainings reichlich Erfahrung gesammelt und war am Ende zu Höchstform aufgelaufen. Er bescherte Major Ganter eine glatte Note 1 beim Wertungsschießen. Schon fürchtete ich um meine Position, entschied jedoch nach kurzem Nachdenken, das mir das egal wäre. Ich hatte gerade mal noch zweieinhalb Monate vor mir, also darauf geschissen. Eine weitere Übung würde ohnehin nicht kommen... dachte ich. Meine Befürchtungen wurden aber von Major Ganter höchstselbst zerstreut. Eines Nachmittags stand ich am Feldgefechtspark, als die Truppe gerade zurückkehrte.- Major Ganter kam auf mich zu. „Gefreiter Frei, zu mir!", rief er. Ich eilte zu ihm. „Gefreiter frei zur Stelle, Genosse Major!" „Mit Ihrer Verletzung haben Sie mir ja ein schönes Ei ins Nest gelegt, Frei!", sagte er in einem leichten barschen Ton. Ich erstarrte kurz. „Aber eines muss man Ihnen lassen! Ihren Ersatzmann haben Sie gut, nein, sehr gut eingewiesen! Klasse gemacht! Nun muss ich mir auch für das nächste Halbjahr keinen Kopf um den Aufklärer machen, wenn sie weg sind! Danke!" „Gern geschehen, Genosse Major!" „Ich hoffe, Ihnen steigt das Lob jetzt nicht zu Kopf! Wegtreten!" Auch wenn ich für dieses ganze Militärtheater nicht viel übrig hatte, das Lob ging trotzdem runter wie Öl.

IV

Der letzte Tag im Lager brach an. Der größere Teil der Truppe sollte wieder per Bahntransport zurück befördert werden. Nur wenige Fahrzeuge waren für den Landmarsch vorgesehen. Die endlose Bahnfahrt war mir ein Gräuel, dazu hatte ich absolut keine Lust. Ich sprach bei meinem Lieblingshauptmann vor. „Genosse Hauptmann, ich hätte da mal ein Problem!" „Und welches wäre das?", fragte Friese. „Mit meiner Verletzung kann ich unmöglich Bahnverladung mitmachen!" „Wieso nicht?" „Na mit einer Hand mein ganzes Zeugs in den Wagon hieven und raus und reinklettern, das geht nicht so richtig! Ich hab ja schon meine liebe Not beim An-und Ausziehen!" „Hm, dann fährst Du eben Landmarsch!", sagte Friese knapp. „Und mit wem", fragte ich zurück. „Na das ist mir doch egal. Such Dir ein Fahrzeug, was Dich mitnehmen kann! Bei Uffz. Weitbrecht im Werkstatt-Ural sollte noch ein Sitzplatz frei sein!" „Danke, Genosse Hauptmann!" Ich suchte Weidbrecht. Nach einer Weile fand ich ihn. Er verlud gerade einen Teil seiner persönlichen Ausrüstung. „Heh, Weitbrecht, ich soll bei Dir mitfahren. Anweisung von Hauptmann Friese!" „Mitfahren kannste, kein Problem. Nur musste Dir für heute Nacht 'nen Platz zum pennen suchen. Die Zelte gehen mit der Bahn mit und ich schlafe im Führerhaus!" „Jaja, kein Problem.", sagte ich. „Morgen früh um Sieben ist Abfahrt!", teilte er mir noch kurz mit. „Kann ich meine Kram schon hintendrauf schmeißen?" „Ja, mach das."
Ich ging zum Zelt, wo die Jungs schon fleißig am Packen waren. Ich sammelte meine Ausrüstung zusammen und packte auch. Hartung half mir ab und an, wenn ich es mit meiner verbundenen Hand nicht geregelt bekam. Ich lud meine Utensilien hinten auf den Ural. Dann stand

ich da. Ich hatte nicht im Geringsten einen Plan, wo ich die Nacht verbringen sollte. ‚Na gut irgendwas wird sich schon finden', dachte ich. Die Truppe fuhr ab, innerhalb einer Stunde hatte sich das Lager bis auf wenige Fahrzeuge uns Soldaten geleert. Ich hatte Hunger, was mich in Richtung Küchenbaracke trieb. Die war jedoch verriegelt und verrammelt, wie ich feststellen musste. Die Küchengruppen für die Mannschaftsdienstgrade war auch per Bahn auf dem Rückweg. Ich schlenderte rüber zur Offizierskinder und klopfte dort direkt an die Küchentür. Jemand öffnete. Einen Dienstgrad konnte ich nicht erkennen, denn er trug eine typische Kochjacke ohne Schulterstücke. „Was gibt es?", fragte er mich, wobei er mich ein wenig komisch ansah. „Hm, die Mannschaftsküche ist zu. Da frag ich mich, wo die niederen Chargen, die Landmarsch fahren, heute ihr Essen herbekommen.!?" Er lachte. „Na hier, wo sonst?", antwortete er, „Komm rein, kannst gleich hier durch. Er führte mich durch die Küche in den Speisesaal und zeigte mir einen Tisch an den ich mich setzen konnte. Ich nahm Platz. Der Kerl schaute mich wieder an, dann sagte er: „Du bist doch der Frei? Tom Frei? Richtig?" Ich blickte ihn erstaunt an. „Ja, richtig! Kennen wir uns?" „Ich bin Bach, Jens Bach! Ich war auf der Penne eine Klassenstufe unter Dir! Siehst ja lustig aus mit kurzen Haaren!" „Nicht übel nehmen, aber ich kann mich an Dich nicht so richtig erinnern!" gestand ich ihm. „Kein Problem, war ja an der Penne auch nicht so auffällig wie Du!"
Weitbrecht erschien im Raum und setzte sich zu mir. Dann erschien noch Romanowski, der Sani, der offiziell zu unserer Truppe gehörte, den wir aber nie zu sehen bekamen, weil er im Med.-Punkt schlief. „Was darf ich den Herren servieren?", fragte Bach. „Was gibt denn die Speisekarte her?", wollte Romanowski wissen. „Hm, ich kann Euch schöne Nackensteaks machen, mit ordentlich Zwie-

beln darauf. Dazu vielleicht noch ein Spiegelei und Brot!".
„Das kling ja richtig exquisit!" Weitbrecht war begeistert.
„Also ich nehm' das!", sagte ich zu Bach.
„Also dreimal Steak mit Zwiebeln, Spiegelei und Brot! Ein Bier gefällig, die Herren?" „Bier? Hier gibts Bier?"' fragte Weitbrecht ungläubig. „Ja, hier gibts Bier! Die Offiziere haben zu jedem Abendessen eine Flasche Bier bekommen und es ist noch reichlich da. Ich hab mehr Bier hinten stehen, als noch Offiziere anwesend sind!". erklärte Bach. „Na dann, her damit!", nahm Weitbrecht das Angebot an. Bach verschwand und tauchte mit drei Flaschen Bier wieder auf. Es war Sternburg Pils, keine schlechte Marke. Zwanzig Minuten später servierte er das Essen. Es war wirklich lecker. Eine solch gutes Mahl war selten in der gemeinen Soldatenküche.

Während wir aßen, betrat Leutnant Markowitz, ein Zugführer aus der 4.Batterie den Speiseraum. Er blickte finster in unsere Richtung, erwiderte aber unser grüßendes Nicken. Markowitz gehörte zu den unbeliebten Buckels, der stets versuchte, seine Befehlsgewalt über die Grundwehrdienstler maximal auszuspielen und der die Jungs stets hart ran nahm. Was er teilweise mit seinen Soldaten trieb, grenzte schon beinahe an Schikane. Bach servierte uns gerade ein weiteres Bier, als der Leutnant ihn zu sich an den Tisch rief. Er steckte Bach seine leere Bierflasche entgegen und sagte: „Kann ich auch noch eins haben?" „Tut mir leid, Genosse Leutnant, aber das geht nicht!", antwortete Bach. „Und wieso geht das nicht?", fragte Markowitz, schon leicht wütend. „Befehl vom Regimentskommandeur, Genosse Leutnant! Offizieren steht pro Abend eine Flasche Bier zu!" „Die Jungs da drüben haben auch schon das zweite Bier!" Dabei deutete er in unsere Richtung. „Das ist richtig, Genosse Leutnant!", gestand Bach ein. „Und wieso bekommen die ein zweites Bier und ich nicht?"

Markowitz war inzwischen so richtig sauer. „Na das sind doch auch keine Offiziere. Also gilt diese Beschränkung für die nicht!" Wir mussten an uns halten, zum nicht loszuprusten. Romanowski hatte sich schon verschluckt und hustete wie wild herum, während ich ihm heftig auf den Rücken klopfte. Markowitz' Gesicht lief rot an vor Wut, die Adern an seinem Hals traten hervor, ich dachte, gleich würde es ihm den Kopf wegsprengen. „Was bilden Sie sich ein, Soldat? Wollen Sie mich VERARSCHEN? Das wird ein Nachspiel haben für Sie, das kann ich Ihnen versprechen!!! Sie können sich frisch machen, sie Muschkote, sie kleiner beschissener Muschkote!" Markowitz hatte bei seinem Wutanfall nicht bemerkt, dass Hauptmann Friese eingetreten war. „Was ist den hier los, Genosse Leutnant? Was brüllen Sie denn hier so herum? Seit wann gibt es in einer sozialistischen Armee ‚kleine beschissene Muschkoten'? Also, was ist hier los?" Die Frage richtete er an Bach. Bach erklärte, was vorgefallen war. „Hm, dann bringen Sie dem Leutnant noch ein Bier! Und damit ist das Thema beendet!" Markowitz setzte sich wieder, aber es dauerte eine ganze Weile, bis die Zornesröte aus seinem Gesicht verschwunden war. Friese war mit der Art des Leutnants sehr wohl vertraut und konnte ihn deswegen wohl auch nicht so richtig leiden. Wahrscheinlich deswegen hat er ihn auch in unserem Beisein zur Ordnung gerufen, was ansonsten ein absolutes Tabu gewesen wäre.
Markowitz verschwand nach dem zweiten Bier. Friese setzte sich für ein weiteres kühles Blondes zu uns, dann ging auch er. Bach hatte seine Arbeit in der Küche inzwischen beendet, sämtliche verbliebenen Leute waren abgefüttert, also hatte auch er Feierabend. Er schleppte einen Kasten Bier aus der Küche und stellte ihn neben unseren Tisch. „Das ist der letzte aus Eddie's Bande", zitierte er eine Zeile aus einem uralten Schlager.

Thomas Frei: **GEDIENT**: Ein NVA-Soldat erzählt

Wir begannen, Skat zu spielen. Irgendwann nach Mitternacht war der Kasten geleert und wir waren alle reichlich angetrunken. Die Tür flog auf, im Türrahmen erschien Major Dunkel, der Stabschef der 1.Abteilung. Er war ein Hüne von Mann,. Er war fast zwei Meter groß und hatte einen Körperbau wie Tarzan. Er füllte fast den gesamten Türrahmen aus. Als wolle er die Bedeutung seines Nachnamens auslöschen wollen, trug er eine riesige Stabtaschenlampe vor sich her, die an einem groben Strick hing. Er kam an den Tisch und wie aus dem Nichts krachte er eine eineinhalb Liter Flasche Nordhäuser Goldkorn auf die Tischplatte. Durch den harten Aufschlag wurde das in der Flüssigkeit schwebende Blattgold aufgewirbelt. „Kann ich ne Runde mitspielen?", fragte er mit tiefer Stimme. „Na klar doch!", stimmte Weitbrecht zu. Dunkel nahm Platz, öffnete die Flasche, und füllte die Gläser, die Bach geschwind aus der Küche geholt hatte. „So, Prost! Kann losgehen! Wer gibt?" Nach einer weiteren Stunde und ein paar Schnäpsen hatten wir genug. Jetzt stand die Frage nach einem Nachtquartier wieder vor der Tür. „In der anderen Baracke, wo die Buckels pennen, gibt's ein UvD-Zimmer. Da steht ein Bett. Da ist heute keiner mehr, da kannste pennen.", wusste Bach zu berichten.

V

Irgendwer rüttelte energisch an meinem Körper. „Mach endlich Deine Glotzen auf, Frei!", hörte ich aus weiter Ferne. „Mensch, heb Deinen Arsch von der Matratze, Du Penner!" Das Rütteln wurde noch stärker. Ich öffnete meine Augen einen Spalt weit. Durch den Nebel konnte ich vage ein Gesicht erkennen. Der Schleier legte sich und ich erkannte Hauptmann Friese.

„Mensch Frei, was bist Du für ein Saufbold! Du verpasst noch die Abfahrt!" Mühsam quälte ich mich vom Bett, rieb mir die Augen und sagte zu Friese: „Keine Angst, Hauptmann, ich bin voll fit!".
„Der war gut, Frei, der war richtig gut!" Ich stand auf, suchte meinen Waschbeutel aus meiner Tasche und ging Richtung Waschraum. „Mach Latte, Frei, in zwanzig Minuten ist Abfahrt". Oh Scheiße, ich musste mich jetzt wirklich beeilen. Fünf Minuten vor Abfahrt stand ich am Werkstatt-Ural. Weitbrecht war noch nicht zu sehen. Wie üblich verschob sich der Aufbruch, diesmal um eine satte halbe Stunde.
Während der ganzen Fahrt döste ich vor mich hin. Weiderecht jammerte von Zeit zu Zeit über seinen Brummschädel. So richtig gut ging es ihm auch nicht. Wir waren noch vor der Nachtruhe in der Kaserne. Meine Kameraden, die mit der Bahn unterwegs waren, hatten wohl noch einige Stunden vor sich. Mit dieser Vermutung lag ich richtig, sie trudelten erst am folgenden Tag nachmittags ein.

VI

Wir brauchten volle drei Tage, um unsere Ausrüstung und Fahrzeuge gründlich zu reinigen und wieder von einsatzbereit zu machen. Dann zog die übliche Routine wieder ein. Wir schoben mehrfach Wache im Divisionslager. Als E stand mir stets der Nachtposten zu, was mir Schaf von vier Uhr morgens bis etwa 10.00 Uhr garantierte. Insofern machte mir das Wache stehen nicht viel aus. Der Fähnrich kündigte uns an, dass wir in der ersten Märzwoche wieder in die Abteilung umziehen würden. Ich hatte Kurzurlaub eingereicht, den Dreispitz jedoch ab-

Thomas Frei: **GEDIENT**: Ein NVA-Soldat erzählt

lehnte. Als mir Starke das Urlaubsgesuch mit dem negativen Vermerk in die Hand drückte, war ich sauer, schließlich lehnt man dem E keinen Urlaub ab! Ich klopfte nicht an des Fähnrichs Tür, nein, ich hämmerte regelrecht auf das grau gestrichene Holz. „Eintreten", rief es von drinnen. Ich trat ein und warf die Tür hinter mir ziemlich heftig ins Schloss. „Hast Du 'ne Macke, Frei? Erst zerkloppste mir fast die Tür und dann willste die auch noch durch den Rahmen schmeissen! Also, wo brennts?" „Mein KU ist abgelehnt!" „Ja, und?" „Na das geht nicht!", protestierte ich. „Na klar geht das! Du Sack hast Dir während der ganzen Übung eine schöne Zeit gemacht! Und dafür willste jetzt noch in Kurzurlaub?" „Ich hab mir das mit meiner Hand nicht ausgesucht!", argumentierte ich. „Mensch Frei! Du glaubst wohl immer noch, ich wäre auf der Wurstsuppe daher geschwommen? Denkst Du, ich weiß nicht, warum Du auf die Fresse geflogen bist? Solltest froh sein, dass das nicht an die große Glocke gehängt wurde, sonst hätteste jetzt wenigstens mal drei Wochen Ausgangs- und Urlaubssperre! Also jammere jetzt nicht rum! Sein ein Mann! Sei ein stolzer deutscher Soldat! Trag es mit Würde!" Damit war die Diskussion für Dreispitz beendet, und für mich eben auch. Meine Laune hob sich nur sehr langsam im Laufe der Woche und stürzte wieder jäh ab, als ich am Freitag einen Brief von Britta erhielt, in dem sie sich über den nicht stattfindenden Urlaub beklagte. Daraus folgte das obligatorische Frustsaufen am Samstag.

Es war der letzte Tag des Monats.

Noch 60 Tage.

Kapitel 16

Noch einmal März

I

„Nie wieder März!"
Niemand brüllte diesen Satz an diesem Sonntag Morgen. Hartung war auf Urlaub und der Rest der Bewohner unserer Stube lag noch verkatert in den Betten. Ich quälte mich hoch. Klausner hatte den obligatorischen Sonntagskuchen schon aus der Küche gebracht. Das große Tablett mit Eierschecke, Kirmeskuchen und irgendeiner Obstvariante, vermutlich Apfel (Apfel war das einzige Obst, welches in der DDR immer vorrätig war!) stand auf dem Klapptisch unter dem Fenster. Der Anblick verursachte bei mir einen Brechreiz, der sich innerhalb von Sekunden intensivierte. Ich rannte aufs Klo um zu kotzen. Bereits im Vorraum roch es säuerlich. Ich riss die Tür ersten Kabine auf und sah das Elend. Dort hatte bereits jemand seinen Mageninhalt über das ganze Toilettenbecken und einen großen Teil des Fußbodens verteilt. Auch der graue Ölsockel war nicht verschont geblieben. Ich spürte schon den Magensaft in der Speiseröhre aufsteigen und schaffte es mit Müh' und Not in die andere Kabine. Ich beeilte mich, schleunigst aus der Toilette zu kommen, als mein Magen leer war. Der Geruch war unglaublich. Auf dem Flur fragte ich den UvD: „Welche Sau war DAS denn?". „Das war der Stresow!". Oh Mann, mein Lieblingsspringer war wieder über die rote Linie gegangen. „Und da lässt Du den im Bett liegen und grunzen?" „Der ist scheintot! Kannst ja selber mal versuchen, den zu wecken!" Ich versuchte das natürlich umgehend, scheiterte aber ebenso. Nach einer Stunde unternahm ich einen wei-

teren Versuch. Am liebsten hätte ich Stresow einen Eimer Wasser über die Birne gekippt, aber dann wäre auch mein Bett nass geworden. Erst nach zwei Stunden gelang es mir, den Kerl aus dem Bett zu treiben. Als Stresow endlich kapierte, was er da wieder angestellt hatte, begann er mit einer nicht enden wollenden Litanei an Entschuldigungen. Es war ihm wirklich peinlich, man merkte, dass er sich maßlos schämte für seine Entgleisung. „Stresow, solange ich noch da bin, werde ich dafür sorgen, das Du nie wieder derart unkontrolliert säufst!", kündigte ich ihm an! „Ja, das wäre gut! Danke!" Offensichtlich hatte er ein Problem damit, die Zufuhr von Alkohol im richtigen Moment zu unterbrechen. Er war aus meiner Sicht einer der Kandidaten, die während ihres Wehrdienstes zu Alkoholikern wurden. Und davon gab es nicht wenige. Den ursprünglich geplanten Frühschoppen in der Kneipe von Burwitz ließen wir sausen. Verkatert über ein Feld zu rennen, um anschließend wieder verkatert zu sein erschien nicht sinnvoll. Trotzdem war es bedauerlich, denn am Freitag sollten wir bereits in unsere alte Abteilung umziehen. Von dort aus konnten wir solche Aktionen nicht mehr wagen, denn wir hätten erst die gesamte Kaserne durchqueren müssen, um an den Zaun zu gelangen.

II

Am Montag Morgen ließ uns der Fähnrich vor den Baracken antreten. „Still gestanden! Rechts um! Im Gleichschritt Marsch!" kommandierte er uns. Nach den ersten Zehn Metern folgte der nächste Befehl: „Rührt Euch! Ein Lied!", brüllte der Fähnrich. „Spaniens Himmel!" gab Starke das Lied an, welches zu singen war.

Der Liedtitel wurde Reihe für Reihe nach hinten durch lautes Rufen durchgegeben. „Lied durch!", signalisierte der Letzte, dass die letzte Reihe wusste, was zu singen war. „Eins, Zwo, Drei, Vier!", leitete Starke den Gruppengesang ein.

„Spaniens Himmel breitet seine Sterne
über unsern Schützengräben aus!
Und der Morgen leuchtet in der Ferne,
bald geht es zu neuem Kampf hinaus!

Die Heimat ist weit,
doch wir sind bereit.
Wir kämpfen und siegen für dich:
Freiheit!"

Das Wort Freiheit wurde von uns E's in die Länge gezogen und extrem laut intoniert. Ansonsten hörte sich der Gesang fürchterlich an. Wir erreichten den Exerzierplatz, wo schon zwei der drei Batterien zum Abteilungsappell angetreten waren, Wir marschierten zu unserem Stellplatz. Jetzt war auch die fehlende Batterie im Anmarsch. Vor der Front war ein Tisch aufgebaut, auf dem sich einige Sachen befanden, die wir nicht richtig erkennen konnten.

Major Ganter kam, in Begleitung seiner Stabsoffiziere. Hauptmann Friese übernahm das Kommando. „2. Abteilung, stillgestanden! Augen gerade aus!" Dann drehte er sich zu Major Ganter. Er führte die Fingerspitzen der rechten Hand zum Gruß an seine Mütze: „Genosse Major, 2. Abteilung zum Appell angetreten!" erstattete er Meldung. „Danke, Genosse Hauptmann!" „Rührt Euch!", befahl Friese nun.

Thomas Frei: **GEDIENT**: Ein NVA-Soldat erzählt

„Genossen Soldaten, Unteroffiziere und Offiziere!", begann Ganter nun seine Ansprache. „Gestern haben wir den Tag der Nationalen Volksarmee begangen! An diesem Ehrentag unserer sozialistischen Streitkräfte ist es üblich, verdiente Soldaten des Volkes für ihre hervorragenden Leistungen bei der Verteidigung unserer sozialistischen Heimat auszuzeichnen! Und dies wollen wir hier und jetzt tun!". Er machte eine kurze Pause, dann fuhr er fort. „Hauptmann Friese, vortreten!". Friese trat vor und nahm Haltung an. „Genosse Hauptmann, auf Befehl des Ministers für Nationale Verteidigung befördere ich Sie hiermit zum Major!". Frieses Gesicht erstrahlte. Der ewige Hauptmann würde jetzt endlich die lang ersehnten geflochtenen Rangabzeichen auf seinen Schultern tragen. Ich gönnte es ihm, von ganzem Herzen. „Ich diene der Deutschen Demokratischen Republik!", dankte Friese dem Abteilungskommandeur. Weitere Beförderungen wurden vorgenommen. Unser Fähnrich erklomm den Dienstgrad eines Oberfähnrich. Dann folgte eine wirklich Überraschung. „Soldat Beier, 2. Stabsführungszug, vortreten!" Den Namen hatte Major Friese von einem Blatt Papier abgelesen.
„Soldat Beier, wegen hervorragenden Leistungen beim Wertungsschiessen der 2.Abteilung des Artillierieregimentes 4 befördere ich Sie zum Gefreiten!". Beier's Gesicht lief rot an. Sicherlich freute er sich über die vorzeitige Beförderung, aber es schien ihm auch klar zu sein, das er in den nächsten tagen den Spott seiner Kameraden auf sich ziehen würde. „Ein Balken macht noch keinen E!" und „Treibhausgefreiter" waren die wohl harmlosesten Sprüche, die er sich würde anhören müssen. Es wurden noch ein paar Tage Sonderurlaub und ein paar Ehrenmedaillen verteilt. Die Zeremonie dauerte fast zwei Stunden. Ich war, erwartungsgemäß, leer ausgegan-

gen. Meine großartigsten Leistungen der letzten Monate bestanden ja auch darin, mich möglichst oft und möglichst unauffällig vor allem zu drücken. Auch wenn ich damit sehr erfolgreich war, gab es dafür nun mal keine Belobigungen.

III

Von Mittwoch an packten wir unsere Klamotten, am Donnerstag verluden wir die Spinde auf einen LKW und fuhren sie rüber in die Abteilung. Zu unserer Überraschung bezogen wir nicht unsere alten Räume. Anstatt im zweiten Stock war unser Quartier nunmehr in Parterre. Auch hier bewohnten wir den Teil links vom Flureingang. Allerdings gab es hier noch eine hölzerne Trennwand mit einer Flügeltür, alles im „freundlichen" Grau gestrichen. Wir empfanden diese Variante als überaus angenehm, war doch unser Tun und Treiben vor den Blicken der Soldaten der benachbarten Truppe verborgen. Am Freitag war der Umzug abgeschlossen, wir richteten uns in unserem neuen Heim ein. Wir hatten sogar einen eigenen Duschraum, was für uns einen Hauch von Luxus darstellte. Kein Fragen mehr, keine Dusch-Zeiten mehr! Es war fast wie im FDGB-Ferienheim.
Einen weiteren Vorteil bot diese Konstellation auch. Wir konnten ab sofort im Clubraum Westfernsehen schauen! Durch die Nähe zur Grenze war der Empfang von ARD und ZDF fast besser als zu Hause mit einer riesigen Antenne! Kein OvD konnte mehr unbemerkt auftauchen, gar niemand konnte mehr unbemerkt auftauchen. Wenn wir Westen glotzten, bauten wir einen

weiteren Sicherheitsmechanismus, sozusagen ein „Frühwarnsystem" ein:
Direkt an der Flurtür, die nach innen aufging, platzierten wir einen halbvollen Wassereimer, den wir mit einem alten Schrubber ohne Stiel „auf Kippe" stellten. Öffnete jemand die Tür nach innen, fiel der Eimer um und verursachte erst einmal einige Sauerei auf dem Boden. Das führte natürlich zu einer Zeitverzögerung, die genutzt wurde, auf dem Fernseher einen DDR-Sender einzustellen. Die eigenen Soldaten hatten anzuklopfen, damit der GUvD den Eimer zur Seite schieben konnte. Natürlich kam es am Anfang auch zu einigen „Unfällen", der Verursacher hatte das Wasser dann selbst aufzuwischen. Da wurde auch beim E keine Ausnahme gemacht. Bis zum Ende unserer Dienstzeit kam unsere „Alarmanlage" nur ganze zweimal zum Einsatz. Wir verbrachten aber wesentlich mehr Zeit mit Fernsehen, als je zuvor.

IV

Von heute an hatten wir noch genau 50 Tage zu dienen. das Besondere an diesem Tag war, das wir von nun an das Bandmaß lose in der Hosentasche trugen. Die Spange, die die aufgerollten Tage sonst hielt, hatte ausgedient. Ich reichte das Rote Stück Plastik an Stresow weiter. Der freute sich darüber wie ein kleines Kind. Er nickte eifrig, als ich ihm erklärte, das er sich aber nicht wagen sollte, das Ding bei sich zu tragen, solange er noch Springer war. Wir saßen noch beim Frühstück, als der Fähnrich zur Tür rein kam.
Er zog sich eine Schemel an den Tisch und fragte: "Habt Ihr mal 'nen Kaffee für mich?" Stresow sah mich fragend an. Ich nickte ihm kurz zu. Er erhob sich und brühte mit einem der verbotenen Tauchsieder einen Kaffee.

„Jungs, da ist 'ne ernste Sache. Der Gefreite Hilbig aus der sechsten Batterie ist abgängig!" Ich kannte Hilbig. Wir hatten uns einmal auf dem Bahnhof in Leipzig getroffen und sind zusammen zurück in die Kaserne gefahren. Er war 26, verheiratet und hatte drei Kinder. Er war ein sehr ruhiger Typ, eher etwas introvertiert. „Fahnenflucht?" fragte Hartung sofort. „Hm, vor 'ner Stunde war er noch da. Da hat er vom Spieß erfahren, dass sein Urlaubsantrag auf Sonderurlaub abgelehnt worden ist. Der hat 'nen Brief von seiner Frau erhalten, dass sie das nicht mehr aushält, 'nen anderen hat und sich scheiden lassen will." „Und wieso hat man ihm da den Urlaub abgelehnt?" „Der hatte seinen ganzen Urlaub schon weg und die Sechste hat schon die 15% Urlauber, die gestattet sind." „Da hätte man ruhig mal eine Ausnahme machen können in so einer Situation!", sagte ich. „Ich sehe das ja auch so!", sagte Dreispitz. „Ihr kennt mich, ich hätte keinen von Euch da hängen lassen!" „Wissen wir, Fähnrich, wissen wir!" „Oberfähnrich bitte! Soviel Zeit muss sein!". Dabei grinste er, wurde jedoch sofort wieder ernst. „Spass beiseite, Jungs. Der Ganter hat angewiesen, dass der Hilbig überall gesucht wird. Also los, beeilt Euch mit dem Essen und dann macht Ihr Euch auf die Suche!" „Gibt es spezielle Orte, wo wir suchen sollen?", fragte ich. „Na die Unterkünfte sind ja schon abgesucht. Da wäre Gefechtspark, und die allgemeinen Örtlichkeiten. Speisesäle, Kinosaal, Bücherei, BA-Kammern, Technikräume, Schulungsräume usw." Trotz dieser Ansage erschien uns die Suche recht unkoordiniert.

Wir aßen geschwind fertig und machten uns anschließend auf die Socken. Innerhalb von zwei Minuten hatten wir die allgemeinen Räume auf unserer Etage durchforstet. Dann gingen wir zum Gefechtspark. Wir trafen unterwegs jede Menge Kameraden aus den Batterien, die uns sagten, wo wir nicht mehr nachsehen brauchten.

Hilbig blieb verschwunden. Zur Mittagspause wurde die Suche abgebrochen. Nach neuesten Vermutungen ging man wohl mittlerweile davon aus, dass Hilbig nach Ablehnung des Urlaubs einfach stiften gegangen war. Die Polizei war informiert, sowohl hier in der Stadt als auch in seinem Heimatort. Die Transportpolizei, die auf Bahnhöfen und in den Zügen zuständig war, war ebenfalls eingeschaltet worden. Es lief quasi eine Großfahndung. Ich hatte so meine Zweifel. Ich konnte mir nicht vorstellen, dass Hilbig den Arsch in der Hose hätte, einfach so zu türmen. Das passte nicht zu ihm. Die Suche wurde auch nach der Mittagspause nicht wieder aufgenommen. Dafür kochten die Diskussionen, sprich Spekulationen hoch. Wir standen auf dem Flur herum. Waffen reinigen war angeordnet. Unsere Maschinenpistolen lagen in Einzelteilen auf den Hockern, aber niemand putzte. Alle diskutierten nur. Dann kam der Fähnrich und Leutnant Lischka, was das Gequassel keineswegs beendete, denn die Beiden steuerten ihre eigenen Vermutungen bei. Der Fähnrich schien eine Eingebung zu haben. Er unterbrach sich selbst mitten im Satz, hob seinen rechten Zeigefinger und sagte: „Moment! Mir kommt das was! Bin gleich wieder da!" Er machte kehrt und entfernte sich durch die Flurtür. Keine fünf Minuten später war er zurück. In der linken Hand hielt er einen dicken Schlüsselbund. Er blickte in die Runde, dann fiel sein Blick auf Hartung. „Hartung, mitkommen! Frei, Du auch!", wies er kurz und knapp an. „Ich komme auch mit!", rief Leutnant Lischka. Der Fähnrich rannte die Treppen nach oben. Er legte ein Tempo vor, welches wir ihm nicht zugetraut hatten. Wir hatten Mühe, hinter ihm zu bleiben. Auch Lischka schnaufte, als wir ganz oben an der Tür zum Dachboden angekommen waren. Dreispitz drückte an der Türklinke, aber die Tür war verschlossen. Er probierte einige Schlüssel vom

Schlüsselbund, den er vorher geholt hatte. Der vierte Schlüssel passte. Der Fähnrich öffnete die Tür und ging hinein. Es war sehr dunkel, die wenigen Dachluken warfen nur spärliches Licht in den Raum. Dreispitz suchte nach einem Lichtschalter, fand aber keinen. „Hat einer 'ne Taschenlampe dabei?" fragte er. Er hatte offensichtlich keine Antwort auf diese durchaus dumme Frage erwartet. Wer lief schon tagsüber mit einer Taschenlampe durch die Gegend?
Wir tasteten uns nach vorn. Nach ein paar Minuten hatten wir uns an das dämmrige Licht gewöhnt und erkannten schon deutlich mehr. Der Dachboden war riesig, wie das Gebäude an sich knapp siebzig Meter lang und fast achtzehn Meter breit. Der Blick in Längsrichtung wurde durch zahlreiche Balken und Schornsteine teilweise versperrt. Langsam gingen wir vorwärts. „Hilbig, bist Du hier?", rief der Fähnrich in den dunklen Raum. Es kam aber keine Antwort. Wir hatten schon zwei Schornsteine hinter uns gelassen, als der Fähnrich plötzlich stehen blieb. „Oh Mann, was für ne Scheiße!", rief er aus. „Was?", fragte ich. „Na da!"
Der Fähnrich deute schräg nach links, hinter den dritten Schornstein.
Dann sah ich es auch. Da war Hilbig. „Das sieht aber komisch aus", dachte ich, als ich ihn mit eingeknickten Knien und hängenden Armen da im Halbdunkel stehen sah. Erst dann bemerkte ich das Seil, an dem er hing. Hilbig war tot.

50 Tage vor der Entlassung hatte er sich aus dem Leben geschlichen.

V

Wir stiegen langsam die Treppe hinunter. Dreispitz hatte die Tür zum Dachboden wieder abgeschlossen. Lischka und er bogen auf dem Flur gleich rechts ab, zu den Räumen des Abteilungsstabes. Hartung und ich erstatteten den anderen kurz Bericht über das, was wir vorgefunden hatten. Es gab zunächst keinerlei Diskussionen. Wir waren alle wie gelähmt und jeder hing seinen Gedanken nach. Der Fähnrich kam zurück und beauftragte Uffz. Starke, in den Med.-Punkt zu gehen, um dem diensthabenden Arzt zu informieren. Der kam nach kurzer Zeit mit einem Sani, der eine kleine Notfalltasche trug. Sie gingen auf den Dachboden. Später erzählte uns Dreispitz, der der Leichenschau beiwohnte, dass Hilbig wohl schon seit dem Morgen tot gewesen sein musste. Das hatte wohl der Arzt festgestellt.
Eine halbe Stunde später erschien der Militärstaatsanwalt, begleitet von zwei anderen Offizieren und zwei Herren in Zivil. Auch die verbrachten einige Zeit auf dem Dachboden. Anschließend wurden wir vier, der Fähnrich, Leutnant Lischka, Hartung und ich einzeln im Dienstzimmer des Fähnrichs befragt. Viel gab es von unserer Seite nicht zu erzählen. Der Befragungsraum wurde in die sechste Batterie verlegt. Dort dauerte die Aktion wesentlich länger. Wie wir erfuhren, war der Spiess der Batterie, Oberfeldwebel Michalke mehr als eine Stunde befragt worden. Irgendwann hatte man Hilbigs Leichnam abtransportiert. Wir hatten nichts davon mitbekommen.
In den Folgetagen hatte Michalke nichts zu lachen. Die Truppe gab ihm die Schuld an Hilbigs Selbstmord. Heute sehe ich das durchaus wesentlich differenzierter, aber damals tutete ich natürlich ins selbe Horn. Michalke wurde keinerlei Respekt mehr entgegengebracht. Seine Soldaten

boykottierten seine Befehle teilweise dadurch, dass sie Arbeiten nur sehr nachlässig ausführten, absichtlich tagsüber Dreck auf den Flur warfen und in schlampiger Anzugsordnung herumliefen, was natürlich auf Michalke zurück fiel. Auf die Vorgesetzten machte es den Eindruck, dass der Oberfeldwebel die Batterie nicht mehr im Griff hatte.
Wir, Hartung und ich, waren gerade auf dem Rückweg vom Mittagstisch, als wir Michalke begegneten. Er kam uns entgegen. Normalerweise hatte man Vorgesetzte, an denen man vorbeilief, durch die Ehrenbezeugung, zu grüßen, man musste die Fingerspitzen der rechten Hand an den unteren Rand der Mütze legen. Im Allgemeinen wurde auf die Durchführung dieser Vorschrift zwischen Soldaten und Berufsunteroffizieren verzichtet. Auch die Unterleutnants wurden ignoriert, denn die waren ja auch nur Zeitsoldaten. Das Grüßen begann beim Leutnant. Also grüßten wir nicht. Stattdessen schoben wir die Hände in die Hosentaschen und um dem Ganzen noch einen draufzustehen, spuckten wir vor Michalke aus. Der blieb stehen. Dann brüllte er: „Halt Soldaten, bleiben Sie stehen!!!".
Wir liefen einfach weiter. Längst waren wir an ihm vorbei, aber er gab keine Ruhe. „Halt, hab ich gesagt! Bleiben sie stehen! Sofort!" Wir reagierten nicht. Dann hörten das Aufschlagen seiner Stiefelsohlen auf dem Asphalt. Er rannte uns hinterher. Er rannte an uns vorbei, stoppte und drehte sich um. Er stützte die Arme in die Hüften und brüllte wieder: „Was bilden sie sich ein, wer Sie sind, dass Sie Vorgesetzte ignorieren?", schrie er uns an. Wir grinsten nur. „Hören Sie auf mit diesem dämlichen Grinsen! Das Lachen wird Ihnen noch vergehen! Ich bringe Sie nach Schwedt!" Wir sagten immer noch nichts. „Name, Einheit?", sagte er schließlich zu mir, wobei er einen kleinen Notizblock aus der Hosentasche fischte und

aus der Innentasche seines Jackets einen Kugelschreiber zog. „Gefreiter E", antworte ich. „Was soll das denn für ein Name sein?", frage er. Er hatte es offensichtlich nicht kapiert. „Ich bin Gefreiter Entlassungskandidat, Genosse Oberwebfehler!". Die verbale Verstümmelung seines Dienstgrades hat er glatt überhört. „Schnauze! Hören Sie auf mich zu verarschen! Wenn sie glauben, ich bin blöd, dann werde ich es Ihnen beweisen!" Hartung lachte los! „Kein Beweis mehr nötig Herr Spiess.!" „Ich bin nicht der ‚Herr Spiess", Sie renitentes Arschloch!", brüllte er Hartung an. „Na, Genosse Oberwebfehler, so etwas sagt man aber nicht zum E!", protestierte ich. Wieder hatte er nicht mitbekommen, wie ich seinen Dienstgrad verhunzt hatte. „Namen her, aber jetzt sofort, oder ich lasse Sie festnehmen und in den Bau stecken!" Wir gaben nach. Der Knast war wirklich nicht schön. Wir gaben Namen und Einheit an, dann ging ein jeder seines Wegs.

Zur Dienstausgabe ließ der Fähnrich uns antreten. „Frei und Hartung vortreten!", befahl er mit ernster Miene. Wir traten vor, gespannt, was nun folgen würde. Es war logisch, dass Michalke beim Fähnrich Rabatz gemacht hatte, also war es nur logisch, dass das Dreispitz darauf reagieren musste. „Stillgestanden! Ich bestrafe hiermit die Gefreiten Hartung und Frei wegen Missachtung eines Vorgesetzten zu einer Arbeitsverrichtung außer der Reihe!" Der Fähnrich hatte nicht erwähnt, welche Art Arbeit er uns zugedacht hatte, also fragten wir sofort nach der Dienstausgabe nach. „Naja, ich hab am Samstag Dienst, da werdet Ihr Beiden in meinem Dienstzimmer Staub wischen!" offenbarte er uns die Form der Bestrafung mit todernster Miene. Er war doch ein guter Kerl! Michalke wurde eine Woche später in eine andere Einheit versetzt.

VI

Mir stand noch ein VKU zu, den ich für das letzte Wochenende des Monats beantragte. An diesem Sonntag war auch mein zwanzigster Geburtstag, somit hatte ich auch eine gute Begründung. Es wurde zwar immer noch recht zeitig dunkel, aber ich entschloss mich dennoch, zu trampen. Natürlich informierte ich Major Friese vorab, der dann, als wäre es eine Selbstverständlichkeit, vorm Tor im Auto auf mich wartete. Ich fand sein Auto anfangs nicht, bis ich ihn aus einem beigen Wartburg winken sah. Ich öffnete die Beifahrertür und stieg ein. „Nobel geht die Welt zu Grunde!", sagte ich. „Naja, hab fünfzehn Jahre auf die Kiste gewartet! Wurde langsam Zeit! Die Pappe ist ja bald auseinandergefallen!" klärte er mich auf. Dann zog er übliche Schachtel Duett hervor und bot mir eine an. „Neues Auto, alte Gewohnheiten", sagte ich. „Ja, es braucht auch Kontinuität im Leben!", konstatierte er. Er fuhr los.
„Wir heute wohl das letzte Mal sein!", sagte ich zu ihm. Er blickte mich fragend an. „Naja, in einem Monat geht es nach Hause. Ich fahr höchstens nochmal in 'nen Kurzurlaub, da werde ich mich von meinem alten Herrn abholen lassen, weil ich da schon einigen Kram mit heim nehmen werde. Bücher und so." „Ja, die Zeit rast, kaum zu glauben!", stellte er fest. „Hm, ich hatte eher das Gefühl, dass in den letzten Monaten jede Stunde doppelt so lang war, als normalerweise." widersprach ich. „Alles eine Frage der Perspektive! Wenn ich überlege, dass ich nun schon fast 28 Jahre bei der Truppe bin, frag ich mich wirklich, wo die Zeit hin ist!" „28 Jahre? Ne lange Zeit! Und spät Major geworden!". „Na ich hab damals bei der Kasernier-

ten Volkspolizei angefangen, als kleiner Wachtmeister. Die NVA gab damals ja noch gar nicht. Wir sind dann übernommen worden. Karriere war für unsereins wesentlich schwieriger, als für die Jüngelchen heutzutage! Abitur und dann Offiziershochschule! Gab es bei uns nicht! Da hieß es noch hochdienen, von ganz unten! Guck Dir doch den Ganter an! Der ist gerade mal 33, Major, Abteiler und steht kurz vorm Oberstleutnant! Die wissen gar nicht, was sie haben!" Ein wenig Enttäuschung sprach aus seinen Worten. „Und die lange soll es noch gehen?" fragte ich. „Weißt Du Frei, eigentlich wollte ich bis zur Rente bleiben. Aber das wären noch 18 Jahre. Dazu hab ich keine Lust mehr! Ich mach in zwei Jahren Schluss, da hab ich die dreißig Jahre voll, das reicht!" „Und dann?". „Na dann werden die mir einen schönen ruhigen Posten in einem Betrieb oder Kombinat zuweisen, der mindestens so gut bezahlt wird, wie mein jetziger. Dann sitze ich dort meine Zeit bis zur Rente ab und kümmere mich ansonsten um meine Hobbys." „Was machst Du nach der Fahne", fragte er. „Naja, werd erstmal wieder als Hilfspfleger arbeiten und zusehen, dass ich auf eine Medizinische Fachschule komme, um den Pflegerabschluss zu machen." „Ich denk, Du hast Abi? Warum studierst Du nicht?" „Ich hab Studienverbot." „Was? Studienverbot? So etwas gibt es auch?" „Ja, sowas gibt's, vor allem dann, wenn man nicht an der Leine läuft!" Er wollte das Thema nicht weiter vertiefen. „Naja, Pfleger ist auch ein schöner Beruf, und wir brauchen mehr Pfleger als irgendwelche Sesselfurzer!" Wo er Recht hatte, hatte er Recht. Wir waren da. Ich drückte ihm zum Abschied die Hand und bedankte mich. „Übrigens, in Zukunft, wenn wir unter uns sind, bin ich der Horst!" Ich war platt, das hatte ich nicht erwartet. „Und ich bin der Tom!", stammelte ich. Er lächelte. „Machs gut Tom!

Komm gut nach Hause!" „Tschüss Horst! Und Danke! Für Alles!" Er fuhr davon.

Der Rest der Stecke ging flott. In Uniform war es kein Problem, Autofahrer zu finden, die gewillt waren, einen ein Stück mitzunehmen. Gegen Halb Acht war ich bereits zu Hause. ich zog mich nur schnell um und wollte schon wieder los. „Wann sehen wir uns mal am Wochenende, mein Kind?", fragte meine Mutter. „Keine Ahnung, muss sehen, was so ansteht!", versuchte ich das Thema zu umgehen. „Naja, Du hast ja am Sonntag Geburtstag. Da hatte ich gedacht, ich mach Dir Dein Lieblingsessen zu Mittag!" Sie wusste genau, dass ich das nicht ablehnen konnte. Mein Geburtstag und dann noch mein Lieblingsessen, paniertes Schnitzel mit Ei, Kartoffeln mit zerlassener Butter und Mischgemüse in Mehlschwitze. Das zog! „Überredet!", gestand ich ein,"Wann sollen wir da sein?" „Na ich denke, so halb Eins!" „Gut, also dann bis spätestens Sonntag zum Essen!"
Britta hatte noch nicht mir mir gerechnet. Sie nahm an, ich würde mit dem Zug kommen, dann nach Hause fahren , um die Klamotten zu wechseln, Um so erfreuter war sie, als ich zwei Stunden früher den Klingelknopf drückte. Ich begrüßte ihre Eltern, die im Wohnzimmer vor dem Fernseher saßen und „Aktenzeichen XY ungelöst" guckten. „Haben Sie Hunger?", fragte mich Brittas Mutter. Ich lehnte dankend ab. Zwar hatte ich Hunger, aber mir stand der Sinn nach einer ordinären Bockwurst mit Kartoffelsalat, dazu ein schönes Bier vom Faß! Und ich wusste auch schon, wo wir das bekommen würden. „Lass uns in die Gartenkneipe gehen!", bat ich Britta. Sie ließ sich nicht extra bitten. Wir verließen die Wohnung, fünf Minuten später hatten wir unser Ziel erreicht. Im vernebelten Gastraum fanden wir auf Anhieb zwei

Plätze und ich gab mich dem Genuss der Bockwurst und des Kartoffelsalates hin.

Eine Stunde später waren wir schon wieder zu Hause, zogen uns aber gleich in Brittas Zimmer zurück. „So, jetzt das Neueste!" Britta strahlte bei diesen Worten übers ganze Gesicht. „Du bist schwanger!?", mutmaßte ich. „Nee, Quatschkopf! Das hat noch Zeit! Erstmal wird geheiratet!" Oh ja, ich hatte schon wieder vergessen, dass wir uns bereits abschließend auf diesen Schritt geeinigt hatten. „Ich hab 'nen Termin für uns! Musst nur noch eine Vollmacht unterschreiben!" Sie war sichtlich aufgeregt! „Und wann?", fragte ich. „Am 22. August, zehn Uhr!". Ich blieb stumm und muss wohl etwas seltsam geguckt haben. „Was ist? Willste nicht mehr?". „Quatsch! Her mit der Vollmacht! Ich will unterschreiben, sofort!" Sie kramte dass Papier hervor. Ich unterschrieb. „So, jetzt hast Du mich verhaftet!", sagte ich. „Na noch nicht ganz! Kannst ja immer noch Nein sagen, wenn Du dann gefragt wirst!" „Wissen Deine Eltern schon bescheid?" „Nee, hab nichts gesagt! Wollte das mit Dir gemeinsam machen!" „Und wann haste gedacht?". „Na gleich morgen, oder was meinst Du?" „Gut, so machen wir das!"

Am Mittagstisch offenbarte Britta ihren Eltern unsere Heiratspläne. Ihre Mutter schien sich darüber zu freuen, was sie aber nicht davon abhielt, in ihrer hausbackenen Art nachzuhaken. „Habt Ihr Euch das auch gut überlegt?" stellte sie ihre altmodisch klingende Frage. „Was sollen wir uns denn gut überlegen", provozierte ich ein wenig. „Na kennt Ihr Euch schon lange genug? Ihr seid beide noch jung! Euch drängt doch nichts!" „Eben weil uns NICHTS drängt, wollen wir heiraten. Wenn uns etwas ‚drängen' würde, wäre die Entscheidung aus einem Druck heraus, und nicht aus Liebe!" So eine Argumentation hatte ich Britta nicht zugetraut! „Naja, ich meine ja

nur...", schwächte ihre Mutter ab, „Und was sagt Du dazu, Gerhardt?" Ihr Mann zuckte nur die Schultern. „Was soll ich dazu sagen? Die Beiden sind erwachsen! Die müssen selber wissen, was sie tun! Als ich so alt war, war ich im Krieg, und als ich wieder da war, haben wir geheiratet. Da warst Du gerade mal ein Jahr älter als Deine Tochter jetzt!" Der Vortrag kam an. Brittas Mutter nickte zustimmend. Gerhardt erhob sich, ging zu seiner Hausbar, die sich hinter einer Klapptüre in der Anbauwand verbarg. Er füllte vier Schnapsgläser und stellte vor jedem eines auf. „So, Ende mit dem Gequatsche! Jetzt trinken wir auf Eure Zukunft! Prost!" Für ihn war das Thema damit beendet.
Am Abend besuchten wir Brittas Freundin. Sie hatte das dringende Bedürfnis, einer Vertrauten von den großen Neuigkeiten zu berichten, natürlich in Verbindung mit einer ersten Einladung zur Hochzeitsfeier. Ihr Mann war nun schon fast ein Jahr von der Armee zurück, was ihn allerdings nicht davon abhielt, mir wieder Ratschläge erteilen zu wollen. Erst als ich das verbliebene kurze Stück Bandmaß unter die Nase hielt, beendete er seine Belehrungsversuche. Er hatte endlich begriffen, das er mir nichts mehr beibringen musste.
Am Sonntag Morgen erwartete mich ein besonders schön gedeckter Tisch, auf dem sich neben dem Geschirr und der Speisen auch ein Blumenstrauß und zwei verpackte Geschenke befanden. Britta gratulierte mir zu meinem Geburtstag. Ihre Eltern waren schon in den Garten unterwegs. Wir waren auch spät dran. Es war schon 10 Uhr, was ich erst realisierte, als Britta mich aufforderte, meine Uhr eine Stunde vorzustellen. Heute begann die Sommerzeit. Bis Elf saßen wir am Kaffeetisch, hatten ausgiebig gefrühstückt. In 45 Minuten mussten wir aber schon wieder los, denn meine Mutter legte Wert auf Pünktlichkeit. Punkt halb Eins klingelte ich an der Wohnungstür meiner

Eltern. Meine Mutter öffnete mit finsterem Gesicht. „Da sind wir!", verkündete ich freudig erregt. „Das seh' ich, bin ja nicht blind!", erwiderte sie barsch. „Was ist denn mit Dir los? Welche Laus ist Dir denn über die Leber gelaufen?", fragte ich. „Na haste mal auf die Uhr geguckt? Was glaubst Du, wie ich das Essen eine Stunde warmhalten soll?" Ich blickte auf meine Armbanduhr. „Eine Minute nach halb Eins! Pünktlich auf die Minute geklingelt!" stellte ich fest. Mein Vater stand hinter ihr im Flur und sagte gar nichts. „Halb Eins! Da biste aber eine volle Stunde hinterher! Wir haben Sommerzeit! Hast wohl vergessen, die Uhr vorzustellen?" „Nee, hab ich nicht vergessen!" „Es ist halb Zwei!", beharrte meine Mutter weiter. „Das war heute früh das allererste, was ich gemacht habe, nach dem Aufstehen, die Uhr vorgestellt!" sagte ich. „Na was denkste, was ich gemacht hab heute früh!" Sie war echt sauer. Mein Vater fing an zu lachen, erst leise, dann immer lauter. „Was gibt es da zu lachen? Machste Dich jetzt über mich lustig?" herrschte sie meinen Papa an. Der lachte immer noch, jetzt schon so heftig, dass die Tränen die Wangen runter rollten. „Du bist doof!", schnarrtet meine Mutter. „Nee, aber....", er konnte vor Lachen nichts sagen. Dann beruhigte er sich ein wenig. „Hehehe, ich kann Euch sagen, was hier los ist!", quetschte er hervor. „Was soll los sein! Das Essen ist kalt! Weil der Herr Sohn seine Hintern nicht pünktlich aus dem Bett bekommt!" „Falsch! Das Essen ist kalt, weil Du eine Stunde zu früh gekocht hast!" erklärte er meiner Mutter. „Jetzt bin ich noch schuld?", protestierte sie. „Tja, hättest Du die Finger von der Uhr gelassen, dann wäre die Welt in Ordnung?" „Was soll DAS jetzt?", fragte sie. „Naja", holte mein Vater aus. „Ich war heute Nacht mal pinkeln, und da hab ich mir gedacht, es wäre eine gute Idee, die Uhr gleich eine Stunde vorzustellen!" Meine Mutter stand da, den Mund

sperrangelweit offen. „Scheiße, und ich hab nach dem Aufstehen nochmal die Uhr vorgestellt! Und ich hab mich schon gewundert, dass es schon so spät ist!" Wir brachen in Gelächter aus, Alles war wieder gut. Und das Essen schmeckte auch lauwarm!
Das Thema des Nachmittags war auch hier die geplante Hochzeit. Die Unterhaltung mit meinen Eltern lief ähnlich ab, wie bei Britta zu Hause.
Am Dienstag war ich zur üblichen Zeit in der Kaserne eingetroffen. Ich verspürte allerdings keine Lust, mich nochmal für eine Stunde hinzulegen. Ich brühte mir einen Kaffee und machte einen zweiten für Hartung. Der hatte Dienst als GUvD. Ich kam mit beiden Plastiktassen auf den Flur. „Los, gibt Kaffee! Lass uns in den Clubraum gehen!" Ich machte es mir in einem der Fernsehsessel bequem und legte meine Beine auf einen Stuhl. Ich brannte mir eine Karo an. Schweigend schlürften wir das heiße Getränk. „Am 22. August ist das Leben rum!", sagte ich. „Wie meinst Du das?", fragte er. „Ich heirate!". „Jaja, April, April!" „Das ist erst morgen dran!! Nee, wirklich, ich werde geheiratet!" „Du hast ne Meise!". „Nee, im Ernst, am 22.08. zehn Uhr schnappt die Falle zu!" „Oh Mann, Du? Du bist doch so ein Freigeist, so ein wilder Vogel! Das passt ja mal gar nicht!". „Wird schon passen. Und wenn nicht, wird's passend gemacht!" „Das wäre nichts für mich!", stellte er fest. „Naja, hab auch irgendwie Schiss, aber jetzt ist es nun mal so, wie es ist."
Ich schleppte mich hundemüde über den Tag. In der Mittagspause war ich so fest eingeschlafen, dass ich beinahe die Dienstausgabe verpennte. Direkt nach dem Abendbrot ging ich zu Bett.

Der März war vorbei!
Noch 29 Tage.

Der letzte Tag des neuen Monats war Entlassungstag. Der zählte nicht!

Kapitel 18
Der letzte Monat - April

I

Der Fähnrich wartete gleich zum Morgenappell mit einer Neuigkeit auf, die wir für einen Aprilscherz hielten. „Übermorgen werden wir zu einer großen Divisionsübung in die Letzlinger Heide fahren! Zusammen mit den Waffenbrüdern der Sowjetischen Streitkräfte!", kündigte er an. „Was soll das denn! Der Heimkehrer soll nochmal auf Übung? Die spinnen!", protestierte Hartung. „Daran kann ich auch nichts ändern! Das ist nun mal so! Oder denkt Ihr, ich bin spitz drauf, nachmittags nicht nach Hause zu gehen?", parierte Dreispitz den Protest. „Wie lange soll die Übung gehen?", fragte ich. „Keine Ahnung! Ein Zeitrahmen ist nicht bekanntgegeben worden. Aber mindestens mal zwei Wochen!", gab er Auskunft. „Na Hauptsache, wir kommen pünktlich nach Hause!" „Na und wenn nicht, ist das auch nicht so schlimm!" Ab und an musste auch der Fähnrich mal eine Spitze verteilen. „Hüte Dich!", drohte Hartung, halb im Scherz, halb im Ernst. Der Fähnrich lachte. „Das wäre das erste Mal, dass verspätet entlassen wird!" „Es gibt für Alles ein erstes Mal!", gab ich zu bedenken. „Macht Euch nicht ins Hemd! Wird schon Alles gutgehen!"
Am Freitag Morgen, sechs Uhr, war Abmarsch, Wir fuhren Landmarsch. Die endlos lange Kolonne schob sich langsam über die Autobahn, zunächst Richtung Osten, dann, ab dem Hermsdorfer Kreuz Richtung Norden.

Nach zwei Stunden fuhren wir von der Autobahn runter. Auf einer Landstraße stoppten wir. Pause. Das ein Fahrstreifen der Straße völlig blockiert wurde, interessierte nicht. Am Anfang und am Ende der Kolonne wurden jeweils zwei Regulierer mit Handfunkgeräten postiert, die den Verkehr abwechselnd anhielten oder passieren ließen. Eine halbe Stunde später ging es weiter. An der nächsten Auffahrt ging es wieder auf die Autobahn. Auf diese Art und Weise zockelten wir bis Coswig. Dort ging es für viele Stunden auf die Landstraße. Nach Mitternacht hatten wir das Ziel erreicht. Die Küchengruppe verteilte noch Knackwürste und Semmeln. Geschlafen wurde in den Fahrzeugen. Es war sinnlos, bei der Dunkelheit noch irgendetwas aufbauen zu wollen. Nach wenigen Stunden Schlaf in unbequemer Körperhaltung wurden wir geweckt. Nach einer Katzenwäsche an einem der Wasserwagen holten wir uns das karge Frühstück an der Feldküche ab. Es gab genau das Gleiche wie zum Nachtmahl.
Leutnant Lischka tauchte im SPW auf, noch während wir die harten Brötchen kauten und am heißen Tee schlürften. Kaffee war absoluter Luxus unter diesen Umständen. „Starke und Frei, wenn Ihr fertig seid mit Frühstück, meldet Ihr Euch bei mir. Macht vorher Eure gesamte Ausrüstung fertig. Ihr bekommt eine Spezialaufgabe!" Dann verschwand er wieder. „Spezialaufgabe, das verheißt nichts Gutes!" sagte ich zu Starke. „Werden wir merken". Starke war durch nichts aus der Ruhe zu bringen. Geruhsam aßen wir weiter, gemäß Starkes Lieblingsspruch: „Nur keine künstliche Hektik!". Ich kletterte aus der hinteren Luke. Ich zerrte das Stativ nach oben, dann reichte Starke unsere persönlichen Sachen raus. Ich ging nach vorn, legte mich vor der vorderen Luke auf den Bauch und löste das Stellrad am im SPW eingebauten Stativ, bis ich die E-Mess-Schere aus

der Halterung heben konnte. Ich wuchtete das schwere Gerät heraus und reichte es runter zu Starke, der sich schon in Postion gestellt hatte, um die Last entgegenzunehmen. Wir platzierten die ganzen Sachen neben dem Panzerwagen. „Brauchst nicht extra mit zu Lischka, ich mach das schon,", sagte Starke, Es dauerte eine Viertelstunde, bis er zurück war. „Was ist nun los?, fragte ich neugierig. „Wir werden gleich mit einem UAS abgeholt, der uns nach vorn in die vorgesehene Stellung bringt. Dort sollen wir die B-Stelle ausbauen! Wir sollten mal schnell noch ein paar Zeltbahnen organisieren, wir sollen da vorn auch pennen!" erklärte er weiter. „Klingt voll Scheiße!", sagte ich. „Ja, klingt nicht nur so, ist auch so!". Starke blieb trotzdem völlig unaufgeregt. „Was ist mit Fressen?", wollte ich wissen. „Ach ja, wir sollen noch zur Küche fahren und Essen für zwei Tage fassen. Wenn es länger dauert, schicken die jemanden, der Nachschub bringt!" Das klang sehr abenteuerlich. „Wasser zum Waschen? Klopapier zum Kacken?", bohrte ich weiter. „Küche , alles Küche!" „Na gut, wir werden sehen!". Ich war skeptisch. Der UAS fuhr vor und wir verluden unseren gesamte Kram. Dann ging zur Feldküche. Der Feldwebel, der sämtliche Küchengruppen unter sich hatte, war sehr freundlich. "Kommt mit und sucht Euch aus, was Ihr braucht," sagte er. Wir folgten ihm ins bereits eingerichtete Verpflegungslager. Er trug eine Thermosphore vor sich her, die wir mit verschiedenen Würsten, Käse und Butter füllten. Er besah sich die Menge und meinte: „Wollt Ihr vier Wochen bleiben?" „Gott bewahre! Am Dreißigsten geht es nach Hause!" „Hm, dann willste wohl noch so richtig fett werden, dass die Zivilklamotten wieder passen?" scherzte er. Wir hatten tatsächlich mehr als reichlich eingepackt. „Ich hab euch noch ne kleine Thermosphore mit Tee machen lassen! Allerdings nicht mit Hahn. Ihr müsst mit dem Becher schöpfen.".

„Danke! Wie sieht es aus mit Klopapier?".
„Wieviel Rollen?" „Keine Ahnung, gib mal vier! Vielleicht kriegen wir ja Dünnpfiff da vorne!" Er lachte, kramte aber die vier Rollen raus. „Ach ja, Wasser zum Waschen!".
„Hm, hab nur zwei Kanister a zwanzig Liter! Lass Euch aber frisches bringen. wenn wir Nachschub schicken. Wir bedankten uns, verluden alles, dann machten wir uns auf den Weg. Eine halbe Stunde lang ging es quer durchs Gelände.
Wir fuhren einen Feldweg entlang, dann durch eine Kiefernwald. Nachdem wir den Wald durchquert hatten erreichten wir eine ausgedehnte Ebene, die von sandigem Boden bedeckt war und beinahe bis zum Horizont reichte. Wir hielten an. Der Fahrer sah nochmals auf seiner Karte nach. „Wir sind da, hier müsste es sein!". Links neben uns war ein alter Schützengraben, der stellenweise eingefallen war. Vor dort aus konnte man die ganze Ebene recht gut überblicken. In der Mitte des Schützengrabens führte ein Weg nach hinten zum Wald, den wir gerade durchquert hatten. Neben dem Weg gab es eine größere Kuhle. „Ja, wir sind richtig!", stellte der Fahrer nochmal fest. Wir luden alles ab und stellten es einfach neben die Kuhle. Der Fahrer machte sich sofort wieder auf den Rückweg. Da saßen wir nun, in der Mitte vom Nichts.
„Und nun?", fragte ich Starke, etwas ratlos. „Was und nun?" „Na was machen wir jetzt?" „Du baust erst mal die E-Mess-Schere auf. Dann ist das Ding schon mal aus den Füßen und da, wo es hingehört." „Rechts oder links vom Zugang?" Starke lief den kurzen Weg bis zum Graben, schaute kurz nach links, dann nach rechts. „Rechts!", entschied er, „da ist der Graben besser intakt!" „Alles klar!" Ich machte mich an die Arbeit. Nach fünf Minuten war ich fertig. Auf das Ausrichten und Einnorden hatte ich verzichtet. Dafür war morgen noch genug

Zeit. Starke hatte inzwischen die Kuhle inspiziert. „Hier lässt sich was draus machen!", meinte er. Die Kuhle war zum Wald zu ein wenig abschüssig. „Wenn wir hier noch bissen ausschachten, brauchen wir bloß ein paar lange Stöcke in die Erde rammen und ein oder zwei Zeltplanen dran festmachen. Wir haben dann Alles zu und nur vorn einen Spalt offen!"erklärte er mir gestikulierend. „Ja, das macht Sinn!", pflichtete ich ihm bei. Wir schachteten los. Der Sandboden war recht weich, was die Arbeit ungemein erleichterte. In nicht mal einer Stunde hatten wir die Kuhle nach unseren Vorstellungen angepasst. Wir gingen in den Wald. Anstelle nach längeren Holzstöcken zu suchen, entschieden wir uns, ein paar kleiner Bäume mit den Bajonetten abzusägen und zu entasten. Das war ein wenig beschwerlich, funktionierte aber. Bevor wie die Dachplane aufzogen, platzierten wir noch unsere Sachen an den vorgesehenen Stellen. Es war inzwischen Nachmittag geworden. „Wir sollten noch Brennholz sammeln, bevor es dunkel wird!", schlug ich vor. „Ja, klar, hätte ich fast vergessen." Das Holz war in reichlicher Menge in weniger als einer halben Stunde zusammengetragen. In Windeseile hob Starke noch eine Feuerstelle aus, mitten auf dem Weg zum Schützengraben. „Wieso hier?", fragte ich ihn verwundert. „Na ganz einfach! Der Weg liegt tiefer, also kann man bequem auf dem Rand sitzen, ohne dass man hocken muss!" Er hatte ohne Zweifel recht. Die Arbeit war getan. Die Dämmerung kam und mit der untergehenden Sonne wurde es auch merklich kühler. Mit einem kleinen Stück festem Brennspiritus entfachte ich das Feuer. Starke holte die Thermosphore mit dem Essen heran, die wir direkt neben der Kuhle abgestellt hatten. Bei den Temperaturen konnten wir den Behälter getrost draußen stehen lassen. Wir spitzten jeder ein Stöckchen an, auf das wir dann dicke Scheiben Jagdwurst steckten. Die Wurst brutzelte über dem Feuer und verströmte nach kurzer Zeit einen fast himmlischen Duft. Das ganze Szenario hatte tatsächlich etwas von abenteuerlicher Romantik.

II

Motorenlärm und Geschrei weckte uns am nächsten Morgen. Wir krochen aus unserer Kuhle und schauten uns um. Links von uns, in ca. 300 Meter Entfernung, sahen wir Bagger, die eifrig Sand aushoben und zu einem riesigen Haufen aufschütteten. Zwei Planierraupen schoben den entstanden Hügel zurecht. Dazwischen wuselten zahlreiche Soldaten herum, Befehle wurden geschrien. Es waren „Russen", wie wir die Soldaten der Roten Armee bezeichneten. Wir beobachteten das Treiben eine Weile, ohne uns einen Reim darauf machen zu können, was die da gerade in die Landschaft setzten. Nach einer Katzenwäsche, bei der wir uns das Wasser gegenseitig aus dem Kanister über die Hände gossen, machten wir uns ans Frühstück. Die harten Brötchen ließen sich über dem offenen Feuer in etwas genießbares verwandeln. Das Essen war dürftig, aber trotzdem nicht schlecht. Nachdem wir fertig waren, machte sich Starke auf die Socken, um einen geeigneten Platz für das große Geschäft zu finden, welches er zu verrichten gedachte. Er blieb lange weg, ich fürchtete schon, er hätte sich verlaufen. So war ich erleichtert, als er endlich wieder auftauchte. „Scheißen im Wald ist Scheiße!" bemerkte er. „Keinen richtigen Platz gefunden?" fragte ich. „Nee, bei den dünnen Krüppelkiefern kannste nicht mal 'nen gescheiten Donnerbalken bauen. Außerdem ist der halbe Wald schon voll geschissen, überall liegen braune Tretminen rum! Da müssen Kohorten von Russen am Werk gewesen sein". Ich nahm seine Schilderung erst einmal so hin.

Thomas Frei: **GEDIENT**: Ein NVA-Soldat erzählt

Wir rauchten noch eine Zigarette und beobachteten die Fortschritte am uns unbekannten Bauwerk.
Mehr aus Langeweile denn aus einer Notwendigkeit heraus gingen wir mit unseren Feldspaten zum Schützengraben. Wir schaufelten einige kleinere Sandhäufen heraus, um den Boden ein wenig einzuebnen. Viel mehr war da nicht zu tun. Ich verlegte nochmals den Standplatz meiner E-Mess-Schere, brachte sie mit den Stellschrauben des Stativs exakt in die Waagerechte und nordete das Gerät ein. Als ich damit fertig war, suchte ich das Gelände vor mir ab. Als erstes maß ich die Entfernung zum Waldrand, den man gerade noch so erkennen konnte. Es waren sieben Kilometer bis dorthin. Dann nahm ich die freie Fläche zwischen uns und dem Wald in Augenschein. Was ich da alles zu sehen bekam war schon einzigartig. An mehreren Stellen standen alte Panzerwracks. So, wie es aussah, waren das alles T-34, stammten also noch aus dem 2. Weltkrieg. Auch ausgebrannte Lkws und Ruinen fand ich vor. Etwas weiter weg entdeckte ich noch hölzerne Zielattrappen. Eine solche Gefechtsfeldausstattung machte ein Artillerieschiessen sicher noch ein wenig interessanter, da man die Trefferwirkung an solchen Zielen sehen konnte. Das war schon eine ganz andere Sache, als zu sehen, wie ein paar Baumstämme zerbarsten und Dreckfontänen in die Luft geschleudert wurden. Ich machte Starke auf aufmerksam, was ich grade durch die E-Mess-Schere gesehen hatte. Er schob mich zur Seite und blickte durch das Gerät. „Oh Mann, so 'nen T-34 will ich zerplatzen sehen!", rief er aus.
Jetzt war ich dran! Nach Starkes Warnung versuchte ich gar nicht erst, im Wald eine geeignete Stelle für die Notdurft zu finden. Ich ging einfach nach rechts, von unserer Stellung weg. Nach etwa einhundert Metern stand ich plötzlich am Rand einer großen Grube, die ungefähr zehn mal zehn Meter maß und etwa zwei Meter tief war.

Rechts von mir gab es einen sanften Zugang auf den Grund. ‚Na bitte, das passt doch!', dachte ich. Als ich fertig war und gerade aus der Grube herauskam, sah ich einen LO auf mich zufahren. Der LKW bremste, hielt an und der Fahrer sprang heraus. „Tom, bist Du das?", fragte er. Ich traute meinen Augen nicht. Da stand Pit, mein Tramperkumpel. „Mensch Pit, was treibst Du denn hier? Spielt Engerling an diesem Wochenende hier?" Wir lachten. „Los komm, wir kampieren da drüben, Zeit für 'ne Zigarette sollte schon sein!", schlug ich vor. Ich ging voran, Pit folgte mit dem LKW. Ich stellte Pit meinem Uffz. Vor. „Aus welcher Truppe kommst Du?", fragte Starke. „Mucker, Salzungen.", antwortete Pit. Mucker wurden die Mot.-Schützen genannt. „Und wie lang seid Ihr schon hier?" Pit überlegte kurz. „Übermorgen sind es schon drei Wochen." „Wie lange sollt Ihr noch bleiben?", forschte ich weiter. „Hm, es heißt, am Freitag geht es zurück, dann rücken die anderen Kompanien von uns an!" „Ich frag mich ernsthaft, was hier los ist!" sagte Starke.

Dieses Rätsel wurde seinerzeit nicht gelöst. Erst viele Jahre später erfuhr ich aus einer Dokumentation, dass diese Übung für fast ein Jahr mit wechselnden Einheiten am Laufen gehalten worden war und zwar als verdeckte Mobilmachung für einen eventuellen Einsatz in Polen, wo die Situation immer noch nicht entschärft war und weiter das Kriegsrecht galt.

Nach zwei Zigaretten verabschiedete sich Pit. „Mensch Alter, war schön, Dich zu treffen! Ich hoffe, wir sehen uns im Mai, wenn ich auf Urlaub fahre!" „Ja, das hoff ich auch!" Ich konnte es mir nicht verkneifen, ihm noch das kurze Stück Bandmaß unter die Nase zu halten. Er lachte, und winkte nur ab. Wieder saßen wir im Schein des Feuers und brutzelten Wurst, als sich eine Gestalt aus der Dunkelheit näherte. Vorsichtig kam er ans Feuer, dann sagte er auf russisch: „Guten Abend" Wir erwiderten den Gruß. Die Schulzeit lag noch nicht all zu weit zurück und ich hatte immerhin einen Sprachkundigenabschluss in Russisch, ebenso wie in Englisch. Der Besuch einer Sprachklasse machte zum ersten Mal Sinn im richtigen Leben. Der Soldat sah nicht aus wie ein Russe, sein Gesicht war eher asiatisch. Schnell fanden wir heraus, das er Usbeke war. Wir boten ihm Platz an und fragten, ob er etwas zu essen wollte. Freudig nahm er das Angebot an, stutzte jedoch, als Starke Jagdwurstscheiben aus dem Behälter fischte. So eine Wurst habe er noch nie gesehen, erklärte er uns. Trotzdem kostete er. Nachdem er die Wurst für gut befunden hatte, aß er hastig drei Schreiben, während sein Blick immer wieder in Richtung des seltsamen Bauwerks ging. Als er fertig war, kamen die Zigaretten an die Reihe. Er lehnte unsere Kippen ab und kramte ein Päckchen Papierossi aus der Hosentasche. Dieses Kraut kannten wir nur vom Hörensagen, jetzt hielt ich eine in der Hand. Er zeigte mir, wie man den Pappfilter, im Grunde eine Pappröhre, knicken musste, um zu rauchen. Dann steckte ich mir das Ding an. Ich war ja einiges gewöhnt. Meine Karo waren keineswegs mild, aber was mir da durch die Atemwege schoss, war einfach zuviel. Ich hustete, und der Husten wurde immer schlimmer, statt besser. „Wenn ein brauner Ring zwischen Deinen Lippen auftaucht, musste den wieder runterschlucken, das ist nämlich Dein Arschloch!" Starkes Lästereien konnte ich gerade gebrauchen. Ich wollte etwas entgegnen, aber ich konnte nicht! Die beiden lachten sich krumm, während ich mich quälte. Endlich war der Hustenanfall vorüber. Einen weiteren Zug nahm ich nicht, ich warf die Kippe ins Feuer. Wir saßen noch eine Weile und erfuhren von dem Usbeken, dass die da drüben eine Tribüne für hohe Offiziere und Generäle des Warschauer Vertrages bauen

sollten, die in den nächsten Tagen von dort aus die Übung beobachten würden. Der Soldat verabschiedete sich und fragte noch höflich, ob wir etwas dagegen hätten, wenn er am folgenden Abend wieder vorbeikommen würden. Natürlich hatten wir nichts dagegen.
Als wir morgens aus unserer Kuhle krochen, war es schon spät. Statt Maschinenlärm vernahmen wir nur vergleichsweise leises Hämmern aus Richtung der Tribüne. Wir sahen, dass in kurzen Abständen aus Holz eine Art Brüstung am oberen Rand angebracht worden war, hinter der ab und an die Köpfe von Soldaten auftauchten. „Die bauen jetzt bestimmt die Sitzbänke für die Generalsärsche!", mutmaßte Starke. „Sieht so aus und hört sich so an!", pflichtete ich ihm bei. Wie üblich folgte die Katzenwäsche und dann das Frühstück. „Bin mal gespannt, ob heute wer kommt und uns Futter und Wasser bringt!" sagte der Uffz. „Da sind wir schon zwei! Täte echt Not. Noch ein Tag mehr und das Wasser ist alle. Außerdem schmeckt der Tee schon richtig Scheiße!"
Während wir so dasaßen, taucht auf einmal ein hochgewachsener Russe in feiner Uniform auf. Er kam ruhigen Schrittes auf uns zu. Seinen Dienstgrad konnten wir nicht einordnen, dafür kannten wir uns mit den sowjetischen Uniformen und Rangabzeichen zu wenig aus. Auffällig waren jedoch die breiten roten Streifen an den Seiten seiner Hose. Wir sahen keine Veranlassung, aufzuspringen und Haltung anzunehmen. Das schien ihn auch nicht zu interessieren. Als er uns erreicht hatte, setzte er sich mit seiner feinen Hose neben Starke in den Dreck uns sagte in gebrochenem Deutsch: „Na Gute Tag, Genossen, was machen Ihr hier?" „Guten Tag, Genosse!", antwortete ich, „Wir sollen hier eine B-Stelle einrichten!" „B-Stelle? Schto eto? (Was ist das?)" Ich überlegte, wusste aber nicht, wie ich ihm das auf Deutsch oder gar auf Russisch hätte erklären sollen. Stattdessen stand ich auf und

bedeutete ihm, mir zu folgen. Ich ging voran, bis zu meiner E-Mess-Schere. Dort angekommen, zeigte ich ihm die Winkelskala und drehte dabei das Gerät von links nach recht und umgekehrt. Dann forderte ich ihn auf, durch die Okulare zu schauen. Während er da durchguckte, drehte ich am Stellrad für die Entfernungsmessmarken, so dass er sehen konnte, wie diese sich vor und zurück bewegten. Dann betätigte ich den Schalter, der die Entfernungsskala einblendete. Er richtete sich auf, lächelte und sagte:„Ah, Distanzia!" „Da!", antwortete ich auf Russisch. „Ja ponimaju!", sagte er, auf deutsch: „Ich verstehe!" Wir gingen zurück zu Starke und setzten uns wieder. Er zog eine Schachtel russischer Zigaretten aus seiner Uniformjacke und bot uns eine an. Das waren keine Papierossi, sondern welche mit normalem Filter. Aber auch die Dinger waren ziemlich stark, zudem schienen sie mit irgendwas fermentiert zu sein, was den Geschmack ähnlich eklig machte, wie die „Juwel 72", die es im heimischen Konsum gab! Aber natürlich ließen wir uns nichts anmerken. Der hohe Herr fragte uns noch, aus welcher Einheit wir wären, wie lange wir schon in unserer Kuhle hausen würden und so weiter und so fort. Nachdem er aufgeraucht hatte, ging er wieder. Um den Tag rumzukriegen, erlegte ich mir freiwillig einige E-Mess-Reihen auf. Kontrollierbar waren meine Messdaten allerdings nicht, weil ich die tatsächlich Entfernung zu den Zielen, die ich ins Visier nahm, ja nicht kannte, Starke ging diesmal zum Scheißen in die Grube, die ich am Vortage entdeckt hatte.
Am späten Nachmittag kam Klausner angebraust. Er brachte tatsächlich einen Kübel Erbsensuppe, frisches Brot und mehr Wurst. Dazu drei Kanister Wasser. Die größte Überraschung war aber ein halber Kasten Bier, den er ganz zum Schluss von der Ladefläche zog. Natürlich kassierte er sofort dafür ab. Am Abend tauchte der Usbe-

ke wieder auf, kaum dass wir das Feuer entfacht hatten. Er löffelte genüsslich ein Kochgeschirr voller Erbsensuppe, dann zog er wieder seine höllischen Zigaretten vor. Wir lachten nur und schüttelten den Kopf. In der Unterhaltung mit ihm erfuhren wir, das sie während ihrer Stationierung in der DDR weder Ausgang noch Urlaub erhielten und das sie nur zweimal am Tag zu Essen bekamen, morgens um Sechs und Abends um Sechs. Auch gab es eine Hierarchie nach Dienstzeit, ähnlich wie bei uns. Aber darüber hinaus, so erzählte er, gab es auch eine solche nach Herkunft und Rasse. Nach allem, was man uns über die Völker der Sowjetunion in der Schule gelernt hatten, erschien das sehr unglaubwürdig. Nachdem wir eine Weile gesessen, erzählt und geraucht hatten, tauchten plötzlich zwei weitere sowjetische Soldaten auf. Sie sagten etwas in barschem Ton zu unserem Usbeken, was wir allerdings nicht verstehen konnten. Der Usbeke stand auf, die Angst war deutlich in seinen Augen zu sehen. Sobald er aufrecht stand, drosch einer der beiden Soldaten wie wahnsinnig auf ihn ein. Der Usbeke zeigte keinerlei Gegenwehr! Der Soldat traktierte ihn mit Fausthieben und Fußtritten, in einer Brutalität, wie ich sie noch nicht mal bei den Algeriern gesehen hatte, die als künftige Facharbeiter in DDR-Betrieben ausgebildet wurden und regelmäßig diverse Discotheken in meiner Heimatstadt aufmischten. Ich konnte das nicht mit ansehen. Ich sprang auf und warf mich gegen den Angreifer. Ich war etwas größer und schwerer als er, weswegen er das Gleichgewicht verlor und zu Boden ging. Schon wollte sein Begleiter auf mich losgehen, als Starke dazwischen sprang. Für den Moment war Ruhe eingekehrt. Ich bedeute dem Usbeken, zu verschwinden, dann stieg ich von meinem Gegner und zog ihn hoch, so das er wieder auf die Beine kam. „Was war das?", fragte ich ihn auf russisch. „Das ist ein Usbeke, der hat kein Recht, hier

bei Euch zu sitzen!" „Warum nicht?" „Na weil er ein Usbeke ist!" „Und was bist Du" „Na ich bin ein Russe!" „Und wo ist da der Unterschied?", fragte ich. „Usbeken sind Usbeken! Das sind keine Menschen! Die sind Dreck!" Ich war sprachlos, Starke ebenso.
Alles, was wir bisher über Völkerfreundschaft, die Sowjetvölker, Gleichheit der Menschen, Sozialistische Völkergemeinschaft gehört und gelernt hatten, war innerhalb von zwei Minuten ad absurdum geführt worden. Wieder einmal war ich im richtigen Leben angekommen. Wir schickten die beiden Russen weg und verdrängten dabei jeden Gedanken daran, was wohl mit dem armen Schwein von Usbeken nun geschehen würde.

III

In den nächsten zwei Tagen passierte nichts. Der Höhepunkt der nächsten Tage bestand in Klausners Auftauchen, der Nachschub an Wasser, Nahrung und Bier vorbeibrachte. Er hatte auch keinerlei Neuigkeiten im Gepäck. Er erzählte uns lediglich, das auch der Rest der Truppe mehr oder weniger rumgammelte, ohne zu wissen, wie es weiterging.
Dann, am nächsten Morgen wurden wir durch Gebrüll unsanft geweckt. Ein Offizier kommandierte uns aus unserer Kuhle und meinte, dass wir sofort unsere Lagerstätte zu räumen hätten. „Warum?", erdreistete sich Starke, nachzufragen. „Nicht fragen! Machen!", wies der Offizier an. In Windeseile räumten wir unser Unterkunft. Dann rückte ein Bagger an, der innerhalb weniger Minuten an der Stelle, wo sich unser Nachtlager befunden hatte, ein riesiges Loch aushob. Soldaten zerrten Holzstämme heran, mit denen man die Seitenwände auskleidete. Ein Durchgang zum Schützengraben wurde

ausgehoben. Dann wurde das Ganze von oben mit einer Lage Holzbohlen abgedeckt. Es folgte eine riesige Plastikfolie, auf die eine weiter Lage Stämme gepackt wurde. Abschließend wurde der gesamte Boden des Weges, des Schützengrabens links vom weg und das innere des entstandenen Bunkers mit Kiefernzweigen bedeckt. Ganz zum Schluss wurde ein großes Tarnnetz über die Anlage gespannt. Innerhalb einer Stunde war eine perfekte Stellung errichtet worden. So schnell wie die Jungs vom Stellungsbau kamen, waren sie auch schon wieder verschwunden. Wir standen noch etwas ratlos da. Dann fragte ich Starke: „Und nun?" „Drauf geschissen, Dann pennen wir eben in dem Bunker!" „Ja, scheiß doch drauf! Wer weiß, wann da überhaupt mal einer auftaucht hier!" pflichtete ich ihm bei. Wir verbrachten unseren ganzen Kram in den Bunker. „Die Arschlöcher hätten auch ne Woche eher kommen können!", meinte Starke, während er sein Lager herrichtete. „Ja, wäre bequemer gewesen!". Lange hielt der Luxus unserer neuen Unterkunft nicht an. Bereits am nächsten Morgen wurden wir von uns unbekannten Offizieren einer uns unbekannten Einheit aus dem Bunker geworfen. Unsere Habseligkeiten stapelten wir an der äußersten rechten Seite unserer B-Stelle, was einen ansehnlich großen Haufen abgab. Dann saßen wir tatenlos in der Gegend rum. Plötzlich erschien der UAS unseres Abteilungkommandeurs, dem unser SPW folgte. Der SPW parkte halb im Wald. Ganter und Lischka stiegen aus dem Geländewagen und kamen in unsere Stellung. „Meine Herren, bald geht es los!", kündigte der Major an. Nichts ging los, jedenfalls nicht innerhalb der folgenden zwei Stunden. Dann hörten wir ein Brummen. Ein Hubschrauber vom Typ Mi2 landete 50 Meter rechts von uns. Ihm entstiegen zwei Herren von offensichtlich sehr hohem Rang, gefolgt von zwei Offizieren und einem Zivilisten. Der Zivilist und ein Offizier hatten jeweils eine hochkarätige Kamera mit einem riesigen Blitzlicht um den Hals hängen. Gemeinsam gingen sie gemächlich zum Anfang des Weges, der zum Schützengraben führte. In einem der hohen Herren erkannte ich den Chef der Armee, Armeegeneral Heinz Hoffmann. Der andere war ein Russe, Es war der Mann, der uns zwei Tage vorher einen Besuch abgestattet hatte. „Wer ist der Russe?", fragte ich Major Ganter. „Das ist der Oberkommandierende der Sowjetischen Streitkräfte in Deutschland, Armeegeneral Saizev!" „Den kenn ich! Der war vorgestern hier und hat mit uns gequatscht und uns 'ne Zigarette angeboten!",. „Quatsch!, das gibt's nicht! Erzähl keine Scheiße, Frei!", sagte der Major ungläubig. „Nee, Genosse Major, das stimmt!" „Unglaublich!", brummelte Ganter vor sich hin. Die beiden Generale nährten sich dem Graben. Am Ende des Weges sollten sie wohl, dem Ablaufplan folgend, links in die Stellung abbiegen. Sie waren aber so in ein Gespräch vertieft, dass sie stattdessen in unsere Stellung abbogen. Wir alle erstarrten vor Ehrfurcht. Ganter wusste nicht so recht, was er tun sollte. Dann nahm er Haltung an und erstattete dem Armeegeneral Meldung. „Rührt Euch!" befahl dieser. Dann reichte er jedem von uns die Hand. Er war ein sehr großer, breitschultriger Mann, was neben seiner kunterbunten Uniform noch mehr Respekt einflößte. Auch Saizev begrüßte jeden von uns mit Handschlag. Als er mir die Hand reichte, lächelte er. „Nu Towarisch (Genosse)? Alles Gut?" „Da (Ja), Genosse General!", antwortete ich. Ganter traute seinen Augen nicht! Der Zivilist baute sich inzwischen vor der B-Stelle auf und bat darum, zusammenzurücken, damit er ein Foto machen konnte. Dieses Foto war zwei Tage später auf der Titelseite der größten Tageszeitung der DDR, „Neues Deutschland", abgedruckt. Ich war allerdings nicht darauf zu sehen. Lediglich die beiden Generale, Ma-

jor Ganter und unser Funker hatten Platz auf dem Bild gefunden.
Es wurden noch ein paar Floskel ausgetauscht. Die Jungs im besonders schön ausgebauten Teil des Grabens konnten ihre Enttäuschung darüber, das die hohen Herren bei uns waren, nicht verbergen. All der Aufwand, einen Bilderbuchausbau abzuliefern, war umsonst gewesen. Die „Helden" waren WIR!
Nach zehn Minuten war die Episode auch schon vorbei. Hoffmann und Saizev verließen die Stellung und liefen gemächlich in Richtung der Tribüne. Wieder warteten wir, eine weitere lange Stunde passierte nichts. Dann kam es wie aus dem Nichts.
Es begann mit einem Funkspruch, den ich aber nicht verstehen konnte. Dann hörten wir hinter uns ein Grollen, was stetig anschwoll. Ich drehte mich um, aber es war nichts zu sehen! Das Grollen wurde lauter und war ab einem gewissen Punkt als das Geräusch von Hubschrauber-Rotoren zu identifizieren. Über uns tauchten in geringer Höhe jede Menge Mi24 auf, die modernsten Kampfhubschrauber, die es damals gab! Schon die Form war furchteinflößend. Wie bösartige Insekten glitten sie vorwärts. An den kurzen Tragflächen konnten wir zahlreiche Raketen erkennen. Dann begann das Feuerwerk. Die Monster am Himmel feuerten ihre Todesspritzen ab, die zischend und feuerspuckend auf den Horizont zurasten. Ich schaute durch die E-Mess-Schere. Schon schlugen die ersten Raketen ein. Trotz der Entfernung gab es ohrenbetäubende Detonationen. Ich sah, wir der Turm eines T34 von der Wanne gefetzt wurde und nach links oben wegflog. Der nächste Treffer erwischte die Wanne selbst, Den Schaden konnte ich nicht mehr erkennen, denn alles versank in Rauch und Dreck. Nach einer Minute war der gesamte Horizont in Wolken aus Staub und Rauch gehüllt. Die erste Welle drehte ab,

ein Teil nach links, ein Teil nach rechts. Schluss war noch lange nicht. Jetzt rasten Flugzeuge im Tiefflug heran, die einen Teppich aus Bomben über das Gefechtsfeld legten. Der Lärm war höllisch. Zudem erreichten uns die Druckwellen der Explosionen, selbst im Graben! *Das war Krieg!* So sah Krieg aus, so fühlte sich Krieg an!
Die Flugzeuge waren durch, als schon die nächste Welle Hubschrauber folgte. Das ganze Spektakel ging von vorne los. Als die Hubschrauber wieder weg waren, dachten wir für einen Moment, dass es vorbei wäre. Nein, es war nicht vorbei! Laute Motorengeräusche und das krachende Bersten von Holz kündigten die nächsten Truppen an. Panzer und Schützenpanzerwagen brachen sich durch den Wald hinter uns, fuhren dann links und rechts an uns vorbei. Wir konnten kaum etwas sehen, da wir in Staubwolken gehüllt waren. Der Motorenlärm entfernte sich von uns in Richtung Gefechtsfeld. Dann feuerten die Panzer aus ihren Kanonen, wir hörten das Hämmern von MG's. Wieder schaute ich durchs Okular, aber sehen konnte man nichts. Dann war Alles vorbei. Nachdem sich der Qualm und der Staub verzogen hatte, blickte ich wieder durch die E-mess-Schere.
Da gab es nichts mehr zu entdecken.
NICHTS mehr. Unser Waffenbruder hatte uns eindrucksvoll demonstriert, wie zerstörerisch Menschen sein konnten! Unser Artilleriefeuer wirkte dagegen wie der Angriff mit einem Katapult, mit dem man kleine Kieselsteine verschoss.

IV

Zuerst bekam ich Halsschmerzen, dann Fieber, anschließend Schüttelfrost. Klausner nahm mich bei einer Lieferung mit nach hinten. Im Sanizelt begutachtete mich

ein Medizinstudent, der gerade sein militärmedizinisches Praktikum absolvierte. „Angina!", lautete seine Diagnose, worauf der Regimentsarzt eine Antibiotika-Spritze und die Einnahme von V-Tablopen verordnete. Da ich im Basislager keinen Schlafplatz hatte, durfte ich fortan im Sankra auf einer der vier Tragen kampieren. Nach drei Tagen ging es mir wesentlich besser. Das Fieber war weg und beim Schlucken tat es auch nicht mehr weh. Trotzdem war ich noch auf „Innendienst". Solange ich nicht die ganze Packung Tabletten aufgebraucht hatte, würde ich auch nichts daran ändern. Da es „innen" nichts zu tun gab, lief ich mehr oder weniger den ganzen Tag nur herum.
Dann, endlich, kam der Marschbefehl! Ich war fit genug, um auf dem SPW mitzufahren. Die Übung war zu Ende, ohne dass es auch nur ein einziges Artillerieschiessen gegeben hätte.
Bereits am nächsten Morgen wurden wir in Marsch gesetzt. Wir fuhren in Richtung Elbe, die wir mit dem SPW schwimmend durchqueren sollte. Bis auf Starke weigerte sich die gesamte Besatzung, an diesem Experiment teilzunehmen, einschließlich Leutnant Lischka, Wir trauten diesem 10-Tonnen-Koloss nicht zu, über Wasser zu bleiben. Unser Protest hatte Erfolg, wir durften den Fluss auf einer Pontonbrücke überqueren. Erleichtert kamen wir in der Kaserne an. Das Bandmaß zeigte noch 13 Tage, die Entlassung war nicht mehr in Gefahr. Ich überredete den Fähnrich, mir noch eine Kurzurlaub zu genehmigen. Ich begründete das damit, das ich noch Zivilklamotten holen müsse.
Dreispitz war einverstanden, allerdings unter der Bedingung, das ich unter der Woche nach Hause fahren würde. Mir war das egal. Es gab nur noch zwei Wochenenden. Die Hauptsache war, ich kam noch einmal nach Hause. Mein Vater nahm extra einen Tag Urlaub, um mich an

dem Mittwoch abzuholen. Ansonsten hätte er erst nach Arbeitsende losfahren können. Er wollte aber Punkt Vier vorm Tor stehen. Mein kleiner Bruder rannte schon aufgeregt vorm KDL herum und erzählte jedem, der vorbeilief: „Mein großer Bruder ist Befreiter!" Ich musste lachen, als ich bei ihm ankam. Ich hob den sechsjährigen hoch, setzte ihm meine Mütze auf und sagte: „Nee, mein Kleiner, Dein Bruder ist Gefreiter, Befreiter ist er erst in zwei Wochen!" Sven schaute mich verständnislos an, aber die Soldaten ringsum lachten.

Am Samstag Morgen musste ich schon wieder zurück sein. Der Fähnrich verlangte von mir die Herausgabe der Zivilkleidung, die er bis zum Entlassungstag in Verwahrung nehmen wollte und sollte. Ich händigte ihm die Sachen aus. Von zu Hause hatte ich sowieso keine Klamotten mitgebracht, denn die befanden sich ja schon seit fast einem Jahr im BV-Spind. Die von ganz oben befohlene Maßnahme kratzte ohnehin keinen mehr. Die letzte anderthalb Woche würden wir auch auskommen, ohne in die Spur zu gehen. Keiner von uns wollte jetzt noch irgendetwas riskieren, so kurz vor dem Ziel.

VI

Auf der Rückfahrt hatte ich schon einen leichten Schmerz in der linken Achselhöhle verspürt, wenn ich mich irgendwo anlehnte. Übers Wochenende war der Schmerz schlimmer geworden und ich stellte zudem fest, dass in der Achselhöhle eine dicke Schwellung heranwuchs. Am Montag Morgen ging ich deswegen in den Med.-Punkt. Der Regimentsarzt besah sich das Dilemma, dann rückte er mit der Diagnose heraus. „Sie haben einen Schweissdrüsenabszess, das muss behandelt werden. Holen Sie ihre Sachen, sie ziehen in den Med.-Punkt ein!"

So 'ne Scheiße, auf die letzten Tage noch Krankenlager! An den folgenden zwei Tagen wurde der Abszess mit Rotlichbestrahlung regelrecht gezüchtet. Das Ei wuchs zu einer enormen Größe heran. In dem Maße, wie die Schwellung zunahm, nahm auch der Schmerz zu. Am dritten Tag, bei der morgendlichen Visite, legte der Major fest: „Inzision in einer Stunde! Oder haben sie heute schon etwas gegessen, Soldat?" Wahrheitsgemäß verneinte ich. „Gut, dann sehen wir uns in einer Stunde im OP! Da werden wir das Ding rausschneiden!". Das klang gar nicht gut.
Pünktlich tauchte ich in dem Raum auf, den er als OP bezeichnet hatte, der aber eher einem Verbandszimmer glich. Dort warteten schon vier Studenten auf mich, allesamt im Militärpraktikum. Ich musste mich auf die Trage legen, nachdem ich das Patientenhemd ausgezogen hatte. Die linke Hand sollte ich unter meinem Hinterkopf platzieren, so dass die Achselhöhle frei lag und gut zugänglich war. Es folgte eine sehr schmerzhafte Rasur der Achsel. Ein Sani hatte einen Instrumententisch vorbereitet, auf dem ich chirurgische Werkzeuge erkannte, die mir aus meiner Arbeit im OP bekannt waren. Da lagen ein Skalpell, scharfe Löffel in verschiedenen Größen, chirurgische und anatomische Pinzetten. Das war es dann schon. Der Major kam herein, ließ sich sterile Handschuhe und einen sterilen Kittel anreichen. Ein zweites Paar sterile Handschuhe folgte. „Na dann wollen wir mal!", verkündete er. „Wie, keine Narkose?" fragte ich ungläubig,"Nicht mal eine Kurznarkose oder Maske?" „Sind Sie ein Soldat oder ein verzärtelter Zivilist?" lautete seine Gegenfrage. "Glauben Sie, unsere Väter und Großväter hätten im Feldlazarett nach einer Narkose gefragt? Kneifen sie die Arschbacken zusammen und, von mir aus, schreien Sie, wenn Sie den Schmerz nicht ertragen! Narkose gibt es

keine! Ich werde das Ganze ein wenig vereisen! Das reicht!" Ich wagte nicht, auch nur ansatzweise zu widersprechen.

Er wusch das OP-Feld mit Alkohol und Jod ab, anschließend ließ er einen der Studenten den Abszess mit einer eisig kalten Flüssigkeit besprühen. Dann bedeckte er die Achselhöhle mit eine sterilen Tuch, welches einen Schlitz hatte. „So, Jungs, jetzt könnt Ihr den Soldaten mal gut festhalten!" Aus dem Augenwinkel sah ich, wie der das Skalpell in die Hand nahm. Ich spürte die Berührung der Klinge, aber fühlte keinen Schmerz. Dann nahm er einen scharfen Löffel zur Hand und begann, die Wunde auszukratzen. Das war der Moment. Der Schmerz war groß, der Schmerz war riesig. Ich kniff die Arschbacken zusammen. Irgendeine unsichtbare Kraft schien mich mit ungeheurem Druck auf die Trage zu pressen. Ich brachte keinen Ton heraus, der Schmerz schnürte mir die Kehle zu. Ich war gerade einmal dazu in der Lage, stoßweise zu atmen.
Der Major war fertig. Er stopfte in Phenolkampfer getränkte Mullstreifen in die Wunde. „Fertig!", stellte er fest. „Na Soldat! Ging doch! Sind ja doch ein richtiger Mann!" Dann wies er den Sani an: „Verbinden und Antibiotika geben!" Er entschwand. Der Sani legte mir einen Verband an und drückte mir eine Packung Antibiotika in die Hand. „Alle zwölf Stunden eine, bis die Packung alle ist! In ein bis zwei Stunden kannste zurück in Deine Einheit. Tamponadewechsel morgen früh um Acht, und das jeden Tag, bis die Wunde zu ist!" Meine Knie zitterten, als ich mich die Treppe hoch in den ersten Stock schleppte, in dem sich mein Krankenzimmer befand. Ich legte mich hin und wartete darauf, das der Schmerz endlich nachließ. Nach zwei Stunden war ich fit genug. Ich packte meine Sachen und ging in Romanowskis Dienstzimmer.

„Gib mir mal noch was gegen die Schmerzen!", verlangte ich. Er suchte eine Packung Tabletten aus dem Medikamentenschrank und machte eine Notiz in meiner Akte. „Na dann, wir sehen uns morgen früh!"
Die letzten acht Tage hatte ich rein gar nichts mehr zu tun. Der morgendliche Tamponadewechsel war quasi der Höhepunkt des Tages. Die Wunde verheilte gut, allerdings war meine Bewegungsfreiheit immer noch etwas eingeschränkt. Insofern musste ich auch die Umstellung von Ausrüstung und Technik auf das Sommerhalbjahr nicht mitmachen. Ich verbrachte die Zeit mit Lesen und Fernsehen, ab und an saß ich beim Fähnrich, wo wir gemeinsam Kaffee tranken und über Gott und die Welt redeten.
Hartung hatte Geld eingesammelt, er wollte für den Entlassungstag ein edles Sektfrühstück servieren. Dazu war er im Delikat einkaufen, wo man Sachen bekam, die man ansonsten höchstens im Westfernsehen sah.

VII

Der letzte Abend war da. Hartung und ich beschlossen, noch einmal eine große Runde durch die Kaserne zu spazieren, sozusagen um von Allem nochmal Abschied zu nehmen. Unsere Entlassungshalstücher, auf denen sich jede Menge Soldaten mit ihrer Unterschrift verewigten, hatten wir schon vor einer Woche erhalten und die Signaturen derer, auf die wir Wert legten, längst eingesammelt. So konnten wir ganz entspannt eine letzte Runde drehen. Wir atmeten bei jedem Schritt tief durch, bestrebt, den Hauch der Freiheit, die uns ab morgen erwartete, bereits jetzt einzufangen. Ich hatte den Fähnrich überredet, mir

meine Zivilklamotten bereits am Abend auszuhändigen. Er lehnte zunächst ab!
„Morgen früh reicht auch!", sagte er. „Ich muss morgen früh nochmal in den Med.-Punkt zum Verbandswechsel!", warf ich ein. „Na da gehste eben nochmal in Uniform!" „Niemals! Ich renne am Entlassungstag definitiv nicht mehr in Uniform rum!", protestierte ich. Ich hörte nicht auf mit nörgeln. Schließlich gab Dreispitz nach. „Aber erst morgen früh! Wenn ich Dich vorher in den Klamotten erwische, bleibst Du bis kurz vor Mitternacht und machst Reviere!" mahnte er an. „Schon gut, schon gut! Keine Panik!", beruhigte ich ihn.
Es war still auf der Stube. Alle hingen ihren Gedanken nach. Die große Vorfreude auf den morgigen Heimgang war nicht zu spüren. Vermutlich lag das daran, das wir noch nicht in der Lage waren, zu begreifen, das die endlosen 541 Tage hinter uns lagen.
Der Fähnrich musste auf Befehl von oben ebenfalls in der Kaserne bleiben. Von Zeit zu Zeit schaute er bei uns vorbei. Er war sichtlich zufrieden, das es zu keinerlei Exzessen kam sondern eher Besinnlichkeit vorherrschte, Gegen Mitternacht dösten wir ein wenig ein, aber richtigen Schlaf fand keiner von uns. Halb Vier begannen wir, den Tisch für das Sektfrühstück festlich zu decken. Wir hatten extra eine weiße Tischdecke organisiert. Klausner half uns, die Platten mit den Leckereien schön zu dekorieren. Es gab Krabbensalat, geräucherten Lachs, allerfeinste ungarische Salami, eingelegte Paprika, Frischkäse aus dem Westen und einiges mehr. Was da auf dem Tisch stand, war ein Vermögen wert, zumindest in Ostmark! Es war halb Fünf, ich ging los, den Fähnrich zu wecken. Es dauerte ein wenig, bis er auf mein Klopfen reagierte. Er öffnete die Tür einen Spalt und fragte mit zugekniffenen Augen: „Was gibt es, Frei, ist was passiert?"
„Nee, nur die Ruhe. Das Sektfrühstück wäre angerichtet,

und das soll nicht ohne unseren Fähnrich stattfinden!".
„Sektfrühstück? Na gut, ich bin gleich da!".
Fünf Minuten später betrat er unsere Stube, in Uniformhosen, Pantoffeln und Unterhemd. „Was ist das denn für ein unwürdiger Aufzug?", frotzelte Hartung.
„Mensch, sei nicht so pingelig!", konterte Dreispitz. Dann sah er die Tafel. „Mensch, was habt Ihr denn hier aufgefahren! Das sieht ja aus wie bei Honeckers zu Hause!" Er war sichtlich erstaunt. Ich reichte ihm eine Sektflasche. „Hier, mach mal auf! ich weiß, Du kannst das ganz gut!" Er musste grinsen, als ich das sagte. Er öffnete die Flasche und füllte die Gläser. „Na dann Prost! Auf die Freiheit!", sagte ich. „Auf die Kameradschaft!", erwiderte Dreispitz meinen Spruch.
Kurz vor Acht ging ich zum Med.-Punkt. Ich trug schon meine Jeans und die Wrangler-Jacke dazu. Es war ein gutes Gefühl, keinen der Offiziere mehr grüßen zu müssen, denen ich auf dem Weg begegnete. Der Verbandswechsel war schnell erledigt, schon zwanzig Minuten später war ich zurück. Wir nahmen die großen Packen mit unserer Ausrüstung auf und schleppten sie zur BA-Kammer. Dort nahm man uns die Sachen nur ab, niemand kontrollierte die Vollständigkeit. Zurück in der Einheit verteilte der Fähnrich noch die Reservistenmedaillen an uns. Wir banden unsere Halstücher um und befestigen vorn die Medaillen. Anschließend war wieder Warten angesagt. Halb zehn kam dann endlich der Befehl: „Alles auf den Exerzierplatz, Abfahrt in einer halben Stunde!" Das große Händeschütteln und Umarmen ging los. Stresow hatte Tränen in den Augen, als er mir Alles Gute wünschte. Er tat mir leid, er würde ein hartes Jahr vor sich haben bevor er wieder für ganz zu seiner Familie konnte. Auch der Fähnrich schien ein wenig traurig, als

wir uns von ihm verabschiedeten. Dann verließen wir den Flur und das Gebäude.
Die Lkws standen schon bereit. Wir kletterten auf einen Ural. Wir waren mächtig aufgeregt, die Anspannung war groß. Dann setzte sich der Wagen in Bewegung. Noch einmal sahen wir das Küchengebäude, noch einmal das Stabsgebäude, noch einmal das KDL. Als wir durch das Tor fuhren, erklang lautes Gegröle. Löffel wurden aber nicht geschmissen.
Am Bahnhofsvorplatz sprangen wir vom LKW, der sich sofort entfernte, nachdem der Fahrer signalisiert bekam, dass Alle abgestiegen waren.

**Da standen wir nun.
Wir waren FREI!**

Romowe. Der Verlag

Entdecken Sie den Verlag
der anderen Perspektiven.
Wir schreiben für Meinungsfreiheit. Fundiert.
http://wwwww.romowe.de
bietet Ihnen weitere Bücher, Zeitschriften und Produkte für Meinungsbildung, fürs Leben und Überleben.

Thomas Frei: **GEDIENT**: Ein NVA-Soldat erzählt

Romowe. Der Verlag

www.ingramcontent.com/pod-product-compliance
Lightning Source LLC
Chambersburg PA
CBHW050121170426
43197CB00011B/1662